下册

台前幕后

毛泽东和他的卫士长

邸延生 ○ 著

湖南人民出版社·长沙

目 录

第七篇 住香山毛泽东筹备建国 过长江解放军乘胜歼敌 / 001

61. 颐和园领袖发怒　毛岸英冒险排雷 / 002

62. 西苑机场阅雄兵　双清别墅初落脚 / 009

63. 香山园私人会晤　解放军准备南下 / 014

64. 国共两党再谈判　共产党部署渡江 / 018

65. 北平城里看京剧　百万雄师过大江 / 024

66. 中南海内见客人　双清别墅会朋友 / 031

67. 颐和园谈今论古　住香山开荒种菜 / 036

68. 毛岸青香山见父　江青携女儿赴苏 / 042

69. 毛泽东思娇娇女　阿姨了解贺子珍 / 048

70. 双清别墅父女会　部署向全国进军 / 052

第八篇　毛泽东移居中南海
　　　　　天安门广场舞红旗 / 059

71. 毛泽东旧衣会友　着新装外出开会 / 060
72. 中南海内移鲜花　领袖为女取姓名 / 067
73. 亲携爱女同劳动　六角亭前照合影 / 072
74. 淡评美国白皮书　欢迎宋庆龄北上 / 077
75. 共产党筹备建国　开大会定都北京 / 082
76. 庆胜利开国大典　新中国如日东升 / 088
77. 毛岸英婚礼简朴　毛泽东工作繁忙 / 097
78. 毛泽东拒绝修缮　操国事准备出访 / 103

第九篇　大事初定新中国百废待兴
　　　　　捍卫和平志愿军抗美援朝 / 108

79. 深切关切贺子珍　回国痛斥违纪者 / 109
80. 江青斥责韩桂馨　董其武见毛泽东 / 115
81. 李敏向父亲请假　天津城母女重逢 / 121
82. 下决心速战海南　毛泽东呵护战士 / 127
83. 鼓励卫士去学习　严格要求家庭会 / 132
84. 江青约见朱仲丽　周恩来勉李银桥 / 137

85. 毛泽东喜见故友　点滴忧乐在心头 / 140

86. 领袖亲抓公安部　下决心治理淮河 / 144

87. 志愿军抗美援朝　新六所领袖填词 / 149

88. 万寿路步韵和词　失爱子领袖垂泪 / 154

89. 志愿军攻克汉城　彭德怀回国述职 / 162

第十篇　发动"三反""五反"共产党怒斩贪官　巡视黄河长江毛泽东南下视察 / 166

90. 民主人士看土改　余江调查血吸虫 / 167

91. 毛泽东怒斥贪官　共产党开展"三反"/ 172

92. 发号召增产节约　大规模"三反""五反" / 178

93. 果断处决贪污犯　中南海漫步谈心 / 183

94. 打扑克陡起风波　毛泽东巧作周旋 / 187

95. 毛泽东评《长征》剧　认真致信黄炎培 / 193

96. 操国事日理万机　毛泽东巡视黄河 / 200

97. 室外漫步恋飞雪　屋内谈心语话长 / 207

98. 一路畅谈八百里　险些难下黄鹤楼 / 213

99. 南京城里说镇反　中山陵前见学生 / 220

100. 紫金山谈今论古　济南趵突泉品茶 / 226

101. 深切悼念斯大林　律人律己严要求 / 230

第十一篇　迎曙光社会主义航船乘风破浪
　　　　　颁宪法搞规划掌舵人是毛泽东 / 235

102. 明确提出总路线　朝鲜停战告儿媳 / 236
103. 亲切会见胡志明　努力防治血吸虫 / 240
104. 认真规划新铁路　警惕高岗饶漱石 / 242
105. 诸多小事托秘书　启程离京赴杭州 / 245
106. 西湖畔起草宪法　郭沫若见毛泽东 / 249
107. 开国服归李银桥　睡态感动封耀松 / 253
108. 中南海内办学校　丰泽园中谈健康 / 258
109. 北戴河海滨游泳　毛泽东即兴赋诗 / 263
110. 苏联北京办展览　金日成送红苹果 / 267
111. 勤政殿上谈原子　银桥夫妇探家乡 / 271
112. 中南海中听汇报　北京城里看物展 / 276
113. 李银桥任卫士长　全国反贪污浪费 / 281

第十二篇　促生产推广农业合作社
　　　　　抒豪情毛泽东畅游长江 / 285

114. 游湘江登岳麓山　规划农业合作社 / 286
115. 邯郸棉田究丰歉　解放军将帅授勋 / 291
116. 推进农业合作化　改造民族工商业 / 295
117. 号召向科学进军　坚持搞社会主义 / 300

118. 苏共大反斯大林　中共论十大关系 / 306

119. 再次接见董其武　毛泽东怒发广州 / 311

120. 东湖宾馆座谈会　毛泽东三渡长江 / 316

121. 毛泽东鼓励争鸣　专列上赠诗释疑 / 321

122. 夫妻间同桌分食　八次大会喜召开 / 327

第十三篇　艰苦奋斗国民经济稳步得发展
　　　　　　勤俭建国制定《工作方法六十条》/ 334

123. 北京欢迎苏加诺　苏联大使听意见 / 335

124. 中苏关系笼阴影　座谈民族工商业 / 340

125. 国务会议商国事　毛泽东再次离京 / 344

126. 毛泽东自我批评　颐年堂"主义之争" / 351

127. 新闻导向要加强　开展反右派斗争 / 356

128. 开八届三中全会　准备二访莫斯科 / 362

129. 共产党国际会议　莫斯科发表宣言 / 367

130. 领袖北京尝窝头　南宁夜空遇敌情 / 373

131. 毛泽东关心爱女　孙燕再见毛泽东 / 377

132. 中央发出《六十条》　漫步成都沐春雨 / 381

133. 浪击三峡改古诗　领袖汗洒十三陵 / 386

第十四篇　鼓足干劲力争上游"大跃进"
　　　　　纠"左"转向庐山会议起风波 / 391

134. 全国掀起"大跃进"　中苏两党起分歧 / 392

135. 领袖视察徐水县　称赞人民公社好 / 400

136. 人民领袖爱人民　中央会议定方针 / 406

137. 专列飞驰听汇报　老友之间起争执 / 411

138. 观看《白蛇传》落泪　解放军炮击金门 / 417

139. 黄河侧畔纠"左"倾　长江岸边反浮夸 / 423

140. 郑州会议再纠"左"　上海饭后发怒火 / 428

141. 多谋善断谈郭嘉　直言敢谏讲海瑞 / 433

142. 别梦依稀咒逝川　故园三十二年前 / 439

143. 停车旷野踏山路　腾云驾雾上庐山 / 445

144. 毛泽东庐山览胜　尼克松访问苏联 / 451

145. 彭德怀上万言书　毛泽东责人责己 / 454

146. 彭德怀怒中失态　八中全会立刻召开 / 459

147. 中央定"反党集团"　彭德怀黯然下山 / 465

第十五篇　面对困难毛泽东奋力挽狂澜
　　　　　实事求是领袖与人民心连心 / 471

148. 喜看女儿结良缘　中苏关系遭破裂 / 472

149. 毛泽东南下视察　与人民同甘共苦 / 479

150. 认真调查大食堂　卫士进校看李讷 / 485

151. 小李讷回家充饥　妥安置归国华侨 / 489

152. 张少华恋毛岸青　中国朋友遍天下 / 494

153. 十年总结诚责己　斯诺再见毛泽东 / 498

154. 香山红叶情不已　古典小说纵横谈 / 503

155. 毛泽东诞辰聚会　派卫士下乡调研 / 507

156. 难舍难离中南海　泪眼依依游泳池 / 511

157. 毛泽东书《长征》诗　永久怀念领袖情 / 515

后　记 / 517

第七篇

住香山毛泽东筹备建国　过长江解放军乘胜歼敌

◎ 毛泽东举杯对四野的将领们说："在两年半的解放战争过程中，我们消灭了国民党反动派的主要军事力量和一切精锐师团。国民党的反动统治机构即将土崩瓦解、归于消灭了！你们同二野、三野，三路大军浩浩荡荡地就要下江南了；声势大得很，气魄大得很！同志们，下江南去！我们一定要赢得全国的胜利！"

◎ 这时的娇娇再也抑制不住存于内心已久的对爸爸的思念之情，激动地扑上前去，叫着"爸爸"依偎在了毛泽东的怀里。毛泽东也激动地一下子将女儿抱起来，两眼含着热泪在女儿的脸上亲了又亲……

61. 颐和园领袖发怒　毛岸英冒险排雷

1949年3月25日早晨，毛泽东在火车上看到了北平的城墙，他在北平清华园东站下车后，幽默地对叶剑英说："剑英呵，到了你管辖的一亩三分地了！"

叶剑英笑答道："主席，过去你和周副主席派我在军调部工作时，我是到过北平的。这一次比大家先到一步，感到和以前可大不一样啊！"

周恩来笑着问："有什么不一样啊？"

叶剑英说："心情不一样，环境不一样，所担负的工作也不一样。"

朱德这时说："剑英，你现在是北平市市长，要抓全面工作了，要学做开封府的包拯……"

刘少奇开玩笑说："叶市长的脸可比包拯的白多了！"

大家一起笑起来。毛泽东感慨地说："三十年了！三十年前我为了寻求救国救民的真理而奔波，还不错，吃了不少苦头，在北平遇到了不少的大好人，而第一个大好人就是李大钊同志。在他的帮助下，我才成了一个马列主义者。他是我真正的老师，没有他的指点和教导，我今日还不晓得在什么地方呢！"

毛泽东周围的人都是十分了解他的人，听着毛泽东的话，看着车外近在咫尺的北平城，毛泽东的许多往事又浮现在人们眼前……

那已是1918年的事了，8月间，正是北平天气最热的时候，25岁的毛泽东陪同去法国勤工俭学的湖南学生，从长沙来到了当时的北京。

毛泽东前来投靠的是他在北京唯一的熟人杨昌济先生。杨昌济曾是毛泽东的老师。以前杨昌济曾任教于长沙，是湖南省立第一师范学校的伦理学老师。毛泽东这次来北京时，杨昌济正任着国立北京大学的教授。

到了北京，身无分文的毛泽东去北京大学找到杨昌济，请他帮助找份工作。杨昌济热情地将毛泽东介绍给同在北京大学任教授的李大钊，李大钊当时在北京大学还兼任着图书馆主任。

通过接触，李大钊了解到眼前这位从湖南来的青年毛泽东很有志向，便给他安排了一份工作，在图书馆里做临时助理员，月薪八块银圆，使毛泽东在北京的生活有了保障。

当时的北京大学坐落在景山东侧的沙滩，毛泽东的工作室紧贴着李大钊教授的办公室。毛泽东在北京滞留了近半年的时间，在这里他爱上了他老师杨昌济的女儿杨开慧，19岁的杨开慧也爱上了勤奋好学的毛泽东。

在北京，毛泽东更重要的收获是开阔了眼界，在李大钊身边接触到了马克思主义，激发了他的无产阶级革命热情，为他一生的革命征程奠定了方向……

火车汽笛的一声长鸣，将毛泽东和大家的思绪都引回到了现实中。火车慢慢地停了下来，这里已是北平的清华园。这时，天色已经大亮了。

清华园站台上，早已有解放军总部直属部队的司令员聂荣臻、北平市委第一书记彭真和中央社会部的部长李克农等人前来迎接了。

毛泽东一行人下了火车，立刻被前来迎接的人们热情地围拢了，大家非常亲热地互相握着手、彼此问候着。毛泽东和周恩来等人虽然彻夜未眠，但此时却都显得很振奋，谁也没有丝毫疲倦的样子。

韩桂馨和李讷更是高兴，在人群中左右前后地张望着火车站上的一切。如果不是集体行动，两个人还真想跑到车站前面去好好看一看火车头呢！

许多辆小卧车载着毛泽东一行人驶离了清华园火车站。在汽车内隔着车窗，人们见到古老的京城因为没有遭到战火的破坏，处处呈现着一派祥和的景象。

车队一直开进了位于北平西北郊的颐和园，这里曾是清朝晚期的皇家园林，是慈禧皇太后居住和游玩的城外行宫。

下了汽车，韩桂馨领着李讷，跟在大家的身后随着人群走。这时李银桥寸步不离毛泽东，右手一直紧贴着挎在腰际的手枪枪套，随时准备应付可能突然发生的意外情况……

对于韩桂馨和李讷来说，这是她们第一次进公园，而且是这么大的皇家园林，两个人的眼睛都看不过来了。

面对有山有水、水波荡漾、山水相连的偌大颐和园，韩桂馨真的被吓住了、惊呆了。她做梦也想不到世界上还有这么美的地方，眼前的山光春色不仅令她兴奋不已，而且令她心跳不已、感叹不已……

走在人群后，韩桂馨左顾右盼，开始爬山了，她听人说爬的是万寿山。在山坡上，人群中的许多人不停地驻足四下观望。看着眼前画梁绘檐的长廊、宏伟壮丽的楼阁、宽阔碧绿的湖面，韩桂馨觉得仿佛身入画中，直感到如醉如痴……

走着看着，韩桂馨发现整个园子里，除了他们这一行人外，四下里再也见不到别的什么人，感到奇怪，心中暗自思忖：这么大的园子，这么好的地方，怎么没有人住也没有人来玩呢？

不多时，大家被引进一个宽大的院落中，韩桂馨见到正殿的堂门上悬挂着一块写有"益寿堂"的红色漆匾。正殿五间，已经腾出一间做了毛泽东的休息室。

当大家在院中找地方坐下来休息时，李银桥派出卫士组的人去找水给毛泽东洗脸、烧水沏茶。可是，卫士组的人一个接一个地回来说，四下里许多地方都找遍了，就是找不到用来洗脸的水和喝的水，也找不到合适的当地人、找不到饭……

毛泽东知道后，立刻派人去叫来了中央社会部的部长李克农，此人被人背地里称作中国的"捷尔任斯基"。当李克农来到毛泽东面前时，被毛泽东劈头问道："你们搞么名堂？先来的人都干么吃去了？"

李克农有些紧张地解释说："原来颐和园里的人都被我派人清理出去了，是为了保证首长们来这里以后的安全……"

没等李克农把话说完，毛泽东已经发了脾气："你蠢么！你把水全都排干了，你要保护的那个鱼还讲什么安全？"

李克农提心吊胆地继续解释说："北平刚解放，城里城外的特务很多，搞破坏和暗杀活动很猖狂，我不能不严加防范……"

"你防范个屁！"毛泽东大声吼道，"鱼离开了水，你安安全全地干死在那里、饿死在那里吧！"

"我……"李克农的额头上冒出了冷汗，有些张口结舌，"主席，我这就去安排……"

"你能安排什么？我不用你了！"毛泽东生气地一挥手，把李克农打发走了。

当李克农很显狼狈地离开后，余怒未消的毛泽东对李银桥说："这个李克农，不晓得依靠群众，能解决么大问题呀！"随后又说："银桥，你去想想办法，先给大家搞些水来喝。"

"是！"李银桥胸有成竹地答应着，因为汽车临进园子时，他见到大门外有人摆摊卖茶水。

李银桥很快收集了几个军用水壶，跨步走出院门去找水。这时，社会部的人受李克农的指派，给毛泽东等人送来了大米饭和三菜一汤。

李银桥转身随着这些人走回来,毛泽东见了说:"不用去找水了,先吃饭吧!"又问送饭来的人,"你们的这些饭菜,是从哪里搞来的呀?"

送饭的人说:"是跑到园子外边的饭馆买来的。"

"我说么!"毛泽东抓起筷子说,"我说我们离不开群众么!回去告诉你们的部长,办什么事情都要首先想到广大的人民群众!"

社会部的人走后,大家开始吃饭。

毛泽东一边吃饭,一边对李银桥说:"入城式你莫跟去了,我要你去香山打前站,帮我安排吃住,不要学他们的样子干蠢事。"

李银桥立刻答应下来:"是,下午我去香山。"

饭后,李银桥奉命先行去香山了。

毛泽东在益寿堂临时休息,社会部的人给大家送来了洗脸水和沏好的热茶。

洗过脸,喝着茶,毛泽东问社会部的人:"你们见到岸英了么?"

"见到了。"社会部的人报告说,"他和排雷组的人们正在休息。"

"为么事不来见我呀?"毛泽东问。

社会部的人开始汇报。直到这时,站在毛泽东一旁的韩桂馨才听到了关于毛岸英来到北平的详细情况:

自1949年从2月1日毛岸英离开西柏坡后,便带领着华北军区的一个工兵排,陪同两个扫雷技术人员,作为中央机关的先遣队,首批进入了北平。

毛岸英他们所担负的任务十分艰巨,而且非常危险,是负责排除北平市区内外的地雷、炸药,以保证水电畅通、房屋建筑和主要交通干线上桥梁的安全。

经过50多天紧张的搜索、排雷、拆雷管、缴炸药、收导火线，毛岸英他们累得简直直不起腰来，但总算一切顺利，不但工作成效很大，而且在处置险情中没有发生任何伤亡事故。

直到3月24日晚上，刚刚端起碗来准备吃饭的毛岸英，又接到电话通知，说是毛泽东和其他中央首长明天就要进北平了，安排好先在颐和园休息，并在景福阁宴请民主人士。这可真是时间紧迫，因为距离明天只有一夜的时间了！

毛岸英二话没说，放下碗筷，立刻带人火速赶到了颐和园。他们发扬了解放军不怕吃苦、不怕疲劳和连续作战的作风，把毛泽东等中央首长明天将要经过的地方前前后后、左左右右都做了认真检查，并连夜将几处院落、房间的里里外外也做了彻底的搜索，直到天亮时，得知毛泽东等人乘坐的火车已经进了北平城，颐和园围墙外面却还没有来得及进行排查；由于围墙外还有国民党军残留的一些碉堡、炮楼和火力点，这些都是极易隐藏人的地方，也是特务分子惯于利用的地方，如不进行彻底排查，不怕一万，就怕万一……

可是要想在围墙外进行彻底排查谈何容易？单单绕着围墙走一圈，就有近20公里的路程，时间显然不够用了。怎么办？这时工兵排的一位同志向毛岸英建议：“这样吧，我们分成五人一个小组，胳膊挽着胳膊，划分好方向，顺着墙外大大小小的道路走一遍，遇到险处重点排查，宁可牺牲自己，也要保证毛主席和中央首长们的绝对安全！"

毛岸英毫不犹豫地采纳了这个建议，他和四名工兵战士一起手挽着手，用自己的身体去探险、去蹚扫可能存在的地雷，以大无畏的精神向死神挑战，以勇于献身的忠诚和勇气，走向了颐和园外的荒野……

死神在毛岸英等人的面前退却了。等颐和园外的大小路径被蹚扫下来，毛岸英他们已是累得筋疲力尽，顾不得吃一口饭就找地方躺下休息了……

在得知了毛岸英的情况以后，韩桂馨非常佩服他的胆量和忠心，毛泽东也不无感慨地说：“岸英是个好伢子！"

下午，毛泽东要去西苑机场参加在那里举行的入城式。阅兵之后，还要同各界的代表见面，估计时间会很长。为此，毛泽东便让韩桂馨带着李讷，随江青和李云露她们先到香山去了。

毛泽东要去西苑机场了，临离开颐和园前，他又特意吩咐社会部的人们说："以后这里要让群众进来，这里是人民的公园。"

62. 西苑机场阅雄兵　双清别墅初落脚

1949年3月25日下午5时，毛泽东、朱德、周恩来、刘少奇、任弼时等一行人，乘汽车来到北平的西苑机场后，先同已经聚集在这里的1000多名各界代表见了面，其中有沈钧儒、郭沫若、李济深、黄炎培、傅作义、马叙伦等人，然后举行了入城式之前的盛大的阅兵式。

毛泽东、朱德、周恩来、刘少奇和任弼时等中央领导同志，分别乘坐着敞篷吉普车，开始阅兵。

受检阅的部队中，包括海军队列、步兵队列、骑兵队列、野战炮队列、战车队列、坦克队列和新组建不久的高射炮队列……

毛泽东头上戴着军帽，身上穿了件皮毛翻领的军棉大衣，乘坐着第一辆敞篷吉普车，绕场检阅着眼前的这支代表着中国人民解放军的雄壮之师、威武之师、胜利之师。毛泽东乘坐的汽车所到之处，受阅的各部队连连发出"毛主席万岁！""接受检阅！""首长好！首长辛苦了！"的欢呼声。这呼声，响彻了整个西苑机场……

毛泽东时而向受阅的部队挥手致意，时而抬起右手向部队敬着军礼，时而向指战员们大声问候："同志们好！同志们辛苦了！"

在所有受阅部队的队列中,最引人注意的是高射炮队列。这是由新组建的高炮二团的中炮营组成的75式高射炮队列。队列中,排列整齐的一门门高射炮傲耸蓝天,显示着中国人民解放军的从无到有、从小到大,由弱到强、由陆军向防空部队、向空军、向海军发展的不可阻挡的强劲势头……

当毛泽东在西苑机场阅兵时,韩桂馨和李讷随着江青已经乘汽车驶向了西郊的香山。一路上,韩桂馨向车外张望着,由于从未见过的缘故,她觉得沿途见到的一切都很新奇,就连路边的小村小铺、小摊小店,都感到很惹眼……

当汽车驶到香山慈幼院的后门时,李讷眼尖,一眼就看到了停在那里的毛泽东原来乘坐的美制中吉普:"阿姨,看,那是我爸爸的车!"

隔着车前玻璃望去,车上的人都见到了那辆中吉普,旁边还有好几辆别的吉普车,就连毛泽东的司机周西林也在。韩桂馨想了想才明白过来,原来毛泽东去西苑机场乘坐的是别的汽车,眼前的这些小吉普车是李银桥他们先带来的。

江青一行人下了车,周西林立刻迎上前说:"江青同志,前面有一段路是陡坡,小卧车上不去,请你们坐吉普车上去吧。"

江青问:"李银桥呢?他不是先来了吗?"

周西林回答说:"李组长让我在这里等着接你们,他已经去给你们安排住处了。"

"那好!"江青招呼韩桂馨带着李讷、李云露和王博文分别上了吉普车,然后对周西林说,"我们走!"

一辆中吉普和一辆小吉普车开动了。

车子继续向前行驶着,进山的路虽然有些难走,但山中的景色很令韩桂馨和李讷着迷。这时的香山,虽说还有许多树没有长出绿叶来,但山间那一株株的松柏还是给沿途披挂上了一簇簇绿色,使整个香山充满了一派生机……

吉普车开到香山西南方向的一处山坡前,开始从东侧进入一处很大的园子。临进园门时，韩桂馨见到石砌的大门上雕刻着"双清别墅"四个大字。

下了车，已经在这里等候的李银桥马上跑过来向江青报告情况："江青同志，我看了，这里就很好。这里曾是孙中山住过的地方，条件很好，环境也不错。"

"我先看看。"江青说罢，便带着李云露和王博文在院子里走了走，看了看，韩桂馨带着李讷随在江青的身后也在院内四处转了转。

首先看到的是院中高耸着的许多古老的松柏，更令人喜爱的是院中还有一个泉水池，清澈的泉水正在"哗哗"地流淌着。池旁是一个造型别致的六角凉亭，和北面的正厅遥遥相对。

院中的主要建筑是一排坐北朝南的平房，房屋高大美观，进深很长，室内光线充足。像中国所有的古代建筑一样，这排房子的中间是正厅，李银桥告诉说可以用来作为毛泽东的会客室，房间起码可以坐下20个人。

走出中间正厅，西侧的一溜房间依次被安排为毛泽东的办公室、卧室和卫生间，东侧的一溜房间也被安排成了办公室、书房和小会客厅。再往里走，过了会客厅就是小餐厅，有一个走廊将小餐厅和厨房连通起来，进进出出的很方便。

继续往里走，院子西面山坡的平房被安排成江青和李讷、李银桥和韩桂馨、李云露和王博文的住处，院子里还有一些平房，作为了卫士组的工作人员的办公室、接待室、储藏室和小厨房。

泉水池的南侧，在靠近山脚的地方，有一个新挖好的防空洞，这不由让人想起了毛泽东在西柏坡的时候，房子后面近百米的地方也挖了一个防空洞，当时主要是吸取了在城南庄时的教训，是为了防空袭；可现在这里新挖个防空洞干什么用呢？难道蒋介石还有能力派了飞机来北平轰炸吗？

在防空洞的洞口两侧，分别刻着"毛主席万岁"和"朱总司令万岁"两个口号，李银桥告诉说："这防空洞是华北军区的工兵们挖的，知道毛主席和总司令要来，连着好几天不休息才挖出来的。他们刻上标语，是为了表达对毛主席和总司令的热爱……"

江青打断了李银桥的话，问："周副主席他们住哪儿呀？"

李银桥说："周副主席和总司令、刘少奇同志和任弼时同志，他们都住在咱们这个大院北面的另一个大院，那里的房子多，能住下他们所有的人。这两个大院只隔着两三百米，有石头铺好的路通着，能在上面跑汽车。"

李银桥还告诉说："咱们这里的卫士值班室，在北面正门的门里，警卫班在东门外的另一个院子里住。"

对于这样的安排，江青很满意，点头说："这样很好！银桥呀，算主席和我没有白疼你！"

李银桥淡淡地一笑，随即叫来了几名卫士，大家很快帮助江青、李讷和李云露、王博文将一切安顿好。卫士组的人在李银桥的指挥下，又迅速布置好了毛泽东的会客厅和办公室、书房，大家一起等待着毛泽东阅兵归来……

直到这时李银桥才留意到，江青对毛泽东的称呼，一改进北平以前的"老板"而为"主席"了。

傍晚时，毛泽东等人还没有来。

晚饭做好了，江青通知大家："我们先吃吧！不等了，谁知道主席他们什么时候到！"

这样，先来的人们便在双清别墅里吃了进北平以来的第一顿晚饭……

直到晚上10点多钟，毛泽东和周恩来、朱德、刘少奇、任弼时等人才来到香山。

进了双清别墅，在明亮的电灯下，依然等候的人们见毛泽东神采奕奕地走来，赶忙迎上去问候，然后引他进到北房的正厅里坐下来休息。

毛泽东见到院中和房里的一切，对李银桥和围在他身边的人们说："这里很好，比颐和园里的益寿堂强多了！"

李银桥请毛泽东到卫生间洗了脸回来，毛泽东对依然没有散去的人们说："大家都很辛苦了，感谢你们为我做了这么多，都回去休息吧。过一会儿周副主席他们还要来，我们还要研究明天的事，你们就不要在这里熬夜了。"

李银桥立刻劝说大家散去了，毛泽东对李银桥又说："你也回去休息么！"

李银桥说："主席身边总得留人哪！"

毛泽东挥挥手说："去么，今夜不留人了，有事情我会想办法通知你。"

李银桥又说："那我告诉你，我和小韩住在院子西边的平房里，卫士值班室在北门，我已经让人接通了电铃。主席这里如果有事，按一按办公桌上的电铃或者卧室里的电铃，我马上就到。"

毛泽东笑了说："你很会办事情么！真的越来越聪明了，我也越来越离不开你了！"

李银桥也笑了说："我的聪明还不都是你教的？"

毛泽东放声大笑："也要你肯学习呢，也是小韩阿姨对你的帮助么！你们这样互相帮助，互相学习，将来都可以为人民干好多事情呢！"

当李银桥离开毛泽东的时候，见到周恩来和刘少奇已经到双清别墅的院中来了……

63. 香山园私人会晤　解放军准备南下

1949年3月26日清晨，又整整工作了一夜的毛泽东总算在双清别墅的卧室里休息了。

下午，毛泽东和周恩来在双清别墅的小会客厅里，接见了国民党南京政府代总统李宗仁秘密派来北平的私人代表刘仲容。

李银桥给客人沏了茶水，便退到客厅的一角，带了枪侍卫在那里。

刘仲容先生很拘谨、很客气地对毛泽东和周恩来说："李总统让我转告尊敬的毛主席和周副主席，只要你们不过江，什么条件国共两党都可以谈，对于你们提出的任何条件，国民党政府也都可以认真考虑。"

毛泽东立刻提出了反对条件："这样不行么！第一，我们过江，李宗仁不要动，他还在南京继续做他的总统，我们不难为他；第二，和谈成功，我们欢迎李宗仁、白崇禧到北平来，也欢迎何应钦来。"

周恩来说："我们现在只对你们李宗仁总统代表的南京政府，不对蒋介石。"

毛泽东继续说："李总统如果亲自来，我们对等，我出席；如果白崇禧将军来，我们由周恩来出面接待。我们和谈的目的，是为了减少牺牲，减少损失，减少消耗双方的力量。我们国家的底子太薄，无非是这个目的，并不是我们打不过去。"

刘仲容表示说："毛主席的良苦用心我完全理解，可德邻先生还是殷切期望贵军最好不要过江，这样他在南京对各方面都好交代，好应付。"

毛泽东笑了笑说："江我们是一定要过的。不过，既要和谈，就要像个和谈的样子。只要谈得成，我当主席，请他李宗仁当第一副主席。"

刘仲容又说："白崇禧将军现在安徽，他要求贵军网开一面，能让他把部队撤出来。"

毛泽东当即表示说："这好办，这是小局面，主要应当看到大局面。但是，解放军不过江不行！白崇禧将军是位军事家，这我毛泽东是晓得的。但他首先要把力量估计准确，不然会犯错误呢！"

周恩来笑着说："据我们掌握的可靠情况，白崇禧将军现在手中掌握的也只有30万人马。"

刘仲容有些不安地说："还要多一些。"

毛泽东十分大度地一挥手："我们晓得白先生是善于带兵打仗的，人称'小诸葛'么！我们共产党人对'小诸葛'也要尊重。请刘先生回去后直言转告，你白先生喜欢带兵，将来国防部成立了，给你带五六十万人，做个大统帅好不好？我们共产党人说到做到。如果要动手，我们也决不客气！"

刘仲容考虑了一下，然后说："容我将毛主席和周副主席的意见，回去转告德邻先生和白先生，如果他们同意，那将是最好的了。"

毛泽东接着对他说："我们可以用文字形式，正式通知南京政府：和谈开始的时间为4月1日，谈判地点为北平，中共方面的首席代表为周恩来；谈判内容，以我在1月14日对时局的声明和所提的八项条件为双方谈判的基础。"

"好的，好的！"刘仲容起身表示说，"我尽快赶回去，将你们的全部意见如实转告德邻先生和白先生。"

"希望我们谈得拢啊！"毛泽东也站起身来说，"我们等着你们在4月1日以前，派正式的代表团来北平！"

3月28日、29日，毛泽东在双清别墅的办公室里，一连两天同周恩来、刘少奇、朱德和任弼时研究各方面的工作，并且开始部署渡江战役。

3月30日，毛泽东收到了国民党革命委员会常务委员、秘书长柳亚子写给他的一首诗，柳亚子先生在诗中发了牢骚：

开天辟地君真健，说项依刘我大难。
夺席谈经非五鹿，无车弹铗怨冯驩。
头颅早悔平生贱，肝胆宁忘一寸丹！
安得南征驰捷报，分湖便是子陵滩。

毛泽东见了诗后对周恩来说："我要好好给他写一首和诗呢！免得他'无车弹铗'要回子陵滩了！"

周恩来笑道："也只有主席能和他的诗嘛！"

1949年3月31日，毛泽东和中共中央的其他领导人一起，在香山接见并宴请了中国人民解放军第四野战军的师以上干部。

在宴会上，毛泽东举杯对四野的将领们说："在两年半的解放战争过程中，我们消灭了国民党反动派的主要军事力量和一切精锐师团。国民党的反动统治机构即将土崩瓦解、归于消灭了！我们三路大军浩浩荡荡就要下江南了；声势大得很，气魄大得很！同志们，下江南去！我们一定要赢得全国的胜利！"

周恩来也举杯向大家说："为了解放全中国，打过江南去，干杯！"

四野的将领们都激动地举起了各自手中的酒杯，齐声回答说："为了解放全中国，打过江南去，干杯！"

举杯后，四野的人们无论会喝酒的还是不会喝酒的，都将自己端在手上的杯中酒一饮而尽……

1949年4月1日,南京政府的和谈代表团到了北平,首席代表是毛泽东和周恩来熟悉并且多年来在许多问题上一直表示赞赏的国民党政府中的老朋友张治中将军。

4月2日,双方代表开始私下交换意见,分头进行磋商,共同酝酿即将举行的正式谈判协定方案。

这一天,毛泽东借助形势,给早已率部起义的傅作义将军发了一封复电:

> 南京国民党反动政府发动反革命内战的政策,是完全错误的。数年来中国人民由于这种反革命内战所受的浩大灾难,这个政府必须负责。但是执行这个政策的国民党反动政府的文武官员,只要他们认清是非,幡然悔悟,出于真心实意,确有事实表现,因而有利于人民解放事业之推进,有利于用和平方法解决国内问题者,不问何人,我们均表欢迎。

同一天,毛泽东还代表中央军委,致电总前委邓小平、陈毅等人,要他们通知所属各部队,做好渡江战役的一切准备工作。

第二天,中国妇女第一次全国代表大会胜利闭幕。

4月4日,《人民日报》发表了毛泽东为新华社所写的《南京政府向何处去?》的评论文章。

64. 国共两党再谈判　共产党部署渡江

自从张治中将军率代表团代表国民党政府来到北平进行和平谈判以后,为了推动国共和平谈判的顺利进行,毛泽东和周恩来于1949年4月8日上午,在香山的双清别墅接见了张治中。

张治中当面递交了李宗仁写给毛泽东的一封信。毛泽东看了信后对张治中说:"德邻先生虽然同意按八项条件作为基础进行谈判,但他在信中对战犯的问题看来还是不放心。张将军,我们是老朋友了,你也感到有困难吧?"

张治中诚恳地说:"是的,尤其对蒋委员长,我和德邻都很不好同他讲话。"

毛泽东表示理解地点头说:"那么好,为了减少你们代表团的困难,可以不在和平条款中提出战犯的名字。"

张治中当即表示感谢说:"对于共产党人的大度和坦诚,我张治中是早就领教过了,并从中受益匪浅。"

毛泽东又说:"和平谈判的方案先由中共方面草拟出来,这由恩来负责。拿出方案后再正式谈判,就容易了。"

周恩来也说:"还是以毛主席在1月14日对时局的声明和所提出的八项条件为基础,这我们已经明确表示过多少次了嘛!"

毛泽东说:"将来签字,如果李宗仁、何应钦、于右任、居正、童冠贤等人都来参加，就更好了。"

张治中说："我也希望他们都能来。"

周恩来对张治中说："文白兄，你要动员他们来嘛！"

张治中说："我一定尽力而为、尽力而为！"

在彼此谈到将来的国家建设时，毛泽东说："今后，我们大家来做的，大家合作做的，当然最重要的是共同一致来结束战争，恢复和平，以利在全国范围内开展伟大的生产建设，使国家和人民稳定地进入富强康乐之境。"

周恩来补充说："全国和平了，没有了战争，需要我们共同做的事情多得很，国共两党还需要进一步合作嘛！"

张治中的眼里闪现出希望的光泽："我也希望全国早一天和平啊！"

一直侍卫在一旁的李银桥注意到，毛泽东和周恩来一直同张治中长谈了4个多小时。

临近中午，毛泽东和周恩来邀请张治中在一起吃饭。当张治中得知毛泽东和周恩来已经一天一夜没有睡觉时，便坚持着告辞，离开了双清别墅。

下午，毛泽东代表中共中央电复南京政府代总统李宗仁，表示在国共和平谈判中要采取宽大政策。

4月9日下午，毛泽东在双清别墅又同南京代表团的成员邵力子、章士钊进行了坦诚的交谈。

4月10日，在双清别墅，毛泽东和周恩来还同南京代表团的成员黄绍竑和刘斐进行了交谈。

在交谈中，毛泽东询问了黄、刘二人来到北平的生活情况，然后对刘斐说："刘先生，听口音你是湖南人吧？"

刘斐回答说："我是醴陵人，与主席邻县，是老乡。"

毛泽东显得很高兴的样子，说："啊，老乡见老乡，两眼泪汪汪哩！"

刘斐感慨道："蒋介石打不下去了，让李宗仁出来求和。人民需要休养生息，和平是大势所趋啊！"

毛泽东赞同道："对么！人民的需要，我们最了解。我们共产党是主张和平的，否则也不请你们来。我们是不愿意打仗的，发动内战的是以蒋介石为头子的国民党反动派么！只要李宗仁诚心和谈，我们是欢迎的。"

这时，侍卫在一旁的李银桥见毛泽东的目光在茶几上搜索着什么，知道他是在找烟，便急忙从靠窗的桌子上取了烟来，递给毛泽东。

毛泽东吸着烟，又对黄、刘二人说："李宗仁现在是六亲无靠呢！"并且站起身来，用拿着烟的手扳着手指头继续说："第一，蒋介石他靠不住；第二，美帝国主义他靠不住；第三，蒋介石那些被打得残破不全的军队他也靠不住；第四，桂系军队虽然还没有残破，但那点子力量他也靠不住；第五，现在南京一些人士支持他是为了和谈，他如果不搞和谈，这些人士同样靠不住；第六，他不诚心和谈，共产党也靠不住，也要同他奉陪到底哩！"

毛泽东踱了几步，熄灭了手上的烟头，又说："我看六亲中最靠得住的还是共产党。只要你们真正和谈，我们共产党人是说话算数的，是守信用的。"

刘斐也早已站起身来："主席已经将德邻的脉搏摸在手里了，我们也再无话可讲。"

站起身来的黄绍竑也说："主席的话我们相信，完全相信。"

这时，周恩来说："那好嘛！今天主席请两位代表先生在这里吃饭，我作陪。"

当毛泽东、周恩来在小餐厅里留黄、刘二人一起吃饭时，几个人又谈起了各自的爱好。刘斐趁此机会，将他心中还存有疑虑的一个问题，向毛泽东探试性地提了出来："主席，您会打麻将吗？"

毛泽东正面回答说："晓得些，晓得些。"

刘斐立刻追问："您是爱打清一色呢，还是喜欢打平和？"

毛泽东听了，险些笑喷了已经吃进嘴里的饭菜，他马上吞咽了口中饭，回答说："平和、平和，只要和了就行了！"

刘斐听毛泽东这样一讲，随即会心地笑了，侍卫在一旁的李银桥见到周恩来和黄绍竑也一起笑起来……

在以后的几天时间里，毛泽东为了促成国共和谈成功，同周恩来一起商议，做了许多相应的部署。

4月11日，毛泽东在4月2日致电总前委邓小平和陈毅的渡江作战指示的大政方针基础上，又分别致电第二野战军的刘伯承、张际春、李达，第三野战军的粟裕、张震，告诉他们：

依据谈判情况，我军须决定推迟一星期渡江，即由15日渡江推迟至22日渡江；

4月13日，在做好了这一切部署之后，以周恩来为首的中共代表团同以张治中为首的南京政府代表团，于当日晚，开始举行国共第一次正式谈判，讨论由中共代表团提出的和平协议方案。

在谈判进行当中，周恩来注意到张治中等人都有一个共同的认识，即对他们代表的国民党和南京政府方面，认为他们肯定是要失败的，既然注定失败，何必还一定要拖累国家和人民呢？

基于这样一种心态，会谈后，以张治中为首的南京政府代表团，对以周恩来为首的中共代表团提出的和平协议方案，提出了一个修正案，其中包括40多条修改意见。

中共方面经过研究，接受了张治中等人所提修改意见中的大多数意见，双方重新拟写文稿后，形成了《国内和平协定》的"最后修正案"。

4月14日，鉴于谈判形势和所取得的谈判成果，毛泽东致电准备渡江作战的前线指挥员，告诉他们：

张治中等表示原则上接受我方草案，仅在个别问题上有意见。惟南京李、何、白、顾等是否能拒绝美蒋干涉（此种干涉现已加紧）愿意接受，则尚无把握。

为此，毛泽东要他们"做好多种准备"。

1949年4月15日，早于3月末返回南京去的李宗仁的私人代表刘仲容，又带着李宗仁和白崇禧的意见，返回北平来见毛泽东。

刘仲容告诉毛泽东说，他回去以后，将毛泽东所谈的条件全部对李宗仁讲了，李宗仁说他自己无所谓，让他去跟白崇禧谈。他又去见了白崇禧，白崇禧不同意，还是坚持"划江而治"的原则，并让他来北平再次拜见毛泽东。

毛泽东知道了李宗仁和白崇禧的态度后，当即对刘仲容说："我料也是如此么！那没得办法，我们非过江不可！"

毛泽东将刘仲容带来的李宗仁和白崇禧的态度，告知了周恩来。

当天晚上，周恩来胸有成竹地再次率中共代表团同以张治中为首的国民党南京政府代表团举行了第二次谈判。

这次谈判后，周恩来留意到张治中等人的一致意见，认为尽管中共所提的条件过于高了一些，但如果能了然于"败战求和"和"天下为公"的道理，不局限于一派一系的私利，以国家元气和人民的生命财产为重，那么就只有接受这个协定了。

实际情况果然如此。张治中向周恩来表示，他们代表团内部"大都表示只有接受这个《国内和平协定》为是"，并决定派人带着文件回南京去，力劝李宗仁、白崇禧等人所代表的国民党政府接受。

4月16日，毛泽东又致电前线指挥员：

南京是否同意签字，将取决于美国政府及蒋介石的态度。如果他们愿意，则可能于卯哿（注：4月20日）签字，否则谈判将破裂。

毛泽东在一次散步中曾问李银桥："银桥，你说南京政府会在和平协定上签字么？"

李银桥摇头说："李宗仁准不签，没有蒋介石的许可，他也不敢签。"

毛泽东点头道："大势所趋，我们要做好渡江准备呢！"

毛泽东历来主张遇事必须做好应付各种复杂情况出现的必要准备，即在代表中央军委发给总前委邓小平和陈毅，致粟裕、张震和刘伯承、张际春、李达的多份电报中说：

你们的立脚点应放在谈判破裂，用战斗方法渡江上面，并保证于22日（卯养）一举渡江成功。

20日以后我军何日渡江，完全由我方选择，不受任何约束。

完全同意总前委的整个部署，即二野、三野各兵团于20日（卯哿）开始攻击，22日（卯养）实行总攻，一气打到底，完成渡江任务以后，再考虑略作停顿，采取第二步行动。请你们即按此总计划坚决地彻底地执行之。

65. 北平城里看京剧　百万雄师过大江

1949年4月中旬，在等待南京政府对《国内和平协定》正式答复的日子里，周恩来陪同张治中等人静下心来好好在北平休息了一下，以舒缓在谈判中所耗费的精力和紧张情绪。

一天，北平戏剧界在长安大戏院组织晚会，欢迎毛泽东及中共中央来到北平。

毛泽东接到邀请后，决定出席这个晚会。

晚饭后，在双清别墅的院子里，毛泽东问李银桥："几点钟出发？"

李银桥知道毛泽东是非常喜欢看京剧的。见毛泽东问自己，便回答说："路不好走，在路上估计需要一个小时，我们6点半出发，就能按时到达大戏院。"

"那就定在6点半出发。"毛泽东一边慢慢地散步，一边若有所思地说，"看戏也是工作呵，梅兰芳今日要登台呢！在戏剧界，梅兰芳是位大大的名人，很不简单哟！日本帝国主义侵略中国以后，他就留须隐居，再也不演戏了。他不顾日本侵略者和国民党反动派的威逼利诱，罢歌罢舞。这位艺术家的民族气节是很可贵的！"

李银桥说："我也听说过。"

毛泽东感慨道："我们今日去看梅兰芳的演出，就是提倡这种民族感、正义感，号召人们向他学习。"

当李银桥随着毛泽东乘车来到长安大戏院时，朱德、周恩来、刘少奇、任弼时等人已经到了。毛泽东被安排在二楼正中间的一个包厢里，毛泽东想走到楼下去看，被周恩来劝止了："北平刚解放不久，环境已不允许你再当普通观众了。"

这天晚上的压轴戏是梅兰芳的《霸王别姬》。54岁的梅兰芳先生扮演霸王项羽的爱姬，刘连荣先生演项羽。两个人都是京剧界的名流，唱念做打俱佳。梅兰芳一出场，台下就报以热烈的掌声，在同刘连荣配戏的过程中，也不断赢得观众的喝彩。

拿了一把大椅子坐在毛泽东身后的李银桥注意到，毛泽东在看到西楚霸王项羽和他的爱姬生离死别的那一幕时，眼睫毛颤抖着，眼里噙满了泪花……

演出结束时，梅兰芳和全体演员在戏台上谢幕，全场爆发出一阵响过一阵的热烈掌声。毛泽东也从包厢里站起身来，使劲儿地鼓掌。

走出包厢，毛泽东动情地对周恩来等人说："这真是一次高水平的艺术表演！今后，这些人都是新中国的戏剧家，在政治上将要有地位了，将要受人尊敬了！"

周恩来也很兴奋地说："主席，梅兰芳先生知道你要来看他的演出，也很激动呢！"

毛泽东说："梅先生了不起！新中国成立后，我国的戏剧肯定能很好地发展起来，能够在新中国的建设中发挥更大的作用。"

在乘车返回香山的路上，毛泽东对李银桥说："不要学西楚霸王。我不要学，你也不要学，大家都不学！"

回到双清别墅的大院时，已经是午夜了。

走进办公室，李银桥给毛泽东沏好茶水。毛泽东一边喝着茶，一边对李银桥说："我再告诉你一个好消息，明日晚上还是在长安戏院，要看程砚秋先生演戏哩！"

李银桥好奇地问:"谁是程砚秋?"

毛泽东如数家珍地介绍说:"他和梅兰芳一样,都是京剧界的名流。他也是在抗日战争中隐居农村不给敌人演出呢!像这样有名望的艺人,我们不仅要看他的艺术表演,更重要的是要尊敬他的民族气节和正义感,号召人们向他们学习。"

第二天下午,在毛泽东的办公室里,毛泽东又对周恩来讲:"我们所有的领导干部,都要看看《霸王别姬》。"

当天晚上,毛泽东又带了李银桥等人,于6点半钟出发,到长安大戏院继续看京剧。

到了大戏院,毛泽东还是被安排坐在了二楼正中的那个包厢里。

第一出演的是《法门寺》,压轴戏是程砚秋主演的《荒山泪》。

返回途中,毛泽东又对李银桥等人说:"演这几出戏的人都是名角呢!演得好这是肯定的,这几出戏的内容与现实结合得也很好。特别是《荒山泪》,程砚秋先生演出很成功,内容和唱腔都很好。"

见车上的人们听得认真,毛泽东又集中评论了《法门寺》的剧情。他说:"《法门寺》中有两个人物很典型,一个是刘瑾,一个是贾桂。刘瑾从来没办过一件好事,唯独在法门寺进香时,纠正了一件错案,这也算他为人民办了一件好事;贾桂在他上司的面前,一举一动,一言一行,都表现出了十足的奴才相,演得很好。在现实生活中,我们要反对这种奴才思想,要提倡独立思考,实事求是,要有自尊心。"

这两天,毛泽东总是带着深深的思绪到双清别墅外面的山坡上去散步。他常常将他与其他中央领导人谈话的话题以及与民主人士们讨论的问题,提出来问跟在身边的李银桥。

在看了两场戏的第二天下午,李银桥跟在毛泽东的身后散步时,毛泽东忽然站住了脚,转回身望着李银桥问:"银桥,你敢相信蒋介石么?"

李银桥立刻回答:"不相信!"

毛泽东点头说:"这就对了。"接着又说,"蒋介石这个人尽耍手腕,从来说话不算数!"

讲过这两句话之后,毛泽东继续散步,脸上依然是深沉思考的神情……

几天后,叶剑英和彭真又为中央领导同志安排了一场晚会。他们希望借这个机会,让毛泽东和北平市委、市政府的工作人员见见面。

晚会在东交民巷的市委机关礼堂里举行,聂荣臻和薄一波等人也来了。

最精彩的节目是侯宝林和郭启儒合说的相声《婚姻与迷信》。这两个人往台上一站,观众们就鼓起掌来。侯宝林逗哏,郭启儒捧哏,全场人连声大笑,毛泽东也笑声不断,坐在毛泽东不远位置上的薄一波笑声最大……

毛泽东边看边说:"侯宝林是个人才,是个语言研究家。"

坐在毛泽东身旁的彭真说:"侯宝林学艺很刻苦,他干好这行,对这一行很有研究,这真是行行出状元,他也算是这一行的状元了。"

毛泽东笑着点头表示赞同,然后又说:"这一行很好么!能促使人们欢乐,能促使人们从反面中吸取教训,能促使人们鼓起革命的精神,做好工作。"

演出结束后,毛泽东走在众位领导人的前面去同侯宝林握了手,盛赞他的表演。

在返回香山的路上,毛泽东仍然对侯宝林的相声赞不绝口:"侯宝林对相声很有研究,他本人很有学问,他将来可以成为一个语言专家。"

在日常生活中,李银桥早就知道了毛泽东爱听京剧,而且最爱听《空城计》《四郎探母》《逍遥津》和《钓金龟》。

每当毛泽东紧张工作之余，李银桥不止一次发现毛泽东很爱习惯性地往椅子的靠背上一仰，微闭双目，用手拍打着大腿。打着点，轻声哼唱几句……

有一次，毛泽东突然唱出了《钓金龟》中饰演老旦的一段叫板唱腔：

张义，娘的儿啊……

那充满着湖南乡音的京剧唱腔，在毛泽东的办公室里悠扬婉转地飘荡着，经久不散……

又是一天上午，毛泽东在双清别墅的卧室里怎么也睡不安稳，起身走到院中散步。李银桥紧随其后，见毛泽东眉头紧锁的样子，便小心翼翼地跟在身边，一句话也不敢多讲。

走了很久，毛泽东突然用很沉重的语气问李银桥："有人还在劝我们最好不要打过长江去，你说要不要打过去呀？"

"要！"李银桥斩钉截铁地说，"到手的胜利哪能不要？对国民党蒋介石还有什么好客气的！"

毛泽东伸出大手，抚着李银桥的后背说："还是我们的战士聪明哟！"

1949年4月20日，南京政府复电中共中央，断然拒绝在《国内和平协定（最后修正案）》上签字。

即日晚上，由粟裕指挥的人民解放军第三野战军的第七、第九兵团组成的中突击集团，开始了武装强行横渡长江的战役。

4月21日，毛泽东以中国人民革命军事委员会主席的名义，和中国人民解放军总司令朱德联名，向中国人民解放军发出了《向全国进军的命令》，命令人民解放军：

奋勇前进，坚决、彻底、干净、全部地歼灭中国境内一切敢于抵抗的国民党反动派，解放全国人民，保卫中国领土主权的独立与完整。

在4月20日、21日两天的时间里，第二、第三野战军突破了国民党军固守的长江防线。

4月22日，毛泽东向新华社撰写了《我三十万大军胜利南渡长江》的消息述评。

下午，李银桥在双清别墅的卧室里服侍毛泽东起床。

很显然，解放军已经胜利渡过长江的消息，令毛泽东十分高兴。他一边穿着衣服，一边对李银桥说："蒋介石想拖延时间，重整军队，卷土重来。他以为我们还是好欺骗呢，你可不晓得我们也需要这段时间调动军队，修船造船呢！他在那边修防线，我们在这边架大炮，谁也没闲着……"

毛泽东穿上衣服，让李银桥给他点燃了一支烟后，又说："结果呢？他只落了个拖延时间、破坏和平协定的恶名，么便宜也没得沾着。我们利用夜色，利用炮火掩护，一下子就过去了30万军队！他们的军队垮台了，我们的军队就要打到南京去了！"

起床后，毛泽东派人给新华社送去了他写的一篇《人民解放军战胜英帝国主义国民党军舰的联合进攻》的评论文章。

因为在4月20日至21日，当人民解放军渡江作战的时候，侵入长江的紫石英号等4艘英国军舰和国民党的军舰一起，向正在渡江的解放军部队开炮，打死打伤解放军252人，解放军随即进行了英勇还击，紫石英号舰负伤后被迫停在了镇江附近的江面上，其他3艘英舰胆怯地逃走了。

即日，毛泽东又以得到的最新消息和更为翔实的内容，向新华社撰写了《人民解放军百万大军横渡长江》的新闻稿。

4月20日、21日、22日一连三天，由总前委书记邓小平统一指挥的第二、第三野战军，在西起江西湖口、东至江苏江阴的千余里沿江战线上摆开战场，适时、适地地选择了渡江突破口，成千上万只大大小小的木船乘风破浪，在敌人的阻击炮火和枪林弹雨中，分三路强行横渡长江。

国民党长期苦心经营的长江防线顷刻瓦解。

4月22日临近傍晚，毛泽东为中央军委起草了一份庆祝第三野战军第七、第九两兵团胜利渡江的贺电。

4月23日，人民解放军占领了国民党的统治中心南京，宣告了国民党22年反动统治的灭亡。

渡江战役节节胜利的消息，一连几天传送到北平香山的双清别墅，毛泽东显得比往常任何时候都高兴得多，不吃安眠药也能很安稳地睡着觉了。

4月23日下午，毛泽东起床后，穿了一身深色的中山服，脚上穿了软底布鞋，走到院中的凉亭内看报纸，他手上拿的那份报纸正是《人民日报》载有人民解放军占领南京消息的"号外"。

这时，摄影师徐肖冰、侯波夫妇和新华社记者陈正清三人恰巧来到双清别墅的院子里，见到毛泽东，徐肖冰和侯波夫妇出于职业上的习惯，立刻抓住机会上前去拍了一张相。

毛泽东见他们来了，站起身，对侍卫在一旁的李银桥和刚来的三个人说："南京解放了，不要我一个人高兴，大家都该高兴么！来，照相也要一起照。"

站在凉亭外的人们立刻围拢上前，簇拥着毛泽东又照了一张合影。

回到办公室，毛泽东又把拿在手上的报纸看了一遍，边看边在报纸上画了一些杠杠和圈圈。这时，阎长林来见毛泽东，见毛泽东正在给取得渡江战役胜利和解放了南京的解放军将士写贺电。之后，毛泽东喝着热茶，吸着阎长林给他点燃的香烟。4月下旬，他挥笔又写了一首诗：

七律·人民解放军占领南京

钟山风雨起苍黄，百万雄师过大江。

虎踞龙盘今胜昔，天翻地覆慨而慷。

宜将剩勇追穷寇，不可沽名学霸王。

天若有情天亦老，人间正道是沧桑。

66. 中南海内见客人　双清别墅会朋友

1949年4月24日，毛泽东为新华社写了《南京国民党反动政府宣告灭亡》的评论文章。

4月25日，毛泽东和朱德联名颁发《中国人民解放军布告》，宣布了"约法八章"。

中午起床后，毛泽东约见了新华社记者，将他写给中共北平市委机关报《北平解放报》4月25日登载的他的《五四运动》一文中的几处文字上的错误的更正信，交新华社记者转北平解放报社；同时，并将他之前写给新华社的一封关于对广播的解放军布告中两处差错的更正信，交给了他们：4月25日广播的人民解放军布告，有两个错字：（一）第三条"当承认其所有权"，"当"字误为"均"字。（二）第七条"农村中的封建的土地所有权制度是不合理的"，"村"字误为"民"字。以上两点务请各广播电台各报纸予以更正。各人民解放军政治机关印发这个布告时，务请更正为盼。

毛泽东同新华社记者认真进行的有关书报上的错误必须更正的谈话，使记者们深深感到毛泽东在文稿的撰写、印行上，一向严谨精细，一丝不苟，发现错误，毫不含糊，公开予以更正的认真负责的态度。

下午，毛泽东乘车去北平城里办公。中途临时休息一下，毛泽东和周恩来走进了中南海丰泽园中的菊香书屋。

北平解放后，住进菊香书屋的第一位共产党领导人是林伯渠。当毛泽东和周恩来来到菊香书屋的院中时，林伯渠还住在北面的房子里。毛泽东和周恩来便分别走进了东面的房间和南面的房间，坐下来休息。

丰泽园在中南海的南海北侧岸边，除了勤政殿、政事堂之外，南海北岸的主要建筑群就要数丰泽园有规模了。这是一处坐北朝南的古建筑群体，棕黑色漆底的南大门上方悬挂着一块写有"丰泽园"三个金色大字的横匾。横匾的字迹圆浑清秀、很有气势，是清代乾隆皇帝的御笔。

进了丰泽园往右走，是在偌大的四合院中套建的又一处四合院，院门的过厅上方横挂着写有"菊香书屋"四字的额匾，这里就是毛泽东进城来办公、会客和临时休息的地方了。

在中南海，毛泽东和周恩来主要是会见各民主党派和人民团体的负责人，召开一些小型的座谈会，地点是在菊香书屋或去离丰泽园很近的颐年堂。与这些人交谈的中心内容，还是广泛听取各界人士对召开新的政治协商会议的意见和商谈建立中央人民政府的事。

每天到中南海，总要到了深夜12点多钟，李银桥和阎长林等人才侍卫着毛泽东乘车返回香山的双清别墅休息。

一连几天，卫士组的人跟随毛泽东频频来到中南海的菊香书屋，在这里，毛泽东和周恩来频频约会各民主党派的负责人和各人民团体的代表，约见无党派知名人士，有时连晚饭也顾不上吃。

一次，已是夜里9点多钟了，毛泽东还没吃晚饭。在菊香书屋东侧的房间里，李银桥看着摆在桌上已经凉了的饭菜，对刚刚从颐年堂走回来的毛泽东说："主席，你总这样不顾惜自己的身体，我可有意见了……"

"有意见也是没办法的事呢！"毛泽东坐下来说，"银桥呵，你晓得我忙么？莫以为南京解放了，我们就可以缓一口气了，情况很不是这样哩！"

李银桥说："那总得吃饭吧？俗话说'人是铁，饭是钢，一顿不吃饿得慌'……"

"好好好！"毛泽东笑着，伸手去抓桌上的竹筷子，"我吃饭……"

李银桥急忙上前阻拦说："凉了，我去热一热！"

"不要了！"毛泽东已经抓起了筷子，"现在天暖了么，不用热，再说，我也没得时间等你去热。"

看着毛泽东狼吞虎咽地吃着冷饭冷菜，李银桥心里感到很不是滋味，暗自责怪自己没能及时给毛泽东热了来吃。毛泽东抬头见到李银桥脸上挂着难过的神情，便停止吃饭说："我吃几口冷饭不要紧，这比在陕北转战时强多了！"说着，像是想起了什么事情似的又问："噢，你们几个人吃饭了么？"

"吃了。"李银桥缓缓地说，"是周副主席来通知我们吃的。"

"他吃了么？"毛泽东又问。

"不知道。"李银桥向外看了看南屋，回答说，"我没见着周副主席回来吃饭。"

"哦……"毛泽东不再说话了，看样子他似乎知道了周恩来也还没有来得及吃晚饭……

在这四五天的时间里，李银桥见到毛泽东在周恩来的陪同下，进城去看望过的各民主党派和人民团体的代表人士有李济深、沈钧儒、郭沫若和陈叔通等。

在双清别墅，毛泽东还先后接待了前来拜会和看望他的李济深、沈钧儒、陈叔通、何香凝、马叙伦和柳亚子等人，还有国共和谈破裂后留在北平的国民党政府代表团成员张治中、黄绍竑和刘斐等人。

李银桥跟随毛泽东的时间久了，知道毛泽东对党内的同志向来是不拘礼节的，但对这些党外的民主人士，毛泽东却十分亲切有礼，每次都要走出房门去站到院中迎候，客人的汽车一到,他就亲自走上前,搀扶这些先生下车、上台阶……

李银桥侍卫在毛泽东的身旁,每每见到这些参加了民主革命的老先生见到毛泽东时,都习惯性地竖起大拇指,来回晃动着夸赞毛泽东。李银桥听到这些人夸赞毛泽东最多的话是"真伟大""中国最伟大的人""真是了不起""打遍天下无敌手的大军事家""当今世上也没几个人能同你毛泽东相比",还说"我们都是经历过几个朝代的人,没有哪一个朝代的人能同你毛泽东比"……

每当听到这样的话,李银桥心里就感到特别舒坦,而他见毛泽东对这些夸赞的话却总是表现得很谦虚和不安。毛泽东曾对李济深说:"我们都是老朋友了,互相都了解,不要多夸奖,那样就不好相处了!"

李银桥见到刘斐和毛泽东一同散步时,也曾追赶着毛泽东的脚步,竖起大拇指对毛泽东说:"毛主席呀,你真伟大呢!真伟大!"

毛泽东听后皱起了眉头,轻轻拂了一下手说:"不要这样子么!我们是私交,这个样子不好么。"

还有一件事,就是这几天毛泽东进城时,有意嘱咐阎长林叫上老战士张瑞歧,让他到城里看一看过去皇上住过的地方、看一看紫禁城和北平的大街。

4月29日,毛泽东终于有时间给柳亚子写了一首诗。

柳亚子先生早年参加旧民主主义革命,曾是清朝青年文学团体"南社"的发起人和主要诗人之一。旧民主主义革命失败后,他继续参加新民主主义革命,与宋庆龄、何香凝等都是著名的国民党中的左派人物。1948年1月国民党革命委员会成立后,柳亚子被选为中央常务委员兼秘书长。他与毛泽东是老相识了,而且交往已深。3月28日,他曾写了一首七言律诗,向毛泽东发牢骚说"分湖便是子陵滩"。分湖在柳亚子家乡的吴江县,而子陵滩曾是东汉初年严子陵隐居钓鱼的地方,意思是表示要回老家隐居。

这一次，毛泽东以他博大的胸怀，在诗中劝慰了柳亚子先生。

七律·和柳亚子先生

饮茶粤海未能忘，索句渝州叶正黄。
三十一年还旧国，落叶时节读华章。
牢骚太盛防肠断，风物长宜放眼量。
莫道昆明池水浅，观鱼胜过富春江。

4月30日，为了纪念30年前爆发在北京大学生中的反帝反封建的五四运动，毛泽东向北京大学纪念五四筹备委员会写去了一封致意信。

同一天，毛泽东又以中国人民解放军总部发言人的名义，就英国紫石英号等4艘军舰于4月20日、21日同国民党军舰一道向正在渡江作战的解放军开炮，被解放军还击，紫石英号舰负伤被迫停在江中，其他3艘英舰逃走一事发表声明，严正谴责了英舰的暴行，表明了中国人民不怕任何威胁、坚决反对帝国主义侵略的严正立场，并且表明了即将成立的新中国的对外政策，这就是"平等、互利、互相尊重主权和领土完整"。

67. 颐和园谈今论古　住香山开荒种菜

1949年5月1日下午,毛泽东带了李银桥和阎长林等人,乘车离开香山的双清别墅,一直向颐和园驶去。

这一天,毛泽东约了柳亚子先生同游颐和园昆明湖。

当毛泽东乘坐的汽车来到颐和园的东门时,李银桥和阎长林见到了住在颐和园益寿堂的柳亚子已经等候在那里了。

毛泽东下了汽车,立刻迈着大步走到柳亚子先生的面前,两个人高兴地握手、交谈起来。李银桥和阎长林等人警戒在距离毛泽东不远的地方,然后随着说笑中的毛泽东和柳亚子向园内走去。

李银桥和阎长林跟随在毛泽东身后,见柳亚子握紧了拳头,举在胸前兴奋地说:"共产党真伟大!毛主席真伟大!解放军真伟大!"

毛泽东微微一笑说:"人民伟大!包括你,也包括我。"

两个人先看了园中的大戏楼,又游了谐趣园,随后慢慢地爬上了万寿山。

柳亚子比毛泽东大几岁,身体也不如毛泽东健康。他将右手搭在毛泽东的左肩上,一步一步地向山上走。

毛泽东不时停下来,拉着柳亚子的手,两个人肩并肩、手挽手地往山上走。爬过一段山路,毛泽东见柳亚子有些吃力,便再一次停下来，让他休息一下喘喘气、歇歇脚，两个人慢慢地说着话……

来到山间的益寿堂休息时，李银桥去给毛泽东和柳亚子沏了茶水，阎长林带了人在益寿堂周围的山坡上担任警戒。

在益寿堂，毛泽东和柳亚子一边喝着茶水，一边谈古论今地说英雄。柳亚子说："当年曹孟德在他的后花园同刘备煮酒论英雄，今天我们在颐和园品茗谈古今，也别有一番情趣呀！"

毛泽东称赞说："柳先生既有清醒的政治头脑，是当今的一位政治家，又是一位大诗人么！"

柳亚子兴奋地说："不敢当，不敢当！我写的诗是老一套了，很想写些与现实生活紧密结合的诗，但是很不成功。最近，我拜读了毛主席写给我的诗，又看了主席曾写过的一些诗词，心里真是痛快。主席的诗词气魄大，意境广，不仅通俗易懂，而且寓意深长啊！"

毛泽东笑了说："过誉了么！我写诗词也是改了又改，远做不到七步成章呢！"

从益寿堂下来，毛泽东和柳亚子又一同走进了长廊。

看着长廊上的飞檐彩绘，柳亚子感叹道："慈禧太后腐败无能，屈服于帝国主义的压力，签订了许多不平等条约，给中国人民带来了极大的痛苦和灾难。她把中国人民的血汗，搜刮起来，奉献给了帝国主义，建造她的乐园，真可耻。"

毛泽东从容笑道："她用建海军的钱，建了这么一个颐和园，在当时来说，这是犯罪呢！现在看来，当时就是建了海军、买了军舰，也还是要送给帝国主义；而建了颐和园，帝国主义拿不走，今日人民也可以来游一游、玩一玩，总比她挥霍了要好么！"

听了毛泽东的话，柳亚子被这种看待历史事物的辩证论折服了。

在继续看过停泊在昆明湖中的慈禧太后买的小火轮船和人

工精心雕建的石舫之后,毛泽东又带领众人陪同柳亚子登上了一艘游船,开始泛舟昆明湖。

船到湖心,柳亚子放眼四周的山光水色,动情地对毛泽东说:"主席啊,今天胜利了,这是我们盼望已久的了!共产党要胜利,这是肯定的。共产党的路线和政策正确,合乎民意,顺乎民心,人民拥护支持,这就是胜利的基础。古之有'得民心者得天下'一说,实为千古之真谛呀!"

毛泽东笑应道:"共产党得天下,也是为人民谋幸福,是全国的老百姓支持的么!"

柳亚子又说:"但是,我们没有想到胜利得这样快,人民解放军很快渡江成功,并且占领了南京,我们不知道毛主席用的是什么妙计?恐怕蒋介石也想不透吧?"

毛泽东哈哈大笑,对柳亚子说:"我哪里有什么妙计!如果说有妙计,那就是知己知彼,根据实际情况,做出正确的判断和决策。还有,就是先生所说,'得民心者得天下',人民的支持是最大的妙计么!"

柳亚子点头:"是是是!'失民心者失天下',蒋介石发动内战,不得人心啊!"

毛泽东继续说:"一百万解放军要横渡长江,又没得兵舰、轮船,如果没有人民的大力支持,是不能成功的。全靠人民用土办法,靠着木船、木排筏子,在千里江面上,几万只木船一齐出动,直扑对岸,加上我们有很多大炮掩护,很快就过去了30万军队。你说这是妙计吗?这是一般的常识,'两军相峙勇者胜'么!但是,像这样一个普通的常识,蒋介石是不晓得的;他想的是长江天险,是美帝国主义的援助。他是固守,怎么守得住呢!"

柳亚子敬佩地说:"我也没能想到啊!还是共产党伟大!解放军伟大!毛主席伟大!"

在船上,李银桥听着毛泽东和柳亚子的谈话,心里乐滋滋的。他抬眼看了看阎长林,见阎长林也笑眯眯地抿着嘴乐呢……

游船绕过湖心岛，又穿过十七孔桥，在东岸靠下来停了船。

毛泽东上岸后，与柳亚子一起走出颐和园的大门。两个人在门口握手告别后，毛泽东带着李银桥和阎长林等人乘车返回了双清别墅。

在办公室里，毛泽东吸着烟，像是想起了什么事情似的，对李银桥说："银桥呵，过去条件不行，现在条件好些了，你和小韩选个日子，把结婚仪式补了么！"

李银桥感动地说："现在正忙准备建国的大事，我们的结婚仪式就不补了吧……"

"该补，该补！"毛泽东执意说，"一定要意思意思。"

"那我们商量一下。"李银桥憨笑着说，"选个日子，请主席主婚。"

站在一旁的阎长林开玩笑说："那我就是傧相了！"

毛泽东笑道："是司仪。"

5月4日是青年节，李银桥和韩桂馨选在这一天补办结婚典礼，仪式由阎长林主持，在双清别墅开了两桌酒席。

毛泽东临时要去会见民主人士，忙得分不开身，只得对李银桥和韩桂馨说："好，这个日子选得有意义，我喝不上你们的喜酒，但要留给我喜糖吃呦！"

当毛泽东接见过客人吃着李银桥和韩桂馨送的喜糖时，非常高兴地说："甜么，越品越甜哩！"

又是一天下午，当毛泽东得知了警卫战士张瑞歧因年龄确实大了、组织上批准他复员的消息后，便让阎长林去叫张瑞歧来到了双清别墅。

毛泽东请张瑞歧在小会客室里的长沙发上坐下，说："瑞歧同志，谢谢你把我送到了北平，现在该送你回陕北成亲了。"

"谢谢主席惦记着我……"张瑞歧的两眼噙了泪花说，

"我永远忘不了主席待我的恩情……"

"莫这样讲，我们是革命同志。"毛泽东安慰他说，"回到陕北，娶了媳妇，让你母亲也高兴高兴。日后有什么困难，可以给我写信。"

"嗯……"

张瑞歧告辞走了。毛泽东望着张瑞歧离去的背影，对阎长林和李银桥说："瑞歧是个好同志啊！"

5月的北平，天气已经转暖了。

这期间，毛泽东已经脱掉了他进城时穿的那一身棉衣棉裤，又换上了他那身带补丁的旧毛裤和旧毛衣。

在双清别墅，毛泽东的日常生活仍保持着他的夜间工作习惯和他的"三大爱好"：篦头发、吃红烧肉、散步。

毛泽东有时在院子里围着泉水池转一转，有时在李银桥的跟随下信步走出院子，到附近的山坡上去走一走。

一次，毛泽东信步走到东门外警卫人员住的院子里，战士们见到毛泽东来了，都很高兴，一起围拢上前同毛泽东说笑。

毛泽东平时就对战士们的工作、思想、学习和身体情况很关心。这时，他指着院中的空地说："这个院子很好呢！阳光这么充足，又有泉水，你们可以挖个游泳池，也可以开出个足球场锻炼身体，还可以种些什么。"

大家立刻表示说：

"我们马上就动手，收拾院子平地！"

"挖游泳池太费事，开足球场太占地方；要锻炼身体，我们爬山就行……"

"还是种菜吧，现在正是春播的好时候！"

"种菜不错！主席喜欢吃辣椒和新鲜菜，我们种点菜，不但保证主席有辣椒吃，大家还可以把蔬菜当水果吃呢！"

"夜里值勤饿了，可以摘两个西红柿；中午渴了，可以吃根黄瓜，多美呀！"

听着大家七嘴八舌地议论，毛泽东笑了："当你们种菜的时候，我也要来参加劳动哩！"

有人说："不用主席来，主席就等着吃我们种的新鲜菜吧！"

"那怎么可以呢！"毛泽东很认真地说，"不劳动者不得食，我不能坐享其成呢！"

68. 毛岸青香山见父　江青携女儿赴苏

1949年5月间,毛泽东在香山的生活安顿下来以后,毛泽东的次子毛岸青从哈尔滨来到了北平的香山,回到了毛泽东的身边。

凡是在毛泽东身边工作的人都知道,毛泽东是很喜爱他的长子岸英的,对于次子岸青,毛泽东同样深深疼爱着并寄予厚望。

李银桥和韩桂馨工作、生活在毛泽东的身边,早已知道了毛岸英和毛岸青兄弟在苏联学习期间一直用的是他妈妈的姓氏"杨",岸英的名字叫"永福",岸青的名字叫"永寿"。兄弟俩在苏联十年一贯制的学校里,学校成绩都很好,都跳升过班级。毕业后,岸青考取了东方大学继续深造,比哥哥岸英晚一年回国。

现在,岸青也回来了。

见到毛岸青,韩桂馨见他也是高高大大的个子,魁梧的身材,英俊的脸膛,脸型很像他父亲,宽宽的额头、方脸盘、丰厚的嘴唇。可能是刚刚来到北平,生活上不太适应,也可能是他只会讲俄语而不大懂汉语的缘故,岸青在众人面前表现得比较沉稳、腼腆,不太喜欢讲话。

但韩桂馨发现他很喜欢小妹妹李讷,在苏联学习时,毛泽东曾给他寄去过两张李讷的剪纸，兄妹俩感情上有些联络。

毛岸青也像他哥哥那样叫韩桂馨"阿姨"，叫李银桥"叔叔"。夫妻俩知道岸青的脑子受过伤，都想在生活上多照顾他一些。但岸青总是坚持"自己的事情自己做"，并说这是他父亲教导他这样做的。

有一天，韩桂馨见岸青一个人在洗衣服，先是舀了一大盆水，很生硬地用搓板使劲地搓着，头上淌着大滴大滴的汗珠，两只袖子和衣服的前襟全被肥皂泡沫和盆里溅出来的水弄湿了。韩桂馨见了直心疼，心想：这个人呐，虽说在洗衣服，照这个样子洗下去，非但脏衣服洗不干净，就连穿在身上的干净衣服也得弄脏了，还不如自己给他揉搓一把算了……

于是，韩桂馨上前对毛岸青说："岸青，我正要洗衣服，不如我帮你搓两把！"

哪知毛岸青抬了眼睛说："谢谢阿姨！我爸爸跟我说的，要自己的事情自己做，不要麻烦别人。"

韩桂馨一听，心中又想：毛泽东已是十多年不见他这个儿子了，换了别人，心疼还心疼不过来，但他对这个儿子也像对长子岸英那样严格要求呢！

毛岸青来到毛泽东身边没几天，江青找到毛泽东说要去苏联治病，恰巧中共中央派驻莫斯科的全权代表王稼祥的夫人朱仲丽也来见毛泽东。

在办公室里，毛泽东靠坐在沙发上看报纸，见朱仲丽在李银桥的引导下走进来，便坐直了身子说："喜鹊叫，客人到，朱医生快请坐！"

朱仲丽笑着向坐在毛泽东不远处的江青点点头，然后坐下来对毛泽东说："进城几天了，主席的健康如何？我是来看看你的。"

毛泽东笑着点燃了一支烟："医生主动上门寻找病人，世界上的病人就都是轻病了！将来，新中国的医生都能做到这一点，就是很好的了。"

朱仲丽笑着说："新中国的医生应该都能这样做。为病人服务，解除患者的痛苦，是医生的职责……"

这时江青说："唉！朱医生，我最近身体不好，想寻医院检查身体，治治病。本来，我向中央办公厅杨尚昆同志提议，必须马上成立一个自己的保健局，由你来负责筹办。你看，主席身边还找不到一个有名望的西医，为他彻底检查身体，他太疲倦了……"

毛泽东打断了江青的话："你不要一讲就那么多，朱医生是来为我检查身体的么！"

朱仲丽随即说："主席，这些日子也够你操劳的了。现在，让我先摸摸你的脉搏、量个血压吧。明天早晨，在你没有起床时，我再来量一次，好吗？"

没等毛泽东开口，江青抢先说道："他哪有早晨起床的时候呀！"

毛泽东不高兴地看了江青一眼，然后对朱仲丽说："你真是找上门来的好医生，我当然同意你的安排。明日，你按时来量血压就是了。"

李银桥给朱仲丽沏好了茶水放在茶几上，朱仲丽向李银桥笑一笑，随即开始给毛泽东号脉，眼睛看着手表说："主席，脉搏一分钟80次，略微快了一点儿。70多次最好，可能是在兴奋的日子里……"

接着，朱仲丽又给毛泽东量了血压。毛泽东望着朱仲丽，问："你数了脉搏，又量了血压，多少？"

朱仲丽松了毛泽东臂上缠的宽布条，取下听诊器说："血压正常，85至135毫米汞柱，比过去高了一点儿。"

毛泽东微笑着说："我今年56岁，过了半生的军旅生活，还留了一副好心脏么！"

朱仲丽高兴地说："主席健康长寿，是全国人民的幸福啊！"

毛泽东又问:"朱医生,听说你要去长沙呀?"

朱仲丽回答:"是的。主席,我快去快回。"

江青也问:"那么,你从长沙回来再去莫斯科,不能和王稼祥同行了?"

朱仲丽点点头:"是的。"

江青懊丧地说:"朱医生,我对你讲,就是1943年在延安那次人工流产以后,发了高烧,弄得我一身是病。先是肺结核,现在又是什么子宫颈癌的前期,真倒霉!我还要不要活下去了!"

毛泽东再一次不高兴地看了江青一眼,然后去摸放在茶几上的香烟。

江青跷起了二郎腿,两只手放在大腿上,像是对毛泽东又像是对朱仲丽说:"我要活下去,就需要有一个健康的身体。现在北平刚解放,那些什么留美的大医生靠得住吗?尤其是给我治病,想想,我只好到苏联去……"话说到这里,她的脸直冲了毛泽东又说,"你怎么连这点儿也不照顾我?迟迟不做决定?"说到最后,嗓门高了起来,"你的女儿李讷,扁桃体也得割掉呀!"

毛泽东吸着烟,慢慢对江青说:"你有病,我承认,但是要有足够的理由,才能同意你去苏联治疗么!协和医院医师检查了,也要再召集大家会诊一下,写个书面报告给中央批准,才能决定你去不去,我一个人怎么能单独处理自己老婆孩子的问题呢?还有一个组织部门么!"

江青也不顾及朱仲丽在场,猛地站起身来说:"好吧!我去办,我自己去办!我和组织领导去说,我带李讷一起去!"

江青不客气地走出了毛泽东的办公室,毛泽东不动身子对朱仲丽说:"让她去吧!朱医生,你去长沙能不能帮我办件事?"

朱仲丽爽快地说:"当然!"

毛泽东有所感触而又深情地说:"我的夫人杨开慧的母亲

杨老太太,哥哥杨开智,嫂子李崇德都在长沙。李崇德是你爸爸朱剑凡老先生的学生,在周南女校读过书,你替我去看看他们,我会写封信给他们的。"

朱仲丽点头应承:"好,我一定办到。"

"这样我就放心了!"毛泽东感叹道,"你告诉他们我的生活情况、健康情况,还转告一声,她的外孙岸英、岸青也会回去看望他们。"

"什么时候?"朱仲丽问。

"过段时间再说。"毛泽东说,"岸青刚回来,中国话还讲不大好。你回长沙去,还要为我带点儿小礼物送给杨老太太。"

朱仲丽拿着血压计站起来说:"请主席放心,我一定办好这件事,而且亲自去办。"

毛泽东也站起身来说:"到时候我叫秘书送信和小礼物给你。"

"好的。"朱仲丽告辞说,"主席,明天早晨我再来量血压。"

第二天清晨,毛泽东刚刚躺倒在卧室的蚊帐里,已经走出屋去的李银桥又返了回来:"主席,朱医生来量血压了。"

毛泽东欠起身子说:"请朱医生来。"

朱仲丽抱着血压计,脖子上挂着听诊器走了进来。她轻手轻脚地走到毛泽东的大木床前,低声唤道:"主席,你醒了?"

李银桥说:"朱大夫,主席刚躺下,还没睡。"

毛泽东在蚊帐里说:"嗯,请大夫量量血压吧!"

朱仲丽掀开了蚊帐的一角,见毛泽东微笑着伸出了右臂。

朱仲丽熟练而快速地为毛泽东量了血压:"主席,你的血压比昨天低了些,70至120,很标准。昨天稍高了一些,可见是你工作太紧张了。"

"嗯,是的。"毛泽东困意微显地说,"要会见的民主人士很多,要筹备新的政协会议和商讨建国大事,是要忙一些的。"

"好,我就不打搅了。"朱仲丽起身说,"主席,你静心睡一会儿吧。"

李银桥送过朱仲丽,再回到卧室时,见毛泽东已经重新躺下休息了……

69. 毛泽东思娇娇女　阿姨了解贺子珍

在江青携李讷走后的一天上午，当毛泽东在双清别墅的卧室里休息时，李银桥回到自己的住处对韩桂馨说："过些日子，主席的大女儿娇娇也要到这里来，跟主席一起生活。以后李讷生活上的事，让她姨多管点，你主要照顾娇娇吧。"

虽说是夫妻之间的谈话，但韩桂馨知道这也是组织上交给她的工作任务。自从知道了这件事，韩桂馨便想办法从各方面多了解一些娇娇的情况，以便见了娇娇不至于太陌生。

从众人的口中了解到，原来毛泽东的大女儿娇娇是个吃了不少苦的孩子。她1936年冬生于陕西保安的窑洞里，她的生身母亲是在红军队伍中赫赫有名的贺子珍。在长征途中，贺子珍为了掩护伤员，被敌机炸伤。那时，贺子珍的身体状况很不好，生活条件很艰苦，再加上负了伤，娇娇出生时又小又瘦。

邓颖超、康克清、刘英、钟月林等一起长征的女红军来看贺子珍，发现孩子不停地哭闹，邓颖超双手抱起了婴儿，心疼地说："真是个小娇娇呀！"

后来，在延安的人们就都叫她"娇娇"，大家叫习惯了，就连毛泽东和贺子珍也叫女儿"娇娇"了。

1937年底，当娇娇一岁时，怀着身孕的贺子珍去西安治伤，负气离开了毛泽东，随后又想远去苏联。

在西安，贺子珍先是碰到了来八路军办事处的张国焘的夫人杨子烈。杨子烈要去延安找张国焘，她见贺子珍已经怀了四五个月的身孕，便劝她同自己一同回延安去，贺子珍拒绝了。后来，贺子珍又碰到了刘英。刘英当时染上了肺病，要去苏联治疗，同行的还有在战争中丢掉了一条胳膊的蔡树藩、断了一条腿的钟赤兵。贺子珍利用了这个机会，给延安写去一封信，要求与这些人同行，到苏联去治伤。

毛泽东接到贺子珍的这封辞别信后，一时间心中忐忑不安。他很清楚，贺子珍正有孕在身，如果这样负气离开自己、离开延安、离开祖国，孑然一身投奔到异国他乡，实在是太危险、太不合时宜了。异国的风俗习惯、语言、气候、人际关系，她这样一个弱女子能抗得住、受得了、吃得消吗？

这些担忧，令毛泽东心急如焚。他在经过深思熟虑之后，想了两条办法来阻止贺子珍：一方面，他跟洛甫（即张闻天）商量，给八路军西安办事处拍发了电报，表面上同意在第一批赴苏联治病的行列里，添上贺子珍的名字，免得她节外再生别枝；另一方面，毛泽东又接连给八路军西安办事处、兰州办事处、新疆办事处的有关同志发了电报，希望这三处的同志们能够好言劝慰贺子珍，使她放弃这次去苏联的念头。

在西安、兰州、新疆等地，林伯渠、谢觉哉、王定国等人受毛泽东的嘱托，费尽心机、苦口婆心地劝慰贺子珍回心转意，但都最终辜负了毛泽东的期望，没能将一意孤行的贺子珍挽留下来……

在苏联，贺子珍人地陌生，正如毛泽东所料到的那样，生活上不习惯、水土不服、语言不通、饮食不适，贺子珍大病一场，刚刚出生的儿子也患病夭折了。这使贺子珍懊悔不迭、痛不欲生，她不得不从心底里佩服毛泽东料事如神，并悔不当初，但已无力回天，只存活了几个月的小儿子再也活不过来了……

在苏联，贺子珍思念她死去的儿子，思念留在延安的女儿，思念丈夫毛泽东，精神上承受着巨大的负担，心中的悲怆无法释泄。为了安慰贺子珍，1940年间毛泽东派人将女儿娇娇送去了莫斯科，让她和妈妈生活在一起，以缓解贺子珍思念亲人的无限凄楚与惆怅。

在苏联的卫国战争期间，物资极度匮乏，生活苦不堪言。在某种程度上，还远不如在延安发起的大生产运动能够部分地解决自给自足。娇娇与她妈妈和两个哥哥岸英、岸青相依为命，贺子珍靠着每天织几双袜筒送到附近的工厂里换来几个卢布，勉强维持着母女俩的生活，还要尽量照顾正在读书的岸英和岸青……

在这艰辛的岁月里，毛岸英、毛岸青和娇娇虽说是同父异母的兄妹，但他们手足情深，关系融洽得亲密无间。在贺子珍的奋力挣扎与拼搏中，毛泽东的四个亲人总算渡过了难关。

有一次娇娇患了肺炎，被送去莫斯科郊外的医院，医院已经认为没办法医治了，只等着送太平间时，贺子珍发了疯似的变卖了自己所有的东西，换回了牛奶和白糖，一口一口地精心喂养着女儿，硬是从死神手中夺回了娇娇的生命……

在苏联生活的那些年，正是娇娇开始长大、开始懂事的时候。但她心中只有被苏联人关进了疯人院的妈妈，没有爸爸，因为她离开毛泽东时，年龄确实还太小。

在苏联国际儿童院的大礼堂里，正面墙壁上挂着各国共产党领袖的巨幅照片，其中，有列宁、斯大林、季米特洛夫、加里宁的照片，还有毛泽东和朱德的照片。在儿童院任课的苏联教师经常对孩子们进行国际主义教育，向大家讲述各国共产党领袖的革命业绩。娇娇也和众多的孩子一样，以崇敬的心情听老师讲述着这一切。

一次，毛岸英特意到国际儿童院来看望妹妹，并且给妹妹带了糖果。兄妹俩在礼堂里坐下来聊天时，毛岸英指着悬挂在主席台上方的毛泽东的照片，用俄语问妹妹："你知道他是谁吗？"

娇娇看着照片,同样用俄语说:"是中国共产党的领袖毛泽东。"

岸英告诉她:"他就是我们的爸爸。"

娇娇不相信:"你瞎说,我没有爸爸。"

岸英认真地对她说:"我没瞎说,是他送我们来苏联学习的。"

娇娇看着哥哥那一脸严肃的样子,相信了哥哥没有骗她。但她还是觉得这太遥远了,中国是个什么样子?中国在什么地方?中国共产党的领袖怎么会是自己的爸爸呢?

娇娇带着这些心灵上的疑惑去问妈妈,从妈妈半是俄语、半是汉语的简单叙述中,终于知道了她的爸爸在中国,中国在苏联的东南部,是一个幅员辽阔、古老而又伟大的国家,她的爸爸正在领导着中国人民进行着轰轰烈烈的解放战争。

从此,在娇娇幼小的心灵中,慢慢地了解了她的爸爸,同时也很想尽快早一天见到爸爸……

70. 双清别墅父女会　部署向全国进军

1949年5月中旬的北平，天气已经很暖和了。

这时的贺子珍，也早已带着女儿娇娇回到了祖国，先在哈尔滨住了一段时日，继而又去了沈阳。

为了女儿娇娇能够尽早一天到北平来，毛泽东请来贺子珍的胞妹贺怡，她也是毛泽东小弟弟毛泽覃的妻子。毛泽东请贺怡带上他写给贺子珍和女儿的信，在阎长林的陪同下一起去沈阳见贺子珍、接娇娇。

知道毛泽东的大女儿要来了，韩桂馨天天想着这件事。可贺怡带着毛泽东的重托，已经走了好几天了，怎么还不见回来呢？

正当韩桂馨纳闷时，毛泽东的大女儿来信了。

信是直接写给毛泽东的。李银桥在毛泽东的办公室里，见到毛泽东看着大女儿写给他的信，激动得拿着信封的手都有些颤抖。信封上的字是用毛笔写的，字迹很工整、很清秀。

很显然，信封上面的字是贺子珍写的。毛泽东拿着信，看了信纸两眼，只得对李银桥说："这上面的俄国字，我一句也不晓得呢！你快去找岸青来，让他给翻译一下。"

李银桥立刻去找毛岸青，恰巧毛岸青不在双清别墅的院子里。他便又去找了中央办公厅的副主任师哲来，因为他知道师哲懂俄语。

等师哲将娇娇的信翻译出来后，毛泽东才知道了女儿写信来的目的是为了找爸爸核实情况：

毛主席：

大家都说您是我的亲爸爸，我是您的亲生女儿，但是，我在苏联没有见过您，也不清楚这回事。到底您是不是我的亲爸爸，我是不是您的亲女儿？请赶快来信告诉我。这样，我才好回到您的身边。

娇娇

激动之中，毛泽东即刻提笔给女儿写了回信：

娇娇：

看了你的来信很高兴。

你是我的亲生女儿，我是你的亲生父亲。你去苏联十多年一直未见过面，你一定长大长高了吧？爸爸想念你，也很喜欢你，希望你快快回到爸爸身边来。爸爸已请贺怡同志专程去东北接你了。爸爸欢迎你来。

毛泽东

回信写好了，师哲正想带走发出去，又被毛泽东叫住了："不要发了，用电报拍出去吧！"

"是！"师哲走了。李银桥心想，毛泽东也是望女心切啊！

在等待和期盼女儿的日子里，毛泽东又一次带着李银桥来到警卫战士们住的东院散步，见到院中原先的许多石头没有了，战士们已经开出了一片绿地，施上了粪肥，种上了菜苗。小菜苗在泉水的浇灌下，长得绿油油的，很喜人。

毛泽东高兴地看着菜地，对围上来的战士们说："我只几天没来，你们这里就大变样喽！"

战士们见毛泽东高兴，便纷纷谈了起来。有的人说："这些辣椒是特意给主席种的，保证您不缺辣子吃！"

还有人说:"我们这么多秧苗,才花了不到10斤小米的钱。"

毛泽东连连点头,笑着对大家说:"谢谢你们,你们干得很好么!我前几天讲过了,'不劳动者不得食'。我没有参加劳动,怎么能白吃呢?"

人们笑着说:"主席领导我们闹革命,怎么算白吃呢?"

毛泽东坚持说:"话不能这样讲。你们下次浇水时,叫上我也来浇。我参加了劳动,以后吃的时候就理直气壮了,吃起来也就更香了么!"

"行啊!"战士们说着笑着,同自己敬爱的领袖一起闲谈起来……

几天过后,终于盼到贺怡带着娇娇一路风尘地来了!

当毛泽东听到大女儿已经到来的通报时,连忙大步走出办公室,站在院中,远远地就和贺怡打招呼:"贺怡呀,可把你们盼回来了!"

阎长林也回来了。李银桥一直侍卫在毛泽东的身旁,韩桂馨听说后也跑了过来,大家一起看着眼前这一幕父女重逢的感人场面。

只见穿着一条花裙子、头上戴着一顶遮阳帽的娇娇昂头望着毛泽东,亲热地叫了一声"爸爸",似乎还有更多的话要说,只是因为不熟悉汉语,一时却又不知从哪里说起……

毛泽东很理解女儿的心情,立刻很幽默地打破了僵局:"你怎么晓得我是你的爸爸?"

13岁的娇娇已经出落得很漂亮了,细挑的身材,白净的皮肤,脸蛋儿可能像她妈妈,但五官却很像她的爸爸。听到爸爸在问自己,她用仅会说的几句汉语反问道:"你怎么知道我是娇娇?"

"我有你的相片呢!"毛泽东大声笑起来。

在场的李银桥和韩桂馨都知道,毛泽东确实接到过贺子珍从哈尔滨寄来的娇娇的照片。

此时的娇娇,说得最多的还是熟练的俄语,用汉语讲话她讲得很生硬,也就总是那么几句常用语。父女俩一时虽然不能用语言尽情地交流感情,但那与生俱来的父女亲情却充分地表露出来……

这时的娇娇再也抑制不住存于内心已久的对爸爸的思念之情,激动地扑上前去,叫着"爸爸"依偎在了毛泽东的怀里。毛泽东也激动地一下子将女儿抱起来,两眼含着热泪在女儿的脸上亲了又亲……

每一位在场的人,都为毛泽东和娇娇的重逢感到高兴和激动。韩桂馨眼里含满了泪水,看到站在一旁的贺怡早已悄悄地哭出了声……

当天晚上,毛泽东约请了几位中央领导同志,一起来到双清别墅和娇娇见面。毛泽东乐呵呵地对大家说:"我给你们带来个洋宝贝。"

正当大家在客厅里猜测着毛泽东所说的"洋宝贝"时,只见贺怡领着娇娇走了进来。

毛泽东兴高采烈地指着女儿说:"洋宝贝来了!我有个外国女儿,唔——这就是呢!"

接着,毛泽东将娇娇一一介绍给在座的每一个人。大家纷纷拉着娇娇的手,高兴地问这问那。

"你就是娇娇啊?你还记得我吗?你的名字还是我给起的呢!"邓颖超有些激动地说。

"都长这么高了!"康克清也称赞说,"娇娇,你今年十几岁了?"

娇娇似懂非懂地听着人们的讲话,当大家向她问话时,她有些着急起来。对于她来说,汉语本来就不熟练,来的人又都带些各自的方言口语,娇娇怎么也听不明白每个人究竟在说什么……

对于大家的问话,情急之中,娇娇说起了俄语。毛泽东疼爱地拉起女儿的手，放声大笑道："英文么，我倒会一点，俄语我是一窍不通，岸英岸青又不在，恩来在这里就好了，他会俄语呢！"

首长们这个拉拉娇娇的手，那个摸摸她的头；阿姨们这个亲热地拍拍她的肩，那个爱惜地亲亲她的脸，大家热闹了一阵就都告辞离去了……

娇娇的到来，着实给了毛泽东很大的慰藉。

在接下来的日子里，人们经常见到毛泽东牵着娇娇的手，到双清别墅外面的山上去散步。跟随在毛泽东身后的李银桥，多次听到毛泽东慢慢地同女儿进行交谈，问她在苏联的生活和学习情况。

当娇娇谈到她在苏联受苦和妈妈所遭受的危难时，毛泽东眼里噙满了泪花，强忍着没让它们淌出眼眶来……

通过日常接触，李银桥和韩桂馨感到娇娇是个非常聪明的孩子，她的语言表达能力很强，汉语学得很快、掌握得也很快。当她和毛泽东能够自如地交谈时，毛泽东勉励女儿"好好学习，将来做一个有作为的人"。

5月18日，毛泽东、朱德给起义的原国民党军伞兵第三团官兵发了慰问电：

希望你们努力于政治上和技术上的学习，为建设中国的新伞兵而奋斗！

同一天，毛泽东、朱德还给起义的原国民党军海军防第二舰队官兵发了慰问电：

希望你们团结一致，学习人民解放军的建军思想和工作制度，并继续学习海军技术，为中国人民海军的光明前途而奋斗！

5月20日，毛泽东接到电报，人民解放军第一野战军解放了西安。

5月23日，鉴于全国军事形势的迅速发展，毛泽东主持召开了中央军委会议，中央军委随即做出了向全国进军的部署。

在向全国进军的部署中，毛泽东发电报至人民解放军第一、第二、第三、第四野战军：

二野亦应准备于两个月后以主力或以全军向西进军，经营川黔康。二野目前任务是，准备协助三野对付可能的美国军事干涉。

四野……十月即可尾白崇禧退路向两广前进，十一月或十二月可能占领两广。

一野……年底以前可能占领兰州、宁夏、青海，年底或年初准备分兵两路，一路由彭（注：彭德怀）率领位于西北，并于明春开始经营新疆；一路由贺（注：贺龙）率领，经营川北，以便与二野协作解决贵州、四川、西康三省。

如果上海、福州、青岛等地迅速顺利解决，美国出兵干涉的可能性业已消失，则二野应争取于年底或年底以前，占领贵阳、重庆及长江上游一带，并打通长江水路。

除二野应准备经贵州入川之外，四野在消灭白崇禧占领广西之后，应以一部经百色入云南。

同日，毛泽东还电示中共中央香港分局的诸位同志，望大家加强工作，准备迎接解放军主力部队的到来。

5月间，毛泽东还为中华全国第一次青年代表大会题词：

团结各界青年参加新民主主义的建设工作

5月29日国民党在江南自诩为"固若金汤"的上海被解放军经过半个月的激战而攻克，歼灭国民党守军8个军15万余人。

毛泽东随即发了电文《祝上海解放》。

第八篇

毛泽东移居中南海　天安门广场舞红旗

◎ 8月5日，毛泽东在双清别墅得到王稼祥的夫人朱仲丽带来岸英、岸青的外婆尚且健在的消息，非常高兴，立即拍电报向自己的岳母表示了诚挚的祝贺和亲切的问候。

◎ 面对这一切，毛泽东始终保持着庄严而慈祥的面容，不间断地用力挥动着手臂向人民群众表示致意。他的左手抬累了就换右手，右手抬久了又换成左手。他还无数次情不自禁地依着天安门城楼上的栏杆，探了身子向群众高呼："同志们万岁！人民万岁！"

71. 毛泽东旧衣会友　着新装外出开会

转眼进入1949年6月，北平的天气开始热起来。而毛泽东为召开新政治协商会议和筹备建立中央人民政府的事，每天下午乘车去中南海的时间更长了，次数也更多了。

6月1日，毛泽东、朱德、周恩来、董必武复电给中国民主同盟主席张澜：

> 革命战争迅速发展，残敌就歼为期不远。今后工作重心在于建设，亟盼各方友好共同致力。先生及罗先生①准备来平，极表欢迎。

在中南海菊香书屋，李银桥跟随毛泽东多次来到这里，对周围的环境和院中的布局有了清楚的了解。

这里是一个四方形的四合院，四面各有三间房。北面三间，正中一间是门厅。北房建得很高大，跨度也大，房间很宽敞。东房三间，中间一间也是门厅，毛泽东从香山来到这里后经常在此处吃饭、休息，毛泽东将他临时脱下来的外衣和会见来客的外衣，也常挂在这里；靠北侧的一间当成了毛泽东的临时办公室，书记处的五大书记经常在这里开会；靠南侧的一间，作为了毛泽东的临时会客室。

---

① 罗先生，指罗隆基，当时任中国民主同盟中央常委。

南房三间，正中一间是穿堂屋。西房三间，正中一间也是穿堂屋，而且是从菊香书屋进进出出的必经之路；南侧的一间，作为临时活动室，北侧的一间，作为工作人员临时休息的地方。

菊香书屋四面的房子形成了一个封闭式的小院。院内南北、东西两条小路交叉形成"十"字形，将院中地上的草坪对称分开，整个草坪又构成了一个"田"字形。几株百年以上的老松树耸立在院中，使院内增添了几分幽雅与清静。

已经是夏天了，五大书记常常在下午的时间里聚坐在大松树下开会，研究各项问题和重要事宜……

自从娇娇来到她爸爸的身边，在双清别墅里，便由韩桂馨照顾她的日常生活了。而娇娇的妈妈贺子珍，却留在了沈阳，没能到北平来。

贺子珍的妹妹，既是娇娇的小姨，又是娇娇的婶母，在双清别墅住了几天后，就要离开了。临行前，毛泽东同他的这位至亲谈了一些话，嘱托贺怡去江西寻找当年他和贺子珍寄养在老乡家中的孩子毛毛，并让贺怡带给贺子珍一封信：

自珍①：向您问好！

娇娇在我身边很好。我很喜欢她。望您要保重身体，革命第一，身体第一，他人第一，顾全大局。

贺怡带着这封信走了。

自从韩桂馨负责照顾娇娇后，她就注意观察娇娇，发现娇娇对许多事情很有自己的一套认识和想法。韩桂馨想，可能是孩子年龄大了一些，再加上孩子在国外生活了多年，对周围的一些事物很有见地，便开始担心自己的这份工作做不好，会影响毛泽东的工作情绪。

不料通过一段时日的接触，韩桂馨觉得娇娇是个非常好、非常懂事的孩子。她很要强，能吃苦，遇事很有主见，独立生

---

① 自珍，即贺子珍，毛泽东原文如此。

活的能力也很强，脑子特别聪明。

更可贵的是，娇娇丝毫没有因为自己是毛泽东的亲生骨肉而有任何傲气、看不起毛泽东身边的工作人员的思想，恰恰相反，娇娇对她周围的人很热情、很亲切，她同韩桂馨很快就相处融洽了，无论大事小事，两个人很是谈得来。

这时的李讷不在国内，韩桂馨就一门心思地将她的全部精力放在了毛岸青和娇娇的身上，想方设法照顾好这兄妹俩……

6月9日，毛泽东在双清别墅派人给身体多病的任弼时送去了10多条金鱼，并写了几个字一并转交任弼时：

送上红鱼一群，以供观览。敬祝健康！

一天中午，毛泽东听说张澜要来双清别墅看望他，便吩咐李银桥说："张澜先生为中国人民的解放事业做了不少贡献，在民主人士当中享有很高的威望。我们要尊重张老先生，你去帮我找件好一些的衣服来换换。"

李银桥走进毛泽东的卧室，在毛泽东带进北平来的"存货"中翻了又翻、选了又选，竟找不出一件不破或者不带补丁的像样一些的新衣服。李银桥只得"无功而返"，空着两只手对毛泽东说："主席，你说过咱们要进城'赶考'的话，咱们可真成了穷秀才进京赶考了，连一件好衣服都没有。"

毛泽东微微一笑说："安贫者能成事，嚼得菜根百事可做。历来纨绔子弟考不出好成绩，我们会考出好成绩来的。"

李银桥建议说："现在做衣服也来不及了，要不我去找人借一件穿？"

毛泽东摆摆手说："不要借了！补丁不要紧，整齐干净就行。张老先生是贤达之士，不会怪我们的。"

就这样，张澜先生来了，毛泽东只好穿了他的补丁衣服接见了张澜。

在这几天的时间里，毛泽东又穿着这件带补丁的衣服会见了许多民主人士。看到前来拜会和看望毛泽东的客人们都穿得很好，唯独毛泽东穿的是旧衣服，李银桥心里很不是滋味。他想，我们共产党人打了天下，可共产党的领袖却连一件像样的衣服都没有……

当李银桥静下心来的时候，他又想起毛泽东的话，"我们会考出好成绩来的"，他相信毛泽东的话！

1949年6月15日下午，酝酿已久的新的政治协商会议的筹备会议，在中南海勤政殿的大厅里开幕了。

李银桥跟随毛泽东来到了勤政殿。

勤政殿是一座古老的建筑，很宏伟。李银桥听说，过去这里曾是皇帝处理朝政和休息的地方。

李银桥见勤政殿的规模很大。走进大门，通过一个小院子，才能进入足有10米宽、50米长的大过厅。过厅里的地面上铺的全是木板，中间还铺了地毯，两旁摆着许多名贵的鲜花、古董器具和工艺品。

从外面看，勤政殿的大厅足有两三层楼房那么高，是中南海里最高的建筑了。如果站在北海的山上或景山上看中南海，都可以很显眼地看到造势宏伟的勤政殿。

在里面看，勤政殿的大厅里摆着一排排的条桌和软靠椅；四周有大、中、小型议事房、宴会厅和休息室，每处房间里都配有卫生间。

这天下午，难得毛泽东穿了一身新做的灰蓝布衣服，手里拿着厚厚的文件袋，走出菊香书屋，走出丰泽园的北门，来到了勤政殿。

毛泽东迈着稳健的步伐走进大厅，会场里的全体代表站起身来热烈鼓掌，毛泽东走到主席台前向大家招手、鼓掌致意。接着，毛泽东在经久不息的掌声中先在中国共产党代表团的座位上坐下来，大会通过主席团的人选名单后，毛泽东等会议领导人走上主席台入座了。

随后，会议秘书长林伯渠请毛泽东首先讲话。

毛泽东满面红光地走到了麦克风前，热烈的掌声响彻了整个会场。毛泽东微笑着，放下手中的讲稿向大家挥手致意。

掌声止后，毛泽东高兴地对大家说：

> 我们的新的政治协商会议的筹备会，今天开幕了。这个筹备会的任务，就是：完成各项必要的准备工作，迅速召开新的政治协商会议，成立民主联合政府，以便领导全国人民，以最快的速度肃清国民党反动派的残余力量，统一全中国，有系统地和有步骤地在全国范围内进行政治的、经济的、文化的和国防的建设工作。

讲到这里，毛泽东加重了语气说：

> 全国人民希望我们这样做，我们就应当这样做。

会场内再次响起了震耳欲聋的鼓掌声。

毛泽东继续讲话：

> 全国人民拥护自己的人民解放军，取得了战争的胜利。这一次伟大的人民解放战争，是从1946年7月开始，到现在，业已三年了。这一次战争是由国民党反动派在获得外国帝国主义的援助之下发动的。国民党反动派背信弃义，撕毁了1946年1月的停战协定和政治协商会议的决议，发动了这一次反人民的国内战争。可是，仅仅三年时间，即已被英勇的人民解放军所打败。不久以前，在国民党反动派的和平阴谋被揭穿以后，人民解放军即已奋勇前进，横渡长江。国民党反动派的都城南京，已被夺取。上海、杭州、南昌、武汉、西安，已被解放。现在，人民解放军的各路野战军，正向南方和西北各省，举行着自有中国历史以来未曾有过的大进军。三个年头中，人民解放军共已消灭反动派的国民党军559万人。截至现时为止，残余的国民党军，包括它的正规部队、非正规部队和后方军事机关军事学校等在内，只有150万人左右了。肃清这一部分残余敌军，还需要一些时间，但已为期不

远了。

掌声再次热烈地响起来，整个会场充满着群情激昂、振奋人心的气氛。

毛泽东最后说：

> 中国人民将会看见，中国的命运一经操在人民自己的手里，中国就将如太阳升起在东方那样，以自己的辉煌的光焰普照大地，迅速地荡涤反动政府留下来的污泥浊水，治好战争的创伤，建设起一个崭新的强盛的名副其实的人民共和国。

毛泽东的话讲完了，全体代表起立，如雷贯耳的掌声响彻了会场，大家一起向毛泽东表示着崇高的敬意。

为了庆祝大会的胜利召开，当天晚上，全体代表在宴会厅出席宴会。宴会上的饭菜，都是从北京饭店运来的。

毛泽东高举着酒杯，向全体代表敬酒，祝贺大会的成功。他还特意走到几位老人跟前，一一向他们敬酒……

连日来，毛泽东的心情特别好。

召开筹备会议期间，从勤政殿回到丰泽园里的菊香书屋，毛泽东便脱下了穿在他身上的新衣服，只穿着原来的旧衣服办公了。

从6月15日至19日，是新的政治协商会议的筹备会议正式开会议事的日子。

会议一共开了五天。参加这次会议的包括中国共产党和各民主党派、各人民团体、各界民主人士、国内少数民族代表、海外华侨等23个单位，134人。

会议通过了《新政治协商会议筹备会组织条例》和《关于参加新政治协商会议的单位及其代表名额的规定》，选出了以毛泽东为主任委员的常务委员会。

同一天，毛泽东为筹建中央人民政府，特意邀请在上海的宋庆龄北上共商国家大事。

毛泽东在信中充满激情而又诚挚恳切地写道：

  重庆违教，忽近四年。仰望之诚，与日俱积。兹者全国革命胜利在即，建设大计，亟待商筹，特派邓颖超同志趋前致候，专诚欢迎先生北上。敬希命驾莅平，以便就近请教，至祈勿却为盼！

这时的邓颖超，已任中共中央候补委员、中华全国妇女联合会副主席。她和宋庆龄是老相识了，她受中共中央的委托，携带着毛泽东的亲笔信，和廖梦醒一道，专程赶赴上海，邀请宋庆龄前来北平参加中国人民政治协商会议。

72. 中南海内移鲜花　领袖为女取姓名

1949年的6月下旬，北平的天气已经很热了。

自从女儿娇娇归来和筹备召开新的政治协商筹备会议以来，毛泽东的心情一直很好。

在双清别墅，毛泽东经常拉着女儿的手，在院里的泉水池边或走出院子到香山去散步。

在中南海的丰泽园里，李银桥也常常跟随毛泽东去到颐年堂，见毛泽东和周恩来在那里同中央领导人一起开会或会见各界、各方面的民主人士。在这段时间，毛泽东不是在菊香书屋休息，就是让李银桥或阎长林随着他到南海边去散步，偶尔也划划船。

在颐年堂和菊香书屋，工作在中南海里的花匠师傅们为了布置会场和美化环境，都使出了各自的看家本领，将每处都用鲜花和盆景布置、装扮得特别漂亮。

6月的北平，正是鲜花盛开的时节。

在中南海，李银桥跟随毛泽东所到之处，见周围的一切美丽极了，简直就像一个百花争艳、竞香夺丽的大花园。尤其是在天热的情况下，让人见到眼前这一切，顿时会感到心旷神怡，仿佛周围连同自己身上的热气全都被驱散了。

当李银桥陪伴着毛泽东在南海边散步时，看着湖中那波光荡漾的水面，确实令人感到神清气爽。然而对于经常耗神费力地使用眼睛的毛泽东来说，眼前那绿色的树木、碧绿的湖水，远处景山上那青翠的山峰，头顶上高高的蓝天，都对消除他的疲劳有着很大的积极作用。

一天傍晚，毛泽东从南海边散步回到菊香书屋，看着摆在院中的许多盆鲜花，突然对站在大松树下的阎长林说："你去叫人把这些花都搬走。"

阎长林一时没明白毛泽东让他叫人来搬花走的意思，便看了看跟在毛泽东身边的李银桥。李银桥一时也不明白毛泽东的用意，只是点点头示意阎长林赶紧按着毛泽东说的话去办就是了。

阎长林虽然不明白毛泽东的用意，但还是心悦诚服地去叫人来搬花了。当警卫战士们和卫士组的人都来搬花时，毛泽东对大家说："过去，这里是公共场所，由他们随意布置，我们不干涉。可是现在我住在这里，就不要摆这么多的花了。少摆几盆花，再摆一点松柏树就可以了。你们晓得，到我这里来的人很多，以后还会有工人、农民的代表来。他们来了，就是为了看看我，看看我住的地方。如果我这里摆了很多漂亮的花，那他们也会上行下效，向我看齐，养成这种风气就不好了呢！"

人们这才明白了毛泽东的用意。大家七手八脚地忙活了好长时间，将一盆盆盛开着的各色鲜花都搬了出去，送到中南海院中的花房里。

花都搬走了，菊香书屋的院中也不能什么可观赏的植物都不摆呀！经过议论，大家又在花匠师傅的帮助下，在花房里挑选了两盆棕榈树、两盆无花果搬进了菊香书屋的院中，又在窗台上摆放了两盆兰花草。

这样一来，菊香书屋的院中既不显得空荡，也不像原来那样花哨了，很适合这里的环境和毛泽东的身份。

对于这样的布置，毛泽东很满意地对大家说："这不是很好么！我不是不喜欢花，只是摆太多了不合适呢！"

李银桥也感到，这样的布置既清静又雅致，很切合毛泽东一贯倡导的艰苦朴素的作风……

在香山的双清别墅，有一天，娇娇正趴在屋里的桌子上专心致志地练写毛笔字，韩桂馨进屋去喊她洗澡，她都没有听见。韩桂馨见孩子那副全神贯注的样子，便近前问她："写什么呢？"

娇娇先是不好意思地看了看自己写的字，然后才抬头看着韩桂馨说："阿姨，我练着写自己的名字呢！"

韩桂馨低头往桌上一看，见纸上写了许多大大小小的"李敏"两个字，不禁又问："谁是李敏？"

娇娇回答说："我呀！这是爸爸给我取的大名。"

"什么时候给你取的？"韩桂馨继续问，"我怎么一点都不知道呢？"

娇娇便向她详细讲述了爸爸给取名字的事：

娇娇已经在苏联上完了小学，来到北平后，毛泽东计划送女儿去读中学。那天，毛泽东在双清别墅吃过晚饭后没有去中南海开会，也没有马上到办公室办公，而是把娇娇叫到自己的身边，亲切地对她说："娇娇，你就要上中学了，爸爸给你取个正式名字好么？"

"爸爸，我不是有名字吗？"娇娇天真地说，"我叫娇娇，还是邓妈妈给取的呢！"

毛泽东笑着说："那是你刚出生时取的小名，现在长大了，该取个大名了。"

娇娇点头说："那爸爸就给我再取一个大名吧！"

毛泽东想了想说："那我就给你取个有意义的名字吧。"

说着，毛泽东从桌上翻开了一本线装的书籍《论语》，指着《里仁》篇中的一句话，念道："子曰：'君子欲讷于言而敏于行。'"

娇娇听不懂她爸爸念出的意思,露出一副茫然不解的样子。毛泽东见了,便伸手又拿了《辞海》,翻了翻页码,指着"敏"字讲给女儿说:"敏,有好几种解释,如敏捷、聪慧、勤勉等。中国有好多成语和诗歌中用这个敏字,像'敏而好学''聪敏通达''灵敏迅速'。"

毛泽东边讲边吟出两句诗:"敏捷诗千首,飘零酒一杯。"

娇娇听得很入神,她觉得爸爸是最有学问的人,同时也对学习汉语更有了兴趣,认为汉语的用词用句奥妙无穷,是件很有意思、很有内容的事。

"好吧,我就用这个'敏'字!"娇娇高兴地说,"那我以后就叫毛敏了!"

"你的名字叫敏,但不一定叫毛敏。"毛泽东拉了女儿的手说,"也可以叫李敏么。"

"为什么?"娇娇摇晃着爸爸的大手说,"大哥叫毛岸英,二哥叫毛岸青,我为什么不能跟爸爸姓毛?"

毛泽东用手拍了拍女儿的头,和颜悦色地说:"娇娇,爸爸姓毛,这是不错的;但爸爸为了革命工作,也用过别的名字,在这些名字里,爸爸最喜欢'李德胜'这个名字呢!"

"李德胜?"娇娇不解地问,"为什么呢?"

毛泽东耐心地向女儿讲述了他在转战陕北时,率领党中央仅一个加强营的几百人,牵着胡宗南的数万主力军在大山中打转转,进而以一个纵队的兵力牵紧了胡宗南的20万大军的"鼻子",使得陕西的敌军不敢抽调部队东渡黄河与山西的敌军协同作战。这样,就使得陕西、山西两省的"胡、阎"军不能动用武力派兵去到河南,使共产党的军队能够集中主力挺进大别山,进而进取中原……

毛泽东向女儿讲,当时为了保密,他用了"李德胜"这个化名;现在胜利了,进了北平,但他对那段时间的生活还是很留恋的,虽然艰苦,但充满了拼搏的激情,虽有惊吓,但总是有惊无险和化险为夷,最终胜利地闯过来了。尤其对陕北的老百姓,他是充满了感情的……

听着爸爸讲述他传奇般的战斗经历,娇娇感到有兴趣极了。直到现在她终于明白了爸爸给她取名的用意是勉励她继承革命事业,将来能够成为对人民、对国家"敏于行"的有用之人。

韩桂馨听了,也觉得"李敏"这个名字取得妥当、取得好呢!

6月30日,毛泽东为纪念中国共产党成立28周年写的文章《论人民民主专政》发表。

毛泽东在文章中依据马克思、列宁主义的国家学说,阐明了在中国建立人民民主专政的历史必然性,人民民主专政国家内各阶级的地位和相互关系,民主和专政的关系和新中国的对外政策,奠定了无产阶级专政的理论基础和政策基础。

73. 亲携爱女同劳动　六角亭前照合影

1949年7月1日,这一天对于毛泽东来说,与往年相比显得格外不同。

解放军第二、第三、第四野战军的百万大军已驰骋江南,国民党的残余反动势力已是土崩瓦解,处在穷途末路了。

两天后的一个傍晚,毛泽东带着女儿李敏,走进了双清别墅东门外警卫战士们住的院子,对正在浇菜地的战士们说:"我和女儿来参加劳动了,你们欢迎吗?"

"欢迎!欢迎!"几名战士高兴地喊起来。不料,另一位战士却说:"不欢迎……"

"为什么呀?"毛泽东笑着问他。

那位战士说:"主席是办大事的人,这点儿小事情用不着您亲自动手……"

毛泽东依然笑着:"事无巨细,必在躬亲。小中也有大么!没有众多的小事情,哪有什么大事情呀?"

这时,跟在毛泽东身后的李银桥和阎长林,已经开始用提桶拎水浇菜了。在一片笑谈声中,毛泽东和女儿也同大家一起,挽起袖子,父女俩共同拎了一只水桶,提水浇地……

由于李敏穿着裙子,提水走路不方便;再因为毛泽东身材高、迈的步子大,父女俩拎着桶不同步,桶里的水总是晃出来洒在李敏的裙子上和毛泽东的布鞋上……

战士们见了，纷纷上前去抢毛泽东和李敏手中的水桶，坚持不让父女俩再干了。可毛泽东却说："劳动么，总是要弄脏衣服的。不妨事，我小时候劳动是不穿鞋子的，劳动可以锻炼人呢！"

浇菜地归来，毛泽东的裤腿和李敏的裙子还有父女俩脚上穿的布鞋全湿了。韩桂馨见了，一个劲儿地埋怨李银桥和阎长林："你们两个大活人跟着，怎么让主席和娇娇被水弄成这个样儿？你们就不会把水桶给抢了？"

同样弄了一身水和两脚泥的李银桥憨笑着，没说什么，而阎长林却开玩笑说："小韩阿姨，你有本事你去抢主席的水桶试试？你要能抢得过去才怪呢！"

韩桂馨也知道，凡是毛泽东坚持要做的事情，别人是难以轻易阻止、难以改变的，她只是心疼李敏罢了，觉得不该让孩子去干这么重的活儿……

7月4日，毛泽东代表中共中央，给国民党湖南省主席程潜拍发了一封电报，敦促其率部起义。

7月7日，是12年前日本侵略军在华北发起卢沟桥军事侵略的日子，也是中国人民从此走上保家卫国、全面抗战的纪念日。

本日晚上，北平20多万人集会纪念"七七"抗战12周年并庆祝新政协筹备会成立，毛泽东和周恩来、朱德、任弼时等人出席了大会。

在大会上，毛泽东代表新政治协商会议筹备会各党派各团体发表宣言说：

中国人民在建设自己的新国家的时候，当然要和一切愿意以平等友好态度对待我们的外国政府建立外交关系，这是与我们国家和人民的利益相符合的。同时，我们当然要反对一切形式的侵略和威胁，这是与我们的国家和人民的利益不相符合的。

1949年7月中旬的一天，毛泽东在双清别墅中接见了苏联的一个代表团。

组织上通知摄影师徐肖冰和侯波、新华社记者陈正清去毛泽东那里照相、采访。当苏联客人走后，三个人几乎异口同声地向毛泽东问好："主席，您好！"

毛泽东早就认识这三个人。见他们三个一起问候自己，便笑着对他们说："来么，咱们一起坐坐。"

当毛泽东邀三个人到凉亭下坐下时，李银桥给大家拿来了削好皮的桃子、梨。毛泽东递了一个桃子给侯波说："拿着，吃么。"

侯波接了桃，听毛泽东问话："你是哪里人啊？"

侯波笑答："山西夏县。"

毛泽东也笑了："哦，你是关云长的老乡么！"

侯波激动得眼里含了热泪，只是控制着没有让泪水流出眼眶来。

毛泽东继续对侯波说："山西是个好地方，你们晋南比较富裕呢！抗日战争中，陈赓和薄一波同志就在你们那个地方打仗，先是386旅，后是太岳纵队，同日本人打了几场恶仗，打了几场胜仗。1940年前后，国民党那个朱怀冰的部队也驻在那个地区，他不抗日，专同我们闹摩擦，结果'陈大胆'把他给收拾了……"

站在一旁的李银桥听了毛泽东的话，第一次听到从毛泽东的口中说出陈赓是"陈大胆"的绰号来。

这时，侯波说："陈赓打仗的时候，我已经离开山西到延安了。"接着，她向毛泽东讲述了自己从1938年14岁时加入中国共产党并由组织上送到延安参加革命的经历……

毛泽东听了以后说："很好，你是吃陕北的小米饭长大的么！"

这时，侯波眼中的泪水再也控制不住了，不由自主地淌落下来……

当侯波擦着眼泪时，徐肖冰拿了几天前为毛泽东拍的一些照片请毛泽东看。当毛泽东认真地看着照片时，徐肖冰又迅速拿起相机，为凉亭里的人们拍了好几张相。

这时，李敏跑来找她爸爸了。徐肖冰又为李敏照了几张相，还为李银桥等在毛泽东身边工作的人们拍了一些。

当徐肖冰、侯波和陈正清向毛泽东告辞时，毛泽东又对大家说："来，咱们大家合个影吧。"

陈正清立刻架起了相机，徐肖冰和侯波一左一右地站在了毛泽东的身边。毛泽东伸手拉一拉侯波，笑着说："女同志，半边天，你站中间！"

当照相机的自拍器响起时，陈正清快步赶了过去。"咔嚓"一声，三个人和毛泽东的合影永远地留在了胶卷的底片上。

1949年7月23日，毛泽东批准了人民解放军第一野战军彭德怀在西北实行"钳胡打马"的作战计划。钳胡，就是以部分兵力牵制住已经在解放军的打击下遭受重创而率残部退守佛坪、凤县及陇南地区一隅的胡宗南部队；打马，即以第一野战军主力部队集中优势兵力重点进击国民党在兰州的马步芳、银川的马鸿逵两股顽固反动军事武装。

临近月末的一天，毛泽东突然想起去游泳，他走到双清别墅的院子里，喊了一声："银桥——阎长林！"

李银桥和阎长林同时跑了过来："主席，有事吗？"

毛泽东压低了嗓音说："听说清华大学里有一个游泳池，我想现在去游一游，准备车吧！"

李银桥转身跑去了。一会儿，他又跑了回来，走进办公室对毛泽东说："不行呢！主席，保卫部门不敢做主，说要请示杨尚昆和汪东兴，让咱们等等。"

"他们两个算什么？"毛泽东大失所望地说，"进城才几天么，就这样保我的命了，要游泳也没得自由……"

阎长林说："我再去问问。"

阎长林转身匆匆跑去。毛泽东坐在藤椅上不吸烟、不看报纸，也不看书，将右手支在大腿上静静地等着阎长林……

阎长林回来了。毛泽东像个孩子似的急切起身问道："准备好了吗？"

阎长林摇了摇头："考虑到北平解放时间不长，为了安全，请主席改天再去吧。"

毛泽东怅然若失地说："游不成了？唉，我遵守保卫制度，不去游了……"

毛泽东重新坐下来说："刚一进城就这样小心，将来又么样？只怕连理发也要关在房里了……吃个么东西要防着坏人放毒，买个么东西不能上街，动一动就得惊动保卫人员，和人民群众隔远了……"

阎长林和李银桥互相对视着，谁也不再多说话。

停了一会儿，毛泽东下决心说："银桥，我们莫声张，把我当成一个普通人，或者冒名学校里的老师，去游一下么？我就不相信会出危险？哦，阎长林你也晓得，我多年不游泳了呢！"

李银桥看了看阎长林，阎长林说："主席，那我得去叫杨主任来。"

"你去叫，告诉他不要声张。"毛泽东挥了一下手，又吩咐李银桥准备行装，"准备吧，咱们拽上杨尚昆。"

毛泽东和杨尚昆、李银桥、阎长林等人乘车径直来到了清华园的游泳池。

李银桥是第一次见毛泽东游泳。

大家陪着毛泽东游了一阵，毛泽东穿着短裤从游泳池上岸，对杨尚昆说："小小的游泳池，没得长沙的橘子洲头好游，不能迎风击浪！算了，总算过了过瘾，回去吧！免得惹人注意。"

"是。"杨尚昆说，"主席，快穿衣服吧，小心受凉。"

毛泽东从李银桥手中接过自己的衣服，不紧不慢地穿起来……

74. 淡评美国白皮书 欢迎宋庆龄北上

1949年8月1日，是中国人民解放军的建军节。

居住在双清别墅的毛泽东，破例没有在上午休息，而是领着女儿李敏，早早地走进了香山的万绿丛中。

紧随其后的李银桥看着眼前父女俩亲切交谈的身影，心里也感到格外舒畅。

当三个人走上香山顶端，毛泽东父女俩坐在一段古老的旧城墙墩上休息时，毛泽东问女儿："爸爸给你起的名字，还满意么？"

娇娇点头应道："满意，爸爸给取的名字很好。"

"嗯。"毛泽东疼爱地抚摸着女儿的头说，"你已经长大了，再也不是小姑娘了，要好好学习；要学会善于观察事物、发现问题，自己动脑子解决问题，这样进步就快了。"

"我一定好好学、认真学。"娇娇说，"先学好汉语，学好中国话，将来多为人民办事。"

"对么！"毛泽东高兴地说，"我的女儿是中国人呢！首先要学好汉语，长大了好为中国的老百姓办事情。"

走在去双清别墅的山路上，李银桥听毛泽东对女儿说："你平日学习要用心练习，只有用心练习才能掌握……"

凡是毛泽东讲的话，娇娇都顺从地点头答应着……

8月4日，原国民党第一兵团中将司令陈明仁和原国民党长江绥靖公署主任、湖南省主席程潜领衔发出起义通电，湖南省会长沙随即宣告和平解放。

得到消息后，毛泽东和朱德极为高兴，周恩来和任弼时对程潜和陈明仁的义举也极为赞赏。

经过商议，陈明仁被邀请为新政治协商会议的特邀委员，电告其择日赴北平。

8月5日，毛泽东在双清别墅得到王稼祥的夫人朱仲丽带来岸英、岸青的外婆尚且健在的消息，非常高兴，立即拍电报向自己的岳母表示了诚挚的祝贺和亲切的问候。

8月7日，毛泽东和周恩来在中南海的菊香书屋谈论筹备政协会议和建国大计时，议论起了美国国务院于8月5日发表的题为《美国与中国的关系》的白皮书，周恩来说："艾奇逊写给杜鲁门的信和美国政府的白皮书，充满了颠倒是非、隐瞒和捏造事实真相的谎言，是对于中国人民的恶毒污蔑嘛！"

毛泽东坦然一笑说："杜鲁门也是没办法呢！他反对的是共产党，可蒋介石又不为他争气。这样也好，白皮书一发表，公开暴露了美国政府侵略中国的诸多罪恶，也算是司马昭之心，路人皆知了！"

"要不要驳一驳呢？"周恩来问。

"驳总是要驳的。"毛泽东说，"世界是人民的世界，总不能让美国人自家说了算么！"

8月10日中午，毛岸英从城里来到香山的双清别墅看望他爸爸，父子二人在院中的凉亭前坐下来亲切交谈。当儿子提出要回湖南去看望外祖母时，毛泽东感慨地说："现在正忙，天也热，等明年春上再去吧，或能同岸青一起去，不是更好么？"

岸英问："二弟的汉语讲得怎么样了？"

毛泽东说："还不行，不如娇娇进步快。"

岸英有些惆怅地说："二弟的脑子得抓紧治一治，请爸爸多费些心。"

"我晓得。"毛泽东点头说,"现在建国的大事在即,百废待兴,我很忙。等大事初定,我会为他想些办法的。"

等毛岸英离开后,毛泽东回到办公室里坐下来,给远在湖南的杨开慧的哥哥杨开智写了一封信:

> 老夫人健在,甚慰,敬致祝贺。岸英、岸青均在北平。岸青尚在学习。岸英或可回湘工作,他很想看外祖母。展儿①于八年前在华北抗日战争中光荣地为国牺牲,她是数百万牺牲者之一,你们不必悲痛。我身体甚好,告老夫人勿念。兄从事农业生产事业甚好,家中衣食能过得去否,有便望告。

8月12日,毛泽东针对美国政府发表的白皮书,给新华社编辑部写了一篇揭露美国政府侵华罪行的评论《无可奈何的供状》。

8月14日,毛泽东为了进一步批判美国国务院关于中国问题的白皮书和艾奇逊写给美国总统杜鲁门的信,揭露美国政府对华政策的本质,动笔为新华社写了题为《丢掉幻想,准备斗争》的评论文章。

在文章中,毛泽东不但深刻揭露了美国政府一贯奉行的侵华政策的本质,同时还批评了国内一部分资产阶级知识分子对于美国帝国主义所抱有的幻想,并且对中国革命的发生和胜利的原因做了理论上的说明。

同一天,毛泽东还以中国人民革命军事委员会主席的名义,与中国人民解放军总司令朱德联名,为国民党湖南省主席程潜将军和陈明仁将军的率部起义发去了电报:

> 中国人民解放事业的胜利已成全世界共认的定局。美帝国主义及其走狗蒋介石、李宗仁、白崇禧、阎锡山等残余匪党不甘失败,尚图最后挣扎,必被迅

---

① 展儿,即杨展,杨开智之女。

速扫灭，已无疑义。诸公率三湘健儿脱离反动阵营，参加人民革命，义声昭著，全国欢迎，南望湘云，谨至祝贺。

8月18日，毛泽东又对美国原驻国民党反动政府大使司徒雷登于8月2日的悄然离去为新华社写了评论文章《别了，司徒雷登》，以十分辛辣的语气和入骨三分的披露，进一步批驳了美国政府的对华政策。同时讲道：

我们中国人是有骨气的……多少一点困难怕什么。封锁吧，封锁十年八年，中国的一切问题都解决了。中国人死都不怕，还怕困难么？

毛泽东的话，充分表现了中国人民的革命志气，极大地鼓舞了全国人民战胜一切艰难困苦，英勇奋斗、努力建设新中国的决心和勇气。

1949年8月下旬，已经怀孕的韩桂馨越来越显得体重了。毛泽东关切地派人去买了许多新鲜水果，让李银桥拿去给韩桂馨吃："小韩阿姨怀孕，要多吃些水果，这样对孩子有好处。"

李银桥感谢毛泽东想得周到。毛泽东又说："银桥呵，你也不要总跟着我了，这段时间，你要多照顾一下小韩才对。"

李银桥感激地点点头，深深体会到毛泽东对他们夫妇的关爱之情……

8月24日，毛泽东为中国民主建国会发表的题为《加强内部团结和警惕，答告美帝好梦做不成》的痛斥美国白皮书的声明，给民主建国会的负责人黄炎培写信说：

民建发言人对白皮书的声明写得极好，请予以全文文播、口播，并播记录新闻，当对于民族资产阶级的教育起很大的作用。民建的这一类文件（生动的积极的有原则的有前途的有希望的），当使民建建立自己的主动性，而这种主动性是一个政党必不可少的。

8月26日下午，毛泽东在李银桥的侍卫下乘车来到中南海，

在勤政殿的大厅里出席了新政协筹委会举行的又一次会议,毛泽东发表讲话说:

> 纲领中只说现阶段的任务,如果再说得远一点就变得空洞了。就是说,纲领是带有时间性、有变动的。它是行动纲领,是为着规范当时的行动而规定的;它不同于《宣言》,不是描绘新中国社会发展前途的图画。

8月28日,针对美国政府的白皮书和艾奇逊的信件,毛泽东第四次为新华社写了评论文章《四评白皮书》。

同一天,已经接到了毛泽东的亲笔信的宋庆龄不顾身体不适,怀着莫大的喜悦和鼓舞,在邓颖超和廖梦醒的陪同下,欣然北上参加中国人民政治协商会议来到了北平。

当宋庆龄乘坐的火车到达了前门车站时,早已迎候在站台上的毛泽东、朱德、周恩来、任弼时等中共中央领导人快步迎上前去,热情地欢迎宋庆龄女士的到来。

当晚,毛泽东设宴为宋庆龄接风洗尘,热烈欢迎她前来共商国家大事。对于毛泽东的信任和热忱,这位曾被国人尊称为"国母"的孙中山先生的遗孀深为感动……

8月30日,毛泽东针对美国的白皮书和艾奇逊写给杜鲁门的信件,重笔第五次为新华社写了揭露美国侵华罪恶本质和帝国主义列强在历史上对中国一贯奉行的侵略政策的评论《"友谊",还是侵略?》。

75. 共产党筹备建国　开大会定都北京

进入1949年9月，为着新的政治协商会议的召开和筹备建国大事，朱德和周恩来等人督促毛泽东尽早搬到中南海的丰泽园去住。开始时毛泽东坚决不去中南海，就住香山，周恩来劝说党和国家需要办理的大事太多，住香山来回路上太耽误时间，毛泽东也感到每天往返于北平城里和香山之间浪费了时间，这样才决定离开香山的双清别墅，搬进中南海的丰泽园居住了。

走进丰泽园，再向右走便是菊香书屋了。这时，原先住在这幢古老的四合院中的林伯渠，已经搬到别处去了。

这里名为菊香书屋，但时下没有菊花，西侧三间房中靠北端的一间作为毛泽东的书房，成了名副其实的书屋。

北房西侧的一间留作江青的卧室，毛泽东将东侧的一间作为了自己的卧室，里面放了一张大木床、一套皮面有很多皱纹的旧沙发、一张写字台和一些书架。

东房三间，中间的门厅作为了毛泽东一家人吃饭的地方，北侧的一间是毛泽东的办公室。由于屋外的廊檐进深较长，屋内显得很暗，白天也需要亮着灯照明。南侧的一间作为了会客室。

西房三间，中间是穿堂过道，南侧的一间留作江青用来招待客人；三间南屋，正中是过厅，东西两侧的房间分别作为了毛岸青和李敏、李讷的卧室。

通过菊香书屋，又进入一个南北向稍长的四合院，这里是被称作"紫云轩"的毛泽东的又一处住所。五间北房一明两暗，东侧的两间房是相通的，是毛泽东的另一处卧室，里面摆放了一张很宽很大的木床；西侧的一间作为了江青的另一处卧室，另一间与西厢房相通，里面摆满了书柜，成了毛泽东的藏书室。

紫云轩的五间南屋，作为了毛泽东的孩子们学习的地方；五间东房，中间是过厅，也是毛泽东一家人的另一处餐厅，北侧的两间房作为毛泽东的办公室和小型会议室，南侧相通的两间房作为了毛泽东的另一处会客室。

通过紫云轩南屋正厅，又是一处院落。这里被安排住进了江青的姐姐李云露和江青的外甥王博文，其他的房间被留给毛岸英、毛岸青、李敏和李讷居住。

菊香书屋的东面还有一处院落，从菊香书屋院中的东北角经由一条通道可以进出，这里是卫士值班室。与卫士值班室隔着一道墙，由一个小门进去又是一处小院，院中有五间平房，被安排为李银桥夫妇居住的地方。

这时的韩桂馨，因为即将分娩，住进了北平医院。

1949年9月8日，毛泽东代表中共中央和中央军委，向战斗在前线的解放军各野战军指战员发出了贺电，祝贺各野战军在前线的节节胜利。

就在这一天，叶剑英奉命离开北平去广东、广西领导开辟工作，北平市市长的职务由聂荣臻将军担任。

9月11日，心中一直惦念着远在湖南的岳母的毛泽东，托王稼祥的夫人朱仲丽给岸英、岸青的外婆捎一件皮衣料，请她老人家保养身体，做件皮袄抵御风寒。

9月16日，毛泽东通过新华社敦促各界人士迅速召开全国人民代表会议，以商讨如何集合全国人民的智慧和力量建设新中国的大计。

同一天,毛泽东第六次通过新华社发表批驳和揭露美国白皮书的评论文章《唯心历史观的破产》。

9月17日下午,李银桥侍卫毛泽东再一次走进中南海勤政殿的大厅,毛泽东出席了在这里举行的新政治协商会议筹备会议的第二次全体会议。

9月19日,百忙中的毛泽东抽出时间邀请了已经来到北平的程潜将军和陈明仁将军同游天坛公园,在北平的刘伯承、陈毅和粟裕将军陪同毛泽东一起与程潜和陈明仁见了面。

当一行人来到祈年殿前时,毛泽东挥着大手招呼陈明仁说:"子良①将军,来来来,我们两个人单独照个相。"

"这……"侍卫在毛泽东身旁的李银桥见陈明仁这位久经沙场的原国民党战将,一时竟手足失措起来、踌躇不前。

见到陈明仁这副样子,一向耿直豪放的陈毅将军上前推着陈明仁说:"主席请你,你就莫装斯文喽!"

在陈毅的推促下,陈明仁恭恭敬敬地站到了毛泽东的右侧,两人合照了一张半身相。

照过相,毛泽东对陈明仁说:"现在外面的谣言很多,说你被我们扣起来了,还说杜聿明、王耀武被我们五马分尸干掉了。我想请你这次开会之后,去山东济南看看他们,把情况向外介绍解释一下,写些书信给你那些还没有过来的亲朋故旧,促使他们早些觉醒,及早归来。"

"是。"陈明仁很爽快地答应道,"遵主席的指示,我一定照办。"

毛泽东笑了,风趣地说:"你还可以把我们刚才照的这张照片,分送给你们的黄埔同学,只要能送到的,都送一张,好吗?"

"好。"陈明仁点头答应着。

---

①子良,陈明仁的字。

"那你打算洗印好多张呢?"毛泽东用他那充满了湖南乡音的话又问。

"我打算洗10打。"陈明仁想了想说,"先洗120张。"

"太少喽!"陈毅插话说,"至少要洗30打,360张!"

"不够,不够!"毛泽东笑道,"陈将军的亲朋故旧很多,至少要洗50打。"

听了毛泽东的话,在场的人们都放声大笑起来……

离开祈年殿,走在天坛公园的石铺路上,毛泽东又对陈明仁说:"后天21日,我们的新政协就要开幕了,各方面的代表人物都有,唯独还缺少蒋介石的嫡系将领。你来了,代表性就都全了。"

陈明仁深受感动地说:"作为败军之将,谢谢主席对我的抬爱,谢谢主席对我的信任!"

9月20日,毛泽东又给率部起义的原国民党绥远省政府主席董其武拍发了其起义声明的复电:

你们已经率部起义,脱离反动派,站在人民方面了。希望你们团结一致,力求进步,改革旧制度,实行新政策,为建设人民的新绥远而奋斗。

1949年9月21日,筹措已久的中国人民政治协商会议第一届全体会议终于在中南海内的怀仁堂召开了。毛泽东出席会议并致开幕词,宣布:

占人类总数四分之一的中国人从此站立起来了!

这一天,毛泽东还给留在北平的原国民党政府首席谈判代表张治中将军写了一封亲笔信:

前次先生致陶峙岳[①]电,我在电尾加了几句话,要陶与中共联络员邓力群妥为接洽。邓力群(邓飞黄[②]之

[①]陶峙岳,时任国民党新疆警备总司令部总司令。
[②]邓飞黄,曾任国民党中央执委,1949年8月在湖南参加起义。

弟）已由伊宁于15日至迪化与陶、包①见了面，谈得还好。关于周、黄两军②，自向甘、凉、肃③退后，现至何地不明。已电彭德怀同志注意与该两军联络，不采歼灭方针而取改编方针，未知能如所期否？要紧的，除由迪化派代表去兰州谈判外，周、黄自己应迅速主动派代表去前线认真谈判，表示诚意。因我军已由兰州、青海分两路向张掖疾进；而周、黄自天水西撤后，沿途派人谈判均未表示诚意，一面谈，一面跑（大概是惧歼，图至河西集中保全），使我前线将领有些不耐烦。（兄给周嘉彬信已送达周部，但未知周本人看到否。）现在先生如有电给周，可由邓力群交陶峙岳转去。

9月23日晚，毛泽东和周恩来、朱德等人在中南海设宴招待程潜、张治中、傅作义、陈明仁等26名国民党起义将领。毛泽东在宴会上振奋人心地讲道："由于国民党军中一部分爱国军人举行起义，不但加速了国民党残余军事力量的瓦解，而且使我们有了迅速增强的空军和海军。"

几天来，第一届中国人民政治协商会议全体会议一直在进行中。

这次会议的召开，标志着新民主主义革命在全国的胜利。这届会议，宣布了中国人民政治协商会议在全国人民代表大会尚未召开和成立之前，代行全国人民代表大会的职权，并制定和通过了《中国人民政治协商会议共同纲领》，选举毛泽东等180人组成政协第一届全国委员会，选举了以毛泽东为首的中央人民政府委员会，毛泽东当选为中央人民政府主席，宣告成立中华人民共和国。

---

③包，指包尔汉，参加和平解放新疆的工作，新中国成立后任新疆人民政府主席。
④周黄两军，指周嘉彬任军长的国民党军第120军和黄祖熏任军长的国民党军第91军。
⑤甘凉肃，指甘肃省的甘州、凉州和肃州，即今张掖、武威和酒泉。

在这次会议上，宣布了作为中华人民共和国国家象征的国旗的图案和样式，国歌确定为田汉作词、聂耳谱曲的原《义勇军进行曲》，国都为北京，恢复北平旧时的名称。

9月28日，毛泽东得悉国民党新疆警备区总司令部总司令陶峙岳已率部起义，即拟发了一份电报，同时交由《人民日报》发表。

9月间，中共中央决定出版《毛泽东选集》，并成立了以刘少奇为主要负责人的毛泽东选集出版委员会。

这期间，走了3个多月的江青，带着女儿李讷回到了北京。

已改为北京医院的原北平医院也传出消息，韩桂馨生了一个大胖儿子。

毛泽东听说后，高兴地对李银桥说："恭贺你，银桥！"

李银桥憨笑着。

这时叶子龙送来了黄色的美国将校呢布料，毛泽东便派李银桥去王府井大街，请王子清师傅裁制衣服。王子清是位从法国留学回来的手艺人，专门裁剪服装，他经营的服装店曾经是王府井有名的雷蒙服装店。

9月30日，第一次全国政治协商会议第一届全体会议宣告胜利闭幕。

闭幕式上，毛泽东宣读了《中国人民大团结万岁》的宣言。

会后，毛泽东出席了在天安门广场举行的人民英雄纪念碑奠基典礼，并宣读了《人民英雄永垂不朽》的碑文：

三年以来，在人民解放战争和人民革命中牺牲的人民英雄们永垂不朽！

三十年以来，在人民解放战争和人民革命中牺牲的人民英雄们永垂不朽！

由此上溯到一千八百四十年，从那时起，为了反对内外敌人，争取民族独立和人民自由幸福，在历次斗争中牺牲的人民英雄们永垂不朽！

76. 庆胜利开国大典　新中国如日东升

1949年10月1日凌晨5时。中南海菊香书屋。

工作了一夜的毛泽东倚靠在藤椅上，对依然坚持侍卫在自己身旁的李银桥说："银桥，你再给我篦篦头吧！"

李银桥上前开始给毛泽东篦头，边篦边说："主席，你也该休息了，白天还要参加大典呢！"

毛泽东静静地说："莫再讲了，我还有事情要做……"

李银桥给毛泽东轻轻地篦着头，渐渐地，毛泽东睡着了……

李银桥不忍心惊动毛泽东，希望他能够多睡一会儿。可当李银桥停止了篦头，走去衣架前为毛泽东取来外衣盖在胸前时，毛泽东又睁开了眼睛："噢，困着了……"

"主席，你躺下休息吧。"李银桥轻声劝说。

"你下去吧。"毛泽东点燃了一支香烟，摆摆手对李银桥说，"我还要赶写一篇文章，你莫在这里了。"

李银桥离开毛泽东的办公室时，阎长林走来侍卫毛泽东。

凌晨6时，在卫士值班室，周恩来第三次打来电话询问："主席睡觉了吗？"

坐在值班室的李银桥在电话上回答说："还没有啊！"

周恩来说："你们要催促他休息嘛！下午两点还要开会，

三点还要上天安门，你们要想办法劝他早些休息。"

李银桥返回毛泽东的办公室，见毛泽东依然伏案办公，而且屋里的烟味很大。

"主席，休息吧。"李银桥上前轻声劝说，把周恩来来电话的内容报告了毛泽东。

毛泽东没有答话，继续伏案写着。侍卫在一旁的阎长林轻声告诉李银桥说："我已经劝过他好几次了，可他只是点头答应，却一直不离开写字台。"

又过了一会儿，毛泽东像是写完了他所写的东西，终于兴奋地站起身来。李银桥赶忙重新沏了茶水递给毛泽东。毛泽东抿一口茶，觉得烫，说："过一会儿再喝，先去走一走么。"

李银桥和阎长林跟随着毛泽东走到院子里散步，两个人都知道这是毛泽东睡觉前的必要活动。

10分钟后，毛泽东走回办公室。先喝了一口茶水，对阎长林说："你下去吧，我要休息了。"然后又对李银桥说："银桥，我困觉吧。"

阎长林离开后，李银桥开始服侍毛泽东洗澡，然后服侍他走进了卧室。

当毛泽东躺倒在大木床上时，李银桥想给他按摩按摩身体，毛泽东挥了一下手说："没事了，你也去吧。下午1点钟叫我起床。"

李银桥退出毛泽东的卧室，来到卫士值班室里坐守。

在这关键的日子，为了绝对保证毛泽东按时起床，李银桥整整一个上午没敢合眼。毛泽东的床头装了电铃按钮，电铃直通卫士值班室，值班室里有桌椅和床铺。卫士值班分了正班副班两个人，正班负责毛泽东的休息，副班负责江青的休息。规定正班通宵不准睡觉，副班可以躺下来休息。

李银桥安排自己担任了正班值勤，因为他知道毛泽东虽然破例早早躺下了，但凭自己的经验猜测他是不会很快入睡的，毛泽东肯定会因思绪不断而辗转反侧，有可能直到午前才能入睡。

因此，李银桥不能等着毛泽东按电铃召唤，必须准时主动去叫醒他，如果延误了时间，耽误了开国大典，可是"历史性的错误"啊！

下午1点，电铃果真没响。李银桥大步直奔毛泽东的卧室。

"主席，主席。"李银桥站在床头轻轻叫了两声。

毛泽东睁开了眼睛，见到李银桥便"哦"的一声做了一个深呼吸，欠身起床了。

"1点了。"李银桥将一条毛毯搭放在床头，又将枕头垫在毛毯下面，伸手扶毛泽东依着床头坐起身来。

"这么快呀？"毛泽东背依床头揉着眼睛说。

"可不。"李银桥沏了一杯热茶放在床头柜上，毛泽东伸手端起茶杯抿了一口茶水，随即抓了放在床上的一张报纸，习惯性地看起来。

李银桥知道毛泽东历来睡醒后不会马上下床，而是总要在床上继续待一小段时间，漱口饮茶，读书看报，然后才会下床去刷牙洗脸、吃饭。

今天要参加开国大典，毛泽东依然不改变他的这一生活习惯。

李银桥开始为毛泽东准备刷牙用具和洗脸水，然后又为毛泽东准备参加盛典的那套由王子清裁剪制作的黄呢中山装"礼服"。

李银桥在一旁卡着时间，打断了毛泽东读报："主席，一点半了。"

"哦。"毛泽东答应一声，放下手中的报纸，随即下了床。

等毛泽东刷了牙，洗了脸，李银桥近前帮毛泽东穿好了那身黄呢制服，然后又前后左右地上下打量了打量，将毛泽东穿在身上的衣服抚平理顺，请他去吃饭。

毛泽东吃饭历来很快，总是狼吞虎咽的，这次也是如此，只一会儿工夫就放下了筷子。

从餐厅出来，稍事休息，时间的指针已经是下午两点钟了。

毛泽东带了李银桥和阎长林，走出丰泽园，步行到了勤政殿。

这时，周恩来、朱德、刘少奇、任弼时、宋庆龄、张澜、李济深等人已经聚集在那里了，他们在等着毛泽东的到来。

毛泽东见到他们，立刻上前同大家一一握手。周恩来问："主席今天睡好了吗？"

毛泽东摇了一下头，风趣地说："我们打了这么多年疲劳战，打出了一个中华人民共和国，今日是建国第一日，又是一个疲劳战，我一直没怎么睡，吃了药也困不着。上了天安门，又要站几个小时，咱们的一生就是打疲劳战么！"

听了毛泽东的话，人们都笑起来，就连毛泽东自己也笑了。

在勤政殿，毛泽东主持召开了中央人民政府委员会的第一次会议，委员们宣告就职，会议接受政协共同纲领为政府施政纲领，任命毛泽东为中央人民政府主席和人民革命军事委员会主席，并正式宣布中央人民政府即日成立。

会后，大家都很兴奋，在勤政殿愉快地交谈起来。

下午2时50分，毛泽东和国家的领导人分别乘上早已准备好了的汽车，车队从勤政殿的正门出发，驶出中南海的东门，5分钟后到了天安门的城楼南侧的小广场。大家下车后互相打着招呼，集合好，由毛泽东率众在前，其他领导人依序跟上，向天安门城楼西侧的台阶走去……

李银桥紧紧跟着毛泽东，搀扶着毛泽东的胳膊往天安门城楼上走。毛泽东一步一级地上着台阶，途中不时停下来等候身后比他年龄大的人，并几次去搀扶宋庆龄，请她走慢些，走稳些……

当毛泽东等国家领导人步上天安门城楼时，正是下午3点钟。

这时，人们听到广播喇叭里响起了广播员激动人心的喊声："毛主席来啦！毛主席健步登上天安门城楼！"

从天安门城楼远远望去，向南是无数面翻卷的红旗汇成的一片起伏飘动的海洋；红旗下面，几十万张笑脸仰望着天安门城楼，目光全都集中在了毛泽东的身上，人们激动地挥舞着手臂，动情地高喊着发自肺腑的欢呼：

"中华人民共和国万岁！"

"中国共产党万岁！"

"毛主席万岁！"

"毛主席万岁！"

……

林伯渠作为中央人民政府委员会秘书长宣布典礼开始，毛泽东走到城楼中央的麦克风前，庄严宣布：

中华人民共和国中央人民政府已于本日成立了！

这时，已经上了天安门城楼的摄影师侯波抓准时机，拍下了这一伟大的历史性场面。

顷刻间，天安门广场上欢声如雷、呼声如潮涌，起伏迭跌宕、经久不息……

此时此刻，毛泽东的面部表情极其庄严神圣，他伸手按动了装在城楼上的电动按钮，在天安门城楼前的广场上冉冉升起了巨大鲜艳的五星红旗……

毛泽东肃目注视着徐徐上升的五星红旗，情不自禁地大声说了一句："升得好！"

就在毛泽东喊出这句话的同时，由54门大炮同时发出的礼炮在浓厚激昂的军乐声中惊天动地地鸣响了。

隆隆的炮声鸣了28响，将天安门城楼上下、广场内外伟大庄严、团结的气氛推向了又一个高峰……

此时此刻的李银桥激动不已。他清楚地知道，54尊大炮同时轰鸣，代表着全国的54个民族（现为56个）、象征着全国各族人民坚如磐石的大团结；28响代表着28年，自1921年起中国共产党诞生，领导中国人民经过了整整28年的艰苦奋斗，才赢得了胜利、迎来了今天的建国盛典……

这时，一身戎装的陈毅站在天安门城楼上，无限感慨地说："看了这些，总算不虚此生了！"

摄影师们纷纷找位置抢镜头，都想亲手拍下这一空前的历史性场面。侯波更是难以按捺激动的心情，她仗着自己年轻、身体好，带着照相机一会儿登上高高的石阶，一会儿爬上光洁的琉璃瓦，认真捕捉着精彩感人的镜头……

细心的周恩来见到侯波正攀在琉璃瓦上拍摄毛泽东，便疾步上前抓住了侯波的衣角："危险呢，快换个地方！"

侯波深受感动，一边强忍着泪水，一边按下了照相机的快门，陈云也走上前说："小心，小心点！"

这时李银桥注意到，天安门城楼下的金水桥两边也搭起两座平台，一座是盛典的指挥台，另一座是苏联代表和国际友人们的观礼台。

礼炮响过，毛泽东向全世界庄严宣读了中华人民共和国中央人民政府的第一号公告：

> 本政府为代表中华人民共和国全国人民的唯一合法政府。凡愿遵守平等、互利及互相尊重领土主权等项原则的任何外国政府，本国政府均愿与之建立外交关系。

接下来，盛大的阅兵式开始了。

阅兵式由朱德担任陆海空三军检阅司令员，聂荣臻担任总指挥。

朱德总司令驱车检阅各兵种部队以后，回到天安门城楼上，下达了《人民解放军总部命令》，随即举行分列式。天安门城楼上，朱德身旁分左右站着四位身经百战的解放军高级将领，他们是贺龙、刘伯承、陈毅和罗荣桓。

受检阅的部队由聂荣臻站在指挥车上率领，在"八一"军旗的引导下，海军部队为前导，四个师的部队以连为单位列成方阵，沿长安街从东向西进入天安门广场。一个步兵师、一个炮兵师、一个战车师、一个骑兵师的一列列整齐的方阵在人民解放军进行曲的军乐声中，一个序列一个序列地在天安门城楼前通过……

由14架飞机组成的空军编队呼啸着飞临天安门广场上空时，聚集着30万人的天安门广场沸腾了。人们挥动着手臂、挥舞着头巾和帽子，近似疯狂地欢呼、跳跃着……

毛泽东目光炯炯、伟岸地站在天安门城楼上，在周恩来的指点下，昂首仰望天空。当他看到了正在空中飞行的飞机编队时，自豪地笑了："看到了，看到了……"

阅兵式过后是由各界群众组成的欢庆队伍，当群众队伍经过天安门时，人们都高兴地舞动着双臂、大声欢呼着：

"中华人民共和国万岁！"

"中国共产党万岁！"

"全国人民大团结万岁！"

"毛主席万岁！"

……

面对如海如潮的人群，毛泽东在天安门城楼上连连挥动着手臂，大声呼喊着：

"人民万岁！"

"同志们万岁！"

……

毛泽东站的时间太久了，周恩来再三劝说他休息一下，李银桥和阎长林也担心毛泽东太累，一再请他进休息室去坐一坐。当毛泽东移动脚步走向城楼的休息室时，还几次扭转了脖颈向广场上的游行队伍投去依恋的目光……

毛泽东走进休息室，坐下后还未来得及喝口水，就同坐在那里的程潜先生攀谈起来。两个人正谈着，周恩来又进来了："主席，游行的群众看不见你了，他们都停下来不肯前进了，看来你还得到前面站下去。"

毛泽东对程潜抱歉地笑了笑，起身说道："好吧，疲劳也得去啊！群众比我们更辛苦呢！"

他把刚吸了两口的香烟熄灭在烟灰缸里，迈步走出休息室，又出现在了游行群众的视线中……

晚上，天安门广场上点起了成千上万个红红火火的大红灯笼，像是一片火红的海；舞动着的灯笼在夜色中交相辉映，蜿蜒起伏，又像是红色海洋中涌动的一层层红潮，令人心醉……

在这火的海洋和火红的夜色中，激动人心的欢呼声持续不断；然而人们喊得最多、最响亮的一句口号，始终是"毛主席万岁！"。

面对这一切，毛泽东始终保持着庄严而慈祥的面容，不间断地用力挥动着手臂向人民群众表示致意。他的左手抬累了就换右手，右手抬久了又换成左手。他还无数次情不自禁地依着天安门城楼上的栏杆，探了身子向群众高呼："同志们万岁！人民万岁！"

毛泽东的呼声，有时通过麦克风传响在整个天安门广场。人民群众激动地沸腾着、欢呼跳跃着，城楼上下融合、沉浸在一派同贺同庆的狂喜之中……

这时，周恩来给毛泽东领来了两个人，李银桥和阎长林一见，竟是西柏坡村的党支部书记和他13岁的女儿小樱子上天安门城楼来了！

毛泽东伸过大手去热情地同父女俩握手："你们来了就好了！我派车去接你们，还怕你们赶不到呢！"

小樱子姑娘双手捧着一篮红枣对毛泽东说："大首长，大首长……"

她父亲忙更正说："叫主席，叫主席……"

毛泽东笑道："我们是一家人，不要叫主席了。这些大红枣，不要送给我，应该送给人民政府、献给人民英雄纪念碑……"

李银桥上前，代毛泽东接过了樱子姑娘手里的枣篮……

夜11点，在天安门城楼上足足站了七八个小时的毛泽东，终于乘车回到了中南海的菊香书屋。当他坐下来时，仍满怀着激动的心情对李银桥和阎长林说："人民喊我万岁，我也喊人民万岁，这才对得起人民么……"

77. 毛岸英婚礼简朴　毛泽东工作繁忙

参加开国大典后回到中南海的毛泽东，顾不得劳累，在菊香书屋又提笔给国外的华侨写了题词，交新华社转发：

侨胞们团结起来，拥护祖国的革命，改善自己的地位。

1949年10月2日至3日，中国保卫世界和平大会在北京举行，毛泽东出席会议并被大会选为名誉主席。

3日晚，毛泽东出席了保卫世界和平大会回到菊香书屋后，见毛泽东顾不得休息，又立刻给周恩来打电话询问罗瑞卿的情况："恩来，罗长子到京了吗？"

当毛泽东得到了周恩来的肯定答复后，又在电话上说："听说19兵团的人不愿让他走，杨得志也不大情愿。现在19兵团正开赴西北，你要做做他们的思想工作呢！"

李银桥知道毛泽东还要在夜里工作，便在写字台上放好了香烟和火柴，沏好了茶水……

10月4日下午，毛岸英来到菊香书屋见他爸爸。在毛泽东的办公室里，毛岸英说他已经征求了刘思齐的妈妈张文秋的意见，决定过几天就结婚。

毛泽东满面笑容地对儿子说："我同意。"接着又问，"你们准备怎样办婚事呀？"

毛岸英说:"我们商量了,越简单越好。我们都有随身的衣服,也有现成的被褥,不用再花钱买东西。"

毛泽东听了很高兴:"这是喜上加喜么,应该艰苦朴素呢!"又说:"但你们结婚是一辈子的大事呀,我请大家来吃顿饭,你们想请谁就请谁。你跟思齐的妈妈说,现在是供给制,她也不要花钱买东西了。她想请谁来都可以,来吃顿饭,一起高兴高兴。"

毛岸英从衣兜里掏出一张纸,递给毛泽东:"我和思齐商量了,写了一个名单,请爸爸看看。"

毛泽东看了名单,递还给儿子:"你们只请了邓妈妈不行,请了邓妈妈,还应该请恩来;请了蔡妈妈,还应该请富春;请了康妈妈,还应该请朱总司令么!请了谢老,还应该请王定国;请了陈瑾昆,还应该请梁淑华。还有少奇和光美同志,也要请;弼时同志有病,在玉泉山休息,就不要麻烦他了……"

说到这里,毛泽东看了看侍卫在侧的李银桥,又对岸英说:"还要请你李叔叔,不过小韩阿姨刚刚生了伢子,来不了呢!她现在带着伢子回香山了,你们婚后去看看她……"

"我和思齐一定去。"毛岸英一边答应着,一边对李银桥说,"结婚那天,请李叔叔一定参加!"

李银桥笑着答应了。

一连几天,世界上的许多友好国家和兄弟党组织、劳动工会纷纷发电报来庆贺中华人民共和国的成立,并有许多国家的政府来电表示愿意同新中国建立外交关系,其中包括罗马尼亚、匈牙利、捷克斯洛伐克、朝鲜、蒙古……百忙中,毛泽东总是利用一定时间给这些友好的国家和兄弟党、工会复电或复信表示答谢……

10月6日晚上在勤政殿组织放电影,毛泽东身边的卫士们都觉得毛泽东太劳累了,为了让他休息休息,就撺掇着李银桥带头拉毛泽东去看电影;可毛泽东表示不去看,卫士们便硬纠缠着不走。毛泽东舍不得扔下工作,也不向大家发火,只得和颜悦色地对大家说:"我正在给美国共产党写致谢电,没时间呢!"

李银桥说:"那我们等你写完了。"

毛泽东被逼得没办法,只得说:"今日听你们一次,以后不许了呢!"

1949年10月9日,毛泽东出席在中南海的勤政殿召开的第一届全国委员会第一次会议,被选举为全国政协主席。

回到菊香书屋,毛泽东给岸英和岸青的舅舅杨开智写了一封信,告诫其"不要来京"。随后,他又给中共湖南省委副书记、长沙市军管会副主席王首道写了一封信,讲对杨开智的"任何无理要求不应允许。其老母如有困难,可给若干帮助"。

10月15日是毛岸英和刘思齐定下结婚的大喜日子,可是全国的第一次公安工作会议恰巧也在这一天召开,毛泽东去出席会议,并在会上作了重要指示,还见到了分别已久的罗瑞卿……

在中南海,毛岸英和刘思齐的婚礼如期举行。晚饭前,两位新人都赶到了中南海,毛岸英穿的是他平常穿的衣服,刘思齐上身穿了件灯芯绒外衣、下身穿的裤子是半新的,只有脚上穿的是一双新买的方口布鞋。

在菊香书屋的西屋里,只准备了一桌饭菜。由于有会议,首长们并没有都来吃饭,但都来表示祝贺了,还给两位新人送了礼物。人们送的礼物也很简单,只是洗漱用具和枕套、枕巾一类的日常用品。李银桥和韩桂馨送了一对枕套,上面绣着鸳鸯戏水。

婚礼结束后,已经回到菊香书屋的毛泽东叫住即将离开的毛岸英和刘思齐,送给他们一件呢子大衣,并且风趣地说:"我没得别的东西送给你们,这件大衣,晚上可以当被子盖,白天岸英穿上可以防寒。"

听了毛泽东的话，在场的朱德和康克清、刘少奇和王光美、周恩来和邓颖超、李富春和蔡畅、谢觉哉和王定国、陈瑾昆和梁淑华，还有江青和亲家母张文秋、岸青、李敏、李讷、李云露和王博文、李银桥等人都忍不住大笑起来……

毛岸英和刘思齐离去后，毛泽东在灯下给他的老同学，湖南省第一师范学校校长周世钊写了一封长信。

1949年10月19日，毛泽东在中南海勤政殿主持召开了中央人民政府委员会第三次会议，任命了国家政务院的组成人员。

第二天，毛泽东主持召开了中央军委第一次会议，主要讨论了今后人民解放军向全国进军和建军的问题。

10月21日，《人民日报》刊发社论《把中国人民的友谊带到苏联去——欢送王稼祥大使离京赴苏》。

一列火车即将驶离北京。

车厢里，中华人民共和国首任驻苏联特命全权大使王稼祥偕夫人朱仲丽和工作人员，向前门车站上的周恩来以及许多送行的人们挥手告别……

这天夜里，毛泽东一连拟写了三封电报后，感到有些疲倦了，便走出办公室，慢慢在院子里散步，同时吩咐侍卫在身旁的李银桥："你去屋里，把我写好的几份电报收拾一下，然后打电话通知叶子龙，让他告诉《人民日报》的同志来取稿子。"

10月22日是星期六，中央办公厅在中南海的春耦斋组织了跳舞晚会。

这时候李敏、李讷都到春耦斋来了，叶子龙便叫了他的两个女儿，同李敏和李讷一起去请毛泽东和已经从苏联回国后住进了菊香书屋的江青。

孩子们蹦蹦跳跳地跑到丰泽园，进了菊香书屋，先见了江青，告诉她春耦斋举办舞会的事。然后孩子们又去见了毛泽东，拉着他到园中的海边去散步。

快8点了，孩子们拉着毛泽东往春耦斋的方向走。毛泽东感到莫名其妙,问:"干么事呀?"

几个女孩子都不答话,只是拉着他往前走。毛泽东又连问了几句,孩子们才说:"叫你去跳舞。"

毛泽东又问:"你们又不会跳舞,为么事要拉我去呀?"

李敏说:"叶叔叔说啦,你不跳舞会长大肚子!肚子长大了,就走不动啦!"

毛泽东被说得笑起来,只得随着孩子们进了春耦斋……

这时的李银桥被毛泽东"喝令"去了香山,伺候坐月子的韩桂馨了,毛泽东的身后跟着阎长林和孙勇。

毛泽东一进舞场,舞场上立刻响起了热烈的掌声。他热情地和大家握手,并对走近自己的叶子龙说:"你这个老办法,还有新用场呢!"

舞会开始了。毛泽东一边跳舞,一边鼓励身穿布拉吉连衣裙的伴舞女青年说:"咱们国家的建设,以后就要靠你们年轻人了。你们从现在开始,要努力学习,学好本领,将来多为人民做贡献。"又说:"你们年轻人穿得漂亮一些是可以的,高跟鞋和布拉吉都可以穿,年轻人喜欢漂亮么!但对你们来说,学习是很重要的,一定要好好学习。"

10月26日,毛泽东复信给延安的同志们和陕甘宁边区的同志们,希望全国革命工作人员永远保持艰苦奋斗的作风。

10月29日,毛泽东就改编董其武的部队给中共中央华北局第一书记、解放军华北军区政委薄一波写了一封信:

> 绥远两个军及一个骑兵师,可以编入人民解放军的战斗序列,并颁发番号;所列两军及骑师的军事指挥人员亦可照准,惟须与政治委员及政治部主任同时委任,方能使政治工作在军中建立威信,此点请与傅宜生(傅作义)商酌。……在绥远军队中实行认真的政治工作制度是一件大而艰难的事,必须事先有充分的精神准备,并须由傅宜生亲自领导方能行得通,否则难免出乱子。

整整一个夏季，毛泽东一直密切地关注着江南战局的发展，尤其针对尚未被消灭的国民党桂系反动军事集团，明确发电报指示说：

> 和白部作战方法，……均不要采取近距离包围迂回方法，而应采远距离包围迂回方法，方能掌握主动，即完全不理白部的临时部署，而远远地超过他，占领他的后方，迫其最后不得不和我作战。因为白非本钱小，极机灵，非万不得已决不会和我作战。

78. 毛泽东拒绝修缮　操国事准备出访

建国了，大事初定，百废待兴。

毛泽东日夜操劳，除了开会外就是批阅文件、写文稿。菊香书屋房间里的光线太暗，再加上四合院的房子多，院中的几棵大松树也挡光。为了解决光线暗的问题，工作人员根据毛泽东的工作需要，在每个房间的不同位置配置了不同的落地灯、台灯和床前灯。

1949年11月份，北京的天气已经显凉了，可菊香书屋的房间是老式建筑，没有暖气设备。为了解决这里的热水和取暖问题，办公厅行政处的同志们准备为毛泽东安装锅炉和暖气片，却被毛泽东制止了。

毛泽东对行政处的同志说："现在刚刚建国，需要办的大事很多，这些小事以后再说。再说现在也没有足够的条件，即便条件好些了，也要先为全国的老百姓办事情。我们共产党人，无论办什么事情，首先要想到群众，要时刻想着人民。"

行政处的同志为难地说："快入冬了，取暖问题总得考虑……"

毛泽东摆摆手："可以生炉子么！我们在延安、在西柏坡，不都是没得暖气么？在艰苦的条件下，我们照样打出了一个新中国。不要刚刚建国就讲条件，还要艰苦奋斗。生于忧患,死于安乐,这个道理你们应该懂得的。"

侍卫在一旁的阎长林说:"主席,你的腿一到天冷就疼,以前没条件,现在总得想办法多烧些热水吧?"

毛泽东笑一笑,说:"以前,都是你们烧了热水让我泡一泡脚,现在还用老办法,麻烦你们再为我烧洗脚水吧!"

没办法。既然毛泽东不同意装锅炉,这件事也就暂时被搁置起来。

这个问题没解决,另一个问题又摆到了桌面上。因为附近没有厕所,要去厕所,就得到菊香书屋的后院去,距离较远。毛泽东经常在此间召开小型会议,一些中央首长和客人来了,要去厕所,只得走很长的一段路,很不方便。

为了解决这个问题,行政处派修缮队的人到菊香书屋院中,认真查看了每个房间的位置,决定在毛泽东办公室的后窗外,按着卫生间的要求,突击盖间平房,设备安装好以后再将隔墙打通……

没几天,卫生间建好了,一切装置完备。人们趁着毛泽东上午在卧室里睡觉时,迅速打通隔墙,安装好过间门,工作很快干完了。

这一天中午,毛泽东起床后走进办公室,首先发现了这个变化。他迈步走进卫生间看了看,显得很高兴。

回到办公室,毛泽东立刻给行政处打电话,表扬他们办了件好事,并请他们向修缮队的同志们转达他的谢意。

由于需要办的事情太多,简直可以说是千头万绪。尽管毛泽东精力过人,日夜操劳,但还是忙得不可开交,时间显得很不够用,生活也没了规律。

毛泽东经常几天几夜睡不好觉,有时白天开会,他不得不改变上午休息的习惯,改在晚上睡一会儿;但"江山易改,习性难移",大多数时间,毛泽东仍旧是夜里工作,天亮了才开始入睡。

1949年11月14日,毛泽东写信给解放军副总司令、第一野战军司令员兼政委彭德怀和中共西北局，要他们迅速剿歼青海国民党军马步芳的残余势力，认真落实民族团结政策和尽快召开兰州会议，并要求第一野战军第一兵团司令员兼政委王震所在电台及时通报情况。

这时在中南海，由于工作需要，毛泽东的身边又陆续增添了几名新卫士。卫士长由汪东兴兼任，李银桥任副卫士长，在毛泽东身边负责执行日常侍卫任务。这些新调来的卫士年龄都比较小，有的才十六七岁，一个个浑身上下还都透着孩子气。

为了侍卫好毛泽东，李银桥将卫士组的工作分派成三班倒制，大家轮流值班，同时严格规定每班必须有工作记录、班后有检查。

11月23日，毛泽东、朱德致电班禅额尔德尼：

希望先生和全西藏爱国人士一致努力，为西藏的解放和汉藏人民的团结而奋斗。

一天下午，当毛泽东走出卧室到院中散步时，见到行政处修缮队的工人们正在几处房前搭木架子，立刻让李银桥叫来了阎长林，问他："这是做么事呀？"

阎长林告诉说是为了防止房柱的漆皮继续剥落，行政处要给门柱涂刷油漆。

毛泽东一边摇头，一边摆手说："你去告诉行政处的领导，这里现在不需要刷油漆，过几年再修理吧。我住的房子，不要和公共场所一样花那么多钱、搞那么漂亮，这样就很好了。"

没办法，阎长林只得让修缮队的人们停了工，撤去了木架，然后去通知了行政处。

李银桥觉得，毛泽东在每一件事情上都严格要求自己，他要求大家保持艰苦奋斗的作风，同时首先约束自己，不搞任何铺张浪费。

晚上，毛泽东在办公室里给旅大人民写了一封信，然后走进卫生间，却好久没有走出来。李银桥走进卫生间去，见毛泽东很吃力，便想去叫保健医生来想想办法，却被毛泽东叫住了："不要去！"

李银桥问："你不难受吗？"

毛泽东吐了一口气说："银桥，你还记得在陕北杨家园子么？那时你给我挖便坑，真是麻烦你了。现在有了卫生间，方便多了，已经是'解放'了呢！"

转眼到了月末。

这天，毛泽东对李银桥说："天冷了，你去香山把小韩母子接来么，我也很想见一见你的孩子呢！"

李银桥当时嘴上答应了，事后由于工作忙，他只是给双清别墅打了个电话，问候了一下，而没有去接……

进入12月份，毛泽东准备去莫斯科访问的消息在中南海传开了。这时，李银桥也从王府井大街给毛泽东取来了定做好的几套新衣服。

汪东兴到丰泽园召集卫士组的人，宣布了随卫毛泽东去苏联的人员名单，李银桥名在其中。

当毛泽东见到这份名单时，考虑到韩桂馨刚刚生了孩子，身边需要亲人照顾，便动笔划掉了李银桥的名字。

12月4日晚上，毛泽东对仍未去香山照看韩桂馨母子的李银桥说："这次你就不要去了，小韩身边很需要你，下一次，我一定带你去。"

李银桥表面上虽然点头答应着，眼睛里却像孩子似的淌出泪水来，他一天也舍不得离开毛泽东……

毛泽东见了，疼惜地说："哭么事？你是我的副卫士长，日常生活我也离不开你。可小韩身边更需要你，我要尽这个人情。"

李银桥抹一把眼泪又笑了……

12月5日，中国民主同盟会一届四中全会扩大会议在北京召开。毛泽东被邀会见了全体代表，勉励大家开展批评和自我批评，加强团结，共同进步。

1949年12月6日，毛泽东率中国党政代表团乘火车离开了北京，前往苏联进行首次友好访问。

在以后的几天时间里，车过锦州、沈阳，经四平、越长春，驶离哈尔滨而抵达位于中苏边境的满洲里。一路上，毛泽东与随行人员谈笑风生……

12月9日，毛泽东走下抵达满洲里的火车，率代表团的人改乘了苏联领导人的专用列车。李克农、毛岸英等送行的人留在了中国的列车上，向毛泽东一行人挥手告别。

在满洲里，通向苏联的两条铁轨开始宽了许多。苏联方面提供的专用列车风驰电掣般地疾驰在辽阔的覆盖着皑皑白雪的西伯利亚原野上……

1950年1月间，毛泽东为《人民海军》报的创刊题词：

我们一定要建设一支海军，这支海军要能保卫我们的海防，有效地防御帝国主义的可能的侵略。

| 第九篇 |

大事初定新中国百废待兴　捍卫和平志愿军抗美援朝

◎ 早已住进中南海的江青，对毛岸青和李敏表现得还是很亲切、很热情的；但当她察觉到韩桂馨对李敏很好时，便又心生妒火，对韩桂馨渐渐有了恶感，连带着将李银桥也捎上了。

◎ 毛泽东开始吸烟了。当他吸了两口烟之后，将大半支香烟熄灭在烟缸内，用略带沙哑的声音，发出了一记催人泪下的叹息："唉，谁叫他是毛泽东的儿子啊……"

79. 深切关切贺子珍　回国痛斥违纪者

　　1950年2月27日下午2时30分，离开中国国土达80天之久的毛泽东，终于率团踏上了祖国的大地，回到了满洲里后，又来到了哈尔滨。

　　在哈尔滨，毛泽东和周恩来一起下车视察了一些地方，听取了省、市委负责同志的工作汇报，详细询问了城市管理和生产发展的诸多情况，并参观了哈尔滨铁路工厂，对工厂的生产、工人的生活等情况做了全面的了解和调查。

　　哈尔滨市颐园街1号院，毛泽东乘车来到这里休息。

　　一楼会议室，毛泽东坐在一张沙发上，对陪同前来的哈尔滨市委的领导同志说："哈尔滨有60万人口，你们要想办法把这座消费城市变成生产城市。"

　　会议室里的人们都认真地聆听着毛泽东的讲话："你们可都晓得？当胡宗南进攻延安以后，在陕北那个地方，我们党的几位中央领导人，就是在几间破旧的窑洞里，指挥了全国的解放战争。"

　　坐在会议室里毛泽东身旁的周恩来接话说："毛主席是在世界上最小的司令部里面，指挥了最大的人民解放战争啊！"

　　在座的每一个人脸上都流露出敬仰、崇拜的神情……

　　毛泽东吸着烟说："现在大家都进城了，住上了楼房、洋房,还坐上了小汽车;可是,我们每一个人都不要忘了战争年代的艰苦岁月,任何时候都不要忘掉革命的优良传统!"

周恩来说:"就是要求我们每一个共产党的干部,务必保持艰苦奋斗的作风,务必保持谦虚谨慎、不骄不躁的作风,务必保持密切联系群众的作风。"

"还要保持自我批评的作风。"毛泽东继续说,"我们共产党人是为人民服务的,我们必须吃苦在前,只有把人民的事情办好了,我们共产党人才可以考虑办一办自己个人的事。如果我们的党员队伍中出现了先为自己办事的人,那就要毫不客气地把他开除出革命队伍去!"

讲话时,毛泽东的表情严肃,听着的人们都正襟危坐,谁也不敢贸然插讲一句话……

谈话后,毛泽东走进了为他准备好的休息室。

见到弹簧床,毛泽东上前按了按厚厚的床垫,笑着对跟进来的叶子龙说:"咱们不习惯睡这种软床,还是换木板床么!"

叶子龙说:"主席,你先试着睡一下,如果不舒服,以后到了别的地方咱再换。"

毛泽东摆一摆手,说:"我就是要告诉大家,以后无论到哪个地方视察,我们都不要讲排场、摆阔气。你去,派人把我的行李拿来。"

叶子龙问:"什么行李?"

毛泽东提醒他:"去拿我们自带的那条毯子么!还有棉被、褥子和枕头,都取了来,我睡自己的。"

叶子龙笑了,说:"我这就去给你拿'光荣的革命传统'!"

走到门口,叶子龙又被毛泽东叫住了:"你顺便向市委的人打听打听,贺子珍到了什么地方?身体怎么样?生活得好不好?"

叶子龙笑一笑说:"是!"

叶子龙走后不久，随行的工作人员将毛泽东要的行李送了进来。

时间不长，叶子龙返回来向毛泽东汇报说："主席，贺子珍同志已经离开哈尔滨先到了沈阳，现在又搬到上海去了。"

毛泽东一怔："她为么事搬到上海去？娇娇这孩子怎么没有告诉我？"

叶子龙解释说："我问了，贺子珍同志嫌东北的天气太冷，上海的天气暖和些，所以才搬走了。"

毛泽东又问："她住在么地方？"

叶子龙说："她住在上海的交际处，生活很好，陈毅和陈丕显他们派了警卫员和厨师，外出也有交通车，身体也不错。主席就放心吧！"

毛泽东一时间思绪万千，继而又自言自语道："为么事还没分配工作？"

叶子龙继续解释："贺子珍同志还在休养，她在苏联期间受了很多苦。"

"你去吧……"毛泽东无可奈何地挥了一下手，对叶子龙说，"本来想见一见，那就以后再说吧！"

1950年3月4日，离开北京达88天之久的毛泽东，率中国党政代表团回到了中南海。

毛泽东历时近3个月的苏联之行，是新中国成立后中苏第一次最重要的正式外交活动，决定了中苏两国之间的一系列重大问题，对国际政治特别是远东的形势产生了重大影响。

第二天，李银桥去香山接来了韩桂馨。毛泽东特意在吃饭时让厨师多准备了几样炒菜，为韩桂馨"贺喜"。

吃饭时，毛泽东一家人都来了。毛泽东问韩桂馨："伢子呢？"

韩桂馨告诉他："我把他送回安平老家了。"

毛泽东关切地再问："有人看么？"

韩桂馨说:"有人看,在村里找了个奶妈。"

毛泽东放下手中的竹筷子,感叹道:"小韩阿姨,这就是你的不对了!"

"为什么?"韩桂馨不解地问,"我怎么不对了?"

毛泽东说:"你给我们家看孩子,看了李讷又看李敏,而你自己有了伢子,却要把他送到乡下去……"

李银桥憨笑道:"主席,这不能怪小韩,是我的主意。"

毛泽东批评道:"你这样做也不对呢!要晓得母子连心么!"继而又对韩桂馨说:"这是新中国的下一代呢!中国的发展和富强,还要靠他们这一代人去努力呢!"

饭后闲谈中,毛泽东向韩桂馨详细询问了香山的一些情况,韩桂馨无意中说起一个领导干部在香山找了一处幽静的山坡,在给机关施工时顺便也为自己盖了一幢二层小楼,只是还没有住进去。毛泽东听了,脸色变得难看起来,韩桂馨便没有再说下去……

不料第二天下午,李银桥在菊香书屋见到了那个在香山为自己盖房子的领导干部,坐在毛泽东会客室里的还有周恩来和聂荣臻。

毛泽东双手叉着腰,站在那里上上下下打量着那个人,按捺不住心中的怒气大吼道:"你的派头真不小呢!我看和过去的帝王将相差不多了!"

那个领导干部被吓得头上直冒冷汗,垂着头不敢正视毛泽东。毛泽东背着手在房间里大步地来回走着,突然又向那人劈头喝问:"你这么干,还配当共产党的干部吗?老百姓要戳着我们的脊梁骨骂呢!我早讲过,进城以后不要学做李自成,你为么事装傻?"

那人低着头胆战心惊地说:"主席,我错了……"

"你错了?当初盖房子不晓得错?"毛泽东越说越气,"我看你是明知故犯,仗着手中有点权,有意拆我的台……"

毛泽东点燃了一支烟,狠吸一口。周恩来和聂荣臻在这种情况下也是面面相觑，谁也不便多讲一句话。

突然，毛泽东将仅吸了两口的烟使劲儿地掐灭，大手一挥厉声喝道："拉出去枪毙！"

李银桥一听被吓了一大跳，周恩来和聂荣臻也被惊得从沙发上站起来。那人更是被惊吓得软了身子，摇摇晃晃地险些瘫倒了……

毛泽东又连说两句："拉出去，拉出去枪毙！"

李银桥看看周恩来和聂荣臻。周恩来和聂荣臻见状，不得不上前劝慰毛泽东暂息雷霆之怒，等将问题调查清楚后再做严肃处理。毛泽东依旧盛怒道："我们共产党是为人民服务的，不是来这里享受的，更不允许贪污腐化！这样下去，就成了李自成了！"

周恩来说："主席讲得对！但这件事需要调查清楚，按法律程序办……"

聂荣臻也说："我们一定严肃处理，绝不宽恕！"

那个干部也回过神来说："我一定吸取教训……愿意接受党给我的任何处分……"

毛泽东这才余怒未消地对聂荣臻说："那就交给你去办吧！"

1950年3月12日，毛泽东给中共中央华东局第二书记邓子恢发出了一封关于征询在土改中对富农策略问题的意见的电报，详细说明了在土改工作中不动富农的理由。

3月16日至24日，第一次全国统战工作会议在京召开。

毛泽东听取了会议汇报，认真审阅了会议记录，对统战工作做了一系列的重要指示和批示，论述了统战工作的路线、方针和政策，澄清了诸多有争论的问题。

会议期间，毛泽东听说由沈钧儒先生和许德珩先生共同领导的人民救国会在会员们的签名后宣布解散了，颇为惋惜："救国会是进步团体，不应当解散么……"

工作人员汇报说，九三学社成员中，有些人认为学社已经完成了它在民主革命中的历史使命，也提议解散；只是由于九三学社的大部分成员主要分布在北京、上海、南京和重庆，而重庆尚未解放，在京的人与重庆九三学社社员一时联系不上，尚未做出解散的决定。

毛泽东立即表示不同意解散九三学社，并打电话对周恩来说："民主党派在新中国成立后的地位和作用很重要，九三学社不但不能解散，而且还要继续发展。请你告诉大家说，手掌手背都是肉么，我们是要长期共存、共同前进的。"

在共产党中央工作会议上，毛泽东还就全国的财政问题和对发展私营工商业的问题发表了重要讲话。

在这段时间里，回到北京的毛泽东在看了电影《清宫秘史》后，极其严厉地对文化部和宣传部的人说："《清宫秘史》是一部卖国主义的影片，应当进行批判。"

与此同时，中国政府应越南共产党主席、越南民主共和国主席胡志明的要求，决定尽力向抗击法国侵略者的越南人民提供军事援助和经济援助。

在援越人选中，毛泽东点了已被任命为西南军区副司令员、昆明军事管制委员会主任、云南省主席、云南军区司令员陈赓的大名。

80. 江青斥责韩桂馨　董其武见毛泽东

1950年4月的北京,已是春暖花开了。

早已住进中南海的江青,对毛岸青和李敏表现得还是很亲切、很热情的;但当她察觉到韩桂馨对李敏很好时,便又心生妒火,对韩桂馨渐渐有了恶感,连带着将李银桥也捎上了。

从这时起,江青和李银桥夫妇的关系有些紧张起来。江青经常借故训斥韩桂馨,并不止一次阴阳怪气地数落韩桂馨:"你要注意呢!在任何人面前不要讲什么亲娘后妈之类的话,你们不要把李敏给我教坏了!尤其不许提贺子珍!"

韩桂馨深感委屈地想:照看李敏是组织上交给我的工作任务,我能不好好干吗?再说了,我有什么不对的地方,可以直接给我指出来,干吗"你们""你们"的,这不是旁敲侧击地指责李银桥吗?这样长久下去,以后的工作可怎么做呀……

客观上的情况,往往是越担心越出事。由于实行供给制,毛泽东的家庭生活在经济上并不富裕。江青穿过的旧衣服,经常拿给李敏穿;而李讷年岁小,有时轮不上她捡江青的旧衣服穿,就只能给她做新衣服了。这在普通人家,女儿渐渐长大了,懂事了,只要母女间说开了,也算不得什么大事。但江青很少考虑这些容易引起感情变化的家务事,可她毕竟是继母,总给亲生女儿做新衣服,而让李敏穿继母穿过的旧衣服,长此以往，李敏渐渐地不高兴了……

在这种家庭氛围中，只要遇到李敏闹情绪，或是江青叫她装着没听见，或是一家人吃饭时李敏独自赌气走开，作为继母的江青非但不认真分析、思考自己做错了什么，或是有哪些方面没注意到，并耐心地去给孩子解释、化解矛盾，反而怀疑是韩桂馨在背后"挑唆""离间"她们的母女关系……

由于江青心胸狭窄、妒忌心强，又惯于猜疑别人、挑剔别人，每逢遇上她看不惯或是不顺心的事，只要是与李敏有牵扯的，她就会怒气十足地斥责韩桂馨："都是你们这些人把李敏教坏了！你给我说，你背地里净说我什么来着？我告诉你，你不要挑拨我和李敏的关系……"

每逢这种情况，韩桂馨总是耐着性子听江青发火，事情发生时既不能劝她，也无法为自己辩解，事后既不想告诉李银桥令他分心、生气，也不能去对毛泽东讲，让他烦心。韩桂馨就这样默默地忍耐着，照样干自己分内的工作。好在她知道毛泽东绝不会同江青一般见识，毛泽东是很宽宏大量、很体贴和关心他身边的工作人员情况的……

1950年4月11日，中央人民政府委员会第六次会议在中南海勤政殿召开，毛泽东主持会议并就签订中苏友好条约发表了重要讲话。

第二天，为使中央人民政府批准中苏条约及有关协定，毛泽东向委员会致辞说：

> 实行人民民主专政和团结国际友人是巩固革命胜利的两个基本条件，这次缔结的中苏条约和协定，使中苏两大国家的友谊用法律形式固定下来，使得我们有了一个可靠的同盟国，这样就便利我们放手进行国内的建设工作和共同对付可能的帝国主义侵略，争取世界的和平。

毛泽东日理万机，仍然记挂着远在湖南的杨开慧的母亲、自己的岳母杨老夫人，嘱咐毛岸英回湖南去看望她老人家，为老人家拜寿，让岸英到他妈妈的坟前去扫墓和拜祭。

4月13日晚上，李银桥侍卫着毛泽东去到勤政殿。毛泽东在这里主持召开了中央人民政府委员会第七次会议并讲了话，提出了使财政经济状况根本好转的方法和措施。

会议通过了《中华人民共和国婚姻法》。

在这些日子里，毛泽东每天的工作量都很大、很繁忙。但他从不注意调剂自己的饮食生活，每天吃饭时，厨师做什么他吃什么，没有讲过一次改善伙食的话。

他不爱吃精米，爱吃糙米，他不喜欢吃细面，而喜欢吃粗粮，还特别爱吃小米和绿豆、红薯、芋头。吃饭时，毛泽东的饭桌上一般是两小碟荤菜、两小碟素菜，量都很小，也有两三个菜的时候。通常桌上还摆了腐乳、炒辣椒或辣椒酱、苦瓜条或萝卜条什么的。

李银桥早就知道毛泽东是非常爱吃辣椒的，而且还知道他爱吃青菜。这两样，是每天甚至每顿都不能少了的。

李银桥还发现毛泽东吃饭有个习惯：凡是桌上摆的菜，哪碟菜离他近他吃哪碟，有时四个菜当中只吃了就近的两碟，隔碟摆放的另两碟菜却一口未动。李银桥明白，毛泽东就是在吃饭时也要考虑问题，根本没把心思放在吃饭上……

4月18日，毛泽东抽出时间给他青少年时期的同学毛森品写了一封信后，又给他早年的战友、已经牺牲的工农红军第二军团政治部主任、中共鄂西分特委书记柳直荀的遗孀李淑一写去一封信：

    直荀牺牲，抚孤成立，艰苦备尝，极为佩慰。学
习马列主义，可于工作之暇为之，不必远道来京，即
    可达到目的。

第二天，毛泽东给杨开慧的舅父向明卿写了一信，告知其子向钧同志于1927年任衡山县委书记时因国民党叛变被捕、光荣殉难之事，又给自己八舅父家的表兄文运昌写了一封信：

>吾兄健存，儿孙众多，可为庆贺。地方工作缺点甚多，应当纠正。如有所见，尚望随时见告。泽民、泽覃均已殉难，知注并闻。

4月间中共中央政治局召开会议，毛泽东在会议上着重强调说："我们是一个大党，策略上要特别注意。尤其是我们现在胜利了，要巩固胜利，更要注意，要反对'左'的思想和'左'的做法。"

毛泽东虽然经常忙于工作，但平时处在工作人员中间总是保持着很幽默、很风趣的心态，经常说一两句话就可以将人逗得大笑不止，将领袖与普通人之间的无形鸿沟彻底消除了。

4月下旬的一天，一名新分到中南海来工作的女护士给毛泽东验血，神情很紧张。毛泽东见了，微笑着对她说："你这个小丫头好狠喔，一声不吭就扎我一针，我并没得罪你么！"

女护士不由得笑了，侍卫在一旁的李银桥等人也都笑起来……

1950年4月27日，毛泽东在菊香书屋会见了早已率部起义的原国民党绥远省政府主席董其武。

会见时，毛泽东起身将董其武迎进了小会客厅，李银桥给董其武奉上了热茶。二人落座后，毛泽东说："我听说了你们的一些事，你手下的一些人，有人害怕共产党，怕么事？共产党也是人么，没什么可怕的。"

董其武斟词酌句地说："在我们部队，每星期都有一天是共产党的党员组织会，不是共产党员的人不能参加。我手下的将士们都不是共产党员，唯恐共产党在背后议论他们什么。"

毛泽东笑着解释说："我也是一名共产党员，我也要开党员会。"随即指一指侍卫在侧的李银桥，"他是我的卫士长，又是我的党小组长。在党小组会上，我还要听他的领导呢！"

董其武似信非信地看了看李银桥："竟有此等事？"

李银桥证实说："是这样，毛主席在党小组会上归我管。"

董其武相信了些，点头叹道："蒋介石做不到这一点呢！"

毛泽东继续对他说："其武将军，我对你讲：你们69军，你还是军长么！不过是多一个党小组，这个党小组每星期要过一次组织活动，这是共产党的组织纪律所决定了的，不是专门为你们69军定的。"

董其武点头称道："是是，这我知道。"

毛泽东开始吸烟："党的组织活动干么事？不是要议论你们这些人，而是共产党员工作有成绩的要表扬、要巩固、要提高，有缺点的就批评、自我批评、要改正。这是马列主义的武器呢！"

董其武认真听着毛泽东的讲话。毛泽东问他："你现在可能还没有申请加入共产党吧？"

"还没有……"董其武低声说，"我们也能入吗？"

"可以么！"毛泽东挥挥手说，"共产党同人共事是心口如一、表里一致，桌面上是什么，桌底下也是什么；不会同蒋介石那样，阳奉阴违，当面是人，背后是鬼！"

董其武赞同道："共产党光明磊落，众人皆知。"

毛泽东又说："蒋介石与人共事是搞宗派、搞码头么！他是私么！共产党人没有私，共产党人是为人民服务的。"

董其武一再点头："这我感受至深、感受至深！"

毛泽东熄灭了手上的烟头，喝一口茶水，说："你也喝水么！"

董其武端起茶杯喝了一口水。毛泽东继续说："共产党人是要团结一切可能团结的人，要团结一切可以团结的力量；开诚布公，集思广益，为的是把国家搞好。"

董其武深受感触动地说："我相信毛主席！"

毛泽东语重心长地说："你可以大胆地告诉起义人员，共产党的政策是'既往不咎'，是希望他们全心全意地为人民服务。过去那种制度，有不少是反人民的事情，人民不追究过去，只看将来。"

李银桥注意到，毛泽东与董其武的谈话进行了将近4个小时，董其武才安然地离开……

81. 李敏向父亲请假　天津城母女重逢

1950年5月1日，北京20余万人游行，庆祝新中国成立后的第一个劳动节。毛泽东和朱德、刘少奇、宋庆龄等党和国家领导人以及各民主党派、各人民团体的主要负责人和各民族代表登上天安门城楼，出席庆祝大会并检阅了由各劳动人民团体组成的游行队伍。

5月1日至21日，根据毛泽东的建议，中共中央发出了《关于在全党和全军开展整风运动的指示》和《关于发展和巩固党的组织的指示》。这是新中国成立后共产党为端正党风而制定的最早的两个文件。

5月下旬的一天，毛泽东在中南海菊香书屋的办公室里，身穿一件白色的汗衫，手中拿着一把芭蕉扇象征性地扇着，侍卫在一旁的李银桥见李敏跑来找她爸爸了。

"你是来看我么？"毛泽东的脸上露出了笑容，"你学习得好吗？还是找我来么事情？"

"爸爸，你好！"李敏犹豫着说，"我想妈妈，我想去看看她。进北京都半年多了，我想她……"

毛泽东怜惜地拉着女儿的手走向桌边，递了一杯茶水给女儿说："我倒没想到这件事情上来，是你提醒了我，应该去……"

李敏放下水杯追问:"爸爸答应了?"

毛泽东说:"娇娇,你的学习成绩怎么样?要带个好成绩给妈妈……"

李敏看了她爸爸一眼,然后低了头说:"爸,我成绩不太好,只是及格。"

毛泽东问:"为么事?"

李敏看了看站在一旁的李银桥,然后才对她爸爸说:"因为我的汉语不行,俄语又一时丢不开,感到很吃力……"

毛泽东安慰女儿说:"这也在情理之中。你从苏联回来到现在才三年的时间,中文当然差一些,影响了学习也情有可原,但只要你努力就好。"

"爸……"李敏喃喃地问道,"那我可不可以去看妈妈?"

毛泽东将女儿拉到了怀中:"你妈妈在上海,要去也得等到学校放暑假么!不能耽误了学习……"

李敏却说:"等放了假就太晚了,我妈妈在天津等着我呢!"

毛泽东的两只眼睛一亮:"哦,她到天津来了?很近……"随即对李银桥说,"你去叫阎长林来。"

"是!"李银桥跑去叫来了阎长林。

毛泽东示意阎长林在沙发上坐下来,对他说:"娇娇想去天津看望她妈妈贺子珍,我答应了。不过,她年纪还小,来回路上我不放心,想托你陪她去一趟天津。"

阎长林站起身来说:"是,请主席放心!"

毛泽东又叮嘱道:"一起去,一起回来。她想住几天,就住几天,但也不要太影响学习。你去她的学校,当面向老师请个假,要带了学习的功课。天津很近,只需要两个小时的火车,买张普通车票就行……"

毛泽东一面嘱咐,阎长林一面答应:"是,都按主席说的办。"

毛泽东又问:"你个人有么事情要办么?"

"没有。"阎长林说,"我自己没什么事。"

毛泽东点燃了一支香烟吸着,吐了一口烟雾又说:"你今日买好明日的车票,到天津替我问候贺子珍同志,希望她好好学习,好好工作,多保重身体。对她讲,娇娇在我身边很好,每星期六都回家来同我见面,一起吃饭,请她放心,以后娇娇每个假期都可以去看望她。"

然后,毛泽东侧转了脸又对李银桥和女儿说:"娇娇去准备一下,银桥去我的稿费中拿点钱给他们用,娇娇要买什么带给妈妈的可以告诉李叔叔。"

李银桥和李敏走出屋以后,毛泽东又意味深长地对阎长林说:"你告诉贺子珍同志,我身体很好,有些别的事,不必多讲。"

阎长林心领神会地说:"我知道,我一定按主席说的去办!"

在天津市政府招待所的一个房间里,穿着一身制服的贺子珍有些坐立不安地看着手表,魂不守舍地等待着女儿的到来。

静心听到门外响起了脚步声,贺子珍急切地去开门。门开处,一个军人和一个女孩子出现了,娇娇来了。"妈妈!爸爸让我来看你,爸爸问你好!"

贺子珍情绪激动,眼里噙了泪水,一把拉住女儿的手,搂在怀里说:"你可来了!你知道妈妈多么想你吗⋯⋯"

扑在妈妈怀中的李敏说:"我知道妈妈想我,我也想妈妈⋯⋯"

贺子珍的泪水止不住涌出了眼眶,哽咽着说:"我的好女儿,你现在还小,还不知道妈妈是怎样想孩子的,将来你长大了,就知道⋯⋯"

李敏抬手去擦拭妈妈脸上的泪水,随即又对妈妈介绍说:"是阎叔叔送我来的,这位是阎叔叔。"

阎长林走前一步，向贺子珍行了一个军礼："你好，贺子珍同志！毛主席派我同娇娇一起来看望你，毛主席向你问好呢！"

刚刚止住的泪水，再一次从贺子珍的两眼中夺眶而出……

第二天，母女谈话时，贺子珍问女儿："你爸爸身体好吗？你爸爸身边的人待你好吗？江青喜欢你吗？"

李敏告诉说："爸爸身体很好，爸爸请你放心；爸爸身边的人待我都很好，有一位李叔叔是爸爸的卫士长，李叔叔的爱人是照看我的阿姨，他们都很喜欢我；江青妈妈……"

话说到此，李敏犹豫着不再讲了。贺子珍急切地追问女儿："江青是不是不喜欢你？"

"不是……"李敏吞吞吐吐地说，"她净让我穿她的旧衣服，让妹妹穿新衣服……"

贺子珍苦涩地笑了笑："娇娇，妈妈的好孩子！你是大女儿，应该穿旧衣服；妹妹年岁小，穿几件新衣服是应该的，她妈妈的旧衣服她穿了也不合身……"

"我穿了也不合身……"李敏向妈妈嘟囔道，"都是小韩阿姨给我改了再穿……"

贺子珍再一次教导女儿："你是姐姐，要多关心和照顾妹妹；你要好好学习，听爸爸和江妈妈的话，这样我才会放心……"

说着，贺子珍的眼中又噙了泪花。李敏急忙为妈妈擦拭眼泪："我听妈妈的！我一定好好学习，再不嫌穿旧衣服了……"

夜深人静，李敏已经在房间的里间床上睡着了。

外间，阎长林同贺子珍对坐在沙发上，两个人一边扇着扇子，一边喝着茶水，一边说着话：

"只要他身体好，我也就放心了。"贺子珍深情地说，"小阎，你刚才告诉我那段转战陕北的艰苦生活，毛主席用兵如神的经历，真是感动人啊！"

阎长林轻声问：“听说你在苏联那几年，情况不是太好？”

贺子珍叹了一口气说：“很不好！1946年，幸亏有王稼祥和朱仲丽、罗荣桓、林月琴他们几个人的关心。我从疯人院被放出来以后，一天也不想再待在苏联了，很快同王稼祥他们两口子回到了哈尔滨，也听到了陕北和毛主席的一些情况。我总是天天关心着他的身体，希望他每天都能睡得好、吃得好、多打胜仗……”

阎长林告慰说：“主席现在的身体比在延安时强多了，也胖了，就是工作太忙，睡觉太少。”

贺子珍凄楚地笑了笑：“真是……长征路上，他一直很瘦。那时，他心境不好，受王明、博古等人的打击迫害，受了很大很多的冤屈。”话说到此，贺子珍又自责地说，"唉，我不懂事，没有从思想上多给他安慰，反而因为一些小事常同他吵闹，我的确对他不起……"

阎长林见贺子珍眼圈红红的，眼中噙满了泪花，便宽慰说：“请别再难过了，已经是过去的事了，现在好多了，你应该多保重身体。”

“我真的很后悔……”贺子珍边说边擦拭着眼泪，“我走以后，我妹妹贺怡在延安动手术，胃切除了三分之二，手术前是毛主席代表家属签的字；后来我母亲到了延安，又是毛主席照顾她，死后毛主席安葬，胡宗南去了挖了坟，又是毛主席出了十块银元重新安葬了，这些朱仲丽和王稼祥都对我讲了。我真的很对不起他，也很感激他……”又说，“希望你们这些身边的人，多多关心他的生活，多关心他的身体……”

“唉，我这几年落后了！”

“贺大姐不要这样讲。”阎长林说，“毛主席是关心你、相信你的。”

“回去替我谢谢主席！”贺子珍又说，“小阎，岸英和岸青都好吧？兄弟俩终于都到了他爸爸身边，我也就放心了。

早年在苏联，我们在一起过过一段艰苦的日子，他们对娇娇很好，很像两个大哥哥……"

阎长林告诉说："岸英、岸青都很好，岸英回长沙去看他姥姥了，还要给他妈妈上坟。"

贺子珍的眼泪又淌出了眼眶："我没见过他们的妈妈，牺牲得太早了……"

"我们不谈这些了。"阎长林岔开话题说，"毛主席像喜欢娇娇一样，也很喜欢岸英和岸青的，岸英已经结婚了。"

"这可太好了！"贺子珍的脸上开始有了笑容，"他们的妈妈九泉之下有知，也会感到欣慰啊！"

82. 下决心速战海南 毛泽东呵护战士

从天津回北京后,李敏高高兴兴地又同李讷一起去万寿路育英小学住校读书了。

1950年6月1日,第一次全国高等教育会议在北京召开,毛泽东到会表示了祝贺。

中央计划于6月中旬召开全国政协一届二次会议,刘少奇负责起草了准备向会议提出的《关于土地改革问题的报告》,毛泽东审阅后,于6月4日给刘少奇写了指示信。

6月6日至9日,毛泽东在京主持召开中共七届三中全会,并做了《为争取国家财政经济状况的基本好转而斗争》的书面报告和《不要四面出击》的讲话。报告和讲话对恢复国民经济具有纲领性的指导作用和重要的实际意义。

由于李敏和李讷都到学校去住宿了,组织上便重新分配了韩桂馨的工作,让她到中共中央办公厅的收发室去上班了。

中央办公厅收发室隶属中央警卫局。韩桂馨虽然到了收发室,仍经常被借调回丰泽园来为毛泽东一家人做些具体事情。

一天下午,毛泽东在菊香书屋的小会客室里与周恩来、朱德、刘少奇、任弼时一起商讨解放海南岛的事。李银桥待首长们都坐下以后,便退到室外的廊檐下,同警卫在院中的阎长林谈起了悄悄话。

此时南下的解放军大部队遵照毛泽东的大迂回、大包围、大歼灭的作战原则和将革命进行到底的革命方针，已经势如破竹地解放了广东、广西、四川、云南、贵州，锋芒所向直逼祖国最南端的海南岛。

刘少奇劝告毛泽东说："主席，你回国以后一直没有能够很好休息，请多注意睡眠为好。"

周恩来也说："主席一方面指挥国内的解放战争，一方面指导全国的土地改革，过几天还要召开一届二次政协会议，这个月还将召开政府的第八次会议，总也闲不下来……"

毛泽东风趣地说："我在苏联看了《列宁在十月》和《列宁在一九一八》的电影，列宁的警卫员瓦西里也劝说列宁多休息、多困觉，列宁却说'建立了政权，就更没时间睡了'！我们也是一样呢！"

毛泽东绘声绘色的讲话，逗得大家都笑了……

笑声中，毛泽东又对大家说："我很好，你们也都很忙么！全国这么多事情需要我们去做，我们总不能都躺下去困觉啊！"

大家坐在沙发上吸着烟、喝着茶、说着话，毛泽东挥一挥手说："好了，言归正传。今日请大家来，已经告诉大家，是要讨论解放海南岛的问题。目前，有两种不同意见：林彪主张拉长时间，先配备武器，要到港澳去购买登陆艇和改装机器船，还要求军委准备好飞机配合；我和一些人的主张是早日解放，虽然没得现代化武器装备，但有士气，有琼崖纵队的配合，有人民的支持，靠木船强行渡海，靠大海的潮水和风向，一鼓而下海南！我想一定能打过去，一定能胜利！希望大家都发表见解。"

周恩来首先说："我同意主席的主张。目前国民党已成了惊弓之鸟，根本没有了士气；解放军部队士气正高，正可一鼓作气，虽然面临琼州海峡，但乘胜追击正是时机，不宜久拖。"

朱德说:"林彪要登陆艇,到哪里去买么!到港澳去买,买不到好的,美国人和英国人只会帮蒋介石的忙,他们是不会帮助我们的。"

任弼时也说:"林彪的意见不可行!只重视武器,这不合当前的形势。"

毛泽东看一看尚未发表意见的刘少奇。刘少奇思考着说:"我看,海南岛是我国南部的门户,国民党依靠舟山、金门等小岛互为犄角,构成一道防卫台湾的海上屏障,妄想作为反攻大陆的跳板,蒋介石已命令薛岳为海南防御总司令……"

"薛岳同我们打过交道!"毛泽东说,"他这个人是反共到底的,他有10万人、50多艘美制军舰、30多架作战飞机,不断轰炸和炮击邻近省市,不拔除此害将成后患!"

刘少奇表态说:"我同意主席早日解放海南的意见。"

"好吧!"毛泽东站起身来说,"请军委发电报给四野,仍须按照中央军委的指示速战速决,不要晚打要早打!"

6月14日清晨,李银桥刚刚来到菊香书屋毛泽东卧室的门前,住在西侧卧室里的江青首先发了话:"是银桥吧?你过来一下!"

李银桥犹豫了一下,还是身不由己地走进了江青的卧室:"江青同志,有什么事吗?"

江青穿着睡衣坐在床上,两眼蒙眬:"你先把我的眼镜递过来。"

李银桥上前从床头柜上拿了眼镜递给她:"没别的事,我去主席那边了……"

"急什么!"江青戴好眼镜,依然坐在床上说,"银桥,我告诉你,现在不比在杨家沟和西柏坡了,岸青和李敏都来了,他们虽然不是我生的,但都得管我叫妈,你和你媳妇要注意呢!在孩子们面前,不许你们提亲妈后妈的事,尤其不许你们提贺子珍!如果你们不按我说的去做,要是让我知道了……"江青话说到此,恶狠狠地瞪了李银桥一眼,"哼,我不管主席多么喜欢你,你们要是敢在背地里挑拨我们母子、母女关系,我轻饶不了你们!"

江青这一番话,说得李银桥犹如丈二和尚——摸不着头脑,不禁反问道:"江青同志,小韩已经调到收发室去了,我也只是尽心侍卫毛主席,你和孩子们的关系如何,是你们自己的事,碍着我们两口子什么呀?"

"你还敢嘴硬?"江青怒不可遏地吼起来,"你胆子不小啊,竟敢这样对我讲话?你……你要敢成心捣蛋,看我怎么收拾你!"

李银桥肚里窝着火,颓丧地离开了江青的卧室。心想,这大早晨的没来由挨她一顿训斥,真是窝憋透了!当他走进毛泽东的卧室时,见毛泽东已经醒了,正斜身倚靠在床头的电灯下看报纸……

见到李银桥,毛泽东不动声色地问:"她又在吵么事?"

李银桥不愿将刚才的事告诉毛泽东,只是说:"没什么事,主席,我服侍你起床吧!今天还要开会呢……"

毛泽东放下报纸,安慰道:"银桥呵,我听到她吼你了,莫理她就是了。凡事有我,你多担待些吧。"

一股热流立刻涌遍了李银桥的全身:"主席,真的没事……"

"我晓得你,就是太老实……"毛泽东开始起床,边动作边说,"我也晓得她,她是事事不容人,将来可怎么得了……"

这一天,一届政协二次会议在中南海的勤政殿召开了。毛泽东到会主持并致了开幕词。

6月19日,一直关心着全国教育事业的毛泽东又给中央人民政府委员、教育部长马叙伦写了一封信。信中着重提出了学生的健康问题,提出"健康第一,学习第二"的方针。

6月23日,全国政协一届二次会议闭幕。毛泽东出席会议并致了闭幕词,号召各阶层人士积极支持在全国普遍开展起来的土地改革运动，告诫大家要过好土改关，过好社会主义改造关，做一个完全的革命派。

会议原则通过了《土地改革法草案》。

6月下旬的天气已经很热了。可是到了夜间，中南海的风依然很凉爽。尤其是后半夜，就更显得凉气袭人了。

这天早上，趁着凉风爽气工作了一夜的毛泽东离开办公室到院中散步，见到卫士马武义在大松树下的一张躺椅上睡着了。这时恰巧负责外卫的孙勇走了过来，立刻叫醒了马武义。

马武义睁眼一见毛泽东站在自己的面前，吓得睡意全消，立刻站直了身子承认错误："主席，是我错了，我不该……"

毛泽东不在意地笑了笑："困了就睡么！但要盖些东西，不要着凉么！"

毛泽东走了。孙勇叫来了李银桥和阎长林，大家开始批评马武义，阎长林批评得最严厉："在工作时间睡觉，你这是严重的失职！"

马武义开始时还愿意接受批评，后来见大家批评得越来越厉害，竟有些不服气了："毛主席还没有像你们这样批评我呢，我改了不就行了！"

阎长林见他不服气，继续批评说："主席比你辛苦多了，也没像你这样犯困……"

正说着，已经走去的毛泽东又返了回来，先是对阎长林和李银桥说："莫再批评他了，知错能改，善莫大焉！"随即走到马武义面前，关切而又风趣地对他说，"夜里风冷，困觉要到屋里去，着凉了可是要在屁股上打针的！"

毛泽东的话，使马武义感到一股暖流涌向全身，更使他感到今夜仿佛不是他在为毛泽东站岗，倒像是一个犯困的孩子受着慈父的精心呵护……

6月28日，毛泽东在中南海主持召开了中央人民政府委员会第八次会议，并发表讲话，号召全国和全世界人民团结起来，准备打败美帝国主义的任何挑衅。

会议还通过了《中华人民共和国土地改革法》。

83. 鼓励卫士去学习　严格要求家庭会

7月6日，毛泽东偕江青去游玉泉山。

中午过后，李银桥、孙勇和朱德的老卫士长李树槐侍卫着毛泽东和江青走到半山腰时，见到一名剃着光头的解放军战士正在用铁壶打泉水，毛泽东走近前去问他："小鬼，你叫么名字啊？"

小战士憋得脸通红，一时间竟答不上一句话来。幸亏李树槐认识他，便向毛泽东介绍说："这是警卫中队的小通讯员张木奇。"

"哪几个字呀？"毛泽东将大手伸向张木奇，"写写看。"

张木奇用舌头沾湿了手指，开始在毛泽东的手掌上写起来。毛泽东看着自己的手心，感触着说："弓长张，木头的木，大可奇——噢，张木奇，对么？"

张木奇用力点了点头。毛泽东笑道："说话么！会说话的木头才叫木奇，对不对呀？"

周围的人都笑了，张木奇也笑了。毛泽东又问："张木奇同志，做么事去呀？"

张木奇终于说话了："去打水……"

毛泽东问："用什么打水呀？"

张木奇这才发现自己已是两手空空，刚才拿着的水壶早不知扔到哪儿去了……

"这个小鬼挺聪明，挺老实的。"江青近前问，"你是哪儿的人呀？"

张木奇回答："河北曲阳。"

"呵，曲阳。"毛泽东看了江青一眼，说，"我们曾经过那里。"

江青点点头。毛泽东又问："家里都有哪些人呀？"

张木奇回答："有爹有娘有弟弟。"

毛泽东逗他："讨没讨老婆？"

张木奇没能听懂毛泽东的这句湖南话，李银桥对他解释说："毛主席问你结婚了没有？"

张木奇立刻红了脸摇头："没有。"

"娃娃，还是个娃娃么！"毛泽东同张木奇握了手，和众人继续向山上走去……

这两天，李银桥从报纸上看到一条消息，说是中央直属机关干部文化补习学校招生，不由动了心……

7月12日，李银桥趁着毛泽东的心情好，便向毛泽东提出了要去学习的事。

毛泽东显然舍不得李银桥离开自己，只是说："上学是件好事情，不过，你非要现在去么？"

李银桥也知道毛泽东不愿意让自己走，但还是坚持说："我今年都23岁了，再不去就没有机会了。"

"也是……23，不小了……"毛泽东终于答应了，"那好，去学习么。"

一听毛泽东答应了自己的请求，李银桥反倒犹豫起来，他与毛泽东朝夕相处惯了，一旦要离开，心里立刻不是滋味起来。他不想让毛泽东因自己的离开而感到难过，便说："主席，我去学习，学完了就回来。"

毛泽东一听高兴了："好么！去了好好学，随时欢迎你回来。"

李银桥知道毛泽东关心、疼爱自己，也知道自己要去学习的请求会被答应，便将事先准备好的一个黑漆皮面本子拿了出来："主席，我想让你给我写几个字。"

"你也不笨么！"毛泽东笑了，拿起毛笔在翻开的本子首页上为李银桥题写道：

努力学习，学好后再做工作，为人民服务。

毛泽东

一九五〇年七月十二日

第二天，朱德听说李银桥要去上学的消息，也高兴地在李银桥的本子上题了词：

提高文化是学习一切的先决条件。

朱德

一九五〇年七月十三日

7月15日是星期六。晚上，毛泽东让李银桥通知他的生活秘书和炊事员都来到菊香书屋的东客厅里，参加毛泽东一家人的生活会议。这时，江青、李敏、李讷、李云露、王博文早早地都来了。

人到齐后，毛泽东从他的办公室走过来，坐在中间的沙发上，以很缓和的语气对大家说："中国人民经过多年的奋斗，赢来了今日的胜利。这个胜利是伟大的，但和以后的胜利比起来，也只能算是万里长征走过的第一步。"

江青隔着眼镜看了毛泽东一眼，似乎不爱听他在家庭生活会上讲这样的话。

毛泽东察觉到了江青的目光，吸着烟，环视了一下在座的每一个人，继续说道："大家晓得现在国民经济正处在恢复时期，我们刚刚建国，要自觉地发扬延安精神。今日我们来检查一下，每个人是不是都做到了呢？"

大家你看看我、我看看你，谁也不首先讲话。毛泽东看了看李讷和李敏，点名说："你们两个在吃饭时，提出过特殊要求吗？"

李敏只得说："爸，我让炊事员准备过面包，因为我在苏联吃习惯了……"

李讷也小声说："我也去过苏联，也要求过吃面包……"

"这怎么可以呢？"毛泽东严肃地批评两个女儿说，"别人都在吃小米饭、吃窝头，你们却要求吃面包，这是搞特殊么！"

炊事员为毛泽东的两个女儿辩护说："主席，孩子们的这点要求不能算搞特殊，现在生活条件允许，很容易办到。"

生活秘书也说："李敏、李讷每星期才回家一次，吃两个面包也是应该的。"

江青不表态，只是看着毛泽东。

毛泽东却动气说："她们是我毛泽东的孩子，也是全国劳动人民的孩子，绝不允许搞一点点特殊！现在全国人民每个星期天都能吃上面包么？不能么！我毛泽东的孩子更要自觉呢！"

李敏感到压力很大，主动检讨说："我在苏联一直吃面包，认为这就是饭，不知道这样做是搞特殊，今后我一定注意，一定按爸爸的话严格要求自己。"

李讷的年龄毕竟小一些，在这种气氛下哽哽咽咽地哭起来。江青忍不住批评说："哭什么？没出息！以后改了不就完了！"

李讷擦着眼泪说："爸，我改……"

"这就对了么！"毛泽东对小女儿说，"你在陕北是吃过黑豆的，现在总比那时强得多！莫哭了，今日我给你们的伙食重新规定个标准，不允许随便改动。"

工作人员和炊事员也都表了态，表示一定认真执行毛泽东制定的新伙食标准。

坐在一旁的李银桥听了、看了这一切，又受到了一次很深刻的教育……

1950年7月20日,毛泽东在北京做出了根治淮河的指示:

> 除目前防救外,须考虑根治方法,现在开始准备,秋收即组织大规模导淮工程,期以一年完成导淮,免去明年水患。

7月25日,刘少奇也知道了李银桥要去学习的事,也给他题了词加以勉励:

> 学好本事,作好工作,不务虚名,自有你的好处。
>
> 　　　　　　　　　　　刘少奇
> 　　　　　　　　　　　七月二十五日

这时,朝鲜战场的局势逐渐紧张、恶化。毛泽东几次召集中央军委的领导人在一起开会,密切关注和商讨着朝鲜半岛时局的每一个变化……

84. 江青约见朱仲丽　周恩来勉李银桥

1950年7月下旬的一天,从苏联回国的朱仲丽到中南海来看望毛泽东,临离开时又被江青叫了去。

朱仲丽将自己亲手织的一件毛线裙送给江青:"你先看看,喜不喜欢?"

"当然喜欢!你亲自织的,是纪念品呀!"江青眉飞色舞地翻看着毛线裙,又抖开来试着穿在身上,"嗯,很合适!只可惜你用的扣子小了,应该用大扣子……还有,我觉得也长了一点……"

朱仲丽连忙说:"那我再给你改改吧?"

"不用了。"江青脱了罩上身的毛线裙,说,"先穿几天再说吧!已经够辛苦你了,要改我自己改。"

江青放好了毛线裙,请朱仲丽重新坐下来,自己吸着香烟,又满脸幸灾乐祸地说:"告诉你,又一个新闻呢!"

朱仲丽有些诧异:"什么新闻?"

"你还记得贺怡要去江西的事吗?"江青无所顾忌地说,"那个不得好死的,非要去江西找贺子珍的孩子。现在,有了报应了!"

江青吸着烟跷起了二郎腿,得意洋洋地看着朱仲丽。朱仲丽不由担心起来,急忙问道:"记得,记得,是你告诉我的。贺子珍放在江西的孩子，找回来了？"

"找回来？"江青直言相告，"前些日子，主席接到贺怡的电报，说孩子找着了，有凭有据，马上要带回来送给主席。主席得到消息很高兴，说大概十五六岁了，是他和贺子珍寄养在老乡家里的……哼，你猜怎么着？前几天江西省委又拍来一封电报，说他们坐上一辆吉普车，路过泰和凤凰桥，不小心翻了车，车毁人亡了！"

"孩子呢？"朱仲丽着实吃惊不小。

"车翻了，人跌死了！"江青两手一摊，"哼，都死了。"

朱仲丽瞪大了眼睛、抬高了嗓门问："呀，都跌死了？"

"你瞪那么大眼干什么？"江青嘲弄道，"你的慈悲心肠不要在这里发，反正连吉普车也毁掉了！"

"真是不幸！"朱仲丽深深地惋惜道，"唉，毛主席一定很难过……"

"坏人总是没有好报应的！"江青站起身来说，"你也用不着唉声叹气的！哦……谢谢你给我织的毛线裙！"

1950年8月1日，毛泽东发出《关于在军队中实施文化教育的指示》，要求提高全军的文化科学技术水平。

8月是北京天气最热的时候。

8月12日，周恩来到菊香书屋来见毛泽东，见到李银桥说："小李同志，听说你要去学习了，怎么还没有去呀？"

李银桥回答："我已经报名了，只是还没有开学。"

"好嘛！"周恩来高兴地说，"在延安时我答应过送你去学习的，主席要你到他身边工作，我也是同意的。现在你要去学习了，听说主席和总司令、少奇同志都给你题了词，我也给你写几个字吧！"

李银桥高兴得跳起来："谢谢周副主席！"

李银桥跑过紫云轩回到自己的住处去拿来了写有毛泽东、

朱德、刘少奇题词的本子，赶回菊香书屋时见周恩来已经坐在毛泽东的办公室里了。

李银桥向周恩来递上了本子，周恩来在茶几前打开看了看，然后从李银桥手中接过了递上的毛笔，挥毫写道：

> 加紧学习，提高文化，不骄不躁，好好地学做一个人民的勤务员。
>
> 周恩来
> 一九五〇年八月十二日

毛泽东见了笑道："银桥也是一个有脑筋的人呢！"然后对周恩来说，"恩来呀，粟裕病得不轻。前几日我给他写了一封信，还没得发出去，你看怎么。"说着，毛泽东将他于8月8日写给粟裕的信递给了周恩来：

> 病情仍重，甚为系念。目前新任务不甚迫切，你可以安心休养，直至病愈。休养地点，如青岛合适则在青岛；如青岛不甚合适，可来北京。望酌定之。

周恩来看了后说："主席，很好，就这样发出去吧。"

毛泽东将信交给了李银桥："你去送给叶子龙，让他发出去。"

李银桥拿着自己的本子和毛泽东写给粟裕的信，去找叶子龙了……

85. 毛泽东喜见故友　点滴忧乐在心头

1949年8月20日,毛泽东又给生病住院的爱将徐海东写了一封信:

病有起色,甚慰。我们大家都系念你,希望你安心静养,以求全愈。

9月1日,李银桥带着首长们的关怀和叮嘱,心事重重地去中直机关干部文化补习学校报到了。

9月9日,去学习的李银桥又回到了毛泽东的身边。

毛泽东一见,不由问道:"做么事回来了?"

李银桥告诉说:"那哪儿叫学校呀?就只一个大院,连个课堂也没有,乱哄哄的,学不了,只好回来了!"

毛泽东竟高兴地说:"回来好么!现在刚建国,许多事情还没有理出个头绪来,也怪不得他们。你就安心在我身边待下去吧,回来继续工作。"

"是!"李银桥心中立刻感到轻松了许多。

在此期间,已被任命为中国人民解放军炮兵司令部马政局顾问的载涛,又被推选为全国政协委员。

一天,他正在政协开会,突然接到家里打来的一个电话:"北房东南角上塌了个大窟窿,你赶快回来想办法修一修吧!"

载涛放下电话，开会的人们关切地问他出了什么事，载涛哈哈一笑说："天不作美，房子漏了一个洞，家里来电话催我回去修房子。你们都知道，我哪有钱修房子啊？"

会上的人们都劝他说："那你也得赶快回去看看呀！"

载涛摇着头，请假走了。

9月20日，根据毛泽东的指示，第一次全国工农教育会议在北京召开。会议当中，毛泽东出席了一次有政协委员参加的座谈会，知道了载涛家中塌房的事，便对参加座谈会的人们说："载涛的生活有困难，房子坏了没得钱修，这怎么行呢？'破锅漏房病老婆'，是人们生活中的三大难题哩！从我的稿费中拿出2000元，去给先生修房子。"

座谈会结束后，毛泽东回到菊香书屋让李银桥从他的稿费中取出2000元，去送给了章士钊。章士钊又专程送到了载涛的家中，感动得载涛竟一时说不出话来，热泪禁不住夺眶而出……

9月25日，全国战斗英雄代表会议和全国工农兵劳动模范代表会议同时在北京召开。毛泽东代表中共中央致祝词，盛赞两会代表"是全中华民族的模范人物"。

当毛泽东和其他中央领导同志一起到怀仁堂接见出席全国工农兵劳动模范代表大会的代表时，一位代表近前握住毛泽东的手，用力抖了抖，竟大声对毛泽东说："老毛，你可胖了呀！"

毛泽东不由得微微一怔，周围参加接见的中央领导同志和被接见的众多劳动模范全都吃惊不小……

毛泽东很快认出了对方："哦，是你呀，罗瞎子！"

"是我，你还认得我呀……"被毛泽东叫作罗瞎子的人两眼噙上了泪花，"老毛，你到底还记得我这个小萝卜头！"

毛泽东伸手向对方的肩窝送去了亲热的一拳："哪能不记得！你曾是苏区乡政府的主席么！"

罗瞎子再也抑制不住地热泪"扑簌簌"滚淌下来……

毛泽东抬手为罗瞎子擦拭眼泪："莫哭，'苟富贵，毋相忘'么！"

罗瞎子这才"嘿嘿"地笑了……

在罗瞎子的记忆中，始终不曾忘记很早以前的情景。在土地革命时期，毛泽东搞农村社会调查来到乡下，向当地乡长请教姓名。年轻的乡长自报家门，说叫"罗瞎子"。

年轻的毛泽东失声笑道："你这是绰号，算不得真名么！"

年轻乡长连连摇头："不，就叫罗瞎子！从小家里穷，没上过一天学，斗大的字不认得一个，乡里人都这么叫惯了。"

毛泽东又问："如今你当了乡长，总得有个大名么？"

年轻乡长憨笑着："如今在乡政府当主席，更不能叫'官名'，要不，人家会说我摆臭架子哩！"

毛泽东继续问："那你喜欢听么？"

"喜欢听。"年轻乡长爽快地说，"自家人这样称呼我，无拘无束，怪亲热的。"

毛泽东赞叹道："讲得好！'苟富贵，毋相忘'！就是日后革命成功了，我们也不能像陈胜那样，忘掉自己共过患难的父老兄弟。"

年轻乡长放开喉咙大笑，握着毛泽东的手说："要是你日后当了皇帝，要是革命成功了，你管天下，我该怎样称呼你呢？"

毛泽东也爽快地说："那你照样喊我老毛么！"

"我记着你的话了！"年轻乡长真的记住了毛泽东的话……

多少年过去了——如今久别重逢，毛泽东拉着罗瞎子的手说："我们又重逢了，你当劳动模范来北京，我首先祝贺你！"

罗瞎子兴奋地说："老毛，哈！我永远记得我们年轻时讲过的话,今日实现了,真叫人高兴啊!"

东北地区选出来的工人劳模代表马恒昌见了眼前的情景,激动地走到毛泽东面前,对毛泽东说:"毛主席,你老人家好哇!"

毛泽东看了一眼,说:"啊!马恒昌,我晓得,我晓得!马师傅在东北是有名的好工人么!"

马恒昌激动得两眼淌出了热泪。毛泽东握着他的手说:"你留在北京,参观参观,指点指点,向大家介绍介绍你的经验,掀起一个全国性的爱国主义劳动竞赛么!你是一个冒着敌机的轰炸抢修高射炮的英雄人物,你是一个先进小组的发起人呀!全国工人都向你学习,中国的建设就好办了!"

马恒昌咧着嘴笑着,激动得一步也走不动了……

86. 领袖亲抓公安部　下决心治理淮河

新中国成立近一年的时间了。

罗瑞卿是新中国刚成立时被毛泽东选中担任公安部部长的。新中国成立初期，公安机关面临的任务十分艰巨。公安部向中央政府和毛泽东写报告，建议在时机成熟的前提下，对土匪、恶霸、特务、反动党团骨干、反动道会门头子等五个方面的残余反革命分子实行坚决的镇压，杀一批、关一批。

毛泽东曾当即批准说："赞成你们的意见，但是要发动群众，依靠群众，要大张旗鼓，不要搞孤立主义、神秘主义。"

1950年9月间，社会部部长李克农告诉罗瑞卿，他在同毛泽东的一次谈话时，毛泽东指出公安部不向他写报告，很气愤。罗瑞卿听后很不安，立刻进中南海去见毛泽东。

走进丰泽园，罗瑞卿先见了李银桥："李银桥同志，毛主席现在忙吗？"

李银桥告诉说："主席正在批阅文件，请罗部长进去吧。"

罗瑞卿见到毛泽东，未等罗瑞卿开口，毛泽东即发问道："罗长子、罗部长，你是我亲自选调进京的，公安部的一些事情为么事不给我写报告？"

"写了报告呀……"罗瑞卿轻声辩解。

"写了？"毛泽东正色说道，"拿我的收条来看。"

"报告是先送到周总理那里……"罗瑞卿轻声说，"公安部受辖政务院，我就直接送政务院了。"

"公安部受辖政务院？"毛泽东极其严厉地反问，"难道不受党中央领导？不受我毛泽东的领导？"

罗瑞卿见毛泽东真的生了气，心里着实惊惧起来："主席，我以后……"

"你先莫讲以后！"毛泽东挥手打断了罗瑞卿想要说的话，"先将眼下的事证实了！"随即招呼侍卫在侧的李银桥，"你给政务院打电话，让恩来把电话打过来。"

李银桥走近办公桌拨通了政务院的电话……

在等周恩来电话的时间里，毛泽东不再同忐忑不安的罗瑞卿讲一句话。罗瑞卿身穿制服，虽然已是入秋的天气，但额头上依然不断地冒出汗珠来……

电话铃响起后，李银桥先拿了听筒，听出是周恩来的声音，便将电话筒递给了毛泽东："是周副主席。"

毛泽东连看都不看罗瑞卿一眼，便在电话上直问周恩来："恩来呀，罗瑞卿讲公安部的一些报告送到了你那里，为么事不能直接送我呀？"

显然，周恩来在电话上替罗瑞卿分担了责任。毛泽东放下电话听筒后吸着一支烟，手上拿着斯大林送给他的打火机折弄着，抬眼看了看局促不安的罗瑞卿，然后说："以后的每一份报告都要直接送给我，不直接送我不行！要晓得，我们这里是有仓库的。"

罗瑞卿当即保证："我一定照办！"

罗瑞卿走后，李银桥问毛泽东："主席，你干吗对他那么厉害呀？我看吓得罗部长都冒汗了……"

"天热么，哪里是吓的！"毛泽东挥了一下手，脸上露出了一丝笑意，"银桥，我对你讲：像罗长子这样的人，是从野战军直接调上来的，不施以颜色不行；你要晓得，公安部可是

145

一个很重要的大部呦！必须置于党中央的绝对领导之下，否则是危险的。"

毛泽东见李银桥听得入神，又讲："斯大林曾让莫洛托夫再三转告我，我国的保卫系统一定要尽快建起来，我们应该接受列宁同志不幸遇害的历史教训。"

听了毛泽东这番话，李银桥才明白了毛泽东亲自抓公安部的内在原因。通过这件事，李银桥也更深刻地感受到了毛泽东对工作一抓到底的作风，而且进一步领悟了毛泽东对安全工作的高度重视和警觉……

9月30日，毛泽东穿了一身浅灰色的中山装，参加中南海举行的盛大宴会，庆祝新中国成立后的第一个国庆节。

10月1日，新中国的首都北京被人民群众装扮一新，40万群众集会游行，热烈庆祝新中国成立后的第一个国庆节。毛泽东率党和政府的领导人及各界、各阶层的负责人、社会知名人士登上天安门城楼，检阅了群众的游行队伍。各民族代表、各人民团体代表和斯大林派来的党和国家的代表团成员、各友好国家派驻中国的大使馆成员，在天安门东西两侧的观礼台上出席了国庆观礼。

入夜，天安门广场上灯火通明、人潮如海，歌声此起彼伏，欢快的舞蹈一处连着一处。毛泽东和国家党、政领导人及国际友人、各界代表人士坐在天安门城楼上，观看着广场上空爆响的一团团、一簇簇闪光夺目、五彩缤纷的礼花……

李银桥和阎长林侍卫在天安门城楼上，一边感受着国庆之夜的狂欢激情，一边警惕地留意着发生在毛泽东身边的一切……

10月2日，全国战斗英雄代表会议胜利闭幕。毛泽东为大会题了贺词。

10月3日晚上，党和国家领导人在中南海怀仁堂观看由西南各民族文工团、新疆文工团、吉林省延边文工团、内蒙古文工团联合演出的歌舞晚会，毛泽东、朱德、陈毅、郭沫若、胡乔木等人都即兴作了诗词，柳亚子先生也填写了一首词《浣溪沙》呈送毛泽东：

火树银花不夜天。弟兄姊妹舞翩跹。歌声响彻月儿圆。

不是一人能领导，那容百族共骈阗？良宵盛会喜空前！

10月4日晚，李银桥侍卫着毛泽东去看了成立不久的中央戏剧学院舞蹈团在怀仁堂演出的舞剧《和平鸽》。

10月5日，毛泽东在勤政殿主持召开了中共中央政治局扩大会议。根据朝鲜劳动党和政府的请求，根据祖国安全的需要，政治局会议决定派遣中国人民志愿军入朝参战，抗击美帝国主义的武装侵略，保卫祖国、捍卫世界和平。

当日晚，中南海怀仁堂里再次上演了舞剧《和平鸽》。

8日，毛泽东发出《关于组成中国人民志愿军的命令》。

同日，毛泽东致电朝鲜劳动党总书记、朝鲜人民民主共和国主席金日成，告知中共中央的有关决定。

毛泽东在关于中国人民志愿军入朝参战的两个电报中指出：

我们决定用志愿军名义派一部分军队到朝鲜境内和美国及其走狗李承晚的军队作战，援助朝鲜同志。我们认为这样做是必要的。因为如果让整个朝鲜被美国人占去了，朝鲜革命力量受到根本的失败，则美国侵略者将更为猖獗，于整个东方都是不利的……

……我们采取上述积极政策，对中国，对朝鲜，对东方，对世界都极为有利；而我们不出兵，让敌人压至鸭绿江边，国内国际反动气焰增高，则对各方都不利，首先是对东北更不利，整个东北边防军将被吸住，南满电力将被控制。

总之，我们认为应当参战，必须参战，参战利益极大，不参战损害极大。

一天下午，毛泽东请邵力子和水利部部长傅作义来到中南海的菊香书屋。

在会客室坐下以后，毛泽东对他们两人说："我今日请二位来，就是为治理淮河的方案，要听听你们的意见呢！"

邵力子陈述了他对治理淮河方案的意见，毛泽东说："我晓得先生很重视黄河水利，先后修建了泾惠和洛惠两大渠，还有龙门闸、风陵渡的工程，都很浩大。今日请先生来，一是想听听先生的意见，二是如先生能离京去淮河沿岸实地考察，那是最好不过的了。"

"我去，我抓紧时间去。"邵力子连连点头应承，"我一定到实地去认真考察。"

毛泽东又对傅作义说："将军虽带兵打仗几十年，但将军博学水利工程，对我国水利情况是了解的。请将军拟定一个全面的兴修水利方案，应当是没有困难的。"

傅作义也连连点头："一定按照毛主席的指示办。"

10月16日，邓颖超知道了李银桥想去学习而没能学习得了，便给他题词予以安慰和鼓励：

学好本领，做好工作。

邓颖超

一九五〇年十月十六日于北京

此时的北京正是深秋时节。远山的柿子红了，香山的黄栌红了，颐和园里的昆明湖水碧波荡漾，北海山上的白塔在蓝天下也显得更白、更美了。景山上下，清风徐徐；紫禁城中，金黄一片。

中南海园中的大松树在风中发出赫赫涛声，中海和南海的湖水在岸边侧柏和长青树的环绕中更显得碧绿、清澈了。白天，园中的条条林荫道上人来车往；夜里，南海岸边的丰泽园和西北角上的西花厅内的灯光彻夜通明，那里是毛泽东和周恩来居住的地方……

87. 志愿军抗美援朝　新六所领袖填词

1950年10月19日，中国人民志愿军首批部队雄纠纠、气昂昂地跨过鸭绿江，奔赴了抗美援朝的战场。

10月21日，毛泽东电示彭德怀，命令志愿军放弃原定以防御为主的作战方针，改取从运动战中各个歼灭敌军的作战方针。

22日凌晨，中国人民解放军代总参谋长聂荣臻来到中南海菊香书屋见毛泽东。

在会客室里，穿着一身军装的聂荣臻走来走去，一副心神不定的样子。李银桥先给他沏了一杯茶水，然后问："聂代总长，你有急事？"

聂荣臻确实急于见到毛泽东，抬腕看了看手表："主席什么时候睡的觉？"

"一夜未睡，刚躺下。"李银桥告诉说，"他已经吃了安眠药了，我去给你察看察看。"

李银桥走进毛泽东的卧室，见依然未睡的毛泽东正在大木床上翻身，便近前几步，轻声报告："主席，你还没睡？聂荣臻代总长在办公室，看样子像是有急事要向你汇报。"

毛泽东坐起身来："我起来吧！"

当穿了灰色中山装的毛泽东出现在会客室时，聂荣臻上

1950年10月,毛泽东以大无畏的气概做出"抗美援朝,保家卫国"的决策。中国人民志愿军雄赳赳、气昂昂,跨过鸭绿江。

前一步立正敬礼:"报告主席,志愿军过了鸭绿江以后战事顺利,只有一个小仗没打好,38军的梁兴初没能按时到达预定阵地,延误了战机。"

"彭德怀怎么说?"毛泽东坐下来问,"彭德怀怎样处理这件事?"

聂荣臻依然站着汇报:"彭老总严厉批评了梁兴初,并告诫他如果再延误战机,让他'提头来见'!"

"嗯。"毛泽东不动声色地低语道,"下一仗就可以打好了……"

说着,毛泽东示意聂荣臻坐到沙发上,又说:"梁兴初还是很能打的,遇上了彭德怀,下次他就更能打了!"

聂荣臻汇报说:"单以这两天的情况来看,前方的形势比较顺利。志愿军气势高涨,个个都有大无畏的牺牲精神;趁着这股劲头,可以大举反攻。如果主席同意,我们准备发电报同彭总商量,在最短的时间里开始反击……"

"对梁兴初要响鼓重锤!"毛泽东表态说,"38军是四野的部队,林彪不在,彭德怀要拿他敲山震虎!"接着又说,"志愿军要抓紧一切有利时机进行强有力的反击,打出威风来，一鼓作气么！但事先必须征求北朝鲜金日成同志的意见。"

"是，我抓紧时间给彭总发电报。"聂荣臻起身说，"主席，岸英同志分配在志愿军总部，跟在彭总身边，任彭总的机要秘书和俄语翻译。"

"哦！"毛泽东也起身说，"好么。"

10月25日，经过四天的激烈战斗，彭德怀指挥志愿军部队实施了两次战役，迫使以美国为首的联合国军队退到了"三八线"。

在这次战役中，被毛泽东说要"响鼓重锤"的38军军长梁兴初率部队打得英勇、打得顽强。彭德怀特令嘉奖，并致电梁兴初，称"38军万岁"。

是否继续往南打？要不要过"三八线"？志愿军总部的意见不统一。彭德怀决意给毛泽东写报告，请示毛泽东和中央军委的最后决策……

同一天在中南海，毛泽东坐在菊香书屋西侧的书房里看文件时，聂荣臻再一次走了来。

李银桥带聂荣臻去见了毛泽东。

"主席！"聂荣臻恭敬地向毛泽东立正敬礼。

"啊，你来了，好！"毛泽东放下手中的文件，示意聂荣臻在一把木椅子上坐下来，"为么事这几天没见到你呀？我天天在等你报告朝鲜的战况呢！"

"志愿军已经打过了'三八线'！"聂荣臻报告说，"彭总指挥发起了两个大战役，38军这次打得很好，还被誉为了'万岁军'。"

"哦，'万岁军'？"毛泽东很感兴趣地说，"恐怕要不了一万岁，美帝国主义早就被消灭光了！"

"主席，还要不要继续往南打？"聂荣臻问。

"彭德怀的意见呢？"毛泽东反问。

"志愿军总部有两种意见，请示毛主席和中央军委的最后命令。"

"沉着气，应该先让部队休息几日。"毛泽东转动着眼球说，"休息一个星期，吃饱睡足，再准备打。"

聂荣臻起身说："我立刻通知志愿军总部。"

毛泽东招手又把他叫住："你先莫走。对你讲，日后凡是朝鲜战场上的事情，要及时向我报告。"

聂荣臻解释说："上次来见主席，见主席睡得很晚，怕干扰了主席的休息。这几天朝鲜那边也没什么大事，只有几个电报、一些小事情，我已经处理了。"

"你已经处理了？"毛泽东的脸色立刻变得严肃起来，讲话的声音也大了，"以后把电报统统都要送给我过目！怎么不让我看就处理了？这么大的事情啊！"

"是！是！"聂荣臻连连应承……

10月26日下午，毛泽东就西藏和平解放问题复电给宗教领袖达赖喇嘛。

10月27日，毛泽东看了北京市人民代表会议通过的一项提案，建议中央考虑在天安门前建立一座毛泽东的全身大铜像。毛泽东在建议书上批示："不要这样做。"

晚饭后，毛泽东在南海边散步，边散步边问走在身边的李银桥："银桥呵，你说可不可以在天安门前为我建一座铜像啊？"

李银桥想了想说："那不成了天安门前的哨兵了？"

"讲得好！"毛泽东笑了，"还是我们银桥有新想法，你这个认识很独特呢！我要对想为我建铜像的人们讲一讲，我不要做谁家的门神。"

李银桥也笑了："主席，人家为你建铜像也是一番好意，是为了敬仰你。"

"我不喜欢人家那样做。"毛泽东边走边说，"有过几件这样的事了。在西柏坡，聂荣臻他们造解放区的票子，把我的头像画了上去，我让他们改了；半年前，沈阳人民要在市中心修建开国纪念塔，我同意了，但他们还要在塔顶上铸我的铜像，我感到很不妥，只有讽刺意义呢！"

"就是！"李银桥随在毛泽东的身后说，"让你一个人孤零零地没白天没黑夜地站在那里，风吹雨打太阳晒，让人看了心里不好受……"

"在东北还要受冻哩！"毛泽东表示说，"共产党人是为人民谋幸福的，铸铜像影响也不好呢！"

回到菊香书屋，毛泽东用湿毛巾擦了脸，又像是想起了什么事情似的，坐在办公桌前抓起毛笔在纸上写了起来。李银桥见他写了又改、改了又写，连写两遍后放下了手中的毛笔。

原来，毛泽东写的是一首词：

浣溪沙·和柳亚子先生

长夜难明赤县天，百年魔怪舞翩跹，人民五亿不团圆。

一唱雄鸡天下白，万方乐奏有于阗，诗人兴会更无前。

88. 万寿路步韵和词　失爱子领袖垂泪

北京的深秋天高气爽、景色怡人。

1950年11月上旬，李讷生病住进了北京医院，需要有人在身边照顾。叶子龙请示毛泽东，毛泽东说："你去问江青。"

叶子龙问江青时，江青却说："你去问主席。"

叶子龙为难了："主席让我来问你……"

江青这才表态说："那就让她姨妈去吧！"

谁知江青的姐姐李云露去到北京医院的第二天，又独自一个人回到了中南海的丰泽园。

江青问她："姐，你怎么又回来了？"

李云露告诉说："李讷要找她的小韩阿姨，我看你还是去跟她爸爸说一下，把小韩借调回来吧。"

"哼，韩桂馨？"江青生气地说，"也不知道她用了什么法子，我生的女儿偏喜欢她！"

李云露劝道："孩子跟她跟惯了，又正在生病，我们做家长的总得为孩子着想啊！"

江青固执地说："要去你去说，反正我不去！"

李云露只好去找了毛泽东。

韩桂馨再一次被借调回来后，直接去北京医院照看李讷了……

10多天后，李讷病愈出院，继续到学校去读书了。韩桂馨要回警卫局，被江青拦下和李云露一起准备孩子们的冬衣，韩桂馨只得暂时又留了下来。

这时，任弼时因病治疗无效，在北京医院去世。毛泽东怀着沉痛的心情为其题词：

任弼时同志的革命精神永垂不朽！

1950年11月23日，密切关注着朝鲜战局的中国人民解放军代总参谋长聂荣臻接到苏联方面发来的一封密码电报，告知美军近日将派飞机轰炸中国人民志愿军总部，提醒中国方面提高警惕、预做防备。

聂荣臻急忙赶到毛泽东的办公室，向毛泽东报告了苏联的电报。毛泽东指示说："立刻给彭德怀发电报，要他转移司令部！敌情变化无常，要防患于未然！"

"是！"聂荣臻答应后离去，即刻给彭德怀发电报了。

11月24日下午，毛泽东又亲自拟写了一封电报，用"AAAA"加急形式发了出去，提醒彭德怀近日将有敌机轰炸，要他研究对策。

11月25日，在朝鲜战场上，是志愿军开始发起新战役后的第一天，由于大战在即，虽一连两次接了聂荣臻、毛泽东发来的催促转移志愿军总部的电报，但因战事紧张、时间紧迫而未曾转移的志愿军总部，遭到了美军飞机的狂轰乱炸，毛岸英和总部的另一位高瑞欣参谋，不幸牺牲。

彭德怀悲痛万分，悲痛中深深懊悔自己没有按照聂荣臻的提醒和毛泽东的电示急速将志愿军总部转移了……

彭德怀命令人们将毛岸英和高参谋的两具被美军的凝固汽油弹烧焦了的尸体埋葬后，给中央军委发电报报告了这个不幸的消息。

此时此刻的毛泽东，工作后已经同江青到万寿路的新六所去休息了。

在新六所一号楼内，毛泽东看了柳亚子近日写的一首词

《浣溪沙》：

> 白鸽连翩奋舞前。工农大众力无边。推翻原子更金圆。
>
> 战贩集团仇美帝，和平堡垒拥苏联。天安门上万红妍！

毛泽东慨然命笔依原韵奉和：

> 颜斶齐王各命前，多年矛盾廓无边，而今一扫纪新元。
>
> 最喜诗人高唱至，正和前线捷音联，妙香山上战旗妍。

在中南海，叶子龙拿着彭德怀发来的电报，两眼淌出了热泪。他想去找李银桥，可李银桥侍卫着毛泽东也到万寿路的新六所去了……

叶子龙来到了西花厅，周恩来见叶子龙来找他，问道："子龙，找我吗？"

叶子龙不知怎样开口，只是点了一下头，从衣袋中取出彭德怀的电报，颤抖着双手递给周恩来："这是彭总发来的……岸英他……"

周恩来敏感地接过电报，只看了一眼便两手发颤，半晌说不出一句话来……

叶子龙沙哑着嗓音说："总理，这事我不敢向主席报告，只有先来找你……"

"太突然了……"周恩来垂着头低声说，"主席怎么经受得了？岸英平时表现很好，主席很喜欢他，这……"

"主席肯定难受……"叶子龙忧心忡忡，"这个打击太大了，我担心……"

"主席难受是肯定的，总不让他知道也不是办法……"周恩来犹豫不决地说，"这件事情是瞒不住的，要是让主席知道了，更不好办……"

叶子龙为难地说："告诉了怕主席伤心，不告诉又怕主席生气，这……"

周恩来的眼眶已经发红了："你到新六所去，先让江青同志看一下这封电报，听她怎么说。"

"是。"叶子龙从周恩来手中接回电报，转身离开……

新六所是为中央首长在万寿路建造的六栋小楼。中央五大书记毛泽东、周恩来、刘少奇、朱德、任弼时每家住一栋，工作人员住一栋。

这段时间，毛泽东有时住中南海，有时住新六所。

来到新六所，叶子龙没有直接去找江青，而是先找了李银桥。当李银桥听说岸英牺牲了，竟一时惊得两腿发软、一下子坐在了楼前的水泥地上……

好一会儿，叶子龙才将泪流满面的李银桥从地上搀扶起来。又过了一会儿，待李银桥勉强止住了眼泪，两个人才一起走进了一号楼内毛泽东的休息室。

休息室内，毛泽东正坐在沙发上问江青："孩子们回来了没有？"

江青在地毯上踱着步回答："今天是星期天，两个女儿都来，只有岸青有事来不了。"

毛泽东吸着烟说："好像几个星期没见到孩子们了……这个朝鲜战争，把人都拖垮了，任弼时同志也被拖病了，结果送了命……"

"今天是星期天，你别讲败兴的事情好不好？"江青的脸上显露出不悦的神色，"现在都5点多了，孩子们快来了，我到大门口去迎一迎。"

毛泽东向江青摆了一下手："你去！孩子们来了，让她们先来见见我。"

江青开门走向楼口，在楼道内迎面碰上了叶子龙和李银桥。江青问叶子龙："你怎么过这边来了？"

叶子龙欲言又止，迟疑着一时没有开口。江青见他和李银桥的神色不似往常，有些不耐烦起来："有什么要紧的事吗？"

叶子龙将彭德怀的电报递给了江青："岸英在朝鲜出事了……总理让我先来告诉你……"

江青看了电报，也被惊吓得靠在了楼道的墙壁上："这可真是……当初就不该去……该怎样向他爸爸讲呢？"

李银桥喃喃地说："这么大的事，不讲也不行……"

片刻，江青振作了一下精神说："你们先别去见主席，过一会儿李敏、李讷回来了，咱们再找机会……"

叶子龙和李银桥答应下来，一起走向院中……

江青迈着沉重的脚步，转身返回了休息室的大套房。毛泽东坐在沙发上问："孩子们呢？"

"没接着……"江青无精打采地说，"也该回来了……"

恰在这时，门开了，李讷和李敏一前一后地走了进来。毛泽东立刻向她们招手："都快到爸爸这里来！"

李讷快步跑向毛泽东："小爸爸，和你亲个脸！"李讷和她爸爸脸亲了脸，就势坐在了毛泽东的双膝上；李敏也走到她父亲身边，拉了父亲的手在沙发上坐下来。

李讷笑着问："爸爸，我是你的女儿，我想改姓毛，好吗？"

毛泽东一只手被大女儿拉着，用另一只手抚摸着小女儿的头说："为么事又想姓爸爸的姓啊？"

李讷晃了一下头："叔叔们笑我，说我不姓毛，就不是毛主席的女儿；我要姓毛，我要姓毛！爸……"

毛泽东笑问大女儿："娇娇，你没有姓贺，也没得姓毛，你也有意见吗？"

李敏甜甜地一笑："我姓贺当然不合适，姓毛又怕惹事，只好跟妹妹一样姓了。"

毛泽东夸奖说："到底是大几岁，很懂事呢！"

李讷见姐姐受到了表扬，也不再喊着闹着要姓毛了。

江青对孩子们说:"你们先到花园里去玩一会儿,一会儿一块回来吃晚饭!"

两个女儿走后,江青叫来了叶子龙和李银桥。

毛泽东敏感地问叶子龙:"子龙,有事么?"

"没事……"叶子龙回答,"我只是来看看主席,问问主席有没有什么事情要办。"

"打个电话就可以么!"毛泽东说,"既然来了,吃了晚饭再回去吧。"

江青发话道:"现在四个人正好一桌,咱们搓会儿麻将吧!"

"好么!"毛泽东说罢起身,和大家一起走到另一间休息室的一张四方桌前坐下来……

打麻将过程中,叶子龙几次看江青,江青用眼色示意叶子龙先不要讲,认为还不是时候。当毛泽东面前的筹码摞了一大堆时,不由得笑起来:"发财了!"

叶子龙接话说:"主席,你一连好几个和了!"

江青也笑道:"主席一赢了就高兴!"

李银桥也说:"主席今晚上多吃几口饭吧,是曹师傅炒的湖南菜。"

毛泽东显然高兴了:"今日孩子们回来,曹师傅加了菜,让我吃一顿好饭,睡一个好觉么!"

这时,大楼的勤务员进来问:"江青同志,是不是现在开饭?"

江青看了一下手表:"开饭吧!"

毛泽东推了一下麻将牌,起身说:"走么,一起吃饭去!"

饭后,落日的余晖映红了北京西山上空的半边天。毛泽东、江青、李敏、李讷、叶子龙和李银桥,六个人一起在新六所的院中散步。

当李敏和李讷离开众人跑去玩时,叶子龙走近毛泽东,看

159

着毛泽东的面部表情，几次欲言又止……

散步归来，毛泽东的兴趣未减，又带众人走进休息室打起了乒乓球。

停下来休息时，毛泽东坐在沙发上开始吸烟，还情不自禁地唱起了京剧《大登殿》：

　　一马离了西凉界……

这时，江青示意叶子龙走向毛泽东。叶子龙硬了头皮轻声对毛泽东说："主席，朝鲜战场打了前两次战役后，美帝国主义进行报复，派飞机用凝固汽油弹炸了志愿军总部……"

"这个彭德怀！"毛泽东生气地说，"我拍了电报让他转移的么！怎么，彭德怀同志还安全吗？"

叶子龙说："彭老总来了电报，他很好。"

毛泽东又问："那么，岸英呢？总部的同志们呢？"

"这次有牺牲，总部的作战室被炸……"叶子龙说话的声音越来越低沉，"岸英他……"

毛泽东手中的烟头一下子掉在了地上，江青见状赶忙安慰说："现在正在找呢！岸英不可能就这样牺牲了，也许受了伤，也许跑远了还没有找回来……"

毛泽东靠坐在沙发上，两眼直怔怔地看着面前的江青、叶子龙和李银桥，一言不发……

休息室里的空气仿佛凝固了，一时间，短短的几分钟竟令人感到无比漫长……

叶子龙和李银桥都低垂着头，江青沉静地观察着毛泽东的神色。许久，毛泽东的眼球才开始了转动，伸出右手想去拿茶几上的香烟，动了两次烟盒竟没能抽出一支烟来，李银桥赶忙近前为毛泽东取烟……

当李银桥划着了火柴时，毛泽东却丢下了手中的香烟，转脸望向窗外的天空，两眼陡然泛红、滚淌下了大滴大滴的眼泪……

李银桥不知所措，直到燃着的火柴烧了手才丢掉了手中短短的火柴棒。江青向叶子龙递了个眼色，叶子龙悄悄地退出了休息室。

休息室里一阵默然……

毛泽东开始吸烟了。当他吸了两口烟之后，将大半支香烟熄灭在烟缸内，用略带沙哑的声音，发出了一记催人泪下的叹息："唉，谁叫他是毛泽东的儿子啊……"

江青的眼圈红红的，李银桥已是泪如泉涌……

毛泽东自己动手又点燃了一支烟，默默地吸着，不再说一句话。江青近前安慰道："岸英是为朝鲜人民牺牲的，是为了祖国的安全牺牲的……主席，你不要太伤感……"

毛泽东终于又昂起头来，开口道："这到底是怎么一回事么？"

江青低声说："接彭德怀的电报，说是美国的飞机……"

毛泽东的眼内充满了泪水，面向江青叹息道："这件事，先不要对思齐讲，尽量晚一些时间。"

江青点点头："这事我知道。"

毛泽东终于长长地叹了一口气，慢慢起身，开始在房间里踱步。忽然又止住脚步，对江青和仍在抽泣的李银桥说："革命战争，总是要付出代价的。岸英是一名普通战士，为国际主义事业牺牲了他年轻的生命，他尽了一个共产党员应尽的责任……"

89. 志愿军攻克汉城　彭德怀回国述职

1950年12月2日，毛泽东得悉天津工商界举行抗美援朝游行大会，即刻向李烛尘等人复发电报，表扬了天津市工商界人士的爱国立场。

由于知道毛泽东有失子之痛，李银桥和叶子龙、阎长林等人这些天谁也不敢因任何事情去干扰毛泽东的思绪。

12月8日，彭德怀向毛泽东发来电报，根据战场的实际情况提出"越'三八线'或取得汉城亦不宜做"的建议。

一连几天，周恩来、朱德、刘少奇和聂荣臻来见毛泽东，商议志愿军要不要打过"三八线"和夺取南部朝鲜汉城的事。

12月13日，毛泽东决然电令彭德怀打过"三八线"、夺取汉城。

当晚，身在朝鲜的彭德怀下令志愿军部队强行突破美军等15国部队重兵设防的"三八线"，冒着零下20多度的严寒发起了新的更大的进攻战役。

几天后，汉城被中国人民志愿军和朝鲜人民军攻占的消息便传遍了全世界……

北京城里，人民群众高举着庆祝汉城解放的标语牌走上街头游行。毛泽东在中南海的菊香书屋，对前来议事的周恩来说："美帝国主义不是很强大吗？我非要把他们这些侵略者都赶到海里去不可！"

这时，叶子龙又送来了彭德怀发来的电报，主要内容是：

为分化敌人内部，可否播发中朝两军拥护对方限期停战意见，并北撤15至30公里？

毛泽东当即回电断然拒绝，并命令彭德怀再一次发起新战役，继续歼敌两至三万人，继续向南推进至少100公里……

接到毛泽东要他继续挥军南进至少100公里的电报后，彭德怀认为这是速胜论的观点，便离开朝鲜回国，到北京直奔中南海菊香书屋。

在菊香书屋的北侧正厅，持枪侍卫的李银桥挡住了闯门欲进的彭德怀："彭总！请你先到会客室休息一下，主席正在睡觉。"

彭德怀发了火："我几千里路赶回来，不是来看主席睡觉的！"

"对不起！"李银桥坚守自己的职责，"请彭总先到休息室休息，我去给你沏茶……"

彭德怀打断李银桥的话："我不喝！"

"是哪个在吼呀？"东间卧室里传出了毛泽东不高兴的问话声。

李银桥立刻回答说："彭总从朝鲜回来了！"

"快叫他进来！"毛泽东叫进了彭德怀，穿着睡衣依在床头问，"是不是仗不好打呀？"

彭德怀站在毛泽东面前低下头："主席，我对不起你……我没有保护好岸英，我……"

毛泽东摆了摆手："莫谈了！谁叫他是我的儿子呀！"随即对走进屋来的李银桥说："你去给彭总拿条湿毛巾来，让他擦擦脸。"

彭德怀意欲拦阻："主席，我不热……"

"我晓得你不热，但也出汗了呢！"毛泽东挥手示意李银桥去拿湿毛巾，又对彭德怀说，"不能因为岸英是我的儿子，就不应该为中朝两国人民的共同事业而牺牲,世界上哪有这样的道理呀?我们那么多战士在朝鲜战场上牺牲了,哪个战士的血肉之躯不是父母所生?"

李银桥给彭德怀递上了湿毛巾,彭德怀擦了一把脸,毛泽东示意他在一把椅子上坐下,问道:"讲么,你来见我主要为了么事?"

彭德怀说:"主席,我认为发起新战役带有很大的勉强性,国内的报纸为解放了汉城大肆宣传,如果丢了又怎么向人民交代?还有,我见报纸上还提出了'把美帝国主义赶下海'的口号,不知是什么意思?"

毛泽东吸着烟说:"这是我的意思,有什么不妥吗?"

彭德怀直陈己见:"我认为任何速胜的思想都是有害的。"

毛泽东沉思良久,说:"你的意见是对的,要做好打持久战的思想准备。"

听到彭德怀回国向毛泽东汇报战况的消息后,毛岸英牺牲了的事便在中南海内许多人中间传开了,只是还瞒着一个人——刘思齐。

一天,刘思齐从学校回来走进毛泽东的办公室,进门先叫:"爸爸,你好!"

见到刘思齐,毛泽东强忍着心中的悲痛,脸上挂了笑容说:"我的娃,我很好。"

毛泽东放下了手中的毛笔,站起身来,非常亲切地拉了刘思齐的手,关爱地说:"你好吗?快坐下,对我讲讲学校里的新闻。"

刘思齐在沙发上坐下来,抬头对毛泽东说:"学校是有点儿新闻,但都是小事儿……爸爸,我好久没接到岸英的信了,你知道为什么吗?是不是他变心了?"

毛泽东强作笑颜:"他成天战斗在炮火中,只有想你,哪会变么心哟！"

思齐的脸上挂着疑惑的神情："没他的来信，别是出了什么事儿吧？"

毛泽东背了身说："想来是战斗太紧张、工作太忙，或是朝鲜的邮路被炸，或是别的原因……总之，岸英是不会变心的……"

刘思齐静静地听着毛泽东的每一句话。毛泽东转过身来继续说："思齐，我有时也想你杨开慧妈妈，想我的两个弟弟泽民和泽覃，想堂妹泽建和侄儿楚雄……这么多的亲人为革命牺牲，有时我会悲伤……有时我又感到光荣……是呀，要革命就会有牺牲，就要付出极大的代价……多少英雄、多少好儿女啊！"

刘思齐反倒开始安慰毛泽东了："爸爸，我听岸英讲过这些，也听我妈妈讲过，你不要太伤感……"

毛泽东问思齐："你去见过江青了吗？见过妹妹了吗？"

"没有。"刘思齐起身说，"我现在就去！"说罢，走出了毛泽东的办公室。

毛泽东隔着窗上的玻璃望着思齐离去的背影，不由得长长叹了一口气……

| 第十篇 |

发动"三反""五反"共产党怒斩贪官　巡视黄河长江毛泽东南下视察

◎ 回到新六所,李银桥才听说了当他在自己的房里等候的时候,毛泽东给江青打了电话,说:"心胸不要那样狭窄么!银桥一听说你病了,很着急,买了东西要去看你。你要主动么,要有胸怀么。"

◎ 毛泽东又问:"你看李(志绥)大夫这个人么样啊?"李银桥想了想说:"我看不怎么样。他这个人脸上总是笑嘻嘻的,可我觉得他心里根本没笑……""哦?"毛泽东不禁哈哈大笑起来,"银桥呵,你么时候也学会观察人、分析人了?"

90. 民主人士看土改　余江调查血吸虫

1951年1月6日，李银桥接了政务院副总理黄炎培打来的一个电话，说他收到了许多在土改中被划为地主的人向他告状的信，请他将此事转告毛泽东，请示指示。李银桥向毛泽东汇报了，毛泽东根据这件事，先同黄炎培、后同周恩来通了电话，10日又给中共中央华东局第一书记饶漱石、中共苏南区委书记陈丕显写信说：

> 黄炎培先生收到许多地主向他告状的信，我将华东局去年十二月所发关于纠正肃反工作中缺点的指示及一月四日关于纠正土改工作中缺点的指示送给他看，他比较懂得了一些。黄先生准备于本月内赴苏南各地去巡视，我已嘱他和你们接洽，到时望将全面情况和他详谈。

一天傍晚，毛泽东在散步时问李银桥："你们家乡的人对土改怎么看？"

"拥护呗！"李银桥告诉说，"我们那里是老解放区，土改进行得早，人们可高兴了！"

毛泽东问："怎么个高兴法啊？"

李银桥笑了说："我给你唱个歌吧！"说着便小声唱起来：

> 一头黄牛,
>
> 两呀么两匹马,
>
> 不由我翻身的人儿,
>
> 笑呀么笑哈哈!
>
> 大轱辘车呀,
>
> 轱辘转呀,
>
> 转呀转呀,
>
> 得驾——转到了我的家!

听着李银桥的歌,毛泽东也开心地笑了……

1月15日,毛泽东再次写信给中央教育部长马叙伦,提出了"健康第一、学习第二"的教育方针。

1月16日,第二次全国统战工作会议在北京召开。

会议期间,毛泽东接见了各中央局、分局和省市委统战部的负责同志,同与会代表们做了长时间的谈话。李银桥侍卫在毛泽东身边,听毛泽东强调要让民主党派和民主人士参观视察土改情况,采取积极的态度团结和教育他们。

1月19日,毛泽东发电报指示志愿军总部,对广大干部战士进行无产阶级国际主义和革命纪律教育,必须爱护朝鲜的一山一水一草一木。

自从得到毛岸英牺牲的消息后,工作在中南海丰泽园的人们发现毛泽东更加忙于工作,不是开会就是批阅文件,要么就是写信、发电报或者找什么人座谈,很少有一个人单独静下来的时候。人们心想,毛泽东可能是想借着繁忙的工作,来冲淡自己心中因失去爱子而积郁的悲痛情绪吧……

1月25日,第二次全国统战工作会议结束。

月末,叶子龙告诉毛泽东说还有不少的黄色将校呢布料,毛泽东便让李银桥拿去王府井大街请王子清师傅又做了三套制服。

18日,毛泽东为中共中央起草了关于这次政治局扩大会议决议要点的党内通报,提出了"三年准备、十年计划经济建设"的思想。

会议同时决定用三年时间认真整党。

2月20日,毛泽东在勤政殿主持召开中央人民政府委员会第十一次会议,通过了《关于镇压反革命和惩治反革命条例问题的报告》。

3月1日,毛泽东给斯大林发电报说:

一、从目前朝鲜战场最近进行的战役中可以看出,敌人不被大部消灭,是不会退出朝鲜的,而要大部消灭这些敌人,则需要时间。因此,朝鲜战争有长期化的可能,至少我应作两年的准备。目前敌人的作战意图是企图与我进行消耗战。

二、为粉碎敌人意图、坚持长期作战,达到逐步歼灭敌人之目的,我中国志愿军拟采取轮番作战的方针。中国志愿军已决定编组三番轮流的部队。

三、在美国坚持继续作战,美军继续获得大量补充并准备和我军作长期消耗战的形势下,我军必须准备长期作战,以几年时间,消耗美国几十万人,使其知难而退,才能解决朝鲜问题。

3月初,毛泽东乘专列去了石家庄,向当地政府的领导人了解那里的工农业生产情况……

十几天后,毛泽东返回北京,在怀仁堂主持召开中央政治局的一次扩大会议。

3月中旬,毛泽东意外地收到了转业回陕北的老警卫战士张瑞歧和另一名警卫战士李二亭转业回石家庄后写给他的信,信中都说家庭生活遇到了不同程度的困难。毛泽东看信后很难过,对李银桥说:"他们都跟了我好多年,张瑞歧把我从陕北送到了河北,又送到了北京,现在他们生活有困难了,我要帮他们呢!"

当天晚上,毛泽东让李银桥从他的稿费中拿了300元钱:"你让阎长林代我给张瑞歧写封回信,把这些钱也给他寄去,顺便向他母亲问好。"

"是!"李银桥答应着,"明天我一定办好这件事。"

毛泽东又说："明日你再拿300元，给李二亭也寄去。"

"是！"李银桥也答应下来。

3月18日，毛泽东在得悉了清华大学教授吴景超、北京大学教授朱光潜等人去陕西看了土改工作的情况的反映后，给中共中央华东局第一书记饶漱石、第二书记邓子恢、西南局书记邓小平、西北局书记习仲勋写信说：

> 民主人士及大学教授愿意去看土改的，应放手让他们去看，不要事先布置，让他们随意去看，不要只让他们看好的，也要让他们看些坏的，这样来教育他们。吴景超、朱光潜等去西安附近看土改，影响很好。要将这样的事例教育我们的干部，打破关门主义的思想。

3月下旬的一天下午，一次党小组会，毛泽东也来参加了。

在毛泽东身边工作的党员们先在一起学习了有关开展整党的文件，议论了抗美援朝的志愿军部队将改为轮番入朝参战的意义，又议论起了农村的土改工作让民主人士随意参观、视察的事：

"这些人到了农村，光看暗处，不看明处，回城以后就说共产党的坏话，有什么好啊？"孙勇有些不理解地说。

"这样看问题片面呢！"毛泽东引导大家说，"民主人士到农村去看土改，听听农民的诉苦，看看我们有什么缺点和错误，是一件很有益的事么！"

"有什么益？"李银桥问。

毛泽东对大家说："状元三年一考，土改千载难逢。我们共产党在全国分土地、镇压反革命、发动群众，都是好事。单说土改，从尧、舜、禹、汤、文、武、周公、孔子直到孙中山，都没有做过的事，我们共产党做了，我们做了么坏事情呢？有什么怕人家看的呢？要让民主人士去看，有话要让他们去说，写万言书也好，我们可以给大家看看，好的接受，不好的解释。如果不让人家看，有话不让人家说，这是不对的。民主人士嘛，就要讲个民主，共产党做事情光明磊落，有事摆到桌面上。土改是全国的大事，不能不让民主人士参加活动，而应当放手让他们去看、去做，这才是积极的有益的方针啊！"

3月27日，毛泽东给湖南大学校长、曾是中共一大代表的李达同志写去一封信，对他著文解说《实践论》表示了赞同，并对其用通俗语言宣传唯物论的做法表示了称赞。

3月28日至4月9日，毛泽东在中南海主持召开了第一次全国组织工作会议。会议文件经毛泽东同意后下达，整党运动逐步在全党范围内普遍展开……

在此期间，毛泽东见到了关于江西省余江县流行血吸虫病的一份报告，说是那里仅解放前30年，荒废的田地就达20000亩，死于血吸虫病的人达25000之众，毁灭村庄42个，全县许多地方竟成了"无人区"和"寡妇村"……

面对这样一份报告，毛泽东忧心如焚，决定派血防人员到余江去调查。

血防人员派出后，毛泽东在一次散步时对李银桥说："你是北方人不晓得，江南的水里因常年生长着田螺，田螺里寄生着血吸虫，人吃了要害大肚子病，很可怕哩！"

李银桥说："那就别吃田螺了！"

毛泽东说："哪里防得过来么！"

李银桥又说："那得赶紧治呀！"

毛泽东思索着说："已经派人去调查了。这种病很不好治，现在全国刚解放，朝鲜战争又一时停不下来，新中国的医防工作刚刚起步，还有许多实际困难……"

李银桥不再说话了。毛泽东继而坚毅地说："困难再多也要想办法，我们共产党人就是要为全国的老百姓克服困难的么！"

91. 毛泽东怒斥贪官　共产党开展"三反"

1951年4月中旬的一天，李银桥刚刚走进毛泽东的办公室，就见身穿制服的毛泽东独自一人正双手叉腰站在写字台前生闷气。

李银桥上前小心翼翼地问："主席，你这是生谁的气呀？"

毛泽东将右手一挥说："生共产党的气！"

李银桥吓了一跳："主席，你气糊涂了吧？"

毛泽东又将左手一挥说："我们有些共产党人，也真糊涂了呢！"

李银桥更是丈二和尚——摸不着头脑了："主席，先消消气，天大的事还能赶上抗美援朝吗？"

"唉！"毛泽东叹了一口气，坐下来说，"银桥呵，我们那么多战士在前线流血牺牲，可国内共产党的队伍里竟出了贪污犯，而且是大贪污犯……"

李银桥这才开始明白些了。前段时间通过学习，了解到不少城市里的一些不法资本家从经济上向刚刚掌权的共产党干部发动了猖狂进攻，他们利用金钱、美女，贿赂、拉拢、腐蚀共产党人、国家干部；他们大肆偷税漏税、盗骗国家财产、在国家定货中偷工减料，丧心病狂地用废旧棉花加工成医疗用药棉，致使受伤的志愿军战士使用后竟感染至死；他们把劣质胶鞋卖给志愿军部队，鞋子被志愿军战士们穿在脚上很快就破了，许多战士的双脚因此被冻坏、冻残；他们还盗窃国家的经济情报，大搞投机倒把活动，非法牟取暴利……

在资产阶级糖衣炮弹的进攻面前，革命队伍中的一些意志薄弱者贪污受贿，被坏分子拉下水，成为资产阶级在共产党内的代理人。同时，国家干部队伍中的一些人也严重地开始了挥霍浪费、大吃大喝、请客送礼、追求享乐，官僚主义开始冒头，给国家造成了严重的经济损失，严重地败坏了党和人民政府的声誉……

李银桥对毛泽东说："这才刚进城一年多，怎么就……"

"说得是么！"毛泽东气愤地说，"拿枪的敌人不可怕，可怕的是我们革命队伍里的这些腐败分子，我们绝不能让这些人把我们的人民政府搞垮了！"

李银桥开始给毛泽东沏茶水，毛泽东开始吸烟。

毛泽东吸着烟后又说："银桥，你给恩来打个电话，请他到我这里来一下。"

"是！"李银桥给周恩来打过电话，周恩来很快来到了菊香书屋。

在毛泽东的办公室里，毛泽东气愤地对周恩来说："河北省委送来的简报我看了呢！一个天津的地委书记刘青山，一个天津专署的专员张子善，生活奢侈、腐化，刘青山竟然住到了大汉奸的别墅里去，哪里还有共产党人的气节么！"

周恩来坐在沙发上说："材料我也看了。天津的副专员李克才同志去找刘青山谈工作，发现他竟在抽鸦片烟！李克才同志很吃惊，当即向他提出，这是违反党纪国法的事。想不到刘青山却满不在意，说什么'老子从小革命，现在革命成功了，也应该享受享受了'……"

毛泽东熄灭了手上的烟蒂说："这就是进了城的李自成呢！"

周恩来说："张子善同刘青山同流合污了，张子善还把专署公安处缴上来的海洛因送给刘青山。"

"通知华北局！"毛泽东挥一挥手说，"认真追查这两个人的事，共产党人的天下绝不能断送在这样的人手里！"

"好的。"周恩来站起身来说，"我回去立刻给林铁同志挂电话，让河北省委认真查处此事。"

周恩来离开后，毛泽东坐在藤椅上对李银桥说："银桥，你再给我篦篦头吧！"

李银桥开始给毛泽东篦头，发现毛泽东的胸脯明显地起伏着、鼻孔喘气赫赫有声……

4月27日，毛泽东返回了北京。

5月2日，为治理淮河指挥部题词：

　　一定要把淮河修好。

5月5日，毛泽东听说以张治中为团长、邵力子为副团长的中央治理淮河视察团已经到了淮河沿岸，而张治中却病倒了，便写信给张治中：

　　闻病甚念。视察团有邵先生领导也就可以了，您
　　可以安心休养，以期早愈。

5月中上旬，毛泽东在修改第三次全国公安会议决议时做了批示，指出镇压反革命必须实行党的群众路线。

5月16日，毛泽东就全国各地的各项工作连续发出6份指示电，其中包括批发了中共中央办公厅秘书室关于处理人民群众来信的报告，指出"必须重视人民的通信"。

5月20日，《人民日报》发表了毛泽东写的一篇社论《应当重视电影〈武训传〉的讨论》。

晚上，在毛泽东的办公室，毛泽东问李银桥："银桥，你看过电影《武训传》么？"

"看过。"李银桥说，"和警卫局的人一起在春耦斋看的，是赵丹主演。"

"么样啊？"毛泽东又问，"武训这个人么样啊？"

"说不好……"李银桥笑了笑说，"我觉得武训这个人

挺惨的，他为了办义学，甘心情愿地让人家打，'打一拳两个钱，踢一脚三个钱'……"

"上当了么！"毛泽东很严肃地说，"这就是电影的欺骗性呢！什么'打一拳两个钱，踢一脚三个钱'，简直是一副十足的奴才相，没有一点儿劳动人民的骨气！"

听毛泽东这样一讲，李银桥似乎领悟到了什么……

5月23日，中央人民政府和西藏地方政府的《关于和平解放西藏办法的协议》文本在北京签字。毛泽东出席了签字仪式。

26日，毛泽东向朝鲜战场的志愿军总部发出电报：

> 历次战役证明，我军实行战略或战役性的大迂回，一次包围美军几个师，或一个整师，甚至一个整团，都难达到歼灭任务。这是因为美军在现时还有颇强的战斗意志和自信心。为了打落敌人的这种自信心以达最后大围歼的目的，似宜每次作战野心不要太大，只要求我军每一个军在一次作战中，歼灭美、英、土军一个整营，至多两个整营，也就够了。
>
> ……打伪军可以实行战略或战役的大包围，打美英军则在几个月内还不要实行这种大包围，只实行战术的小包围……这样，再打三四个战役，即每个美英师，都再有三四个整营被干净歼灭，则其士气非降低不可，其信心非动摇不可，那时就可以作一次歼敌一个整师或两个、三个整师的计划了。
>
> 至于打的地点，只要敌人肯进，越在北面一些越好，只要不超过平壤、元山线就行了。

转眼到了6月。

1951年6月中旬的一天，周恩来的卫士长成元功到菊香书屋来找李银桥，并送来了10多把芭蕉扇："李卫士长，这是周总理让我来送给毛主席用的，由你转交吧！"

时间不长，周恩来的机要秘书又来找了叶子龙，向毛泽东转交了一份中共华北局和河北省委联合上报的调查报告，报告中进一步揭露和证实了天津地委书记刘青山、天津专署专员张子善的种种违法违纪的事实：

早在1949年夏、秋季节，天津地区连降暴雨，洪涝成灾，河北省委和省政府为此下拨了救灾粮、救灾款。刘青山和张子善合谋把救灾物资和运输任务交给机关生产处，并指使生产处从中牟利，侵吞了灾民40多万斤粮食。他们还贪污、挪用救灾款、治理海河的工程款和地方财政款项，同天津的不法商贩进行种种不法活动。刘青山、张子善的行为，严重地损害了共产党和人民政府的声誉，激起了极大的民愤。群众纷纷向天津专署副专员李克才反映刘、张二人的问题，李克才于1950年2、3月间向省委反映了刘青山吸毒和挪用公款的诸多问题，但未能引起河北省委有关人员的足够重视。

1950年下半年，刘青山更加贪图享受，又用公款从香港购进两辆小汽车，一辆留给自己使用，一辆送给了他人。刘青山和张子善还经常同不法资本家吃喝在一起、玩在一起、住在一起，并盗用公款倒卖钢材、中饱私囊，使国家蒙受了很大的经济损失。

看完材料，毛泽东打电话对周恩来说："对于刘青山和张子善，要进一步追查，动员人民群众进一步揭露他们的不法行为，汇总以后上报中央！"然后又说，"谢谢你送芭蕉扇来，今年的风要扇得大一些呢！"

1951年6月30日，北京隆重集会纪念中国共产党成立30周年，毛泽东出席会议并做了重要讲话。

7月上旬，《人民日报》披露了天津地委倒卖木材的事件。

毛泽东在中南海静观天津刘、张二人的事态发展，并在颐年堂召开的中央书记处会议上说："刘、张二人已经到了无法无天的地步！我所说的刘、张，不是刘备和张飞，而是天津的刘青山和张子善！刘青山竟然敢公开讲'这是老子和张子善商量搞的，谁敢处理'！天津地委和河北省委的人也真拿他们没得办法，竟不了了之了！这还是共产党人吗？这还是人民政府办的事情吗？"

周恩来表态说:"这两个人过去是红小鬼,现在完全变了!"

彭真也说:"必须严肃处理!"

薄一波说:"开除他们的党籍,撤销他们的一切职务!"

毛泽东将大手一挥,说:"先由华北局拿出个意见来,上报中央!"

周恩来说:"我马上通知华北局!"

毛泽东继而又说:"要在全国范围内开展一次反贪污、反行贿、反官僚主义的斗争,坚决把资产阶级向人民政府的猖狂进攻和党内腐败分子的嚣张气焰打下去!"

7月中旬,彭德怀向毛泽东发来电报,说中朝方面同意将朝鲜的开城地区划为停战谈判会议期间暂时的中立区和将美方记者代表20人作为美方代表团工作人员的一部分,指出这样做的目的是为了剥夺美方不参加和平谈判的借口。

毛泽东深思熟虑后,给周恩来打电话征询了意见,得到周恩来的赞同。

7月下旬,一天,毛泽东接到了政协委员张元济写来的一首诗《积雪西陲》和一封谈及西藏和平解放的信,毛泽东在颐年堂对周恩来说:"西藏的事还要抓紧,免得被美国人和蒋介石钻了空子。"

在这一段时日里,李银桥一直侍卫在毛泽东的身边,感到毛泽东除了集中精力关注着朝鲜停战谈判的事以外,在全国范围内将要向共产党内的贪官污吏们"开刀"了……

92. 发号召增产节约 大规模"三反""五反"

1951年8月,毛泽东根据朝鲜战局的变化,及时提出了"充分准备持久作战和争取和谈达到结束战争"的总的战争指导思想和"持久作战、积极防御"的战略方针。

据此,战斗在朝鲜的中国人民志愿军部队由战略进攻开始实行战略转变,以逼迫美帝国主义侵略者能够坐下来进行停战谈判……

9月中旬的一天,毛泽东在菊香书屋写信给北京石景山钢铁厂党委,告之就其厂内工资存在的不合理状况已责令有关机关迅速解决。写完后,毛泽东到院中散步,对李银桥说:"前些天王惠师傅给我理发,使我又想起一个大好人来……唉,可惜呀!"

李银桥猜测说:"我知道主席想起谁来了——曹庆维,对不对?"

"是呵……"毛泽东感叹道,"多好的一个同志,没能活到全国解放。每当想起来,我就觉得心里难过。"又说,"在延安烧炭,死了张思德,在西柏坡死了曹庆维,他们都是好同志呢!"

毛泽东默默地走着,李银桥想:毛泽东是不是也在想杨开慧和毛岸英呢……

9月间,毛泽东就全国的镇压反革命工作进一步发出指示,要求"必须打得稳、打得准、打得狠"。

国庆节快要到了。

湖南省教育界来了不少人到北京，准备参加国庆观礼。在一次座谈会上，毛泽东语重心长地对湖南省的教育界人士说了许多话。先讲了自己青年时在湖南韶山冲的学习生活，讲自己那时没见到过世界地图，不晓得世界有多大，后来知道了"中国只是世界的一小部分，湖南省更小，湘潭县在地图上没有看见，韶山冲当然就更没有影子了。世界原来有这么大"……

接着，毛泽东提出了问题："世界既大，人就一定特别多。这么多的人怎样过生活，难道不值得我们注意吗？"毛泽东接着讲了中国的国情、广大的劳动人民处在贫穷落后的境况中，指出："我真怀疑，人生在世间，难道都注定要过痛苦的生活吗？决不！"

毛泽东继续讲了不合理的社会现象的存在是由于"制度不好，政治不好，是因为世界上存在着人剥削人、人压迫人的制度"，指出："这种不合理的现象，是不应该永远存在的，是应该彻底推翻、彻底改造的……"

毛泽东在谈话中还要求大家"重视青年学生的体育锻炼"，指出："有志参加革命工作的人必须锻炼身体，使身体强健，精力充沛，才能担负艰巨复杂的工作。"毛泽东还生动地举出了《红楼梦》中的贾宝玉、林黛玉式的"公子哥儿"和"多愁善感的小姐们"，"无论如何是不会革命的"，说"我们不需要这样的青年！我们今天需要的是有活力，有热情，有干劲的革命青年"。

毛泽东的谈话，对每一个人的感染很大、教育很深、启发也很多……

1951年10月12日，《毛泽东选集》第一卷出版发行，选集包括毛泽东在第一次、第二次国内革命战争时期的重要著作16篇。

10月14日，毛泽东就中央人民政府委员、全国政协副主席陈叔通提出离京要去外地察看土改之事，给其写信予以支持和鼓励，并告知他"抗美、镇反、生产、教育、统战等项工作都宜在视察之列"。

在10月中旬召开的中央政治局扩大会议上，毛泽东还坚决地提出了"精兵简政"和"增产节约"的工作方针，获得了会议的一致通过并决定在全国范围内施行。

10月23日至11月1日，全国政协一届三次会议在北京中南海召开。

会上，毛泽东致开幕词和闭幕词，提出"增加生产、厉行节约，以支持人民志愿军"的任务。从此，增产节约运动在全国各条战线蓬勃展开，推动了工农业生产的恢复和发展。

11月的北京，天气已经比较冷了。而在全国范围内广泛开展起来的增产节约运动和反贪污、反浪费、反官僚主义的斗争，正在各行各业如火如荼地进行着……

11月30日，毛泽东在华北局关于刘青山、张子善二人严重触犯党纪国法的报告上批语：

> 华北天津地委前书记刘青山及现书记张子善均是大贪污犯，已经华北局发现，并着手处理。我们认为华北局的方针是正确的。这件事给中央、中央局、分局、省市区党委提出了警告，必须严重地注意干部被资产阶级腐蚀发生严重贪污行为这一事实，注意发现、揭露和惩处，并须当作一场大斗争来处理。

毛泽东的批语转发到各中央局，华北局即行转发所辖各省委。河北省委在省会保定召开第三次代表大会，省委书记林铁在大会上宣读了毛泽东的这一重要批语。

会上，天津专署副专员李克才把刘青山、张子善的问题公开揭露给会议代表。一炮打响，万炮齐发，天津地区的代表纷纷上台发言表示支持李克才，进而又揭发出刘、张二人的许多其他问题。省委组织部长代表省委当即在大会上表态说，对刘、张二人要进行严肃处理。

河北省委经过认真的调查、取证，查实了刘青山、张子善严重触犯党纪国法的诸多罪行。

1951年12月4日，河北省委通过决议：开除刘、张二人党籍，依法对其实行拘留审查。

"刘张事件"上报华北局。华北局又上报中央。

在北京中南海颐年堂，中共中央书记处召开会议，专门研究决定对刘、张二人杀不杀的问题。毛泽东斩钉截铁地说："非杀不可！挥泪斩马谡，这是万不得已的事情。"

会议中，刘少奇、周恩来、彭真、薄一波等人都表示支持毛泽东的决定。公安部长罗瑞卿又在会议中提出了公安部行政处处长宋德贵利用盖办公楼之机，大量受贿和生活腐化等问题。经过讨论，会议一致决定枪毙宋德贵。

第二天，周恩来在中南海怀仁堂主持召开党和国家的高级干部会议。

会上，薄一波传达了毛泽东昨天的讲话和中共中央书记处对处理刘青山、张子善、宋德贵三人的决定，并做了开展"三反""五反"的动员报告。

会后，一场全国性的反贪污、反浪费、反官僚主义和反行贿、反偷税漏税、反盗窃国家资财、反偷工减料、反盗窃国家经济情报的斗争，大张旗鼓地展开了……

"三反""五反"运动展开后，中南海各行政机关也开始行动起来。

江青借口身体不适，拒不参加组织活动，离开中南海到新六所去住了。

毛泽东的机要秘书徐业夫觉得事有蹊跷，便悄悄地问李银桥："为什么运动一来，江青就走？"

李银桥不假思索地随口说了一句："躲风呗！"

12月11日，毛泽东给远在湖南家乡的堂弟毛泽连和远房侄子毛远悌等人写信，劝告他们以及毛泽连的母亲六婶均不要到北京来。

12月15日，毛泽东为中共中央起草了印发《关于农业生产互助合作的决议（草案）》的党内通知，要求全党把农业互助合作社"当作一件大事去做"。

12月中旬即将过去，毛泽东又写信给西柏坡村的党支部，提醒他们来年春天种水稻时一定要先育苗后插秧，大家互助合作把农业生产搞得更好。

12月23日，毛泽东还给他早年和杨开慧在一起生活时的家庭保姆陈玉英写了一封诚挚的信：

> 已有人告诉我，你过去在反革命面前表示很坚决，没有屈服。这是很好的。为了节省，你不要来京。你在长沙做工很好。你如果有困难，可告诉我，设法给你一些帮助。

12月26日是毛泽东58岁的生日。这一天下午，毛泽东叮嘱李银桥："全国都在搞节约，反对浪费；你去告诉厨师，我吃的饭菜也要节约，也不可以浪费！"并说："今日不吃红烧肉了。"

晚上，毛泽东仅吃了简单的二米饭和辣椒炒白菜，并把掉在桌上的米粒用手捡起来放进了嘴里……

93. 果断处决贪污犯　中南海漫步谈心

1952年1月1日,毛泽东在中央人民政府举行的元旦团拜会上致祝词,号召开展一个大规模的反贪污、反浪费、反官僚主义的斗争。

1月4日傍晚,毛泽东从怀仁堂开会回来,迈着沉重的脚步沿着中海的岸边走着,时而望一望海面上的封冰,时而昂视着北海山上的白塔,神情中仿佛充满了无限的思绪。李银桥亦步亦趋地跟在毛泽东的身旁,望着毛泽东那满脸凝重的神情,心中知道毛泽东是为了在全国掀起"三反""五反"的事而思虑。因为下午,毛泽东刚刚接见了新华社的一些人,对他们讲了在"三反""五反"的伟大斗争中,如何宣传群众、发动群众和依靠群众,指出发动群众的关键在于相信群众和依靠群众,宣传群众的目的是为了动员群众积极投身到"三反""五反"的伟大斗争中去,进而使群众受到教育并提高他们自身的斗争热情……

思虑中,毛泽东指一指北海的白塔,说:"银桥呵,你看到北海的白塔了么?我们每一个共产党员,要都能像白塔那样白、像白塔那样高就好了!"

李银桥答话说:"主席,北京人都看到过北海的白塔,也都见过我们共产党人,党内出了几个贪污分子,只是极少数……"

毛泽东显然不同意李银桥的说法："正因为北京人都见到过北海的白塔，就像全国的老百姓都见过我们共产党人一样；如果北海的白塔脏了，北京人心里好受么？道理是一样的——我们共产党的队伍里出了贪污犯和官僚主义，全国的老百姓心里也不好受，也要骂娘哩！"

李银桥用嘴向自己的手掌呵着热气，搓搓手说："主席想得就是深、就是远……"

回到菊香书屋，毛泽东又开始连夜工作了。

第二天，毛泽东在北京市委《关于"三反"斗争的报告》上批示道：

> 将这个报告发给各中央局，分局，省市区党委和地委，在各大中小城市中一律仿照办理，一定要使一切与公家发生关系而有贪污、行贿、偷税、盗窃等犯法行为的私人工商业者，坦白或检举其一切犯法行为，特别注意在天津、青岛、上海、南京、广州、武汉、重庆、沈阳及各省省城用大力发动这一斗争，借以给资产阶级三年以来在此问题上对于我党的猖狂进攻（这种进攻比战争还要危险和严重）以一个坚决的反攻，给以重大的打击，争取在两三个月至三个月内基本上完成此项任务。请各级党委对此事进行严密的部署，将此项斗争当作一场大规模的阶级斗争看待。

1月中旬的一天上午，汪东兴召集了毛泽东卫士一组的李银桥、刘少奇卫士二组的石国瑞、周恩来卫士三组的成元功、朱德卫士四组的郭仁到警卫处，对大家布置说："根据中央办公厅的指示，中南海各部门还要继续深入开展'三反'运动，你们各组要组织大家认真学习中央文件，在保证做好本职工作的同时，每一个人都要积极投身到'三反'运动中来，要做好自我检查和互相监督，不要做运动的尾巴。"

这样一来，各卫士组人们的工作更加积极努力，也更加小心谨慎了……

1952年1月26日，毛泽东为中共中央起草的《关于首先在大中城市开展"五反"斗争的指示》发出。随即，"五反"运动很快在各大、中、小城市进入高潮，严厉打击了资产阶级的违法活动，有效地巩固了工人阶级和国营经济的领导地位。

2月11日，毛泽东致电斯大林，祝贺中苏友好同盟互助条约签订2周年。

2月间，毛泽东就处决刘青山、张子善二人答复黄敬同志说：

> 正因为他们两人的地位高，功劳大，影响大，所以才要下决心处决他们。只有处决他们，才可能挽救20个，200个，2000个，20000个犯有各种不同程度错误的干部。

3月5日，毛泽东还根据"五反"运动的进展情况，及时地提出了对工商户处理的五条原则，以保证运动按正确的轨道健康发展。

春暖花开了，中南海园中一片翠绿。海面上的冰封化了，沿岸开始长出了绿草，园中的花果树也开始吐绿，白色和粉红色的玉兰花开始吐瓣，一株株古老的苍松劲柏经过三个多月严寒的侵袭，在春风中更显得挺拔了……

一天中午，饭后的毛泽东在南海边散步时问李银桥："你有没有贪污？"

"没有。"李银桥认真地回答，"我也没地方贪污。"

毛泽东又问："你现在不贪污，以后贪不贪？"

李银桥一本正经地说："我永远不贪污！"

"这就好。"毛泽东迈着缓慢的脚步，边走边说，"我们共产党人，永远不能搞贪污，要经得起历史的考验！"

"我保证经得起考验！"李银桥伴在毛泽东的身边说。

毛泽东再看一看李银桥："你不贪污，你浪费没有？"

"没有！"李银桥回答得很干脆。

"不贪污，也不能浪费。"毛泽东点点头，继续散步，

"勤俭节约是中国人民的优良传统,是共产党人的美德,做不到就不是真正的共产党人。"

李银桥亦步亦趋地说:"我一定努力做到。"

毛泽东止住了脚步,转身用大手亲切地抚着李银桥的后背说:"要节约呢!比如洗衣服,袖口领口多打些肥皂,这些地方容易脏;其他地方搓搓揉揉,一捋就行,这样就可以省下肥皂了。"

当天晚上,李银桥将毛泽东讲的这些话向党支部做了汇报。

1952年4月6日,毛泽东为中共中央起草的《关于西藏工作方针问题的指示》发出。这个指示符合西藏的实际情况,对人民解放军在西藏站稳脚跟、取得广大藏民的拥护将起到十分重要的作用。

4月10日,《毛泽东选集》第二卷出版发行。

书中包括毛泽东从1937年7月抗日战争爆发至1941年5月打退蒋介石发动的第二次反共高潮时期的著作41篇。

4月中旬,毛泽东开始到万寿路的新六所办公。江青已在新六所,李银桥和卫士一组的人也都去了。

一天吃晚饭时,毛泽东将掉在地上的一小片萝卜用筷子夹起来,吹一吹又放进嘴里吃了。江青见了,白了毛泽东一眼,撇撇嘴,不满意地说:"主席,不是我说你,那么一小片儿萝卜算什么?你节俭我不反对,可你这样不讲究卫生,总去不掉你那老农民的坏习惯不好呢!"

侍卫在一旁的李银桥见毛泽东瞪了江青一眼:"我就是农民的儿子,没得办法呢!"

江青见毛泽东不高兴了,也就不再说什么了……

94. 打扑克陡起风波　毛泽东巧作周旋

在新六所，毛泽东终日忙于工作。江青闲着没事干，就招呼了工作人员陪她一起打扑克牌。

平时打牌，江青习惯同李银桥打对家。李银桥知道，江青打牌一定要赢，输了就发脾气、埋怨对家。李银桥同江青在一起打牌总是很谨慎，尽心不出错一张牌，免得遭江青的白眼。

这次打牌时，李银桥察觉到江青的脸色不大好看，心中不免犯了嘀咕，越犯嘀咕越出错，越出错牌江青的脸色越难看……

李银桥又出错了一张牌，江青勃然大怒，将她手中的牌一下子全都摔在了桌子上："不打了！"

李银桥神情紧张地站起身来，连忙表示歉意："对不起，我……"

"我什么我？"江青用手指着李银桥的脸吼道，"你为什么说我'躲风'？啊？你说！"

李银桥不由得有些紧张起来，心中暗想：这下麻烦了！这话怎么传到她耳朵里去了？

陪着打牌的另两个人一见情况不妙，赶紧起身躲走了。江青气急败坏地在牌桌旁走来走去，李银桥站在那里，想解释又无话可说……

"你为什么说我'躲风'？"江青余怒未消地面向李银桥，"说呀！你说没说过这话？"

"说过……"李银桥深感自己的处境很被动，"可是……"

"可是什么可是？"江青不容李银桥解释一句话，继续斥责道，"我只问你为什么说？"

李银桥强行辩解说："我不是有意的。徐秘书就是那么一问，我也就是那么随口一说，根本没有别的意思……"

"你这个没良心的！"江青的眼睛湿润了，开始抽泣，"我政治上保护你，保护你们两口子，你反而在政治上诬蔑我……"

"我没有诬蔑你！"李银桥立刻反驳，"江青同志，我真的不是有意的……"

江青用手帕擦了一下淌出眼眶的两滴眼泪，继续问道："我再问你，你为什么挑拨我和李敏的关系？"

李银桥感到了天大的冤枉："这是绝对没有的事，绝对没有！"

"那……"江青开始搜索自己的记忆，"我叫你派车去学校接她回家，你为什么不去接？"

"接了。"李银桥认真解释说，"那天我去接她，是她不肯回来。"

江青一口咬定："是你挑拨！"

李银桥矢口否认："这一条我绝不承认！"

江青跺着脚怒吼："事实明摆着，你还敢不承认？你、你……你给我写检查！"

"我不写！"李银桥当即抗议，"没有的事，凭什么让我写检查？"

"反了你了！"江青怒不可遏，开始咆哮，"你不写检查，这事儿就没完！"

李银桥不想再同她吵下去，便看了看手表说："江青同志，你先冷静冷静。快5点了，主席该起床了……"

"我不管！"江青立逼着李银桥表态，"你必须写检查！"

李银桥平复了一下情绪，用低缓的语气说："照顾主席是我的工作，我得到主席那里去了。"说完，转身离开……

李银桥忧心忡忡地走进毛泽东的卧室，恰逢毛泽东刚刚睡醒。李银桥给毛泽东递了一条湿毛巾擦脸，又在床前的茶几上放好了一杯热茶水。

毛泽东擦过脸，将毛巾递还给李银桥，开始倚在床头看报纸。李银桥放回毛巾，转身走向毛泽东，犹豫着说："主席，我今天跟江青同志吵架了……"

毛泽东两眼不离报纸，漫不经心地问："你为么事同她吵啊？"

"不是我跟她吵，是她跟我吵。"李银桥思索着自己所说的每一句话，"我说她'躲风'，她说我是政治诬蔑。"

"躲风？"毛泽东放下了手中的报纸，抬眼问道，"那么，你说没说过啊？"

"说过，我只是随口一说。"接着，李银桥将几个月前徐业夫问他的经过如实地向毛泽东讲述了一遍，最后解释说，"主席，我真没有诬蔑她的意思啊！"

毛泽东开始吸烟，然后思考着点了一下头："嗯，没有就好。"

李银桥又说："主席，她还说我挑拨她和李敏的关系。"

"噢？"毛泽东抬眼再问，"你有没有啊？"

"没有，"李银桥如实回答，"绝对没有。"

毛泽东的眼珠转动了两下，叹一口气说："好吧，你下去，叫江青来，我跟她有话说。"

"是！"李银桥退出房间，走出一号楼，见江青还在院中的草地上转圈子，便小心翼翼地走近前说："江青同志，主席请你去一下。"

"你可真行啊！"江青瞪了李银桥一眼，抬腿进了一号楼……

李银桥怀着忐忑不安的心情，走进值班室，坐下来等待着事态发展的结果。时间不长，电铃响了，李银桥立刻赶往了毛泽东的卧室。

这时，江青已经不在房间里了。

毛泽东依然倚坐在床上，望着低头站在床前的李银桥，疼惜地轻声说："看来问题不好解决哟……银桥，你得承认讲错了话，写份检查。"

李银桥感到很委屈："我没写过，不知道怎么写。"

毛泽东告诉说："你怎么讲的就怎么写么。"

李银桥还是不想写："她说我政治上诬蔑她，我没有那个意思。"

毛泽东抬了一下手臂："那就写没有那个意思。"

李银桥否认另一件事："她说我挑拨她跟李敏的关系，我没有。"

毛泽东微微一笑："没有就写没有。"

李银桥抬眼望着毛泽东，大滴的眼泪无声无息地滚淌下来。毛泽东连忙摆摆手，劝慰道："莫哭，莫哭！我对你讲，写检查时要写我们两个人的名字，第一行写主席、江青同志，然后另起一行，写'躲风'的话说了，承认；要检查说得不对，要道歉对不起。然后再写个'但是'，在'但是'后面多做点文章，话是说了，但是没有政治诬蔑的意思。至于挑拨，根本不存在。去接李敏了，李敏不回来；交代的事办了，只是没有办成，以后争取办成。就这样去写，写完了先交给我看看。"

李银桥退出毛泽东的卧室，走回自己的房间立刻趴在桌子上写检查，写完后又马上返回去交给了毛泽东。

毛泽东仍然斜倚在床头上，看过李银桥的检查后说："嗯，可以。"随即将李银桥的检查放在床头柜上，面向李银桥说："检查完了，问题还没有解决。怎么办呢？你到中南海去躲一躲吧！"

李银桥的脸上露出了茫然之色。

毛泽东笑了："你说她'躲风'，只好委屈你先'躲躲风'了。"

于是，李银桥离开新六所，回到了中南海。

1952年4月间，毛泽东为中共中央办公厅的工作人员题了词：

一面工作，一面学习，注意业务，又注意政治。

"五一"节过后，李银桥在中南海接到电话，说毛泽东让他立刻赶到新六所去。

在毛泽东的办公室，两人一见面，毛泽东笑眯眯地说："银桥呵，问题解决了呢！江青病了，住在北京医院。你带些东西去看看她，明白么？"

李银桥心里一阵感激："明白！"

"先莫急。"毛泽东又说："我这里准备了些水果，你先拿回房里去等着，等机会成熟了再去。"

李银桥心中纳闷，但既是毛泽东的安排，也就照办了。回到房间，时间不长，北京医院的一名护士突然来电话，指名道姓地找李银桥，说是江青要烟、要水果，让李银桥送去。

李银桥去见毛泽东，毛泽东说："去么，去看看她，问题就解决了。"又说，"把你的检查拿回去吧，自己保存起来。"

李银桥拿回了自己的那份检查，又拿了水果和香烟，乘车赶到北京医院，在病房中见到了刚刚从卫生间里走出来的江青。江青用毛巾擦了手，主动微笑着走向李银桥，并握住他的手说："你来了？"

李银桥一只手拎着水果和香烟，站在那里拘谨地说："来了……"

江青示意："坐，坐坐。"

李银桥将水果和香烟放到桌上，在靠窗前的长沙发上坐了下来，心情也开始舒缓了。

江青也在一张沙发上坐下来，态度很柔和地说："你对我有意见没关系，但你不该背后讲我。"

李银桥承认是自己的不对，又解释说绝不是故意的，更没有任何诬蔑的意思，并保证以后一定注意。

江青笑了笑："你以后有意见直接对我讲，不要背后讲，当面讲什么我也不会怪你。"说着，江青把话题岔开，谈起了工作上的事，又问了韩桂馨的身体状况和工作情况，并让李银桥夫妇抽时间回老家去把孩子尽早接到北京来。最后，江青又说："我身体不大好，主席主要靠你们照顾，你们就多操心吧！"

回到新六所，李银桥才听说了当他在自己的房里等候的时候，毛泽东给江青打了电话，说："心胸不要那样狭窄么！银桥一听说你病了，很着急，买了东西要去看你。你要主动么，要有胸怀么。"

这样，江青才叫护士给李银桥打了电话。她已经从毛泽东那里知道了李银桥要带什么东西去，便主动提出让李银桥送了水果和香烟。

一场风波，被毛泽东轻轻松松地平息了。

95. 毛泽东评《长征》剧　认真致信黄炎培

1952年5月10日，毛泽东在关于"三反"问题的一个文件上批示：

> 现当三反运动进至法庭审判、追赃定案的阶段，必须认真负责，实事求是，不怕麻烦，坚持到底，是者定之，错者改之，应降者降之，应升者升之，嫌疑难定者暂不处理，总之，必须做到如实地解决问题，主观主义的思想和怕麻烦的情绪，必须克服。这是共产党人统治国家的一次很好的学习，对全党和全国人民都具有很大的意义。

转眼进入6月。

在新六所，毛泽东听到人们对中央办公厅主任杨尚昆的夫人李伯钊创作的歌剧《长征》反映强烈，中央许多领导同志看了以后纷纷给予好评，并建议毛泽东也去看一看。

一天，毛泽东对李银桥说："哪天咱们回中南海，也要去看一看李伯钊创作的歌剧呢！"

李银桥却说："我不爱看歌剧，只爱听京戏。"

"那是你欣赏不了呢！"毛泽东说，"歌剧也是戏，我们总不能一看戏就听京剧吧？社会上有许多新事物，都需要我们去接触、去了解，然后才能接受。你连看都没看，怎么谈得上喜欢不喜欢呢？"

193

李银桥改口说:"只要你想看、爱看,我也看。"

毛泽东笑了:"也莫事事跟我学么!每个人的爱好各有不同,要有自己的个性。再说京剧,我很喜欢看,更喜欢听;但京剧也要改革,不能总是那几出戏,要推陈出新。"

1952年6月10日,中华全国体育总会成立,毛泽东为大会写了题词:

> 发展体育运动,增强人民体质。

6月14日,一直关心国家教育事业的毛泽东对北京市委关于中小学费用负担情况的报告写了批语:

> (一)如有可能,应全部接管私立中小学。
> (二)干部子弟学校,第一步,应划一待遇,不得再分等级;第二步,废除这种贵族学校,与人民子弟合一。

6月中旬,毛泽东一家人从万寿路的新六所回到了中南海的丰泽园。

6月下旬的一天晚上,杨尚昆邀请毛泽东去看他夫人李伯钊创作的歌剧。杨尚昆平日与毛泽东接触很多,关系也很密切。盛情难却,毛泽东带了李银桥和孙勇一起去观看李伯钊创作的歌剧《长征》。

演出开始后,当剧中出现了毛泽东的舞台艺术形象时,剧场里一片欢腾,观众席上的热烈鼓掌声经久不息,以致几次影响了场上剧情的发展……

在观看演出过程中,毛泽东没有发表任何评论。

回到丰泽园后的一个星期天,毛泽东让李银桥和他的大女儿李敏去见李伯钊,转达了他对《长征》剧的意见。

李敏说,她爸爸说,写革命、写长征,他都赞成,但不能拿她爸爸当"菩萨"拜;党内有那么多好同志,许多人还牺牲了他们的生命,应该大力歌颂他们。再说长征,有好几个方面军,有许多领导同志,应当写朱德伯伯、周恩来叔叔、任弼时叔叔,写几个方面军的叔叔伯伯和阿姨们,还不应忘记红五方面军的董振堂叔叔。没有他们，她爸爸"独龙也不能下雨"，光写她爸爸不行呢！

李伯钊和杨尚昆听了，都感到毛泽东的意见很正确，也很深刻，表示将《长征》再认真改写，一定写出让党和人民都满意的好作品来。

7月7日，在抗战纪念日这一天，毛泽东给他少年时的朋友张有成写了一封信：

> 粮亏猪贱，近月好些否？文家诸位给我的信均收到，便时请你告他们一声，并问他们好。乡里禁酒是因缺粮，秋收后可能开禁，你们也可以喝一点了。

毛泽东写信时李银桥侍卫在侧，毛泽东问他："银桥，你不喝酒受得了么？"

"受得了。"李银桥回答，"我不馋酒。"

毛泽东笑了："凡是爱喝酒的人，不喝酒还真是受不了呢！"

"那是有酒喝。"李银桥说，"如果没有酒，也是没办法的事。"

毛泽东吸着烟说："酒这个东西，也并不是么坏东西。武松没有酒便打不得景阳冈上的老虎，后来没有酒也打不得蒋门神。"

李银桥笑了说："张飞喝了酒还丢了徐州呢！"

毛泽东哈哈大笑："你还真看了些书呢……"又说："李白斗酒诗百篇呢！"

1952年7月14日，毛泽东应河北省委同志的请求，为坐落在清苑县境内的革命残废军人学校题词：

> 加强团结学习，发扬光荣传统。

1952年7月中旬，中南海医疗门诊部的医生李志绥开始负责给毛岸青治病。

一天，江青在菊香书屋的办公室里对毛泽东说："李医生是从旧中国过来的人，历史背景很复杂，让他给岸青治病，我不放心……"

毛泽东打断了江青的话："你这个人就是不爱相信人！李大夫是清朝御医的后代，他大哥是共产党人，他本人的医术也很好，有什么不放心？"

江青不再说什么，怏怏地走了出去。毛泽东转脸问侍卫在侧的李银桥："你认识李大夫么？"

"认识。"李银桥说，"我去门诊部拿过药，见过他。"

毛泽东又问："你看李（志绥）大夫这个人么样啊？"

李银桥想了想说："我看不怎么样。他这个人脸上总是笑嘻嘻的，可我觉得他心里根本没笑……"

"哦？"毛泽东不禁哈哈大笑起来，"银桥呵，你么时候也学会观察人、分析人了？"

李银桥也笑了："还不是跟主席学的……"

毛泽东止住笑说："对李大夫这样的人，我们需要的是他的医术；只要他是为人民服务的，只要他愿意为人民服务，无论什么样的人，我们还是应该相信他们、团结他们一道工作么！"

"我知道了。"李银桥点点头，"我也没说他工作不好，只是感到他这个人太复杂，跟咱们不是一条心。"

毛泽东挥了挥手说，"一个医生，只要他有好的医术，能够为人民服务，我们就应该团结他，而且要创造条件，让他们更好地工作，更好地为人民服务。"

"我记住了。"李银桥说罢，开始给毛泽东沏茶水……

8月4日，毛泽东在一届政协常委会第三十八次会议上发表了题为《团结起来，划清敌我界限》的重要讲话，并对朝鲜战局的发展和国内形势做了精辟的分析。

8月中上旬的一天下午，毛泽东在菊香书屋得到华东局第二书记、上海市市长陈毅生病来京住进北京医院的消息，立刻让李银桥打电话叫来了周恩来和聂荣臻。

走进菊香书屋的会客室，周恩来和聂荣臻在沙发上坐下来，李银桥给他们沏好了茶水，然后想去通知尚在办公室里写东西的毛泽东，周恩来阻止说："不要叫了，我和聂代总长就坐在这里等等吧……"

话音未落，毛泽东已经走了进来，手上还拿着两页写满了毛笔字的信纸："叫一叫也无妨么！"

毛泽东将信件递给周恩来说："陈毅病了呢，可以安排他去北戴河休养；莫住在北京医院么，闷得很！"

"这件事我去安排。"周恩来起身答应着，然后重新坐下去看毛泽东写给陈毅的信：

休养两个月很有必要。你参加中央再一次会议之后，即可去适当地点从事休养。俟身体康复，再返华东工作。你的工作岗位现时仍以留在华东为适宜，因为留华东作用更大，那边还很需要你工作。

毛泽东对聂荣臻说："朝鲜战场的事你要多关注一些，做到既不张又不弛，一定要让侵略者在谈判桌上坐下来签字！"

"我尽力去办！"聂荣臻起身回答。这时，周恩来已经看完了信，递还给毛泽东说："可以嘛！调陈毅进京的事，就按主席的意见办，过两年再议。"

9月初，在北京的毛泽东接到了政务院副总理黄炎培写的一份讲话材料，看后很感兴趣，问李银桥："你说说看，资产阶级容易被改造么？"

李银桥很认真地说："不容易！江山易改，本性难移……"

"是么！"毛泽东点点头说，"资产阶级难改造，中国的农民阶级也难改造呢！"随后，毛泽东提笔给黄炎培写了一封长信：

讲稿用意甚好，惟觉太激进了一点，资产阶级多数人恐受不了，因此遵嘱作了某些修改，是否妥当，还祈考虑酌定。

要求资产阶级接受工人阶级的基本思想，例如消灭剥削，消灭阶级，消灭个人主义，接受马克思主义的宇宙观，或者如先生所说"没有劳动，没有生活，不从劳动以外求生活，不从自力以外求生活"，这就是要求资产阶级接受社会主义。这些对于少数进步分子来说是可能的，当作一个阶级，则不宜这样要求，至少在第一个五年计划时期不宜如此宣传。

当作一个阶级，在现阶段，我们只应当责成他们接受工人阶级的领导，亦即接受《共同纲领》，而不宜过此限度。

在现阶段，允许资产阶级存在，但须经营有益于国家人民的事业，不犯"五毒"，这就是工人阶级对于资产阶级的领导，也就是《共同纲领》所规定的。

超过这个限度，而要求资产阶级接受工人阶级的思想，或者说，不许资产阶级想剥削赚钱的事情，只许他们和工人一样想"没有劳动就没有生活"的事情，只想社会主义，不想资本主义，那是不可能的，也是不应该的。

今年上半年北京的《学习》杂志上有些写文章的同志曾经提出了这样的意见，我们已叫他们作了更正。

对于资产阶级中的少数人，那些有远见的人们，我同意先生的意见，可以向他们宣传社会主义，使他们对社会主义事业发生兴趣，我想这是可行的，也是有益的。在中国的条件下这样的人可能出现，特别是在几年之后，社会主义经济成分更加壮大，更加显示它对于国家和人民的伟大贡献的时候，这样的人可能逐步地多起来。

先生近来思想进步甚快，例如北戴河信上所说国家主权的思想，此次所说社会主义的思想，都表示这一点，但在现在却是言之过早，在少数人想想是可以的，见之实行则是不可以的。因为先生对于我的高度信任，故率陈鄙见如右①，是否有当，还祈审察赐教。

---

① 如右，旧时书写格式，"右"为上文。

96. 操国事日理万机　毛泽东巡视黄河

进入1952年9月，毛泽东开始讲过渡时期总路线的问题。

9月24日晚上，毛泽东在中共中央书记处会议上发表讲话说："我们现在就要开始用10年到15年的时间基本上完成到社会主义的过渡，而不是10年或者以后才开始过渡。……到那时私营工商业的性质也变了，是新式的资本主义，公私合营、加工订货、工人监督、资本公开、技术公开、财务公开，他们已经挂在共产党的车头上，离不开共产党了。"

9月26日，毛泽东为从天水至兰州间的天兰铁路全线通车题词：

庆贺天兰路通车，继续努力修筑兰新路！

这段时间，为了毛泽东的身体健康，李银桥经常给毛泽东篦头、做身体按摩，并保证每周让毛泽东能够吃上两次红烧肉……

国庆节前，毛泽东又收到了堂弟毛泽连和毛泽荣的两封来信。国庆节后，毛泽东让李银桥通知叶子龙，从他的稿费中再拿出500元钱，分别寄给毛泽连和毛泽荣。

在这期间，毛泽东还收到了许多名人名家送来的众多字画。其中，有齐白石、徐石雪、汪慎生、胡佩衡、溥毅斋、溥雪斋、关松房等人共同创作完成的《普天同庆》大型国画一轴。刘少奇、周恩来、朱德、邓颖超、蔡畅、郭沫若等人都来看了，胡乔木、叶子龙、李银桥等人也看了，大家齐口称赞画得好……

10月5日，毛泽东给北京中国画院名誉院长、中国美术家协会主席齐白石写信，对共同创作《普天同庆》的画家们表示感谢。

10月中旬，正是北京秋日的黄金时节。

这时的北京天高气爽。蓝天下，天安门广场上放风筝的人多了起来。紫禁城的红墙上，黄澄澄的琉璃瓦在阳光下泛着金光。远远望去，古老的皇家宫阙显现着一派宏伟壮观的威严气势。而飘扬在天安门城楼上的一面面红旗，更向人们显示着这座昔日的帝王宫殿，如今已是在劳动人民的掌握之中了。

在紫禁城西侧的中南海大院里，这座旧时的皇家园林也正值百花吐蕊、争妍斗艳。这里，早已被作为了中共中央和中央人民政府政务院的办公地，并被亿万中国人民越来越熟知了。

在中南海，中央国家机关所属的各职能部门蓬勃开展起来的"三反""五反"运动方兴未艾，如同园中的各色花卉一样，此处开罢，别处又开，此处大会结束，别处小会又进行起来……

在"三反""五反"运动中，工农出身的人们大会小会发言踊跃、活动积极，像李志绥这样出身复杂的人虽然也发言，但底气就显得弱多了……

10月15日，为了减轻浙江、苏南地区的农民负担，毛泽东特意写信给华东局第三书记谭震林，详细询问了两地区的诸多具体情况，并指示其派出两个调查组前往两地"调查农民公粮及其他负担的实情"，同时指示"今年征粮必须不超过中央规定的比率，大大减轻民负"。

10月24日，毛泽东向志愿军总部发出电示，首先祝贺志愿军在朝鲜战场夺取的重大胜利，并指出在反复作战中给敌人以大量杀伤的作战方法，必能迫使敌人采取妥协办法尽早结束朝鲜战争。

临近月末的一天,医疗保健人员徐涛到菊香书屋的卫士值班室,对正在值班的李银桥说:"党小组开会,我去不去通知毛主席呢?"

李银桥笑道:"支部改选,主席正好分在你们组。你是新任党小组长,应该去通知一声。"

徐涛感到有些为难:"卫士长,你是老同志,又是主席身边的人,当然可以和主席随便讲话;可我是医护人员,又刚当党小组长,该怎样去跟主席说呢?"

"这好办。"李银桥鼓励说,"我带你去,你想怎么说就怎么说。"

来到毛泽东的办公室,见到毛泽东正在批阅文件,徐涛在李银桥的示意下,鼓起勇气说:"主席,最近支部改选,把你编在我们党小组……"

毛泽东抬头一笑:"好么。"

徐涛支支吾吾地说:"主席,你是党的主席,我怎么能……"

毛泽东放下了手中的毛笔,招手让徐涛在沙发上坐下来,和颜悦色地说:"这是党的组织原则么!在党小组里,我同大家一样是个普通党员,你就指挥好了。"

徐涛的心情开始平静下来。毛泽东向其征求意见,徐涛想了想说:"别的没有,就是你的工作太忙,事情太多,大家都说你工作太累,睡眠和休息的时间太少,应该注意……"

毛泽东笑了笑:"小同志,咱们两个要是调换一下位置,你也会困不着觉哩!"

站在一旁的李银桥笑了,说得徐涛也笑了……

将近月末,毛泽东带了李银桥和阎长林等人乘火车离开北京前往河南省视察黄河。

1952年10月30日上午,毛泽东一行人经山东德州来到河南开封附近的黄河岸边。

下车后,李银桥和阎长林侍卫着穿着风衣的毛泽东沿厚厚的黄河大堤向东坝头走去。

毛泽东徒步详细察看了石坝和大堤，然后问跟随着的治黄委员会副主任王化云："像这样的大堤和石坝，你们修了多少？"

王化云回答说："全河修堤1800公里，修坝近500道。过去国民党反动派统治时期，这些堤坝绝大多数是秫秸秆做的，很不结实，现在都改成了石坝。"

毛泽东又问："黄河六年内没有决口泛滥了，今后再继续把堤坝加固修好，黄河是否还会决口呢？"

王化云回答："这不是治本的办法，如果遇到特大洪水，还有相当大的危险。"

"黄河之水天上来！"毛泽东笑着问，"黄河能涨上天么？"

王化云说："不修大水库，光靠这些堤坝挡不住。"

说话间，一行人来到了杨庄地段。

在这里，开封防修段的工人们都围了过来。毛泽东向段长详细询问了他们的工作情况，还问了段长负责多少坝、段上有多少干部、多少工人，大家的生活如何……

回到火车上，毛泽东一行人驶向开封。

途中，毛泽东对陪同视察的王化云说："南方水多，北方水少；如有可能，借一点来是可以的。"

李银桥见王化云把毛泽东讲的每一句话，都认真地记在了他的一个小本子上……

在开封火车站下车后，毛泽东一行人又改乘汽车去了柳园。

站在黄河大堤上，面对滔滔黄河，毛泽东仿佛又想起了他在陕北葭县看黄河时的情形；如今见到大堤南面的村庄、树木和农田都处在低凹的位置，高高的杨树梢比大堤还低，便问："这里是么地方？这里的河面比开封城里高不高？"

陪同前来的河南省委书记吴芝圃回答说："这里是柳园口，斜对岸是陈桥，就是宋太祖赵匡胤陈桥兵变、黄袍加身的地方，现在这里是渡口。"

王化云接着说："这里的水面比开封城里高出三四米，发洪水时更高。"

"这就是悬河啊!"毛泽东说罢走下大堤,踩着泥沙走向河边……

李银桥和阎长林紧随其后,吴芝圃和王化云等人也一起跟了上去。

来到河边,毛泽东弯腰抓起一把泥沙看了看,然后折向东方,边走边问:"这些泥沙都是么地方来的?"

王化云回答说:"都是从西北黄土高原上冲刷下来的。"

毛泽东又问:"有多少?"

王化云接着回答:"据陕县的水文站测试,平均一年通过该地冲刷到下游的泥沙就有12.8万吨。"

毛泽东自言自语道:"有这么多……"

吴芝圃说:"大量泥沙淤积,是造成黄河改道泛滥的根源。"

"我晓得……"毛泽东欲言又止地丢掉了一直抓在手中的泥沙,开始迈步往回走。李银桥发现,毛泽东脚上的布鞋早已被河水浸湿了……

10月31日凌晨,天未亮时,毛泽东一行人已经坐在专列的车厢里了。

毛泽东对依然陪同着的吴芝圃和王化云说:"要把黄河的事情办好。"

吴芝圃和王化云回答说:"请主席放心!我们一定遵照您的指示,治理好黄河!"

11月上旬,毛泽东乘车到达江苏徐州。

在登临云龙山时,毛泽东见到九里山上一片荒芜,不禁问道:"那些山上为什么不种树呀?"

徐州市委的领导同志回答说:"这里的山,土质不好,不容易绿化。过去,乾隆皇帝路过徐州时,曾说这里是'穷山恶水、泼妇刁民'……"

毛泽东打断了对方的话说:"那是对劳动人民的侮辱!群众是真正的英雄么!发动群众,依靠群众,穷山可以变富,恶水可以变成好水么！"

徐州市委的人立刻表示："毛主席讲得对！"

毛泽东又说："要多种树，一株10米高、44厘米粗的大树，一年能贮藏一吨水呢！"

下山时，由于土松石滑，毛泽东一脚踏空，险些跌倒，李银桥急忙上前用力搀扶。毛泽东站稳了，李银桥却跌了下去……

好在李银桥机灵，又年轻，打了几个滚儿竟没有受伤，站起身来后，蹦了两下又跑上山来，向毛泽东笑笑："没事……"

毛泽东心疼地说："可要当心呢！也多亏了你……"又转身对徐州市委的人说："要多种树呢！一定要认真搞好绿化！"

车到上海，毛泽东又对江苏省和上海市的领导同志们说："中国是一个大国，中国本身就是一个联合国，各省都要按照自己的特点，搞好经济建设。"又说："沪宁杭三角洲，经济、文化、科学、教育都比较发达，要建设成为社会主义工业基地和农业商品基地。"

当江苏省委的领导同志汇报了盐城地区的干部群众创造"小江南"的生动情景后，毛泽东高兴地称赞说："苏北人民都发动起来了，生气勃勃啊！"随即要新华社的记者同志写一篇文章发表，并强调了抓生产要深入、细致、踏实，反对浮而不深、粗而不细、华而不实……

毛泽东一行人回到北京时，正值11月中旬，韩桂馨已经将她3岁多一点儿的儿子接到了中南海的丰泽园。

1952年12月8日至13日，第二届全国卫生工作会议在京举行，毛泽东题词：

　　动员起来，讲究卫生，减少疾病，提高人民的健康水平，粉碎敌人的细菌战争。

14日下午，当李银桥在毛泽东的办公室里开始为毛泽东准备办公用的物品时，毛泽东很高兴地对他说："苏联专家对我们的帮助不小，功劳很大，我国的工人阶级也不愧为伟大的工人阶级，平炉炼钢取得了很好的成绩呢！"

李银桥也很高兴，感到自新中国成立以来，全国的工农业生产正在逐步走上健康发展、蓬勃向上的兴旺之路……

这一天，毛泽东给鞍山钢铁公司炼钢厂的全体职工写去了一封热情洋溢的祝贺信。

12月19日，毛泽东在中央组织部负责人关于整党建党的报告上批示，认为应该纠正农村结合"三反"和整党时出现的简单急躁、整得过火的问题。

第二天，毛泽东根据朝鲜战场的形势变化，致电志愿军总部，要求志愿军部队"准备一切必要条件，坚决粉碎敌人登陆冒险，争取战争更大胜利"；指出美军"现在剩下从我侧后冒险登陆的一手，它想用这一手来打击我们。只要我们能把它这一手打下去，使它的冒险归于失败，它的最后失败的局面就确定下来了"。

毛泽东在电报中还说："中央坚决相信，我志愿军协同朝鲜人民军是能够粉碎敌人的冒险计划的。希望同志们小心谨慎，坚忍沉着，动员全力，争取时间，完成一切对敌登陆作战的准备工作。只要准备好了，胜利就是我们的了。"

即将年终，毛泽东得到东北局的报告，说是苏联人将他们1945年8月间从日本人手里接管的中国长春铁路无条件地移交中国。毛泽东于12月的最后一天，即31日，致电斯大林感谢苏联的这一为中苏友好事业而采取的实际行动。

97. 室外漫步恋飞雪　屋内谈心语话长

　　1953年元旦下午，毛泽东正在菊香书屋的办公室里写文稿，机要秘书罗光禄送来了一张写满了毛笔字的彩纸，向毛泽东报告说："主席，这是内卫班写给你的贺年信，祝你身体好、节日愉快、全家幸福！"

　　毛泽东笑道："谢谢他们！"然后放下了手中的毛笔，对侍卫在一旁的李银桥说："银桥，把它贴到院子里去，挂三天！"

　　"是！"李银桥上前接了彩纸。毛泽东又问罗光禄："这是哪个写的呀？"

　　"张木奇。"罗光禄回答说，"是个小兵。"

　　"噢。"毛泽东再一次笑道，"我认得他。"

　　李银桥也说："这人挺聪明，也挺老实。"

　　内卫班写给毛泽东的贺年信在菊香书屋的院中张贴了三天，引得来见毛泽东的人都驻足看了，写这封贺年信的张木奇的名字也就在许多人中间传开了……

　　元旦过后不久的一天晚上，天下起了鹅毛大雪。纷纷扬扬的雪花，白了屋顶、白了树木、白了中南海已经结了冰的湖面，更白了山、白了地、白了北京城内外的每一条街道……

　　毛泽东从怀仁堂开会回来，小心翼翼地走在厚厚的雪地上，李银桥抱着厚厚的卷宗紧随其后……

毛泽东慢慢地走着，留恋着雪的世界。李银桥知道毛泽东爱雪，不敢催促他快走，只是跟在毛泽东身后一步一步地移动着脚步……

雪还在飘。路灯下毛泽东抬头迎着漫天的飞雪，伸展双臂做了几下深呼吸，随后又用手和衣袖接了雪花，抬到眼皮底下细细地观看："这是广寒宫里撒下来的梨花瓣呢……"

李银桥近前问："主席，雪就是雪，怎么会是梨花瓣呢？"

"啊——"毛泽东轻声感叹道，"中国古时爱雪的人很多，我也是到了北方才晓得了雪的纯洁、雪的洁白和美丽……"

毛泽东边走边说，渐渐来到菊香书屋的院中。忽然，毛泽东停住脚步不再继续走了："银桥，你把文件先放回屋里去，我散10分钟的步。"

"雪大，当心着凉。"李银桥抱着卷宗走上了房间的台阶，"主席，就10分钟，我给你记着时间。"

毛泽东不再说话，久久地站立在雪中，任凭寒气袭身、飞雪飘落……

进屋放下卷宗的李银桥回身给毛泽东看表、记时间。过了一会儿，毛泽东问："几分钟了？"

已经近10分钟了，李银桥虚报说："5分钟了。"

毛泽东微微一笑，开始在雪中散步，时而伸手接了雪花，时而扬脸吐出舌尖去感受雪的凉意……

15分钟过后，李银桥说："10分钟了！"

毛泽东挥动了一下手臂，转身进了办公室……

第二天早晨，彻夜未眠的毛泽东走出办公室，站在院中的雪地上继续感受雪的世界。这时，警卫人员拿了扫帚来扫雪了，毛泽东制止说："莫扫，莫扫！我这里的雪你们莫扫！"

警卫人员只得退去了。李银桥见毛泽东在雪中向前迈了两步，随即又犹豫着寻了原来的脚印退回原处，不再忍心去踏那落在地上的洁白无瑕的雪；毛泽东继续退步回到房前的廊檐下，走出菊香书屋、走出丰泽园，开始在中海边漫步……

李银桥跟随着毛泽东，见毛泽东简直就像换了一个人，不再像刚才那样舍不得踏雪，而是放开了脚步走在雪地上，扭着、晃着身体，摇摆着四肢入迷地倾听脚下发出的踏雪声……

　　毛泽东踏雪、看雪，不时回头看看自己在雪中留下的脚印，时而又停在大松树旁欣赏落在树枝上的积雪。那神情，简直像是入了迷、着了痴……

　　李银桥担心毛泽东在雪中待久了生病，便提醒说："主席，该回去了。"

　　毛泽东依然看着树枝上的积雪，忽然发问："银桥，你有没有贪污？"

　　李银桥微微一怔，心想：怎么又扯到这上面去了？便回答说："没有。"

　　毛泽东又问："你现在不贪污，以后贪污不贪污？"

　　"主席，你已经问过我了。"李银桥坦言道，"我保证永远不贪污。"

　　"这就好。"毛泽东指着树枝上的积雪说，"你来的时候像这雪，以后也要保持，不腐败，不要让糖衣炮弹打中了。"

　　"是，我保证。"李银桥走近了毛泽东回答。

　　"你喜欢雪么？"毛泽东又迈开了脚步，边走边问。

　　"喜欢。"李银桥跟在毛泽东的身后，回答说，"我从小就喜欢雪。"

　　"瑞雪兆丰年。"毛泽东很高兴地说，"农民喜欢雪。害虫不喜欢雪，一下雪，苍蝇蚊子就没了。我也喜欢雪，我们都喜欢雪……"

　　李银桥说："喜欢归喜欢，这都快到紫光阁了，我们该回去了。"

　　"好，回去！"毛泽东很爽快地说，"回去告诉大家，莫扫我院中的雪。"

　　李银桥跟随毛泽东开始往回走。毛泽东走在路上又说："雪在世界上是最纯洁的了，它能够净化空气，对人们的身体健康很有好处哩！"

毛泽东的思想活跃，李银桥的思绪简直追不上毛泽东的思路，但他深深知道了，毛泽东对雪有着不同于常人的特殊喜爱，爱雪爱到了无以复加的地步……

1953年1月5日，中共中央发出《反对官僚主义、反对命令主义、反对违法乱纪的指示》，这个指示是毛泽东在1952年12月25日起草的。随后，全国各地展开了"新三反"运动。

13日下午，毛泽东在中南海主持召开中央人民政府委员会第二十次会议，通过关于召开全国及地方各级人民代表大会的决议和成立以毛泽东为首的宪法起草委员会和选举法起草委员会的决定。会议结束时，毛泽东做了简要结论，指出：

> 大陆上的军事行动已经结束了，土地改革已经基本完成了，各界人民已经组织起来了，办全国选举工作的条件已经成熟……人民代表大会制的政府，仍将是全国各民族、各民主阶级、各民主党派和各人民团体统一战线的政府，它是对全国人民都有利的。

1月下旬的一天早晨，机要秘书罗光禄来到菊香书屋的院中，见到李银桥问："卫士长，主席休息了吗？"

"刚刚上床。"李银桥说，"罗秘书，有事吗？"

"有点儿事。"罗光禄很随意地说，"机要室新来了一位秘书，叫高智，我想带他来见见主席。"

"你叫他来吧！"李银桥说，"我去跟主席说一声。"

走进毛泽东的卧室，李银桥对躺在床上看书的毛泽东说："主席，罗秘书要带新来的高秘书来见你。"

毛泽东歪了一下头说："让他们进来。"

李银桥转身去通知了罗光禄。不大一会儿，罗光禄带着高智走进了毛泽东的卧室，罗光禄向毛泽东报告说："主席，给你新调来的秘书来见见你，认识一下。"

毛泽东放下了手中的书，欠起身看一眼新来的人："你叫么名字呀？"

新秘书一时没能听懂毛泽东的湖南话，直愣愣地站在床前不知该如何回答。罗光禄偷偷踢了他一下，他才机械地向前移动了一下脚步，自报家门说："报告主席，我叫高智，来给您当秘书。"

"高智……"毛泽东伸手取烟，李银桥上前为毛泽东点着了火。毛泽东吸着烟又问："这个名字蛮厉害么！听口音你是陕北人，家在哪里呀？"

高智回答："葭县"。

"我去过，在黄河边上。"毛泽东将脸转向侍卫在一旁的李银桥，"银桥，你还记得葭县么？"

"记得。"李银桥说，"主席在那里搞过土改调查，住过南河底村和神泉堡，上过白云山，还看过黄河。"

毛泽东笑了说："还看过白云庙会的大戏哩！"

罗光禄笑了，高智也笑了，卧室里的气氛很快变得轻松、活跃起来。

"莫紧张，我们聊聊天么。"毛泽东吸着烟又问高智，"家里还有什么人？"

高智说："有父亲和兄弟，我母亲生我弟弟的时候死了。"

"噢。"毛泽东沉吟了一下，又问，"你在哪里读的书？"

"绥德师范学校。"高智回答，"没读完就到了延安。"

"绥德师范我是晓得的。"毛泽东很有兴趣地说，"这么说，在这里工作的人当中，就属你的文化程度高了。"

高智抬手搔了搔自己的后脖颈，没有答话……

毛泽东淡淡一笑："结婚了么？"

"结了。"高智回答说，"刚结不久。"

毛泽东又问："你爱人叫么名字呀？"

高智说："叫霍碧英。"

这次是毛泽东一时没能听懂高智的陕北话，抬了抬眼皮再问："叫么名字？"

高智放松了神情说:"霍,霍去病的霍,碧,碧绿的碧,英,英雄的英。"

毛泽东笑了,笑得很开心:"霍去病的霍,明白了。欢迎你来我这里工作。"

高智彻底放松了心情,但一时间也不知再说什么,只憋出了一句话:"那我就走吧?"

毛泽东点点头:"好吧。"

这样,毛泽东身边又新增添了一名负责日常工作的机要秘书。

98. 一路畅谈八百里　险些难下黄鹤楼

1953年2月4日至7日，在中南海怀仁堂毛泽东主持召开全国政协一届四次会议。在闭幕会议上，毛泽东发表讲话，指出要加强抗美援朝斗争，学习苏联，反对官僚主义：

　　第一，要加强抗美援朝的斗争……我们是要和平的，但是，只要美帝国主义一天不放弃它那种横蛮无理的要求和扩大侵略的阴谋，中国人民的决心就是只有同朝鲜人民一起，一直战斗下去。这不是因为我们好战，我们愿意立即停战，剩下的问题待将来去解决。但美帝国主义不愿意这样做，那么好吧，就打下去，美帝国主义愿意打多少年，我们也就准备跟它打多少年，一直打到美帝国主义愿意罢手的时候为止，一直打到中朝人民完全胜利的时候为止。

　　第二，要学习苏联。我们要进行伟大的国家建设，我们面前的工作是艰苦的，我们的经验是不够的，因此，要认真学习苏联的先进经验……

　　第三，要在我们各级领导机关和领导干部中反对官僚主义。现在在不少基层组织和基层干部中存在着很严重的命令主义和违法乱纪的现象，这种现象的发生和滋长，是与领导机关和领导干部的官僚主义分不开的……我们要进行大规模的国家建设，就必须克服官僚主义，密切联系人民群众……

2月15日晨，毛泽东带了罗瑞卿、杨尚昆、杨奇清、武竞天和李银桥、阎长林等人离开北京，开始去南方各省视察。

当天，毛泽东乘坐的专列在保定停了下来。

这时，华北大地依然是一片寒冷景象。一眼望不到边的平原上苍苍茫茫，只有西部山区的太行山脉在冬天的阳光下泛着淡淡的青灰色，蜿蜒巍峨地耸立在万里无云的蓝天下……

傍晚，车停石家庄。石家庄市委的同志上车来向毛泽东汇报工作，临下车时又请毛泽东为华北军区烈士陵园题了词：

为国牺牲，永垂不朽。

2月15日上午9时，专列驶进邢台车站。

毛泽东对罗瑞卿、李先念和杨尚昆说："邢台，红五军团的董振堂是这里人呢，可惜牺牲得太早了！"

李先念说："他有后代在解放军部队。"

毛泽东说："有后代就好……"

这时，列车渐渐停了下来。一个人上车以后，列车随即又重新启动，继续向南行进了……

上来的人是邢台县的县委书记张玉美。

毛泽东让张玉美坐在自己身旁，李银桥近前去沏了茶水。

毛泽东问张玉美："你以前见过我么？"

张玉美兴奋地说："见过。"

毛泽东一怔："在哪里见过我呀？"

张玉美回了回神说："见过您的相片……"

一句话，把毛泽东说得仰脸大笑起来，在座的罗瑞卿、杨尚昆和整个车厢里的人都笑了……

毛泽东解开了中山装的领扣，继续问张玉美："把你们县互助合作的情况，给我讲一讲好么？"

"好！"张玉美见毛泽东用商量的口气同自己谈话，心中的紧张情绪完全放松下来，开始向毛泽东汇报县里的互助合作情况……

列车在行进中。毛泽东专心致志地听，平心静气地问。

从问题的提出、事情的发展过程，到如何解决了遇到的各种问题，哪怕是一个很细小的事态发展变化，毛泽东都询问得一清二楚……

当张玉美汇报到解放妇女劳动力的问题时，毛泽东说："妇女的伟大作用，首先是在经济方面，没得她们，生产就不能够进行了。你们要很好地总结经验呢！"

时间过得很快，转眼已经到了下午1时。李银桥提醒毛泽东说："主席，该吃饭了。"

毛泽东看了一下自己的手表，随即站起身来对张玉美说："不谈了，吃饭。"

张玉美随同毛泽东走进餐车，和毛泽东在同一张餐桌上吃饭。毛泽东问他："你喝酒么？"

"不喝。"张玉美恭敬地回答，"谢谢主席，我从来不喝酒。"

"少喝一点还是可以的。"毛泽东口中嚼着辣椒说，"我也很少喝酒。"

饭后，毛泽东只休息了10分钟，便将张玉美叫到他身旁，两个人又一直谈到了下午7点多钟。

该吃晚饭了，毛泽东谈意不减，拉了张玉美的手说："咱们到餐车去接着谈！"

晚饭后，专列临进郑州火车站时，毛泽东亲切地对张玉美说："今日同你谈得很好。回去以后，将你今日谈的情况写成材料，报中央办公厅给我看。"

"我回去就写。"张玉美起身说。

毛泽东对杨尚昆说："尚昆，你记着接收他的材料。"

"是！"杨尚昆点头答应，"我记着。"

临下车时，张玉美请毛泽东为合作化做指示，毛泽东讲了四句话："积极领导，全面规划，典型引路，稳步前进。"

车停郑州。张玉美向毛泽东告别。毛泽东再一次握了张玉美的手说："日后有事，就找我毛泽东。"

同毛泽东畅谈了400公里路的张玉美含着激动的热泪告

辞了……

1953年2月16日晚上11点钟,毛泽东的专列停在了汉口。

乘轮渡过江后,已经是次日凌晨了。毛泽东一行人下榻武昌东湖宾馆。已就任武汉大学校长的李达来见毛泽东。

一见面,李达这位当年的中共一大代表、中央局宣传主任,竟开口"主……主……主……"了半天没能叫出后面的"席"字来……

李达以前叫毛泽东"润芝"叫习惯了,毛泽东今日见他这样吞吞吐吐的样子,热情地对他说:"你主、主、主么事?我以前叫过你李主任吗?现在我叫你李校长好不好?过去你不是叫我润芝、我叫你鹤鸣兄么?"

入座后,李银桥给毛泽东和李达沏好了茶水。李达对毛泽东说:"我很遗憾,没能同你上井冈山,没有参加两万五千里长征……"

毛泽东语重心长地说:"你遗憾么事?你是黑旋风李逵,你比他还厉害,他只有两板斧,你有三板斧。你既有李逵的大忠、大义、大勇,还比他多了一个大智。你从五四时期直到全国解放,都是理论界的'黑旋风',胡适、梁启超、张东荪、江亢虎这些'大人物',都挨过你的'板斧'。你在理论界跟鲁迅一样么!"

当李银桥再一次给毛泽东和李达倒水时,毛泽东对李达介绍说:"这是我的卫士长,是你们本家,叫李银桥。"

李银桥向李达问好,李达笑道:"有我们本家在主席身边,我就更放心了!"

送走李达后,湖北省委副秘书长梅白乘兴问毛泽东:"主席,你能不能公开评价一下李达同志?把你刚才的话发表出去?"

毛泽东说:"他是理论界的鲁迅,还要我评价么事?历史自有公论!"

晚上的时间,李银桥和阎长林跟在毛泽东的身后,同罗瑞卿、杨尚昆一起去游览了东湖。冬日的东湖，水波清冷、荡漾，湖畔的亭台楼阁也在寒冷的夜色中失去了它们在阳光下的本色，只有巍峨横亘的珞珈山在湖水的护绕和茂密的松柏掩映中，显现着它那蔽月深邃的葱茏气势……

第二天，毛泽东提出要到武汉三镇去走一走、看一看。杨尚昆和罗瑞卿商议后，又征询了湖北省委王任重以及随行的杨奇清和武兢天等人的意见，同意了毛泽东的要求，但有个条件，就是必须戴上口罩。

毛泽东服从了这样的安排，戴了口罩，在众人的簇拥下首先开始游览汉阳城北的龟山……

由北侧上山，李银桥和阎长林护卫着毛泽东踏着泛红的石阶一步步拾级而上，只见山上青松和翠柏交相映衬，一株株大青树长势苍雄。毛泽东登临山顶，向南走向崖边，面对浩浩长江，向西眺望汉江和长江的交汇处，挥手对众人说："这里正是'晴川历历汉阳树，芳草凄凄鹦鹉洲'的地方啊！"

王任重介绍说："主席，龟山东面是禹功矶，相传是大禹治水成功的地方。"

"去看看！"毛泽东说罢，在王任重和杨奇清、武兢天的引导下走向龟山东端，但见怪石嶙峋、直劈大江，与对岸黄鹤矶头锁江相望，形成长江中游的天然门户。

脚踏龟山顶，面对浩浩荡荡、一泻千里的长江水，毛泽东感慨道："此处实可谓'天连吴蜀，地控荆襄，接洞庭之混茫，吞云梦之空阔'的地方，难怪古时的游人墨客，多会于此，把酒临风啊！"

王任重见毛泽东高兴，便近前说："衔远山，吞长江，浩浩荡荡；览物之情，得无异乎？"

毛泽东大笑："你这是范仲淹的《岳阳楼记》么！"又说，"《打渔杀家》的戏也出在这里，江中确有娃娃鱼么？"

杨奇清笑着说："有，是一种大鲵，眼小、嘴大，四肢短小，尾巴扁平，很像娃娃鱼。"

游罢龟山，毛泽东一行人又乘渡轮过江，而后登上了长江南岸的蛇山。

蛇山又名黄鹄山。这里山势绵亘蜿蜒，形似伏蛇，头临大江口，尾坠武昌城，与汉阳龟山隔江对峙，为古代兵家据守和必争之地。

山上的名胜古迹很多。由于是春节期间，山上的游人也很多。毛泽东没有多少时间一一游览众多的古迹名胜，便径直走向了旧时残存的黄鹤楼……

游人中的一个小孩子见毛泽东一行人中唯独毛泽东一个人戴了个大口罩，便忽闪着两只大眼睛紧盯着毛泽东看，竟认出了是毛泽东，不由喊叫起来："毛主席！他是毛主席！毛主席万岁！……"

这一喊不得了，游人大乱，像潮水似的涌来。毛泽东一行人猝不及防，想脱身已经来不及了。但见眼前一片人海、一堵堵人墙，大人孩子们拥挤着、男人女人们欢呼着，一起奔向毛泽东……

李银桥和阎长林立刻命令卫士们近身围拢了毛泽东，武汉市派出的警卫人员也围住了毛泽东一行人。随行的首长们也慌了手脚，罗瑞卿、李先念、杨尚昆、王任重、杨奇清、武兢天等人立刻向毛泽东靠拢，在李银桥、阎长林和警卫人员的人墙外，又围成了第二道人墙……

蛇山的人越聚越多，简直是万头攒动、人潮如海。李银桥大喊一声："赶快撤吧！"

罗瑞卿也大声说："尽快脱离！"

脱离？谈何容易！一眼望去，山上的人都挤满了，山下的人还在往山上冲。李银桥和阎长林等人使出了全身的气力，围护着毛泽东朝山下挤，在人群中人挤人地一步步向前移动着脚步……

汗水冒上了李银桥的额头、浸湿了他的内衣。他的前胸被人们挤得一阵阵发疼、发麻，卫士赵鹤桐随身挎着的两个军用水壶竟被挤成了两个"扁葫芦"……

众人费了九牛二虎之力，好不容易到了江边。李银桥和阎长林一边喊叫一边向前冲,终于在人群中冲开一条缝,保护着毛泽东上了渡轮。

到了船上,毛泽东立刻摘掉口罩,回身向岸上的人群挥手致意……

顷刻间,岸上的人群如海潮般起伏波动开来,鼓掌声、欢呼声响成一片,震动了整个蛇山上下、江南沿岸……

面对此情此景,罗瑞卿和杨奇清深感不安,主动向毛泽东做检讨说:"安全保卫工作没做好,我们要负全部责任……"

毛泽东没有责怪二人,只是笑着说了一句:"真是下不了的黄鹤楼啊!"

99. 南京城里说镇反　中山陵前见学生

1953年2月19日,毛泽东在武汉江面首次视察了东海舰队的长江号和洛阳号两艘舰艇,并同水兵们进行了亲切的交谈。

同一天,毛泽东还同中南局的负责同志进行了长时间的谈话。毛泽东一边吸着烟,一边打着手势说:"我爱进步的中国,不爱落后的中国。中国有三个敌人帝国主义、封建主义、官僚资本主义,已经被打倒了,还有民族资产阶级、个体农业、手工业、文盲这三个问题。当然对待这些不能用对待三个敌人的办法。个体农业,要用合作社和国营农场去代替,手工业要用现代工业去代替。手工业目前还要依靠,还要提倡,没有它不行。对民族资产阶级,可以采取赎买的办法。"

毛泽东还对王任重和武竞天等人说:"你们在东湖盖的两座房子,①像个乌龟壳,有么好看?"继而又对大家说,"落后的东西都要逐步废除。木船是民族形式,要不要用轮船代替?为什么人民不喜欢旧茅厕,要用抽水马桶?飞机、汽车、坦克哪一样是民族形式?这是说,要提倡进步,反对保守,反对落后。还是大洋房子比小平房好。"

听着毛泽东的话,大家都会心地笑起来。毛泽东继续对大

---

①两座房子,指东湖招待所的甲所、乙所。

家说:"对人要和气,说话要和气。你们有的人,为什么不和气呢?"说到这里,毛泽东加重了语气,"尤其对老百姓,对我们的衣食父母,说话一定要和气才行!"

毛泽东最后说:"官僚主义作风主要在上边,你们要敢顶、敢抗。对于上边来的错误的东西,要筑坝、要消毒,对于上级布置的工作任务,要分别轻重缓急来执行。"

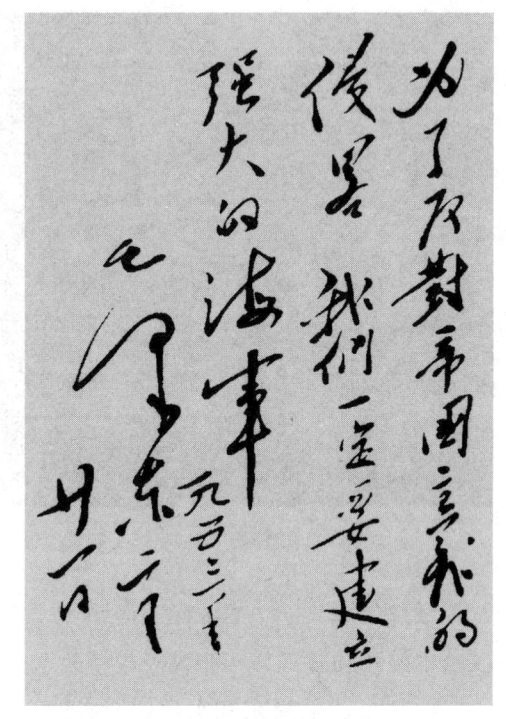

毛泽东的题词手迹

2月20日,毛泽东一行人乘"洛阳"舰抵达黄石,而后顺江而下,直发南京。洛阳舰随行护航。

在舰上,毛泽东对随行的人们说:"现在我们有了自己的军舰呢!如果是在4年前,我们一定要解放台湾!蒋介石要么投降、要么躲到南极洲去,月亮上他是去不了的……"

罗瑞卿笑着说:"主席,如果蒋介石现在投降了,该拿他怎么办?"

毛泽东大手一挥说:"我毛泽东弹冠相庆、出郭相迎!"又说,"蒋介石在台湾的日子也不得好过,现在他过来,我们也不会亏待他,可以进行第三次国共合作么!"

21日,毛泽东在舰上为新建的人民海军题词:

为了反对帝国主义的侵略,我们一定要建立强大的海军。

1953年2月，毛泽东视察海军（历史照片）

　　毛泽东写了好几张同样内容的字，最后挑选了两张，一张送给了舰长和政委，一张被李银桥收了起来。
　　在舰上，毛泽东和水兵们谈心聊天，了解了舰艇上的武器装备，询问了水兵们的舰上生活和家庭生活，并向舰长和政委调查了长江的水文、气象、水利资源利用等情况……

　　22日凌晨1时，抵达南京下关大兴码头。特意从上海赶来的陈毅、谭震林、柯庆施、唐亮等有关方面的负责人一起迎候在码头上。
　　毛泽东离舰上岸后，谭震林第一个迎上前向毛泽东立正、敬礼问候："主席好！"
　　毛泽东微笑着答道："嗯，谭老板还是那么精神！"
　　陈毅上前同毛泽东握手说："主席，听说你在武汉下不了黄鹤楼么？"
　　毛泽东风趣地说："哪里是下不了黄鹤楼么，是想要乘黄鹤飞去哩！"
　　毛泽东说得大家都笑起来……
　　陈毅对跟在毛泽东身后的李银桥和阎长林说："你们的担

子很重哩！要时时想到主席的安全……"

"怪不得他们！"毛泽东打断了陈毅的话说，"是我自己要去看一看么。"

这时，陈毅等人开始同罗瑞卿、杨尚昆等人握手、问好……

考虑到安全问题，谭震林对毛泽东说："主席，你要多保重身体！有事我们可以到北京去向你汇报嘛，没必要非得你亲自走出来。"

毛泽东摆了一下手说："不，还是自己下来走走好，做到心中有数么。再说，有罗长子在，我的觉就可以睡得稳。"

众人乘汽车离开码头。毛泽东住进了西康路33号江苏省委招待所的中楼高级客房，听取了华东军区和江苏省委主要负责同志的工作汇报。

毛泽东对江苏省委的工作表示满意，尤其对南京市在镇压反革命运动中所取得的成果感到满意："你们做得很好！南京是国民党的老巢，反革命特务分子很多。像河北省的保定，日本侵略者在那里待了八年，出了不少的走狗和汉奸。保定解放，狠狠地镇压了反革命，孙毅将军和河北省委抓得很紧、很好，很快打掉了敌人的嚣张气焰。去年我们又在那里枪毙了刘青山和张子善，'三反''五反'运动发展得很快。"

讲到这里，毛泽东又兴致很高地说："路过保定，我们的一个荣军学校在那里，让我给他们写了一个题词。我还听河北省委的人向我讲了他们那里的一段歌谣说是：

牛皮筋，我会跳，
三反五反我知道；
刘青山，张子善，
全国头号贪污犯
……

陈毅听了大笑："这说明'三反''五反'深入人心么！"

22日上午休息。毛泽东在招待所很好地睡了一觉。

下午，游览玄武湖时，毛泽东兴致勃勃地对陈毅说："老总呵，我到南京来，也听到一个歌谣哩！"

"主席总是眼观六路、耳听八方哟！"陈毅极感兴趣地说，"说来听听！"

毛泽东说道：

> 唐宋元明清，
> 匪盗未肃清；
> 国民党当道，
> 特务大横行。
> 来了共产党，
> 镇压反革命；
> 社会大安定，
> 人民享太平！

毛泽东的湖南口音将歌谣说得别有一番韵味，引得陈毅和谭震林等人开怀大笑。陈毅在笑声中说："这是群众的心声嘛！南京是六朝古都，老百姓的体会会更深一些。"

23日下午，毛泽东披了一件黄呢子大衣、戴了一顶黄呢军帽，率众人凭吊了中山陵。

当毛泽东等人来到中山陵18号公馆稍事休息时，不知怎地被南京航空学院的学生发现了，顷刻间成千上万的学生和民众围在了公馆前，将一大片绿地全占据了。只一会儿工夫，"毛主席万岁"的欢呼声便响彻云霄，人越聚越多……

南京市公安局副局长洪沛霖急忙请示柯庆施等人，陈毅大步向前说："我来！"

走到门口，陈毅向欢呼中的人们大声喊道："你们都是毛主席的好学生，主席今日很累了，大家要爱护毛主席的健康……"

"毛主席万岁！毛主席万岁！"激动的学生们不肯散去，口号声一阵高过一阵，"我们要见毛主席！我们要见毛主席！……"

罗瑞卿同南京市公安局局长黄赤波、副局长洪沛霖简单商议后，去请示了毛泽东。毛泽东只简单地说了句："人民群众是真正的英雄么!"

罗瑞卿明白了毛泽东的意思,随即当机立断,来到学生中间大声喊话:"为了毛主席的安全,也是为了大家都能清楚地见到毛主席,我们应该有秩序地排好队……"

这时李银桥和阎长林等人的心情都很紧张,随行的警卫战士们更是紧张得不得了,都怕再发生类似武昌蛇山上出现过的那种情形。毛泽东见他们一个个都很紧张的样子,便笑了对大家说:"群众么,无非是想看看我。我们既然来了,就不要扫大家的兴么!"

室外,在警卫人员的安排下,纷乱的人群很快排成了两行长队,并在草坪上坐了下来。

精神焕发的毛泽东在陈毅、罗瑞卿、谭震林、柯庆施等人的陪同下走了出来,他满脸笑容地挥着手,向学生们和人民群众频频点头致意……

"毛主席万岁!毛主席万岁!……"

学生和人民群众的欢呼声此起彼伏、经久不息……

披着黄呢大衣的毛泽东挥动着黄呢帽,连连向人们呼喊:

"人民万岁!祖国万岁!……"

满面红光的毛泽东健步走向欢呼的人群,热情地伸出双手不停地握着伸向他的千百双晃动着的手……

此时的草坪上,掌声和欢呼声响成了一片,无数顶帽子和无数条围巾被抛向空中,形成了一片欢腾的海洋。人们擦拭着流上了脸的热泪,目不转睛地望着他们心中敬爱的领袖,沉浸在幸福的时光中……

毛泽东也很激动,索性将披在肩头的大衣抖给了身后的李银桥,继续向人群深处走去……

接见归来,毛泽东兴奋地对身边的人们说:"这就是人民啊!人民,只有人民,才是创造世界历史的动力!"

100. 紫金山谈今论古　济南趵突泉品茶

离开中山陵,毛泽东一行人乘坐苏制"嘎司69"吉普车驶上了道路狭窄、山势陡峻的紫金山。

紫金山天文台的副台长孙克定满怀着激动的心情,率工作人员在山顶迎接毛泽东一行人的到来。

毛泽东等人首先参观了大观测台。当孙克定向毛泽东介绍天文望远镜的性能和作用时,毛泽东问:"世界上最大的望远镜有多大呀?"

孙克定回答了毛泽东的问话,说目前美国芝加哥大学所属耶基斯天文台的折射望远镜最大,长18.9米;又说苏联新设计了一架使用反射镜的望远镜,直径6米,单是一块镜片就重达70吨,如果能顺利地制造出来,将是世界上最大的能够操作的望远镜。

"对么!"毛泽东点头赞同道,"世界上的事,不能总让美国人占了先么!"

随后,毛泽东继续观看了几件古代的天文仪器。当他抚摸着东汉时期铸造的浑天仪时,又说:"这些仪器,过去是为封建帝王服务的,如今回到了人民手中,要为人民服务了。"

孙克定极其认真地说:"是!我们一定努力工作,认真为人民服务。"

毛泽东又说:"中国铸造浑天仪时,西方人恐怕还不晓得如何识别天象。现在,新中国要奋力赶上去,尽力掌握高科技水平,走在世界科学技术的前列,更好地为中国人民服务,为世界人民做贡献。"

离开大观测台,向下走过一片丛林,毛泽东一行人来到紫金山东端的小观测台,想用望远镜看一看太阳上的黑子。由于天气不好,云层阻碍,毛泽东等了一段时间,最终还是没能看成。

"不看了!"毛泽东离开小观测台说,"太阳害羞了,时不我待,它也不愿公开自己的缺点呢!"

陈毅也风趣地说:"云层挡不住,缺点总是存在的嘛!"

毛泽东笑道:"太阳虽大,但有黑子,却也不影响它的光芒四射;小到瑕不掩瑜,是一样的道理呢!"

在天文台陈列室,孙克定让工作人员取来一块褐色的石头,向毛泽东介绍说:"这是去年在如皋发现的陨石。"

"哦,天外来客么!"毛泽东很感兴趣地拿起陨石端详着,随后说,"世界、宇宙都是物质的,物质决定存在。"

离开陈列室,毛泽东对走在他身边的陈毅说:"世间沧桑,风云变幻,大到地球、太阳系、宇宙,小到一滴水、一粒沙,甚至细菌、微生物、细胞核、原子、质子,都是物质的存在。大中有小,小中也有大哩!"

陈毅潇洒地说:"我不如主席博学多才,我只晓得如何干好工作就是喽!"

在紫金山天文台南侧天保城遗址,毛泽东面对当年太平天国革命军与清军浴血奋战的地方,感叹道:"太平军是近百年来中国人反对外强侵略的先锋,可惜失败了。中国人求解放的重任,历史地落在了我们共产党人的肩上。我们要吸取太平军的教训,吸取洪秀全进南京城以后的教训,还要吸取李自成进北京的教训,把中国革命的事业进行到底!"

陈毅对毛泽东说:"李自成和洪秀全都是农民起义军,还没有产生先进的革命思想,有很大的局限性,所以要失败。"

毛泽东意味深长地说:"在西柏坡时,我就要大家看《闯王进京》,看来这出戏今后还要看。太平天国的革命历史也要建一个博物馆,这是极有意义的。"

谭震林表示:"我们筹划一下,想办法着手办。"

离开天保城遗址后,毛泽东信步走向一处山峰,在一块大青石上坐下来,点了烟吸着,俯瞰南京城全貌,不禁感慨道:"虎踞龙盘今胜昔啊!"继而又说,"南京这地方,我看是个好地方。但有一位先生,叫章太炎,他说龙盘虎踞是'古人之虚言'。看起来,这在国民党是一个虚言,国民党在这里搞了二十几年,结果被人民赶走了。如今,它在人民手中,我看完全是实言,是现实,南京还是个好地方么!"

陈毅赞同道:"主席讲得对!在人民手中,一切事情都好办,一切事情都能办得成!"

柯庆施补充说:"还要有共产党的领导,有毛主席的领导!"

24日,毛泽东又视察了南昌舰、广州舰、黄河舰,同海军干部战士进行了亲切的交谈。

当晚,毛泽东一行人从浦口乘专列北上,途经徐州时凭吊了淮海战役战场……

25日下午,毛泽东一行人在济南游览了名列72泉之首的趵突泉,品了用趵突泉水煮的茶。毛泽东说:"人们都说'扬子江心水、蒙山顶上茶'最好,我看'趵突泉中水、济南市里茶'也不错么!"

陈毅笑道:"主席又作诗了!"

毛泽东说:"这不叫诗,随便说说罢了。"又说:"我们到了徐州,又到了济南,你这淮海战役的总指挥,感触一定比我多,倒是该有诗作呢!"

陈毅笑着说:"在主席面前作诗,班门弄斧么!提起徐州和济南,还是粟裕打得好啊!"

罗瑞卿也说:"粟司令人称常胜将军,名不虚传!"

"人才、将才、帅才！"毛泽东感叹道，"中国的解放，都是靠你们这些人打出来的，你们这些前线的指挥员，都应当名标青史……"

陈毅喝着茶说："那粟裕就是樊哙了！"

毛泽东问："那你又是哪个？"

陈毅说："我就是我……"

毛泽东喝着茶，摆了一下手说："对么！"并说："粟裕，一不是樊哙，二不是韩信，三我毛泽东也不是刘邦。粟裕就是粟裕，是人民解放军的战将，是人民的好儿子么！"

陈毅哈哈大笑："主席讲得对！算我刚才失口……"

毛泽东也爽朗地笑起来："当年鲁桓公会齐侯于此，也不比我们今日么……"

陈毅立即插话说："我和罗部长一不是鲁桓公，二不是齐侯，主席又怎么讲？"

"也算我失口！"毛泽东咽下一口茶，连忙笑了说，"你这个老总，得理不让人呢！"

说着话，周围的人们都开心地笑起来……

随后，毛泽东带领众人驻足泺源堂前，仔细观看了刻写其上的元代赵孟頫的撰联："云雾润蒸华不注，波涛声震大明湖。"又浏览了后院壁上镶嵌的咏泉石刻……

毛泽东的专列在返回北京途经天津时，在天津铁路卫生防疫站工作的年仅18岁的姑娘姚淑贤，调到专列上当了服务员。

在专列上，李银桥问："主席，樊哙是谁？"

毛泽东笑着说："樊哙是汉高祖刘邦身边的一员大将，跟随刘邦起义闯天下，在鸿门宴上立了大功呢！"又说，"曹操当年把许褚比作樊哙，招来后人的非议，我毛泽东不做那样的蠢事。"

101. 深切悼念斯大林　律人律己严要求

1953年2月27日晚上，回到北京的毛泽东在中南海颐年堂主持召开了中共中央政治局会议，并发表讲话：

> 要防止急躁情绪。基本上是什么倾向？是盲目积极性，太急了。斯大林讲的政权到了我们手里不要急。现在要泼半瓢冷水，不要一瓢。

3月初的一天，毛泽东对李银桥说："银桥呵，当初从恩来那里要你到我身边来，实践证明是要对了呢！你已经跟了我5年半，帮了我不少忙，我们打败了胡宗南、打败了蒋介石，建立了新中国，又打败了美帝国主义。你再跟我五六年，我们要把一个贫穷落后的中国，建成一个初步繁荣、强盛的中国，到那时你再离开，我也就放心了……"

李银桥急忙说："主席，你今天这是怎么了？我没说要离开你呀！你怎么……"

毛泽东心事重重地说："斯大林要不行了呢……"

李银桥一怔："斯大林他……"

毛泽东挺一挺胸膛，又一次说："高树多悲风，海……"

"海水扬其波！"李银桥接话说，"主席，我都背下你这两句话了……"

"哦？"毛泽东淡淡地一笑，"恐怕你只知其一、不知其二呢！"又说，"这是曹植的诗，接下来的话是'利剑不在掌，结友何需多'。我们中国现在的经济实力和军事实力都不行，世界上没得人怕我们，很容易受人家的欺负，我们要争一口气，自力更生、艰苦奋斗十几年，尽力使国家富强起来，把帝国主义近百年来强加给我们的屈辱统统扫除干净！"

李银桥注意到，毛泽东在讲这几句话时语气坚定、两只眼睛炯炯有神……

3月4日，毛泽东惊悉斯大林病危，立刻向莫斯科发电报慰问斯大林的病况。

3月5日，斯大林逝世。

3月6日，毛泽东致电莫斯科，对斯大林的逝世进行沉痛的吊唁和悼念：

> 中国人民革命的胜利和斯大林同志三十多年来不断的关怀、指导和支持，是完全分不开的。在中国人民革命胜利后，斯大林同志和在他领导下的伟大的苏联人民和苏联政府，对中国人民的建设事业，又给予了慷慨无私的援助。斯大林同志对于中国人民这样伟大的深厚的友谊，中国人民永远感念不忘。斯大林同志的不朽光辉，将永远照耀着中国人民前进的道路。

晚上，毛泽东饭后没有到室外去散步，而是独自坐在办公室里吸烟、思考着什么。李银桥知道因为斯大林的逝世，毛泽东必须考虑的问题更多、更复杂了……

3月9日，北京各界60万人隆重举行了追悼斯大林的大会。毛泽东登上天安门城楼主持大会，并发表了《最伟大的友谊》的讲话。

北京的春天乍暖还寒。

3月15日是星期天。下午，李敏、李讷领了李银桥和韩桂馨的3岁多的儿子到菊香书屋去玩，韩桂馨不知道。当她找不见儿子时，便猜想是被李敏和李讷领走了。韩桂馨快步走进菊香书屋的院中,见丈夫李银桥正在东侧房的门前站着,便近前悄悄问他见到儿子没有,李银桥往屋里一指,她马上见到了一幅生动感人的画面:

温暖的阳光斜射进屋内,照着4个人的大小悬殊的身影;前面是她小不点儿的儿子和毛泽东,一小一老在津津有味地聊着谁也听不懂的"天方夜谈",后面是李敏和李讷两个十几岁的姑娘,嘻嘻哈哈笑着逗她们的爸爸和眼前的这个"小不点儿"……

3月16日,毛泽东为中共中央起草了关于批判大汉族主义思想的党内通知。

3月19日,毛泽东为中共中央起草的《关于解决区乡工作中"五多"问题的指示》发出,指出农业生产是农村中压倒一切的工作,凡妨碍农民进行生产的所谓工作任务和工作方法都必须避免。

3月下旬,一直关注着西柏坡的毛泽东派了农科所的人专程去西柏坡实地指导种植水稻了。

4月10日,《毛泽东选集》第三卷出版发行,包括毛泽东从1941年3月至1945年8月抗日战争胜利时期的重要著作31篇。

4月中上旬,毛泽东派出医生,到江苏省余江县驻马冈乡进行血吸虫病的重点实验研究。

进入5月,毛泽东的侄儿毛远新来到了中南海的菊香书屋。毛远新比李讷小一岁,个子不高,大家都叫他"小豆豆"。

这样,毛泽东家里的孩子就有了5个人:毛岸青、李敏、李讷、毛远新和王博文。

毛岸青不常在菊香书屋,也不常在丰泽园。其他的孩子们也不常在中南海,而是要到学校里去住宿学习,只有星期天时才能凑到一起玩一玩。吃饭时,也是孩子们在一起吃。由于毛泽东的生活习惯与平常人不一样,孩子们玩耍时,他在休息,当他工作时,已经是深夜了。因此,毛泽东很少和孩子们在一起吃顿饭。

毛泽东对孩子们的要求很严格。平日里，每逢星期六，别的首长以及工作人员有许多人用小汽车接孩子们回家，而毛泽东不同意用小汽车接送自己的孩子，一直坚持让孩子们坐集体接送的大轿子车。

为了不使孩子们有特殊感，也是为了减轻学校领导的精神负担，在孩子入学登记表的"家长"一栏里，毛泽东从来没有填写过自己的名字。

毛泽东委托李银桥做孩子们的监护人。正好李敏李讷都姓"李"，在"家长"一栏里填写"李银桥"的名字，便成了顺理成章的事情。每次李敏、李讷和毛远新从学校带回老师与家长的联系册，需要签名时，都是由李银桥签名，然后再把有关内容向毛泽东汇报。

李敏年龄大一些，在学校里很能适应集体生活。她在小学主要是补习一段时间的中文课，很快就升入了中学。在李敏考取了北京师范大学女子附中时，正值李银桥跟随毛泽东离开了北京，毛泽东的保健医生王鹤滨便带了李敏到学校去报到，在填写学生注册登记表时却为了难，认为总不能替毛泽东他老人家签名吧……

毛泽东回到北京以后，王鹤滨拿了学生登记册去请毛泽东签名，毛泽东却说："孩子是你带去的，老师都认得你了，就填你的名字么！"

这样，王鹤滨就成了"家长"，还帮助李讷和毛远新办理了新一学期的住校登记手续。毛泽东的孩子在同学们中间生活得很自然，也很随便。孩子们不但没有优越感，反而跟工作人员很亲近，有什么话也愿意同工作人员讲、同王医生说。在这段时间里，王鹤滨仿佛真的成了"家长"似的……

有一次，小李讷不知什么原因，流露出对这位"家长"的不满。那是在一个星期六的晚上，毛泽东随口问了小女儿一句："你说王叔叔好不好呀？"

哪知李讷却说:"王叔叔不好!"

毛泽东不动声色地又问:"王叔叔怎么不好呀?"

李讷噘着小嘴说:"他把我们往学校一放就走了。"

毛泽东笑道:"你想想,每个星期六还不是王叔叔接你回来么?"

李讷歪着头想了想,也笑了……

5月27日,毛泽东打电话给周恩来,详细了解了赴越南工作的中国顾问团的工作情况,并给已经卸任中国驻苏联大使而升任中共中央对外联络部部长的王稼祥写了一封信:

> 在给越南工作同志的《顾问守则》中,第一条,"热爱越南人民及其一草一木"之下,应加"尊重越南民族独立及越南人民的风俗习惯,拥护越南劳动党与人民的领袖胡志明同志"。
>
> 如该件尚未发出,请将上列文句加进去,为盼!

6月初的一天,毛泽东和周恩来一起在中海边散步,李银桥和成元功跟在他们的身后,听毛泽东说:"越南不可不帮,帮就帮到底。"

周恩来说:"东北面一个朝鲜,南边一个越南,兄弟邻邦、唇齿相依,总是要帮的。"

毛泽东又说:"斯大林不在了,我们的事情更多了……"

周恩来点点头:"好在我们党有主席的领导,经过了几十年战争的考验,团结了全国的老百姓,总能发展起来的……"

毛泽东说:"要快呢!你不发展,人家不会等你。中国人民贫穷落后的状况,再也不能继续下去了!"

周恩来动情地说:"是啊!为了中国人民的幸福、为了无产阶级的革命事业,鞠躬尽瘁,死而后已……"

|第十一篇|

迎曙光社会主义航船乘风破浪　颁宪法搞规划掌舵人是毛泽东

◎ 第二天上午，江青将李银桥叫到她的办公室，指着放在沙发上的4套黄呢制服说："银桥，这些衣服主席不穿了，送你一套，马武义一套，赵鹤桐一套，李家骥一套。"

◎ 晚上，在紫云轩的书房里，毛泽东一本正经地对李银桥说："银桥呵，你以后就只当我的卫士长吧，不要汪东兴再兼任了；这样你改具体负责为全面负责，认真抓一抓卫士们的工作，很可以锻炼你的工作能力呢！"

102. 明确提出总路线　朝鲜停战告儿媳

1953年6月13日至8月13日，中共中央举行了全国财经工作会议，首先讨论如何贯彻过渡时期总路线的问题。

6月15日晚上，毛泽东在中南海西楼会议室主持召开了中共中央政治局会议并发表了重要讲话，第一次对党在过渡时期的总路线和总任务的内容做了比较完整的表述，并严厉批判了离开总路线的右倾观点。

会议听取并讨论中央统战部部长李维汉作的《关于利用、限制和改造资本主义工商业的若干问题》的报告。

6月29日，毛泽东主持召开中共中央政治局扩大会议，讨论李维汉受中央委托起草的《关于利用、限制和改造资本主义工商业的若干问题（修改稿）》，确定了对资本主义工商业进行社会主义改造的方法。

6月30日，李银桥和孙勇侍卫着毛泽东接见了中国新民主主义青年团第二次全国代表大会主席团成员。李银桥和孙勇听毛泽东在讲话中提出"青年团的工作要照顾青年的特点"，并听毛泽东对青年同志们说，"14岁到25岁的青年们要学习，要工作，但青年时期是长身体的时期，又是学习时间；如果对青年长身体不重视，那很危险"。

7月15日，毛泽东再次主持召开中央中央书记处扩大会议，专门讨论了统战工作。毛泽东在会上做了重要讲话。

7月下旬，北京的天气已经很热了。

学校放暑假，毛泽东的孩子们都回到了丰泽园。这时，毛泽东的孩子们暂由江青的姐姐李云露统一照看。毛泽东对李云露说："莫多干涉孩子们的事，莫管得太严，束缚了孩子们的行动。"

为了孩子们的身心健康，毛泽东的口头禅是"莫煞孩子们的风景"。

因为工作忙，毛泽东实在是没时间和孩子们一起享受天伦之乐。为了让孩子们在假期玩得高兴，毛泽东专门安排了孩子们去北戴河海滨，并嘱托保健医生王鹤滨："王医生，我很忙，抽不出时间来陪孩子们玩，请你带他们到北戴河去度暑假。我身体很好，这边不会出什么事。"

王鹤滨表示："我还是想留在主席身边，帮主席多做些工作。"

毛泽东嘱托说："你能带孩子们去玩，就是对我的很大帮助了。"

听说要去北戴河，要去看大海，李讷很高兴。她和姐姐李敏、弟弟毛远新、表兄王博文兴高采烈地随着王鹤滨、罗光禄一起出发了。

一行人当中还有江青的姐姐李云露。

1953年7月27日，中国人民志愿军取得了抗美援朝的伟大胜利，终于迫使美帝国主义侵略者在停战协议上签字了。

当晚，毛泽东对李银桥说："银桥呵，现在朝鲜停战了，我们可以脱军装了。我脱，你们也脱。"

李银桥说："主席脱，我们就脱。"

7月31日，毛泽东、周恩来致电莫斯科，感谢苏联对《朝鲜停战协定》签字所表示的祝贺：

中国人民将与伟大的苏联人民、英雄的朝鲜人民以及全世界爱好和平的人民永远团结在一起，为巩固与保卫远东及世界和平的事业而继续努力。

8月上旬的一个星期天，刘思齐到中南海来看望毛泽东。她想，《朝鲜停战协议》都签订了，岸英为什么还没有一点儿消息呢？为什么连一个字的信也没有呢？

见到思齐，毛泽东感到该把真情告诉儿媳了，他让李银桥去请了周恩来来。李银桥给周恩来和刘思齐沏了茶水，便退到了一旁……

周恩来先问了思齐的学习情况，然后又委婉地告诉她，中国人民志愿军抗美援朝保家卫国，牺牲了无数英雄战士的生命，人民永远不会忘记他们，"岸英也是其中之一……"

尽管周恩来的话说得很轻、很轻，思齐听了却如五雷轰顶，她禁不住伏在毛泽东的肩头失声痛哭，哭呀、哭呀，哭得李银桥在一旁悄悄落泪，哭得毛泽东神情忧伤、脸色苍白……

周恩来搀扶悲痛欲绝的刘思齐躺倒在沙发上，无意间碰到了毛泽东的手。周恩来心中一惊，脸色陡变，急忙悄声对思齐说："你要节哀，你爸爸的手指都冰凉了！"

刘思齐一愣，忙又哭着安慰毛泽东："爸爸，你要多保重……"

毛泽东也淌着眼泪说："今后，你就是我的大女儿……"

离开中南海后的刘思齐经受不住毛岸英已经牺牲的巨大打击，她寝食难安，神经衰弱。毛泽东知道后，给她写信说："你的心要清闲些，把身子养好要紧。"

这时，学校即将开学。去北戴河的孩子们回到了丰泽园。

看着孩子们一个个被晒得黑黑的、脸膛红红的，毛泽东很高兴，仿佛了却了一桩心事……

1953年8月间，中国公安部队首届功臣模范代表会议在北京召开。毛泽东到会讲了话，并题词：

提高警惕，保卫祖国。

9月1日,孩子们如期开学了。菊香书屋又少去了孩子们几天来的欢笑声和吵闹声。

同一天,中国人民解放军军事工程学院在哈尔滨正式建立,陈赓被任命为院长兼政委。

103. 亲切会见胡志明　努力防治血吸虫

1953年9月2日，毛泽东、周恩来致电马林科夫、莫洛托夫，祝贺苏联反法西斯战争胜利8周年。

这一年，进入9月的北京，天气依然很热。

一天中午，毛泽东在中南海颐年堂迎来了越南民主共和国主席胡志明。

由于房间里没有空调，胡志明进屋时穿在身上的白衬衣早被汗水湿透了。毛泽东一边同胡志明握手，一边替他解上衣扣："脱了么，快脱了么！"

胡志明边解衣扣边说："自己来，我自己来。"

胡志明的中国话讲得很好，用不着翻译。胡志明将他脱下来的衬衣搭放在沙发扶手上，赤裸着两条胳膊、只穿了件汗衫坐了下来。

李银桥进屋去递上了两条湿毛巾。毛泽东递一条毛巾给胡志明："来，擦擦汗吧……"然后转身对围拢在院中的新华社记者们挥了挥手，"你们去吧！他是应我私人邀请来走亲戚的，不发消息，也不照相。"

李银桥走向院中，将记者们都请了出去。

会客室内，毛泽东抓了一把芭蕉扇，亲自动手给胡志明扇凉，边扇边说："干脆把汗衫也脱了算了。"

胡志明捋一捋自己颔下的胡子，仰面大笑："哪能？哪能？"

"别客气，这就是在家里面么！"毛泽东扇着扇子继续劝说，"湿背心穿在身上难受，脱下来么！"

"好吧！"胡志明弓身开始脱汗衫，"在家里就是在家里的样子。"胡志明脱掉汗衫，赤裸着上身，与毛泽东攀谈起来……

李银桥侍卫在一旁，心想：这可是两个国家的第一领导人啊！亲热得就像两个亲兄弟，无拘无束……

9月7日，毛泽东就改造资本主义工商业的问题同民主党派和工商界的部分代表在中南海颐年堂进行了座谈，系统地阐明了经过国家资本主义完成对私营工商业改造的方针政策，使马列主义的理论又增添了崭新的内容。

1953年9月12日，毛泽东在中南海勤政殿主持召开了中央人民政府委员会第二十四次会议，并做了题为《抗美援朝的伟大胜利和今后的任务》的讲话。

连续7天，中央人民政府委员会天天开会。

9月16日至18日，毛泽东主持召开了中央人民政府委员会的第二十七次会议。

在中央人民政府委员会第二十七次会议召开的同时，9月16日，全国第二次组织工作会议也召开了。毛泽东没有时间出席，便委托刘少奇主持了这次会议的领导小组会议。

9月27日，关心着江西省余江县血吸虫病的毛泽东，在收到了全国政协副主席、最高人民法院院长沈钧儒的一份有关防治血吸虫病的信函后，将信函交给了中央人民政府政务院秘书长习仲勋负责处理，并给沈钧儒回了一封信：

  血吸虫病危害极大，必须着重防治。大函及附件已交习仲勋同志负责处理。

104. 认真规划新铁路　警惕高岗饶漱石

抗美援朝战争结束后，中国开始了全国的第一个五年计划。

国家百废待兴。毛泽东以战略家的目光，强调要兴修铁路、发展交通事业。毛泽东曾召见铁道兵司令员王震将军，对他说："王震，你要有信心，有志气干一辈子铁路。"

在中央人民政府委员会第二十七次会议期间，毛泽东再一次很有气魄地对王震说："我们要发展几十万公里铁路，把四面八方都连接起来，建设新中国！"

王震在颐年堂向毛泽东汇报说："主席，我们现在正勘查宝成线路，很紧张；可美国的第七舰队封锁了台湾海峡，卡断了海上油路，对我们的筑路工程构成了严重的威胁……"

毛泽东很幽默地鼓励王震说："美国的第七舰队怕么事？它总上不了岸么！你们可以将宝成线移交给铁道部工程局，加紧抢修黎湛、鹰厦两条铁路，建好湛江深水码头，这样就很可以巩固我们的东南海防了。"

王震又汇报说："黎塘到湛江的一段线路，有400多公里的石灰岩溶洞，铁道部的勘察设计人员中，有人认为没办法通过去；苏联专家也说很困难……"

毛泽东挥了挥手说："王震，你莫相信那一套！我就不相信中国的工程师解决不了这个问题！世界上的事情都差不多，别人能做到的，我们也能做得到，一年不行就修两年，要保证工程质量。"

王震充满信心地说："这个任务我们接了，保证胜利开通黎湛线！"

"这就对了么！"毛泽东高兴了，招呼侍卫在一旁的李银桥拿了烟来，吸着一支后又说，"王震呵，我给你讲个故事：过去，俄国计划修一条从彼得堡通往莫斯科的铁路，沙皇用笔在地图的两个城市之间画了一条直线，就是那么一画喔！站在一旁的工程师急了，对沙皇说：'陛下，这中间有一个湖啊！'沙皇扔掉了笔，转身就走，边走边说：'那就让我的臣民们把湖填起来么！'……"

王震理解了毛泽东讲故事的用意："主席，放心吧！我们的铁道兵，绝不比俄国人差！"

"对么！"毛泽东将烟头熄灭在烟灰缸里，又说，"后来实践证明，从彼得堡到莫斯科的铁路是一条修得最快、最省、最好的铁路哩！所以，世界上的许多事情，下定了决心就要干，干就干到底！"

王震深受鼓舞地说："我们保证把新中国的铁路修得比俄国的铁路还要好！"

毛泽东笑了，风趣地说："我相信你王震！在延安搞大生产运动是你，撤离延安时指挥青化砭战役是你，这次修铁路还是你！我们将来还要把铁路修到新疆，围着塔里木转一个圈子，还要通到喜马拉雅山哩！"说到这里，毛泽东站起身来，指一指王震："王震，铁路修到了喜马拉雅山，你就是死在那里也是光荣的！不用防腐材料，也会永垂不朽哩！"

听了毛泽东的话，王震咧开大嘴笑起来……

1953年10月2日，毛泽东在中南海颐年堂主持召开了又一次中共中央政治局扩大会议。

在这次会议上，毛泽东主要讲了政府在农村征粮的问题。

指出:"征粮的布置推迟一个月。这也要打一仗,一面对付出粮的,一面对付吃粮的,不能打无把握之仗,要充分准备,紧急动员。……"

10月中旬,高岗、饶漱石反党、阴谋分裂中央的活动逐渐明朗化。在众多的会议中,两个人公开串联党和国家政府的一些成员,大造"轮流执政"的舆论,企图进一步夺取毛泽东的权力、分化瓦解党中央的集中统一领导……

一天深夜,毛泽东叫了汪东兴、叶子龙和李银桥、孙勇到自己的卧室,叮嘱他们说:"从现在起,你们每个人要多长几只眼睛,多留心观察周围的动静,发现异常情况立刻告诉我!来不及报告时,可以果断处置!"

4个人接受了任务,侍卫毛泽东的责任心和警惕性更强、更高了……

10月15日,毛泽东收到了杨尚昆转交的邢台县委书记张玉美呈送来的农村互助合作社的材料,然后同陈伯达和中央农村工作部的负责人廖鲁言进行了长时间的谈话,强调了各级农村工作部要把互助合作看作极为重要的事,要积极领导、稳步发展,把农民逐步组织起来,坚定不移地走社会主义道路。

10月27日,第二次全国组织工作会议结束。

11月4日,毛泽东再一次同中央农村工作部的负责人进行了关于农业互助合作的谈话。

105. 诸多小事托秘书　启程离京赴杭州

1953年12月，中共中央政治局再一次召开了扩大会议。

在这期间，毛泽东破例地改变了他上午休息的常规，有时也在夜间休息、上午工作。

中共中央为毛泽东任命的五大秘书陈伯达、胡乔木、叶子龙、江青、田家英分工各有不同，除了江青专职生活秘书外，其他人都是兼职，每个人还都另有工作：陈伯达兼任中宣部副部长，胡乔木兼任中共中央书记处候补书记、新闻总署署长，叶子龙兼任中共中央机要室主任，许多具体事情都交给罗光禄和高智两位秘书办理。

中南海警卫处由汪东兴具体负责。毛泽东的侍卫一组由李银桥负责，可以随身带枪。刘少奇的侍卫二组组长这时是石国瑞，周恩来的侍卫三组组长是成元功，朱德的侍卫四组组长是郭仁。

这段时间，李银桥叮嘱侍卫一组的孙勇、封耀松、田云玉和张仙朋要格外警惕，没有毛泽东的许可，除周恩来、刘少奇、朱德、江青外，任何人不得擅自接近毛泽东。毛泽东知道后，觉得搞得太紧张了，便写了一张14个人的名单，告诉说这14个人任何时候都可以直接去见他。14人中，有的并不是党和国家的领导人，叶子龙和汪东兴便在其中。

一天深夜，毛泽东在菊香书屋的办公室里伏案疾书，时间久了，在他宽大的写字台上，竟堆起了厚厚的一摞文稿……

当李银桥再一次上前给毛泽东沏茶时，毛泽东说："今日是高智值班，你去机要室叫他来拿走这些文件。"

"是！"李银桥临离开菊香书屋时，先叫来了封耀松："你盯着，我去叫高秘书。"

走进机要值班室，李银桥见高智竟趴在办公桌上睡着了，听到脚步声，高智醒来一惊："呀，糟了！"

跟随李银桥来到毛泽东的办公室后，高智神色不安地走近毛泽东："主席，你处理这么多了……"

毛泽东吸着烟说："没么急事。"

"我，我打了瞌睡……"高智自责道，"我太困了，不知怎么就……"

毛泽东很体谅人地微微一笑："困了就睡么！你们太辛苦了，我困觉也不愿意被人打搅；己所不欲，勿施于人么。"

高智喃喃地说："我和罗秘书是轮流值班，比主席休息得多也休息得好。"

"我是主动的，你们是被动的。"毛泽东对高智摆了一下手，"你们其实比我辛苦，我心里有数。"

高智心头一热，立刻上前收拾卷宗和文稿……

天快亮时，高智将毛泽东批阅过的文件拿回去处理完了。当他再返回毛泽东的办公室时，见毛泽东已经放下了毛笔，准备休息了。

高智正想退出时，被毛泽东叫住："高智，陪我散散步好么？"

高智也已知道了毛泽东入睡前要散步的习惯，便陪着毛泽东在院中走了起来。李银桥带枪跟在他们的身后，一步一步地随着他们走……

毛泽东突然发话："高智，你晓得么？我只管两个半人。"

高智一时没有明白毛泽东话中的含意,便接话说:"主席管的人多了,全国都得管。"

"我管不了那么多。"毛泽东说,"我只管你一个,罗光禄一个。"

高智还是不明白:"那怎么还有'半个'呢?"

毛泽东解释说:"江青我只管半个。"

高智笑道:"全管了吧,她是你老婆呢!"

"我管不了。"毛泽东摆了一下手,"我管半个,那半个随她去。"

高智再一次笑了,知道毛泽东讲的是实情。江青个性强,脾气不好,毛泽东对她是"有看法而没办法"。

这时,毛泽东又问:"听说支部改选了,有哪几个支部委员?"

高智汇报了,并说自己是组织委员兼宣传委员。

毛泽东说:"宣传委员好么,我管不了的事你能管。"

高智心想:前不久江青为了打扑克的事,跟李银桥吵架,吵到毛泽东那里去了,毛泽东不得不分出一部分精力来解决这不是家庭纠纷的"家庭纠纷",还让李银桥"躲开"了一段时间。这件事发生以后,搞得卫士们谁都不愿意跟江青在一起打牌了,江青为此也常向卫士们发脾气……

想到这里,高智对毛泽东说:"主席,你忙你的大事,一些小事由我处理。"

毛泽东停下脚步说:"这我就可以省些心了。"

这时天已大亮,高智回头看了看李银桥,李银桥向他点头笑了笑……

1953年12月24日下午2时,毛泽东主持召开正中共中央政治局会议,向高岗、饶漱石的反党活动发出了公开警告:

> 北京有两个司令部,一个是以我为首的司令部,
> 就是刮阳风,烧阳火,一个是以别人为司令的司令

部，叫做刮阴风，烧阴火，一股地下水……

李银桥在侧厅听了毛泽东讲的这些话，知道了问题的严重性，也知道了毛泽东讲的是高岗这个人，因为，颐年堂是毛泽东经常去的地方，东交民巷8号正是高岗在北京的住处。

会后下午4点，毛泽东立刻启程前往杭州。

在前门火车站，毛泽东一行人很快上了专列火车。

专列开动了。一名警卫战士因为闹肚子，到车下去解手而没能赶上火车。

李银桥得知此事后，立刻报告了毛泽东。因为此次外出的整个警卫方案，包括行动方向、所到地点、警戒时间、周围环境和敌特活动情况，随行的警卫人员都知道，如果丢下他，有可能造成泄密。

毛泽东说："叫杨尚昆来。"

李银桥叫来了随行的杨尚昆，毛泽东对他说："让那个去拉屎的战士赶上来！"

"是！"杨尚昆立刻打了专线电话，命令那名滞留在前门火车站的警卫战士，乘毛泽东的通信专机直飞杭州……

毛泽东乘火车去杭州后，李银桥的妻子韩桂馨在北京医院里生下了女儿媛媛。

12月28日，经毛泽东两次修改的由中宣部编写的《为动员一切力量把我国建设成为一个伟大的社会主义国家而斗争——关于党在过渡时期总路线的学习和宣传提纲》，经中共中央批准转发。该提纲首次对过渡时期的总路线做了完整准确的表述。

毛泽东的专列到达杭州后，随行的警卫中队召开了由83人全部参加的总结会，那位乘通信专机赶来的掉队战士挨了批评。

此时，新华社在北京发布消息：毛泽东同志因为休假，不在北京。

其实，毛泽东到杭州并不是休假，而是起草修改中华人民共和国的第一部宪法。

106. 西湖畔起草宪法　郭沫若见毛泽东

1954年1月的杭州，气候虽然比北京较暖些，但也够冷的。"水光潋滟晴方好，山色空蒙雨亦奇"的西湖，水面上泛着清冷的波纹，在微风中起伏荡漾着。湖中的小瀛洲上，绿树郁郁、金桂葱葱、松柏苍雄；"我心相印"亭前，"三潭印月"的三座小石塔竖立在碧绿的湖水中，更显出它们在冬季里的清冷。

一天中午，西湖南岸的夕照山旁，曾被倭寇纵火烧过的雷峰塔边，一座幽静别墅的篱笆门前，站立着披了一件藏蓝色风衣的毛泽东，在他的身后，还站立着李银桥和叶子龙。

一辆银灰色的面包车沿着苏堤迎面驶来。车到门前，李银桥快步上前打开了车门，从车上走下了访日科学代表团的团长郭沫若和代表团的其他成员。

见到毛泽东，郭沫若急步走上前去握手："主席，久候了！你好哇？"

"我很好！"毛泽东同郭沫若握手后，又一一同代表团的团员们握了手，"你们辛苦了！"

在李银桥和叶子龙的引导下，大家愉快地走进院中，穿过一段两旁长满了绿树的甬道，走进了别墅的大厅。

待人们都在沙发上坐下以后，工作人员给每个人都奉上了热茶。

毛泽东笑呵呵地对大家说:"你们这次出国的担子很重么!"

郭沫若答话说:"主席,我们这次去日本,受到了日本各界人士和众多科学家的热烈欢迎,彼此较为广泛地交换了意见……"

毛泽东点着头说:"好么!你们受到了热烈欢迎,说明一切事物都在变么!"

郭沫若指着一位年轻的团员向毛泽东介绍说:"主席,他叫葛庭燧,是代表团里最年轻的一位,在日本做了几次学术报告,很受欢迎。"

毛泽东面向葛庭燧说:"好!我们就是要培养年轻的人,我们就是要改变中国过去的落后面貌,努力赶上外国人。"

葛庭燧腼腆地笑着,在毛泽东面前不知说什么好……

毛泽东问他:"小同志,你是哪里人呀?"

葛庭燧回答说:"我是山东蓬莱县人。"

"好地方么!"毛泽东风趣地说,"那里是仙境呢!是八仙东渡过海的地方,历史上戚继光在那里抗击倭寇,而且还出了个吴大帅!"

葛庭燧接话说:"吴佩孚是镇压二七大罢工的刽子手。"

毛泽东仰脸笑道:"是哩!你是科学家,也懂得历史,很好。大家都应该学些革命历史知识,不单要有技术,还要懂政治。政治是干好革命工作的统帅,是灵魂。"

这时叶子龙走向毛泽东:"主席,饭菜都准备好了,请入席吧!"

毛泽东喝了一口茶水,站起身来对郭沫若说:"郭老,叫上你的团员一同入席,多吃多喝!"又对大家说,"还有水果,请不要客气!今日我请客……"

在毛泽东的邀请下,郭沫若招呼着访日代表团的人们,跟随毛泽东一起朝大厅的另一端走去……

在杭州的日子里,毛泽东除了召集有关人员一起研究、商讨起草宪法外,其他时间则多是爬山、锻炼锻炼身体。

只要毛泽东一出动,警卫人员就四下里放出了岗哨。由于当时形势的复杂,警卫形式搞得也比较紧张。浙江省公安厅厅长王芳更是格外警惕、谨慎,事事请教陪同毛泽东一起到了杭州的罗瑞卿和杨尚昆。

2月初的一天早晨,毛泽东乘汽车到杭州郊区的龙井村去了解那里的茶叶生产和人们的生活情况。走下汽车后发现家家户户都紧闭着门窗,村上见不到一个人影,只见到一只大公鸡在啼叫。毛泽东白了跟在身旁的汪东兴一眼,用带了讽刺的口吻批评说:"群众都没得一个,只有大雄鸡在欢迎我们!"

回到夕照山旁的别墅,毛泽东去工作了。

汪东兴集合了警卫人员开会,总结了搞警卫形式主义的教训。这时,他发现在座的人员中有一个人正在记笔记,立刻大声喊道:"张木奇,把你的那个小本子给我收起来!不准记!"

1954年2月6日至10日,中共七届四中全会在北京举行。由于毛泽东在杭州,便委托刘少奇在会上作了报告。会议通过了根据毛泽东建议起草的《关于增强党的团结的决议》,揭发并粉碎了高岗、饶漱石反党联盟的阴谋活动。

2月中旬的一天,毛泽东在罗瑞卿、谭震林和杨尚昆的陪同下,带了李银桥和叶子龙一起去爬山。

临近山顶,人们回头看见山下一间简陋的草房着了火,杨尚昆想让汪东兴派警卫战士去扑救,却被毛泽东阻止了:"都莫去!"

杨尚昆问:"为什么不去救?"

毛泽东在一块大石头上坐下来说:"着火好么!着火好,烧光了更好……"

李银桥在一旁不解地问:"主席,着火……还好?"

毛泽东点燃了一支香烟吸着，说："嗯！不着火，人总要住草房。"

李银桥又问："烧了房，人住哪儿啊？"

"是么，人住哪里呀？"毛泽东重复着李银桥的问话，自言自语道，"房子烧了，落了片白茫茫大地真干净……嗯，烧了好！烧了草房盖瓦房，不烧十年住草房……"

听了毛泽东的话，李银桥不再问了……

2月下旬，毛泽东几乎天天忙于起草和修改中华人民共和国第一部宪法……

107. 开国服归李银桥　睡态感动封耀松

在杭州，毛泽东记挂着杨开慧家人的生活情况，又念及杨开慧的好友李淑一，便于1954年3月2日给他的秘书田家英写了一封信，直发北京中南海：

　　（二）今年寄杨家补助费1200万元（旧币，一万等于现在的一元——作者注），上半年的600万元宜即寄去，请予办理。

　　（三）李淑一女士，长沙柳直荀同志（烈士）的未亡人，教书为业，年长课繁，难乎为继。有人求我将她荐到北京文史馆为馆员，文史馆资格颇严，我荐了几人，没有录取，未便再荐。拟以我的稿费若干为助，解决这个问题，未知她本人愿意接受此种帮助否？她是杨开慧的亲密朋友，给以帮助也说得过去。请函询杨开智先生转询李淑一先生，请她表示意见。

3月10日，毛泽东接到黄炎培从北京发来的一份关于改造资产阶级工商业的函件。毛泽东看过之后，于3月12日给黄炎培写了复信。

几天后，离开3个多月的毛泽东回到了北京。

3月23日下午，在中南海举行中华人民共和国宪法起草委员会第一次会议，毛泽东主持会议并代表中共中央提出了宪法草案的初稿。

当天晚上,毛泽东正在丰泽园紫云轩的书房里批阅卷宗,江青找来问:"主席,你那些黄呢子军衣还穿不穿?不穿我可送人了,省得压箱子底。"

毛泽东说:"不穿了,你看送给谁就送给谁吧!"

第二天上午,江青将李银桥叫到她的办公室,指着放在沙发上的4套黄呢制服说:"银桥,这些衣服主席不穿了,送你一套,马武义一套,赵鹤桐一套,李家骥一套,4个内卫每人一套。"

"嗯。"李银桥答应一声,走去沙发前翻看那几套衣服,然后又问,"还有孙勇怎么办?"

"噢……"江青改了主意说,"要不这样吧,你和孙勇一人两套吧!"

李银桥抱了衣服出来,先走进毛泽东的办公室去,特意挑了毛泽东参加开国大典穿的那套"礼服",再从另三套中拿了一套,抱回了自己家中。

另两套毛泽东穿过的黄呢子制服,李银桥拿去送给了负责外卫的孙勇。

在一个星期天,李银桥在自己家里试穿了毛泽东的黄呢制服,又肥又大,便对韩桂馨说:"我找人改改吧,要不没办法穿。"

韩桂馨急忙阻拦说:"你可别瞎改呀!要是在旧社会,这衣服就算是皇帝登基的龙袍呢!"

"这不是新社会吗?"李银桥却说,"主席一再说他是国家主席,是人民公仆,不是皇帝,你瞎扯什么?"

"那我不管了!"韩桂馨只好说,"你愿意改你去请人改吧,反正这衣服我也改不了。"

"我也没说让你改呀!"李银桥说罢,果真将两套黄呢制服拿去王府井大街,请王子清师傅按着自己的身材给裁剪了。几天后,李银桥去取了衣服来,穿上一试,要多合身有多合身,人也显得精神多了……

毛泽东的日常生活历来十分俭朴，没有他的允许，任何人是不准为他做新衣服的。他穿的内衣内裤，多是些打了补丁的旧衣服。好在穿在里面，不知内情的人看不出来罢了。他穿的长筒线袜也是补了又补，有时坐下去，不留意伸出腿，便会露出"破绽"来。接见外宾时，李银桥总要提醒他留点儿神，"家丑不可外扬"……

毛泽东日常洗脸总是用清水，从不用肥皂或香皂，更不用什么护肤品。有时，他的手上染了墨汁，也只是用清水洗一洗；洗不掉时，才用肥皂再洗。

他每天刷牙只用牙粉，不用牙膏，有时李银桥动员为他买牙膏，也会被他明言制止。他解释说："我不反对人们用牙膏，用高级牙膏，生产了就是让人们用的，都不用还生产做么事？还发展不发展？不过，牙粉也可以用，还便宜么！将来经济发展了，人们的生活水平提高了，大家都用上了高级牙膏，我也会用呢！"

毛泽东在家里时衣着很随便，上床睡觉从来不穿内衣内裤，说是为了"舒服"，其实是为了节俭。他使用的两床被褥都是用极普通的白棉布做的，那还是从延安带进北京城来的"老古董"，一直舍不得换。他这时用的枕头，也还是李银桥在陕北杨家沟时买了布、请老乡为他缝制的那个装了荞麦皮的枕头，每次外出也总让人给他带在行李中，连同一条打了好几处补丁的旧毛巾被、一条薄毛毯，都是他外出时叮嘱人们要带的"必需"之物……

毛泽东日常的饮食也很简单、很随便，从不讲究营养搭配；只要是他爱吃、想吃的，无论什么都行。

1954年4月中旬的一天晚上，夜已经很深了，叶子龙到毛泽东的办公室去送文稿，先在菊香书屋的廊檐下见到了李银桥，问："喂，主席夜里还吃不吃？"

"多少得吃点儿吧！"李银桥说，"我让孙勇用电炉子给他熬麦片粥呢，兑上点儿牛奶，再加上俩鸡蛋……"

叶子龙轻声一笑:"我那里还有专门为主席做的霉豆腐,也给他拿点儿来。"

走进办公室,未等叶子龙开口,伏案批阅卷宗的毛泽东先问:"子龙,你又同银桥说我么事呀?"

"我们俩能说你什么?"叶子龙笑了笑,"主席,这是你要的修改宪法的初稿,我抄写好了,你看看吧。"

"放下吧。"毛泽东放下了手中的毛笔,再问,"银桥呢?"

"给你端麦片粥去了。"叶子龙说,"主席,你每天这样熬夜,总该加点营养吧?"

"这就很好了!"毛泽东站起身来,"现在总比在陕北、在西柏坡强么!我们的国家还很穷,能省就省吧……"

两天后的又一个深夜,毛泽东的贴身卫士封耀松担任内卫值班,他见毛泽东已经十几个小时没吃一点儿东西了,便轻步走进毛泽东的卧室,低声对依然伏在桌前写文稿的毛泽东说:"主席,饿了吧?我去给你搞点儿吃的来?"

毛泽东先是摇了摇头,继而又点点头说:"搞简单的,你去给我烤几个芋头吧。"

封耀松轻手轻脚地走进小厨房,开始给毛泽东烤芋头,却被醒来的厨师侯贵友喝住了:"小封,你胡闹什么!主席十几个钟头没吃饭了,你怎么就给他烤几个芋头?"

封耀松苦笑着说:"主席让我烤芋头我就烤芋头,你不胡闹,你做饭你送去试试?"

候贵友不再说话了。因为他知道,毛泽东历来要求"交代了的就要办",没有交代而去办的事才是"胡闹"……

封耀松将烤熟的6个小芋头放在盘子里端回来,见毛泽东已经倚在垫着毛毯的床头上睡着了,而他的两只手上还分别抓着文件和笔……

封耀松不想叫醒毛泽东,便将芋头放在床前的茶几上,悄悄转身退出屋来,让冷风吹一吹自己渐渐涌上头来的睡意……

十几分钟过后,房间里传来了毛泽东的咳嗽声,封耀松赶忙走进去，端了芋头给毛泽东："主席，芋头烤好了。"

毛泽东这才放下了笔和文件，抬手搓一搓脸说："想吃了呢！"

封耀松将盛芋头的盘子放在毛泽东的面前，毛泽东坐在大木床边，伸手拿了一个芋头开始剥皮，嘴里还轻吟着自己以前填写过的一首词："东方欲晓，莫道君行早……"

封耀松转脸望了望窗外，见天色已经发亮，回头再看看毛泽东，已经剥好了一个芋头，边吃边自享其乐地继续吟词："会昌城外高峰，颠连直接东溟……"

封耀松再一次悄悄退出房间，继续让冷风驱赶睡意……

又过了十多分钟，屋里没有了毛泽东的吟诵声，也没有了一点儿响动。封耀松走进屋去一看，见毛泽东手里拿着吃剩的半个芋头又睡着了。

封耀松轻步上前，想拿了盘子退出房间，却听到毛泽东的呼吸声不正常，定睛看时，只见毛泽东的口中还咬着半个芋头！

封耀松的眼睛不由得湿润了。他想，毛泽东是全中国人民的伟大领袖啊！为了工作，为了事业，竟然困得咬着芋头睡着了……

封耀松轻轻放下盘子，慢慢用手去抠毛泽东口中的那半个芋头，抠了好几下，总算抠出来了。毛泽东也醒了。

"哪个？"毛泽东有些生气地说，"做么事？"

"主席……"封耀松哽咽了，随即泪如雨下……

毛泽东见到封耀松手上拿着的那半个芋头，叹了一口气说："唉，莫哭了！我不该跟你发火……"

"不，不是的！"封耀松带着哭腔说，"主席，这芋头是从你嘴里抠出来的……我求求你了，你该睡觉了……"

"我听你的。"毛泽东说，"那我就睡觉。"

临交班时，封耀松将毛泽东夜里吃芋头的事向李银桥讲了，李银桥也很受感动，并将这一切记在了毛泽东的"工作日志"上……

108. 中南海内办学校　丰泽园中谈健康

1954年4月21日,毛泽东离开北京视察了秦皇岛。在返回北京的途中,毛泽东的专列停在了北戴河。

这一夜,毛泽东住在了北戴河海滨的张家大楼。这里,当年曾是东北军少帅张学良避暑时居住的地方。

4月22日,毛泽东视察了唐山,并参观了唐山市水泥厂。毛泽东在唐山市水泥厂说:"搞好水泥生产,发展建筑事业,是一项很伟大的工作,希望你们搞出成绩来。"

离开唐山,毛泽东在专列上对李银桥和封耀松说:"一个粮食,一个钢铁,有了这两样东西,就什么事情都好办了。"

李银桥说:"怎么呢?"

毛泽东说:"有了粮食,人民就有饭吃,有了钢铁,国家的工业建设就有了发展基础,所以我说有了这两样东西,就什么都好办了。"

回到北京后,毛泽东收到了表侄文炳璋从湖南写来的一封信,说曾来北京看望过毛泽东的文家亲戚,回家乡以后便骄傲起来,在村上不大服人管了。毛泽东看信后有些生气,也有些痛心……

4月29日,毛泽东给湖南文家亲戚的所在地石城乡党支部、乡政府写了一封信,表示:

我的态度是：第一，因为他们是劳动人民，又是我的亲戚，我是爱他们的。第二，因为我爱他们，我就希望他们进步，勤耕守法，参加互助合作组织，完全和众人一样，不能有任何特殊。如有落后行为，应受批评，不应因为他们是我的亲戚就不批评他们的缺点错误……

5月里的一天，毛泽东让李银桥叫来了叶子龙，在菊香书屋的办公室里对他们两个人说："4年了，银桥想去学习没有学了，今年咱们自己办个学校吧！"

"那敢情好！"李银桥高兴地说，"请主席给我们当老师！"

"我没得时间呢！"毛泽东说，"我给你们请老师来。"

"怎么个请法呢？"叶子龙问，"总得有上课的地方吧？还得有教材、有经费呀？"

"我出钱来办。"毛泽东继续说，"我身边的人文化水平都不高，过去打仗把时间都耽误了。现在我们搞社会主义建设，没有文化、没有知识怎么行呢？教育不普及，文化不提高，科学不发展，国家是富强不起来的。"

在毛泽东的提议和全力赞助下，一所业余文化补习学校很快在中南海的一排小平房里办起来了。毛泽东身边的工作人员和一些警卫战士，共70多人，幸运地成了业余学校的第一批学生。

毛泽东让李银桥从他的稿费中拿出钱来，给每人买了一套课本和笔墨、字典、地图册、作业本等，并以他的名义请来了王近山、周启才、朱进礼等五位老师，分别教授语文、数学、政治、自然、地理等课程。

只要没有外出任务，大家每天都去上课。一般是上午一小时，下午一小时，老师教得认真，大家学得也努力……

5月28日，毛泽东发电报支持南非有色人种争取民主权利、反对种族歧视和压迫的正义斗争。晚上，在散步时，毛泽东对李银桥说:"南非的黑人和印度人受白人的压迫,我们要给予声援。"

李银桥说:"非洲又不是白种人的,把他们赶出去算了!"

毛泽东笑了笑说:"问题不是那么简单呢!只要黑人能争取到民族、民主权利,同白人平等相待,就不错了。"又说,"要斗争呢!"

6月上旬的一天,毛泽东检查去业余学校学习的卫士们的作业,先看了李银桥的作业本,不由喜形于色地说:"好,又进步了!"

再看封耀松的作业时,毛泽东便显得不高兴了:"嘿,你们的老师也是个马大哈么!"

"怎么呢?"封耀松有些紧张地说,"我也得了5分呢……"

毛泽东指着作业本上的一行字说:"你默写白居易的《卖炭翁》,像你这样写能'卖'得出炭去么?"

封耀松看着自己的作业本念道:"心忧炭贱愿天寒……"

"你写的是'忧'么?"毛泽东指着写在作业本上的"扰"字说,"哪里伸出一只手?怪不得炭贱卖不出价钱,有你扰乱么!"

封耀松窘迫地笑了……

"这句么念?"毛泽东指着另一行字又问。

"晓驾炭车辗冰辙。"封耀松继续念。

"这是'辙'么?你写的是'撤'!"毛泽东抓起了红蓝铅笔说,"到处插手,炭还没卖就大撤退,逃跑主义!"随即给封耀松改了作业分数,"虚有5分,名不副实。"

于是,封耀松的这次作业由"5"分变成了"3"分。

1954年6月14日,毛泽东在中南海怀仁堂主持召开了中央人民政府委员会第三十次会议,发表了题为关于公布《中华人民共和国宪法草案》的讲话，论述了新中国宪法草案的优越性和作用。

6月下旬的一天，毛泽东在办公室里对李银桥说："你们这些人，一天到晚除了工作就是睡觉，不行呢！"

李银桥说："我们还抓紧时间学习呢！"

"还要加强锻炼身体才行！"毛泽东说，"没有好身体怎么行啊？你们跟着我转，时间久了，把身体拖垮了不行，要锻炼。有了好的身体，将来可以做很多工作。"

"怎么练呢？"李银桥问，"又没有体育器械，拿什么锻炼啊？"

"你们可以跑步、做俯卧撑、做仰卧起坐，办法多得很。"毛泽东说，"只要你们想锻炼，还可以跳远、还可以打球么！"

"除了打球、跑步以外，别的都没意思。"李银桥实话实说。

毛泽东又说："我出钱，你们去买些器械来。"

这样，丰泽园里又新添置了单杠、双杠、哑铃、拉力器、乒乓球台等体育器械，都是用毛泽东的稿费买来的。

从此，毛泽东身边的工作人员每天都坚持锻炼身体。毛泽东散步时，也常来看看大家，有时还给在锻炼中的大家当"裁判"，纠正大家的一些不规范动作⋯⋯

新买来的乒乓球台安放在了菊香书屋西侧南端的房间里。一有空暇，毛泽东便来看一看人们在这里打乒乓球，有时也亲自打一会儿。

毛泽东打乒乓球习惯横握球拍，而且总是虚虚实实地打推挡球或长短结合的吊球，常常令对手难以招架。当对手连连失误时，毛泽东便会开心地说："声东击西，杀你个顾头不顾尾！"

每逢这时，小小的乒乓球室里便会发出阵阵欢快的笑声⋯⋯

在这段时间里，毛泽东还学起了英语。

不久前，林克来到毛泽东身边工作了。他的英语基础较好，自然成了毛泽东的英语教师。

此时的毛泽东已是61岁的人了，但学起英语来却格外认真，一有空暇便练发音、背单词和短句，无论是睡前或者是饭后，也无论是散步走在路上或者乘车外出途中，他总是抓紧一切可以利用的时间进行学习。

为了学好英语，毛泽东身边经常放着一部《英汉字典》和一部《汉英字典》。他学英语从阅读新闻、时事报道和政论文章入手，口语发音不准时就请林克反复教他，直到双方都满意为止……

109. 北戴河海滨游泳　毛泽东即兴赋诗

1954年7月，中央办公厅统一安排中央领导同志到北戴河的海滨疗养。李银桥等人随着毛泽东和江青一起来到北戴河，住在了海滨浴场的一号平房。

这里环境幽静。高高的小叶杨和茂盛的梧桐树，将毛泽东的疗养地掩映在一片绿色之中。面对蔚蓝色的大海、金色的沙滩，每晚沐浴着凉爽的海风，每天呼吸着带了海味的清爽的空气，人们都舒心极了……

毛泽东经常在海水中教卫士和工作人员游泳。李银桥和孙勇、田云玉、张仙朋、李连成等卫士早就会游，只是游的技术欠精。毛泽东便教他们如何侧游、如何仰游、如何踩水，使大家的游泳本领得到很大的提高……

在毛泽东不去游泳的时候，闲不住的江青也要拽上几名工作人员陪她到海中去嬉戏。江青不大会水，游起来姿势很难看，如同"狗刨"。同在海中游泳的王光美见了，便常好心地上前指导她："江青同志，游的时候要尽量放松，精神和身体都放松，首先应练习蛙泳……"

"我会！"江青总是不大愿意听她说，"我早就会游……"每当这时，话没说完却要喝上几口海水，即使这样，她也不想让王光美教她如何掌握游泳的技巧。

7月末的一天，海上起了风。俗话说，"海上无风三尺浪，有风浪头高过丈"。这时，一望无际的海面上掀起了层层大浪，翻卷着、撞击着，将大海搅得一片喧嚣……

也正在这时，坐在房间里的毛泽东突然站起身来对李银桥说："银桥，你去看看，能不能游泳？我想游泳。"

李银桥跑出去一看，见海面上大浪滔天，没有一条船，也见不到一个人，便回来对毛泽东说："不能游，浪太大。"

"我看看去。"毛泽东说罢，抬腿走出了房间……

李银桥深知毛泽东的性格，担心他此时去游泳不安全，便大步跑去找了罗瑞卿。罗瑞卿不敢怠慢，又不敢直接去阻拦，只得加派了会水的警卫人员紧紧跟上了毛泽东……

来到海滨休息室，李银桥见毛泽东正在脱衣服换穿短裤，便劝阻说："主席，罗部长也说不能游，你就……"

"罗瑞卿算么事！"毛泽东不耐烦地说，"我要游么！你们谁害怕，不要去好了！"说罢冲出休息室，径直奔向了波涛汹涌的大海……

李银桥等人也迅速跟着毛泽东冲向大海、冲向翻滚着的滔滔大浪……

在海中，毛泽东劈波斩浪、奋力搏击，咆哮的海浪时而将他涌向浪峰，时而又将他掼入涛谷。李银桥和孙勇等十几名卫士和警卫人员，还有河北省公安厅的一些护游人员都很紧张，大家带着救生圈紧紧围护在毛泽东的身旁……

此时此刻，海借风势，风助海威，大浪一个接着一个，可毛泽东却不慌不忙，借着水势，自如地驾驭着一个个浪涛，逍遥地划着……

一个多小时过去了。毛泽东游上海岸，在沙滩前的藤椅上坐下来，兴奋地对大家说："你们说浪大，不能游；我们下去了，也没得么了不起。"

李银桥等人站在毛泽东的身旁，心中都深深佩服着毛泽东的胆量和气魄……

8月1日，毛泽东得到我国自行试制雅克-18型飞机成功的消息，立刻给三〇二厂全体职工写了祝贺信。

在这段时日里，毛泽东或游泳，或办公，或离开住所登临紧靠海滨的鸽子坡、观鹰角崖，或返回住处同身边的工作人员打一打扑克牌、和叶子龙下几盘象棋。

毛泽东和江青在一起打扑克时，江青还是乐于输牌的。只要毛泽东心情好，能够休息好，赢了牌高兴，江青也是高兴的……

一次游泳回来，毛泽东见到一条渔船，一位渔民网了许多螃蟹。毛泽东很高兴，便穿着短裤、带着浑身的水珠，上船同这位渔民攀谈起来。

谈话中，毛泽东问了海上的渔讯旺季和淡季每天各能捕到多少鱼、各种鱼的国营收购价格是否合理、一条船每年出海能捕到多少鱼；还问了渔民捕了多少年鱼了，家里有几口人，生活怎么样，有什么计划和打算，村里渔民中最富裕和最困难的人家各是怎样的生活水平。最后，毛泽东说："你这些螃蟹有多少斤？称一称，我全买了。"

渔民说了价钱，称了斤数，毛泽东即对李银桥说："我全买了，拿钱去！"

买回螃蟹后，毛泽东让人在海边的一个凉亭下放了几张桌子，把煮熟的螃蟹堆在每张桌子上，招呼大家说："今日我请客，来，都来吃呦！放开肚皮吃，不吃光不许走！"

说罢，毛泽东抓起几只大螃蟹就往身边人的手里塞。大家也不客气，一些刚从海里跑上岸来的人，也都挂着满身的水珠赶来抓螃蟹吃。大家七手八脚地连吃带笑着，足足吃了一个多小时，一个个吃得满嘴角挂着蟹黄、手上油腻腻的……

毛泽东指着大家哈哈大笑："看么，都吃成么样子了……"

大家也指着毛泽东笑："还看我们呢！你自己也吃得满嘴蟹黄呢！"

毛泽东用脚下的沙子搓着手,笑得更厉害了……

8月中旬,毛泽东游览了秦皇岛西北方向的燕塞湖后,又去了昌黎县的碣石山。回到北戴河一号平房后,面对海滨的滂沱大雨,他的兴致来了。凭窗而望,但见汹涌的海面上黑云翻滚、暴雨横飘,狂风卷着巨浪发出连连呼啸;顷刻间,风越刮越大,雨越下越猛,云越聚越低,浪越涌越高……

毛泽东的诗兴大发,他大步转身走向书桌旁,叫一声:"银桥,点烟!"

李银桥上前给毛泽东点燃了一支香烟,毛泽东抓起毛笔随即赋词一首:

浪淘沙·北戴河

大雨落幽燕,白浪滔天,秦皇岛外打渔船。

一片汪洋都不见,知向谁边?

往事越千年,魏武挥鞭,东临碣石有遗篇。

萧瑟秋风今又是,换了人间。

110. 苏联北京办展览　金日成送红苹果

1954年8月20日,毛泽东由北戴河回到了北京。

8月21日,当选为北京市第一届人民代表大会全国人民代表大会的代表。

这时,韩桂馨考上了中国人民大学附属工农速成中学。为了能够保证自己安心学习,她和李银桥商量,将儿子放进幼儿园全托,并给刚满8个月的女儿断了奶,请了阿姨来照顾,自己就可以住校去学习了。

毛泽东知道后很高兴,提起毛笔饱蘸墨汁,给韩桂馨题写了8个大字:

努力学习,日进有功。

9月上旬,毛泽东开始起草出席第一届全国人民代表大会第一次会议的发言稿。每当夜深人静时,中南海里的多处灯光都熄灭了,唯独丰泽园里的灯光还亮着,常常是亮到东方红、太阳升的时候……

9月15日至28日,第一届全国人民代表大会第一次会议在北京召开。李银桥侍卫着毛泽东出席会议,毛泽东致开幕词,提出当前全国的总任务是为建设一个伟大的社会主义国家而奋斗,为保卫世界和平和发展人类进步事业而奋斗。

会议通过了《中华人民共和国宪法》等文件,选举毛泽东为中华人民共和国主席。

9月28日，中共中央政治局做出成立中央军委的决议，决定由毛泽东、朱德、彭德怀、林彪、刘伯承、贺龙、陈毅、邓小平、罗荣桓、徐向前、聂荣臻、叶剑英组成中共中央军委，毛泽东任主席。

国庆节后的第二天，毛泽东出席参观了苏联经济及文化建设成就展览会。

1954年10月12日，毛泽东写信向苏共中央总书记赫鲁晓夫并苏联政府代表团表示了致敬。

16日，毛泽东给中央政治局和其他有关同志写了《关于红楼梦研究问题致信各同志》，由此开始了全国思想战线上的第二次大的批判。

同一天，毛泽东还写了另一封信给赫鲁晓夫并苏联政府代表团，感谢他们将举办展览的机床和83件农机具赠给了中国人民。

10月25日，毛泽东为苏联举办的展览会题了词。

在不到半个月的时间里，毛泽东连续三次写信、题词高度颂扬苏联建设的伟大成就和中苏友谊，经《人民日报》发表后，极大地提高了中国人民努力建设社会主义的热情和积极性，进一步加快了农村合作化运动的步伐。

11月间，北京的天气渐渐凉了。

已经住校学习的韩桂馨，每星期六晚上都要搭乘公交车赶回中南海来和家人团聚。有时毛泽东见了韩桂馨，也总要关切地问一问她的学习情况，鼓励她好好学习，百尺竿头，更进一步。

12月21日至25日，毛泽东在中南海主持召开了中国人民政治协商会议第二届全国委员会第一次全体会议。会议推举毛泽东为政协名誉主席。

会议期间，毛泽东同全国政协委员、北京市副市长、历史学家吴晗谈话说："《资治通鉴》这部书写得好，尽管立场观点是封建统治阶级的，但叙事有法，历代兴衰治乱本末毕具，我们可以批判地读这部书，借以熟悉历史事件，从中吸取经验教训。"

毛泽东还同其他有关人士谈话说:"我们必须要有时间观念,光阴一去不复返,要想干出一番事业,就必须抢时间,挤时间,走到时间的前头,要能够掌握时间,决不能够做时间的奴隶,人生的时间就只有这么多,我们要建设祖国,必须只争朝夕!"

12月间,毛泽东得悉康藏、青藏两条公路通车,很高兴地为筑路施工的两路大军题词:

庆贺康藏、青藏两公路通车,巩固各民族人民的

团结,建设祖国!

这期间,全国流行着一支《歌唱二郎山》的歌曲,歌中充满激情地颂扬了修筑康藏公路的解放军英雄们。

一天傍晚,毛泽东在散步时问李银桥:"银桥,你会唱《歌唱二郎山》么?"

李银桥嘿嘿一笑说:"唱不好,但我会唱……"

毛泽东鼓励说:"唱来听听!"

李银桥在南海边放开喉咙唱起来:

二呀么二郎山,

高呀么高万丈;

枯树荒草遍山野,

巨石满山岗;

羊肠小道难行走,

康藏交通被它挡,

那个被它挡!

……

李银桥在唱歌时,毛泽东的神情专注,无限思绪仿佛飞向了远方、飞向了二郎山……

李银桥继续唱着:

解放军铁打的汉,

下决心坚如钢,

要把那公路修到那西藏!

……

"好么！"毛泽东神采飞扬地说，"解放军铁打的汉，下决心坚如钢！无论么事情，只要解放军打到哪里，胜利的红旗就飘扬到哪里，这就是我们共产党领导的队伍……"

12月26日是毛泽东61岁诞辰日，许多国家的领导人和海外华侨提前给毛泽东送来了很多祝寿的礼品，国内各民主党派、各人民团体和许多知名人士也来给毛泽东送礼祝寿了。

一般国内外送给毛泽东的礼品，毛泽东见到的只是礼品单，并不见实物。实物由中央办公厅负责礼宾的部门统一接收了。而这一年，朝鲜劳动党中央主席金日成给毛泽东送来了24箱红苹果。因为是金日成所赠，又是不宜保存的果品，毛泽东便吩咐李银桥把苹果转赠给警卫中队的战士们。

李银桥奉命将苹果送到警卫一中队，大家非常高兴，立刻七手八脚地打开纸箱，一看又都傻了眼。原来，每个泛着红光的苹果上都有一行擦不掉的字：

毛主席万岁！

这些字，都是早早地写在尚未成熟的苹果上，被阳光晒出来的。

"毛主席万岁"怎么能吃掉呢？警卫战士们为难了。内卫一班的张木奇说："这样也好！干脆别吃，保留下来，天天可以闻到苹果的香味儿！"

李银桥拿了两个苹果去见毛泽东，汇报了情况。毛泽东却不以为然地说："我就不喜欢这个口号！哪个人能活到一万岁呀？既然活不到，那就吃掉！"

李银桥又到警卫一中队传达了毛泽东的话，并且学着毛泽东的湖南口音，绘声绘色地把"吃"字说成"掐"，让大家把24箱晒有"毛主席万岁"的朝鲜苹果，统统分吃了。

李银桥留下了两个苹果，送给了从学校回家来的韩桂馨："你学习用功，给你些奖励！"

韩桂馨很高兴，见了苹果上的字更高兴。她舍不得吃，将苹果摆在桌上，一连几天都要凑近了闻一闻苹果的香味儿……

111. 勤政殿上谈原子　银桥夫妇探家乡

1955年元旦期间，王震将军到中南海见毛泽东。

在菊香书屋会客室，李银桥给王震沏茶水时，王震笑着说："当年的神枪手如今更英俊了，身材也魁梧了！"

李银桥看了看毛泽东，然后对王震笑道："王司令才是更英俊、更魁梧了呢！也比在陕北时胖了……"

毛泽东这时说："王震要能胖就见鬼了！"又说，"还是瘦些好，像我现在这样，再在陕北转战就拖累了！"

王震对毛泽东说："主席，我们打了这么多年的仗，现在战争结束了，那么多退伍军人需要安置，总得想个好办法解决。"

"可以组织屯垦戍边么！"毛泽东说，"中国古代就有屯垦制，管仲搞过，诸葛亮在汉中也搞过呢！开荒就业，治疗战争创伤，巩固边疆、建设边疆，应该是个好办法。"

王震高兴地说："这真是个好办法！可以集体转业，集体安置，做到有组织有纪律，很可以减轻各级政府的不少负担。"

毛泽东挥挥手说："是么！可以去海南岛、去北大荒、去新疆，上山、下乡、下海，劳动就业就是了。我们这样做，一可以巩固社会治安，二可以巩固国防，三可以解决干部战士的就业问题和家属安置问题，四可以减轻政府负担。有这四个方面的好处，何乐而不为呀？"

王震高兴地笑了，李银桥在一旁也笑了。谈话中，王震又向毛泽东提出了一个问题："主席，转业人员集体戍边，这么多人，结了婚的可以带家属，那些没结婚的，谁家的姑娘愿意嫁到边疆去呀？"

毛泽东想了想说："可以找地主、富农、资本家的女儿么！"

王震追问了一句："找这些人的女儿？"

"能找别人家的女儿更好。"毛泽东开始吸烟，边吸烟边说，"地富子女和资本家的子女，不能算是地主、富农、资本家么！转业军人可以找这些人的女儿结婚，这些姑娘也可以参加劳动，政治地位平等，安家就业，两全其美。"

李银桥在一旁听了这些话，感到毛泽东讲得很有道理……

1955年1月15日，毛泽东在勤政殿主持召开中共中央书记处扩大会议，讨论中国原子能事业问题。

会上请来了李四光、钱三强、刘杰等十几位核物理学专家和原子能研究的工程技术人员。毛泽东风趣地对科学家们说："今日，我们这些人当小学生，请你们来上课！"

周恩来也说："我国的原子能事业一定要发展上去，请大家畅所欲言，老师给学生上课总不会拘束嘛！"

会场上的气氛立刻变得活跃起来……

当钱三强讲述核原理时，吸着烟的毛泽东很和蔼地问道："原子核，是由中子和原子组成的吗？"

钱三强回答："是的，是这样。"

毛泽东又问："那么，质子、中子又是什么组成的呀？"

钱三强一时没能答上来，想了想才说："根据现在科学研究的最新成果，只知道质子、中子是构成原子的基本粒子。基本粒子，也就是最小的物质，是不可分的。"

毛泽东微笑着提出了自己的见解："从哲学的观点来

讲，物质是无限可分的，质子、中子、电子也应该是可分的。一分为二，对立的统一么！没得对立，哪有统一啊？你们信不信？"

李银桥在侧厅见毛泽东将目光投向钱三强，投向了在座的每一位科学家："你们不信，反正我信。现在，实验室里还没有搞出来的东西，不等于不存在；将来，科学发展了，会证明它们是可分的。"

会议结束前，毛泽东又做了总结性讲话："现在是时候了，我们要大力发展原子能的研究工作，苏联政府已经来信，愿意给我们积极的帮助，这很好。我们要尽快把反应堆、加速器建立起来。我们有了人，有了资源，什么样的人间奇迹都可以创造出来！苏联能够帮助，这很好。不帮助，我们也一定干得好！"

晚上回到紫云轩的书房，毛泽东对李银桥说："我相信，我们一定能够利用核技术造福于人民，也一定能够利用核技术造出原子弹，打破美帝国主义的核垄断、核威胁！"

听说要造原子弹，李银桥兴奋地说："我们要是造出了原子弹，准得把美帝国主义吓得尿裤子！"

毛泽东笑了说："我们就是要吓他们一大跳呢！我们加强国防力量，可以更好地、更快地建设社会主义，老百姓睡觉也可以更安稳些……"

1月25日，毛泽东在中南海召集最高国务会议，大家见面相互拜年后，毛泽东在会上发表讲话说：

目前我国正处在伟大的社会主义革命的高潮中。中华人民共和国的成立标志着中国革命由资产阶级民主革命阶段转变到社会主义革命阶段，即进入由资本主义到社会主义的过渡时期。在过去的六年中，前三年的工作主要是恢复国民经济和进行前一革命阶段中没有完成的各项社会改革，主要是土地改革。从去年夏季以来,社会主义改造,也就是社会主义革命就以极广阔的规模和极深刻的程度展开起来。

在谈到镇反运动时,毛泽东强调说:"提高警惕,肃清一切特务分子;防止偏差,不要冤枉一个好人。"

1月28日,毛泽东接见芬兰首任驻华大使时,发表了题为《原子弹吓不倒中国人民》的谈话。

1955年2月上旬,毛泽东为工作人员们创办的文化补习学校继续开学上课。毛泽东在一次为警卫战士批改作业时,对李银桥和站在他身边的战士们说:"你们都是好同志,就是文化低一些,今后你们要多学些文化。没有文化,什么事情都办不好。有了文化,就能够掌握科学知识,多为人民做些工作,多为人民服务。"

当战士们拿回了各自的作业本,即将离开毛泽东的办公室时,毛泽东又语重心长地对大家说:"我们的事业,需要大批的工农出身的知识分子,你们一定要努力!"

警卫战士们离开后,毛泽东像是想起了什么事情似的问李银桥:"银桥呵,你当兵多少年了?"

李银桥如实说:"17年。"

"回过老家么?"

"没有。"

"跟我多少年了?"

"再过10天刚好7年半。"

"想家么?"

"说想也不想,说不想也想……"

"哪有不想家的道理呀?"毛泽东关爱地说,"我也想家呢!虽然我的家里没有了亲人,但我也想,只是现在还没得时间回去。这样吧,我放你的假,你回家乡去看看吧。"

"主席……"李银桥心中一阵激动,"那这里的工作……"

"放心去么!"毛泽东笑着说,"要穿得好一点,家里人都晓得你在我身边工作,要让家里人都放心。回去以后,代我向你的老人问好,也代我向小韩的亲人们问好,小韩正在放寒假,可以同你一起回去看一看,让你们两家的老人都高兴高兴。"

李银桥的眼睛湿润了:"主席……"

"要高兴么!"毛泽东又说,"我再给你一个任务,回去后认真到村上、到乡里转一转,了解一下乡亲们的生产和生活,有哪些困难、哪些问题需要政府帮助解决;再认真了解一下农村互助合作的情况,回来向我汇报。"

李银桥点着头说:"这事我一定办到!"

毛泽东又十分关爱地说:"你从我的稿费中拿出1000元钱来,带在路上用。"

李银桥的眼泪止不住淌出了眼眶:"主席,用不了这么多……"

毛泽东说:"莫哭,莫哭!你多带些钱,可以帮助家里人解决一些实际困难;再说,还有小韩家里的老人,也要帮助一些……"

112. 中南海中听汇报　北京城里看物展

1955年2月14日,毛泽东出席了苏联驻华大使馆为庆祝《中苏友好同盟互助条约》签订5周年举行的招待会。会上,毛泽东发表了语气坚定的讲话:

> 我庆祝中苏两国的伟大的合作。这种合作是为了发展社会主义事业的合作,是为了反对帝国主义的侵略计划的合作,是为了国际和平的合作。在我们中苏两个伟大的国家的合作之下,我相信,帝国主义的侵略计划是要被粉碎的。

这时,李银桥和韩桂馨已经带着他们的儿子和女儿,高高兴兴地踏上了回家乡探亲的路程……

李银桥的家乡在河北省安平县的东河町村,韩桂馨的家乡在安平县的北苏村。夫妻双双携子抱女回到故乡,着实令两家的亲人和乡亲们高兴得不得了……

李银桥没有忘记毛泽东交给的任务,探亲一开始就找乡亲们认真了解村上的情况,还找了村支部书记调查互助合作的事。

支部书记李培学先讲了村里的合作社最初是怎样建立起来的,有哪些优越性,存在什么问题。讲到后来,李培学竟自叹了一口气说:"唉,开始还不错,现在有些简单化了。"

李银桥问:"怎么呢?"

李培学告诉说:"区里来人,命令全村的人都站到麦场上去,对乡亲们宣布说,'跟蒋介石走的站那边,单干;跟毛主席走的站这边,搞合作化。'你说,咱们这里是老解放区,谁还肯站到那边去跟蒋介石走啊?情愿不情愿都得站在这边搞合作化,这不符合党的政策嘛!"

李银桥说:"区里的干部这样搞,也真是太简单化了。支书,你能不能把这些情况写一下?"

李培学很高兴地说:"行啊!我写一下,你捎给毛主席他老人家。"

探家归来,李银桥夫妇带回一些自家生产的花生、绿豆、小米和大枣,分别送了一些给叶子龙和汪东兴等人,余下来的便都放在了毛泽东的厨师侯贵友那里。

毛泽东很高兴李银桥尽早地回来了,当李银桥如实汇报了乡间的情况,并将村支部书记写的信交给毛泽东时,毛泽东边看信边摇头说:"这怎么行呢?胡闹么,太简单化了!"

看过信,毛泽东提笔给河北省委书记林铁写了一封函件:

  此事请你予以处理。这是我的卫士回他的家乡安平县从那里带回的一封信。这种情况恐怕不止安平县一个乡里有,很值得注意。

1955年3月1日,全国统一发行新人民币,1元等于过去的10000元,1角等于旧币1000元,1分钱等于旧币100元。

毛泽东写给林铁的函件,于3月5日发出。

1955年3月中旬,毛泽东又找来了负责全国农村工作的邓子恢,认真同他讲:"全国合作社在三个五年计划期间,每一个五年计划以内各完成三分之一。方针是三字经,叫一曰停,二曰缩,三曰发。"

从这时起,全国改供给制和包干制为工资制。李银桥最初每月50多元,江青每月100多元,毛泽东每月200元多一些。

毛泽东的家庭账目全都归李银桥掌管。李银桥写了个计划开支的明细表，包括穿衣、吃饭、房租、家具折旧费、子女的学习和生活费、支援困难同志和节约等几项。

毛泽东看了后说："我的生活费，一日3元高了吧？"

李银桥解释说："不高，招待客人也要从中支出呢！"

毛泽东这才在李银桥写的计划表上批了两个大字：

照办。

3月17日下午，周恩来到菊香书屋来见毛泽东，告诉说原国民党将领卫立煌已经回到了祖国大陆。毛泽东很高兴，立即提笔给卫立煌写了一封信：

先生返国，甚表欢迎，盼早日来京，借图良晤。

如有兴趣，可于沿途看看情况，于本月底或下月初到京，也是好的。

3月21日，毛泽东得到空军首届英雄模范功臣代表大会召开的消息，欣然命笔为大会题词：

建立一支强大的人民空军，保卫祖国，准备战胜侵略者。

21日下午至31日，中国共产党全国代表会议在北京隆重召开。毛泽东到会主持会议并致开幕词，同时做了结论讲话，提出要在几十年内在经济上赶上或者超过世界上最强大的资本主义国家的设想，总结了反对高岗、饶漱石篡党夺权斗争的经验教训，要求中央和地方高级干部成为"精通政治工作和经济工作的专家"。

会议期间，毛泽东还念念不忘人民解放军的空军建设，曾在散步时几次对他身边的工作人员说："我国的空军一定要强大起来，还有我国的海军和原子弹，我们一定要搞呢！我军的飞行员要多培养像张积慧一样的英雄，不管它美帝国主义多么强大，不管他什么样的戴维斯、约翰逊之流在天上飞了多长时间，只要敢向我们发动侵略战争，就毫不客气地把他们统统打下来！"

4月4日，毛泽东在中南海主持召开了中共七届五中全会第二次会议，批准了中共全国代表大会通过的三项决议。

4月8日，毛泽东抵达武汉。

4月9日，毛泽东抵达杭州，住刘庄。

4月11日深夜，毛泽东在杭州得到消息：中国前往印度尼西亚出席万隆会议所包乘的印度国际航空公司星座式飞机"克什米尔公主号"在空中失事，坠毁在南中国海海域，中国政府代表团部分工作人员和记者，以及3名外方人员，5名机组人员不幸遇难。不幸中的幸事是周恩来临时决定不乘坐这架飞机，使美蒋反动势力阴谋暗杀周恩来的诡计终致落空。

毛泽东愤愤地说："美国人帮助蒋介石这样搞，不得人心呢！这也太不磊落了么，他们是要付出代价的！"

"亏了总理没出事！"李银桥在一旁很后怕地说，"这要是……"

"恩来很有外交经验呢！"毛泽东吸着烟说，"这次万隆会议，我们是要提出我们的和平共处五项原则的，国家不分大小一律平等，互不干涉内政……"

4月19日，毛泽东乘专列经离开杭州返京。

4月23日，毛泽东回到了北京中南海。

回到北京后，毛泽东乘汽车出中南海出席了在北京举办的捷克斯洛伐克共和国10年社会主义建设展览会。返回途中，毛泽东在汽车上对李银桥说："捷克斯洛伐克的机械制造业发展很快么，这很能证明社会主义的优越性呢！"

毛泽东还说："过去我们搞解放区，搞根据地，国民党封锁我们。封锁来封锁去，我们没有饿死，反而夺取了全国政权。现在，我们搞社会主义建设，国际帝国主义又来封锁我们，封锁吧！我看他们也不会得逞，我们会争取到越来越多的朋友，不光是有一个社会主义阵营，还有亚非拉的许多朋友，大多数国家的人民都是希望和平的。"

李银桥说："等我们国家强大了，帝国主义也就不敢欺负我们了，我们也要支援和帮助那些爱好和平的穷国、弱国！"

毛泽东说："说的是呢！"

4月28日，毛泽东再一次参观了捷克斯洛伐克十年社会主义建设成就展览，并为展览写了题词，高度赞扬了捷克斯洛伐克在10年社会主义建设中所取得的伟大成就，并"祝捷克斯洛伐克日益繁荣强大，祝捷克斯洛伐克人民和中华人民共和国人民间的友谊不断增进和巩固"。

返回途中，毛泽东在汽车上突发奇想地对李银桥说："银桥，咱们找个饭馆吃饭去。"

李银桥知道毛泽东非常留恋普通人的生活，同时感到国内形势安定、安全方面的问题不大，便同意说："行！咱们吃羊肉泡馍去，我去那儿吃过。"

临到小饭馆，毛泽东和李银桥提前一段路下了汽车。在饭馆坐下以后，因为不是吃饭的正点时间，饭馆里还没有一个顾客，李银桥请厨师现做了泡馍。毛泽东不大爱吃羊肉，但兴致很高。

李银桥心里清楚，在这种小饭馆里坐一坐，对毛泽东来说，本身就是一种享受……

113. 李银桥任卫士长　全国反贪污浪费

5月9日，毛泽东在颐年堂同李先念、邓子恢、廖鲁言、陈国栋谈话说："中央认为原定的征购900亿斤（粮食），可考虑压到870亿斤，这也是一个让步，粮食上减少一点，换来一个社会主义。今后两三年是农业合作化的紧要关头，必须在这两三年内，打下合作化的基础。"

5月14日下午，毛泽东在中南海西北侧的游泳池游过泳之后，返回颐年堂庭院接见中央警卫团的战士们。战士们都换上了崭新的军装，站着整齐的队列，接受毛泽东的接见。

毛泽东走到队列前和战士们打招呼，内卫班的一些战士他可以叫上名字来；对于外卫警务人员，毛泽东一一询问他们的姓名，使接见气氛很快活跃起来。

毛泽东随便而亲切地同战士们讲话，他将目光从队列前扫向队列后，微笑着问大家："我们工作的目的是什么呢？"

队列中发出整齐的回答："为人民服务！"

毛泽东满意地点点头，招呼战士们坐下，自己也在李银桥取来的藤椅上坐下来，用右手扳着左手的手指对大家说："具体到我们警卫部队每个同志来说，我以为你们应该有三项任务：一、要搞好保卫工作；二、要努力学习文化知识；三、要做群众工作、要学会搞调查研究……"

接着，毛泽东向大家详细讲述了在调查研究中应抱的态度、所要采取的方法和调查研究的实际意义，并热情地号召每一位警卫战士回家探亲时，都要带着任务回去，写出调查报告，要研究社会，回来向他报告各自家乡的真实情况。

在谈调查研究的态度时，毛泽东生动地对大家说："以看家为名做调查研究，我们可以拟一个章程，就是'谦虚'两个字。对父母、对乡里的乡亲们，要尊重；要尊重家里边的人，要尊重老百姓，要尊重乡村干部，莫摆架子。在这里，团长向你们摆架子，你们不高兴，我向你们摆架子，你们也不高兴；你们回家乡探亲，道理是一样的，谦虚可以调查出东西来。"

晚上，在紫云轩的书房里，毛泽东一本正经地对李银桥说："银桥呵，你以后就只当我的卫士长吧，不要汪东兴再兼任了；这样你改具体负责为全面负责，认真抓一抓卫士们的工作，很可以锻炼你的工作能力呢！"

李银桥说："主席，当了卫士长怎么值班呀？"

"噢，卫士长不值班……"毛泽东思考着说，"升官了，可是总不见面也不好呢！我和你惯了，你不大爱说话，不善言辞，但是纪律观念强；工作钉是钉铆是铆，不搞小聪明。你学习稍差些，但人是好人，要努力加强学习，尽快赶上去。"说到这里，毛泽东用眼睛紧盯着李银桥又说，"你心眼好，这就行！这样吧，你一个礼拜值一两个班，这样我就可以见到你了。"

"是！"李银桥点头答应道，"我听主席的。"

第二天上午，中央办公厅给李银桥颁发了专职毛泽东卫士长的特别任命书。

1955年6月10日上午，毛泽东乘专列抵达杭州。

6月17日，毛泽东在杭州召集了有15个省、市、自治区党委书记参加的座谈会。毛泽东在座谈会上对大家说：

"发展合作社，河南7万、湖北4.5万、湖南4.5万、广东

4.5万、广西3.5万、江西3.5万、江苏6.5万，也是自愿互助。发展合作社对国家是有利的，对你们各个地区也有利，如果你们自愿，那就拍板，把这个数字定下来。东北、西北、西南、华北，由林枫、马明方、宋任穷、刘澜涛去召开一个会，把精神传达一下，讨论解决。今天在会上已经认定了的，就照这样办，大体不会错。但是，发展起来的合作社，要保证90%是可靠的。"

对于合作社的整体规划和所存在的问题，毛泽东意犹未尽地继续说：

"合作社问题，也是乱子不少，但大体是好的。不强调大体好，那就会犯错误。在合作化问题上，有种消极情绪，我看，必须改变；再不改变，就会犯大错误。"

毛泽东再次谈起了办合作社的"三字经"："对于合作社，一曰停，二曰缩，三曰发。缩有全缩，有半缩，有多缩，有少缩。社员一定要退社，那有什么办法？缩必须按实际情况，片面的缩，势必损伤干部和群众的积极性。后解放区就是要发，不是缩，不是停，基本是发。有的地方也要停，但一般是发。华北、东北老解放区里面，也有要发的。譬如山东30%的村子没有社，那里就不是停，不是缩，那里就没有，停什么？那里就是发。该停者停，该缩者缩，该发者发。"

一天在休息室里，毛泽东吸着烟对李银桥说："发展农业合作社，首先要打破保守主义！"又说，"你说，什么人愿意入社、什么人不愿意入社啊？"

李银桥说："穷困户愿意入社，富裕户不愿意入社……"

毛泽东说："人多力量大，只有组织起来，才能发展大生产。在延安搞大生产，上下一条心，很快就改变了缺吃少穿的局面，丰衣足食么！"

月末，毛泽东离开杭州乘专列前往江西。行车途中，毛泽东对随行的汪东兴说："我身边的警卫一中队，要从全国每个专区选一名战士，不要重复；这样我可以多了解些实际情况，能够掌握全国每一个地方的真实材料。"

6月19日在南昌，毛泽东对江西省委的同志们说："血吸虫病对人民的危害很大，一定要帮助人民解除苦难，一定要消灭血吸虫病！现在要和天做斗争了！"

当天晚上，毛泽东电示在京的李富春，要他在即将召开的中央各机关、党派、团体的高级干部会议上严厉批评发生在人们身上的浪费现象。毛泽东电示说：不增产节约不行，不反对铺张浪费不行；要狠狠批评那些搞浪费的人，告诉他们，任何一种铺张和浪费，对人民来说都是极大的犯罪。

这时，北京市天安门广场上正在修建人民英雄纪念碑，毛泽东写了"人民英雄永垂不朽"八个大字，由传送文件的专机带回北京。

在北京的李富春接到毛泽东的电示后，很快在中央各机关、党派、团体的高级干部会议上做了《厉行节约，为完成社会主义建设而奋斗》的报告，严厉批评了存在于某些人、某些部门、某些地方的浪费现象。

视察途中的毛泽东得到北京的会议通报后，很认真地对随行的罗瑞卿、杨尚昆、汪东兴和李银桥等人说："我们在井冈山、在延安、在西柏坡都很节俭，进城以后有些人放松了思想警惕和思想改造，这个问题是大问题呢！不要以为浪费点没什么，全国的老百姓不答应呢！我们党的纪律也不允许呢！我们要下大力量，一定要刹住铺张浪费的歪风！"

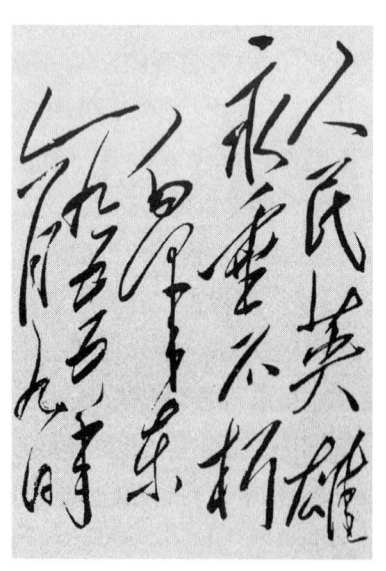

毛泽东为人民英雄纪念碑题词

第十二篇

促生产推广农业合作社　抒豪情毛泽东畅游长江

◎ 一脸忠厚相的华国锋对毛泽东毕恭毕敬。毛泽东笑着对他说："你是我的'父母官'哩！"毛泽东夸赞和感谢他在湘潭为人民所做的工作，并鼓励他"要继续努力学习理论知识，更好地为人民服务"……

◎ 在波涛汹涌的江水中，毛泽东游泳就像散步一样轻松自如，一边和李银桥、叶子龙、孙勇等人说笑，一边侧着身子悠哉悠哉地划着水；兴浓时，还突然潜入水中，然后再慢慢浮出水面，在水中点了香烟吸……

114. 游湘江登岳麓山　规划农业合作社

1955年6月19日晚10时，毛泽东到了长沙，并会见了他早年的同学、时任湖南省教育厅副厅长兼湖南省立第一师范学校校长的周世钊。

次日，毛泽东提出要去涨了水的湘江游泳，罗瑞卿、杨尚昆和湖南省委第一书记周小舟、书记周惠等人都劝毛泽东不要去，毛泽东却执意不听。

上午10时30分，毛泽东带着李银桥等人从长沙城北的七码头乘小轮船溯江而上，周小舟和周惠见宽阔的江面上水流太急，担心毛泽东游水有困难，便找了各种理由劝阻毛泽东最好不要下水。周小舟劝道："主席，现在水大浪急，改天再游吧？"

周惠也劝："主席，等水势小一些了再游吧？现在不太便利……"

毛泽东笑眯眯地看了看身边的李银桥，又看了看罗瑞卿和杨尚昆，然后对周小舟和周惠说："你们莫讲外行话！庄子曾说'水之积也不厚，则其负大舟也无力'。水越深，浮力越大，游泳也越加便利些，怎么反说不便呢？你这个省委第一书记只是个'小舟'么，怕么事？"说着，又看了周惠一眼，"你也是省委书记呢，'周惠、周惠'，你到底会不会水啊？"

　　周小舟和周惠立刻哑口无言了，李银桥站在一旁想笑，却没敢笑出声来；而陪同在船上的周士钊，听了毛泽东的话，禁不住笑出了声……

　　轮船行至猴子石附近，毛泽东起身脱掉上衣和长裤，换穿了短裤，缓步下船，走上了江中的竹筏子。他先是从容不迫地在竹筏子的边缘坐下来，将两只脚放进江中，然后伸手撩起江水洒湿了身体，做着入水前的准备活动。

　　此时放眼湘江，但见江水滔滔，沿江两岸绿树葱葱；江中的无篷船逍遥地行驶在水面上，一排排竹筏仅靠不多的几个人支撑着，顺流而下；几条小船上放鱼鹰的人悠然地放着鱼鹰，在江面上形成了一幅诱人的风景画……

　　李银桥等十几个年轻人早已跳入江中，等着毛泽东下水游泳。毛泽东开始入水了，先是侧泳，随即又仰泳，变换着姿势向西岸破浪前进……

　　毛泽东在湘江中游得安闲、游得自在、游得轻松。游泳中，毛泽东对游在他身边的李银桥说："银桥呵，要到中流击水，浪遏飞舟！"

　　李银桥不敢游离毛泽东，只是护卫在毛泽东的身旁游着，其他的人也都护游在毛泽东的身边，随毛泽东在江水中劈波斩浪……

　　一个小时以后，毛泽东和与他同游的人们先后在距离牌楼口北面不远的地方上了岸。

　　穿好衣服后，毛泽东一行人乘汽车驶向了岳麓山。车至山下，停在了白鹤泉，毛泽东一行人弃车开始登山。

　　抬眼望去，岳麓山上万木葱郁，青绿色的橘子树开始挂果；山间石崖陡峭，山路难行。周小舟和周惠准备了三乘轻便小轿，想让毛泽东等几位上了年纪的人坐上去，被毛泽东拒绝了："登山就要有个登山的样子么，坐着轿子算么事？要坐你们坐，反正我是要用两只脚板走上去的！"

说罢，毛泽东穿着皮鞋，率先走向山路，一步一步直奔云麓宫……

登上岳麓山，放眼东望，滔滔湘江尽收眼底。山下，岳麓书院和清风峡山上的爱晚亭历历在目；山峰右侧，云麓宫旁隐约可见望湘亭……

走在山间的万绿丛中，李银桥几次想上前搀扶毛泽东，都被毛泽东制止了："自己走，我现在还走得动……"

下午两点多钟，当大家在望湘亭吃午饭时，毛泽东依然兴致不减、笑谈不止，丝毫没有疲倦之意。周士钊见到毛泽东的身体这样好，夸赞道："你已经是60多岁的人了，还是这样健康，还能横渡湘江，又登了这么高的山，大大赛过了许多年轻人啊！"

毛泽东笑着说："这算得什么？爬山么，仅仅这样一小段路，游泳也不是么难事情。我们不是每天都要走路么？游泳可以借水的浮力帮助，比走路容易得多。但游泳也容易出问题，不可以粗心大意。记得我在一师学游泳时，出过几次危险，要不是同学们救护，险些出了'洋相'……"

毛泽东的话，说得大家都笑起来。笑声中，毛泽东又说："那时我就有一个想法，自信人生二百年，会当击水三千里；我要到社会上闯一闯，闯么事？闯天下！下决心改变中国的落后面貌……"

回到火车专列上，毛泽东兴致未减，又满心高兴地接见了湘潭地委书记华国锋。

一脸忠厚相的华国锋对毛泽东毕恭毕敬。毛泽东笑着对他说："你是我的'父母官'哩！"毛泽东夸赞和感谢他在湘潭为人民所做的工作，并鼓励他"要继续努力学习理论知识，更好地为人民服务"……

在专列上，记者给毛泽东和华国锋等4人照了合影。

1955年6月20日午夜，毛泽东悄然离开了长沙，于次日凌晨

4时到达湖北省武昌。毛泽东在武昌稍作停留，然后于6月22日上午10时抵达了河南省郑州……

6月23日下午7时，毛泽东回到了北京。

7月5日，第一届全国人民代表大会第二次会议在京召开，中心议题是关于发展国民经济的第一个五年计划问题。毛泽东出席了这次会议。

20多天后，毛泽东在《农业合作化最近简情》上写下批语，指出：第一"在发展问题上，'不进'与'冒进'"；第二"在改变所有制的问题上，即端正政策的问题"；第三"要有坚定的方向，不要动摇"。

前不久，警卫战士高碧岑探家回来，向毛泽东交了他的调查报告。毛泽东看后说："写得很好。你写的这位合作社干部，病得那么重还要带领群众搞生产，使我也受到了鼓舞和教育。你代我写信问候他，问问他的病好了没有，下次回家，你再去看看他。"

毛泽东说罢，在高碧岑的材料上写下一句批语：

此份报告写得不错，有分析，有例证。

7月31日至8月1日，党中央在京召开省委、市委、自治区党委书记会议，毛泽东做《关于农业合作化问题》的报告，进一步阐明了合作化运动的具体方针、步骤和方法，提出必须注重质量，反对盲目追求数量，重申自愿互利原则，要求合作社要全面规划，有计划地发展。

8月中旬的一个傍晚，李银桥和成元功侍卫着毛泽东和周恩来在中南海的中海边乘凉、散步。毛泽东上身只穿了件圆领的白汗衫，周恩来穿着件白衬衣短袖。两位领导人的手上各自拿着一把芭蕉扇，一边慢慢并肩走着，一边谈论着全国农业合作化的问题。突然，毛泽东在一株大柳树旁止住脚步，对周恩来说："恩来呀，总参和国防部的关系，要摆平呢！"

周恩来很认真地回答说："是的，主席，我再找他们谈一谈，认真协调好这件事。"

毛泽东开始移动脚步："粟裕要注意身体,他有头疼病呢!"

"好的。"周恩来跟着毛泽东的脚步走,"我一定转告他……"

8月6日晚上,毛泽东乘专列离开北京前往北戴河,直到9月5日,毛泽东才回到北京。

回到北京后,何香凝进中南海来看望毛泽东,并且将她画的一只老虎用玻璃框装好送给了毛泽东。

李银桥见这是一只立虎。毛泽东将画靠在菊香书屋的外墙上,站在画前看了又看,然后对李银桥说:"是了,这只虎应该放在东屋。"

李银桥照办了。但他始终不明白,这只"虎"为什么要放在东屋……

115. 邯郸棉田究丰歉　解放军将帅授勋

1955年9月5日，毛泽东为中共中央起草了《关于召开七届六中全会的通知》。

进入9月中旬，全国各大军区、各军兵种、各省军区和各野战军部队的高级将领陆续来到北京，准备接受毛泽东和中央军委的授衔、授勋。

这期间，毛泽东乘专列离开北京，带着李银桥等人前往邯郸地区视察。

毛泽东穿着白衬衣、灰布裤，脚上穿了一双黑布鞋，背上挎了个大草帽走进一块棉田，对陪同他的人们说："那一片棉花长得矮，可是很粗壮，特别是棉桃结得多；当然高株的棉花生长也很茂盛，可是结的棉桃少，你们数数看，哪一棵矮的都比高的结的棉桃多，应该挑选良种，争取高产。"

李银桥到棉田里去数棉桃，毛泽东走在田埂上又说："大平原的农业生产要关心水利和施肥，还有改造盐碱地等问题；要注意及时总结经验，农业的发展潜力是很大的。"

毛泽东的专列停在邯郸时，毛泽东曾问李银桥："你是河北人，可晓得邯郸有哪些典故吗？"

李银桥回答说："我只知道'将相和'。"

毛泽东笑一笑说："邯郸是古时赵国的都城，历史上出了不少典故，至今对我们仍有很好的借鉴作用。除了廉颇和蔺相如的'将相和'，还有赵括的'纸上谈兵'、燕国寿灵人的'邯郸学步'、邯郸城北的'黄粱梦'，很多呢！"

谈到这里，毛泽东点燃了一支香烟，语气变得低沉说："我们的左权将军也葬在这里，是从涉县移葬过来的。很可惜，他没能活到今日……"

李银桥知道左权曾是八路军的副参谋长，在1942年夏天的一次对日作战中英勇牺牲。

回到北京后的一天深夜，毛泽东和周恩来、朱德、刘少奇一起在中南海颐年堂的小会议室里，商讨解放军高级将领的授衔、授勋事宜，李银桥和成元功、郭仁、石国瑞等人侍卫在侧间房中，听毛泽东谈起了粟裕。

毛泽东吸着烟说："论功、论历、论才、论德，粟裕都可以领元帅衔。在解放战争中，谁人不晓得华东粟裕呀？"

周恩来说："可是，粟裕已经请求辞帅呢！"

刘少奇也吸着烟说："我认为，授衔不能搞绝对的均衡主义，也不能不兼顾中国革命的各个历史阶段和各野战军的情况，要尽量做到人心舒畅、鼓舞士气，使全军有一个新的气象、新的面貌。"

"男儿有泪不轻弹，只是未到授衔时！"毛泽东感叹道，"我们军队中有些人，打仗时连命都不要了，现在为了肩上的一颗星，硬是要争一争、闹一闹，有么意思？"

朱德笑了说："肩上少一颗豆，脸上无光么！同一时当兵，仗也没得少打，你为什么比我多一颗豆呀？回到家里，老婆也要说话哩！"

刘少奇说："要做思想工作，党在军队中的思想工作这时候决不可以放松。"

毛泽东再一次感叹道："难得粟裕，壮哉粟裕！竟三次'辞帅'，1945年让了华中军区司令员，1948年让了华东野战军司令员，现在又让元帅衔，比起那些闹着要跳楼的人，强千百倍么！"

周恩来也说："粟裕二让司令一让帅，人才难得，大将还是要他当的。"

"而且是第一大将！"毛泽东说，"我们先这样定下来，十大元帅十大将，提交中央军委讨论最后通过。"

刘少奇这时说："主席，军委会上许多人提议，你应该像斯大林那样，领大元帅衔；人大上也有人提出了相同的建议……"

毛泽东摆了摆手："我不要穿那身军装了！总司令总司令，人人都晓得总司令姓朱名德，我还是当我的主席好了。我们的原则是党指挥枪，有中央主席、军委主席和政府主席三个头衔，我看可以了……"

毛泽东的话把在座的人们都说笑了，侍卫在侧间房中的李银桥等人也笑了……

9月14日，毛泽东再次去了北戴河。

在这期间，毛泽东看了120多篇全国各地关于农业合作化的材料，在部分材料上写了按语，并写了序言，编辑成《怎样办农业生产合作社》一书，准备出版发行。

1955年9月25日，毛泽东离开北戴河回到了北京。

9月27日，毛泽东在中南海怀仁堂，向朱德、彭德怀、贺龙、林彪、陈毅、刘伯承、罗荣桓、聂荣臻、叶剑英、徐向前授中华人民共和国元帅军衔。

9月底，在中南海的丰泽园中，通往菊香书屋的小路旁，绿油油的蔬菜长势旺盛，高高的向日葵也结出了一个个大圆盘。这里紧挨着李银桥和韩桂馨的家，这些蔬菜和向日葵都是他们两口子种下的。

菜地东侧放着两个用木板钉成的笼子，里面养了两只广东猴，个子不大，很逗人。

李银桥夫妇种菜、养猴，主要是为了让毛泽东能在工作之余消遣一下,借以解除整日的疲劳;新鲜的蔬菜送去厨房,让毛泽东尝鲜。有时其他工作人员也来摘一些菜,跟谁也不用打招呼,大家都习以为常了。

恰巧毛泽东这天出席大会回来,李银桥紧随其后。这时,笼子里的猴儿没拴牢,跑了出来,吓得李银桥6岁的儿子急忙跑进了厕所,把自己关在里面哭起来……

小猴子不怕人,见到毛泽东便窜到了他的肩膀上,李银桥去开厕所的门抱了儿子出来,引得毛泽东哈哈大笑……

116. 推进农业合作化　改造民族工商业

1955年10月1日，北京各界群众举行欢庆国庆游行，毛泽东和周恩来、刘少奇、邓小平、彭真等党和国家领导人登上天安门城楼，以崭新的面貌同首都人民共度国庆。

10月4日下午至11日，毛泽东在怀仁堂主持召开党的七届六中全会（扩大）。会议根据毛泽东《关于农业合作化问题》的报告，通过了《关于农业合作化问题的决议》《关于召开党的第八次全国代表大会的决议》《关于党的第八次全国代表大会代表名额和选举办法的规定》，并基本通过了《农业生产合作社示范章程（草案）》。

在做会议结论时，毛泽东以《农业合作社的一场辩论和当前的阶级斗争》为题，发表了自己的意见……

会后第二天，毛泽东带着李银桥等人乘专列到河南农村视察去了。

10多天后，毛泽东回到了北京。

10月27日、29日两天，毛泽东邀集了在北京的全国工商业联合会执行委员会的委员们，在中南海颐年堂座谈私营工商业的社会主义改造问题。

这时的北京开始入冬了。天气渐冷，人们都已穿上了毛衣或绒衣，也有的人穿上了薄棉袄；北方的一些树木开始落叶，北京市的市民们也开始购买、储存过冬食用的大白菜了……

毛泽东感到全国农村的合作化运动已经普遍展开，农业合作社问题已经得到初步解决，便开始将党的工作重心转移到了对资本主义工商业的社会主义改造上来。

11月1日晚，毛泽东乘专列再次离京到各地视察。

11月4日下午，离开北京的毛泽东到了资本主义工商业相对集中的大城市上海。

在上海，毛泽东和陈毅、谭震林、柯庆施等人一起，邀集了上海市的工商界代表人士，同他们商讨了关于工商业的社会主义改造问题。

11月5日至17日，毛泽东在浙江杭州主持召开了中央工作会议，在重点讨论资本主义工商业的社会主义改造问题的同时，再一次提出了坚决消灭江南地区血吸虫病的问题。

毛泽东说：

> 一定要消灭血吸虫病！对血吸虫病要全面看，全面估计，它是危害人民健康最大的疾病，一千多万人受害，一亿人民受威胁，应该估计到它的严重性，共产党人的任务就是要消灭危害人民健康最大的疾病，防治血吸虫病要当作政治任务，各级党委要挂帅，要组织有关部门协作，动员人人动手。

在杭州，毛泽东仍然住在了西湖南岸的夕照山下。毛泽东几次外出登山，面对杭州城和满目的青山碧水，毛泽东感慨有加，遂赋诗三首：

五律·看山

三上北高峰，杭州一望空。
飞凤亭边树，桃花岭上风。
热来寻扇子，冷去对佳人。
一片飘摇下，欢迎有晚鹰。

七绝·莫干山

翻身复进七人房，回首峰峦入莽苍。
四十八盘才走过，风驰又已到钱塘。

七绝·五云山

五云山上五云飞，远接群峰近拂堤。
若问杭州何处好，此中听得野莺啼。

离开杭州后，毛泽东又到了天津，同天津市的工商界人士进行了有关资本主义工商业必须进行社会主义改造和如何进行改造的诸多问题的座谈。

一路上，李银桥听毛泽东谈论最多的话题就是"要想办法让全国的老百姓都快些富起来，都能过上好日子"，还说"革命么，就是要革地主、资本家的命，让穷苦人真正翻身走上社会主义道路"。

这段时间，在杭州和天津两地，毛泽东还分别同14个省、区的党委书记就全国的农业发展问题交换了意见。

11月20日晚上，毛泽东回到了北京。

1955年11月22日，中共中央在中南海召开资本主义工商业改造会议。毛泽东主持会议并讲了话。毛泽东要求全党同志和各级领导"统一认识，全面规划，认真地做好改造资本主义工商业的工作"。

会后在散步时，毛泽东问李银桥："银桥，你说说看，资本家该不该改造？"

李银桥回答说："早就该改造他们！不改造他们，还叫什么社会主义？"

毛泽东笑道："是呢！改造资本主义工商业，是我们党的大政方针，和农业合作化一样，是一场斗争，我们一定要尽一切努力，争取全面胜利……"

当天，毛泽东就工商业改造工作的进展情况，给黄炎培写了一封信："工商业改造工作有进步,令人欣慰。惟须加强教育,使之普及到大中小城市的各行各业。看来在工商界是可以采用自我批评这个方法的,这次工商联合会讨论的经验可以推广。"

第二天,在菊香书屋的院子里散步时,毛泽东又问李银桥:"如果你是资本家,你愿不愿意接受社会主义改造?"

李银桥想了想说:"跟着主席到处开会,听得多了。我要是小资本家,我愿意接受社会主义改造;我要是中资本家,也愿意接受改造;我要是大资本家或者是特大资本家,我就得提提条件。"

毛泽东笑了笑:"你也学了不少东西呢,有进步!"

11月24日,毛泽东又在中央关于资本主义工商业改造问题的工作会议上说:"我们历来说,中国的民族资产阶级有两面性。对它的积极性的一面要充分利用,对它的消极性的一面要加以限制,对整个资本主义工商业要进行社会主义改造。"并且强调"帝国主义眼前还不敢发动战争,我们要趁着这个机会,加快社会主义改造,加快我国的发展"。

毛泽东形象地指出:"现在,它是一只半脚踏进社会主义,人家快要变工人阶级了,已经是半社会主义者了。"

毛泽东还鼓励大家说:"我们许多同志的脑筋要活动一点,可以快一点办到的事,就快一点办到,不要拖那么久。"

从9月到12月,毛泽东主持编辑了《中国农村的社会主义高潮》一书,两次为这部书写了序言,并在104篇文章的前面写了按语,赞扬贫下中农走社会主义道路的积极性,介绍各地办农业合作社的经验。

12月21日,毛泽东为中共中央起草的《征询对"农业十七条"的意见的党内通知向全国发出。

当日,毛泽东得到消息,江西省余江县成立了以县委书记为首的5人血防小组。

散步时，毛泽东语重心长地对李银桥说："群众的潜力很大，我们共产党人就是要站在群众的前头，领导和鼓舞群众前进，不能站在后边泼冷水。"又说，"现在国际上没有什么大仗，我们要抓紧这个时机，加快我们的发展，提早完成社会主义工业化和社会主义改造。"

李银桥深受鼓舞地说："主席，我懂了！"又说，"你也要多注意身体，不要太操劳了。你常对我们讲，要多锻炼身体，你自己也要多保重呢……"

毛泽东轻轻地舒了一口气："我晓得，可时间不等人啊！如果不加快建设，将来一旦打起来，我们的困难就会加大，所以要抓紧，一切工作往前赶……"

12月22日凌晨2时，毛泽东乘专列再一次离京到南方视察。

12月23日晚，毛泽东抵达湖南长沙；24日，毛泽东到了南昌；25日，毛泽东经杭州前往上海，次日又返回了杭州。

12月26日，毛泽东在杭州。晚上休息的时候，日夜辛劳的毛泽东突然感到自己的大脑一阵阵发涨，便在房间里的一张藤椅上坐下来，让李银桥给他篦一篦头发……

在给毛泽东篦头时，李银桥发现毛泽东的头发已经白了许多，再也不是在西柏坡时"白了一根头发，胜了三大战役"的情形了，李银桥感到自己的鼻子一阵阵发酸，再看看微闭着双目的毛泽东，已经坐在藤椅上睡着了……

117. 号召向科学进军　坚持搞社会主义

光阴飞逝，时间的指针已经指向了1956年。

元旦这一天，毛泽东到了上海，同上海人民一起度过了1956年的第一天，当日晚，毛泽东乘专列又返回了杭州。

1956年1月10日，毛泽东离开杭州再次前往上海。1月11日早晨，毛泽东离开上海前往南京。

1月12日，毛泽东回到了北京。

第二天，刚刚回到北京的毛泽东得知了他在延安时的警卫员齐吉树患了高血压病，很关心，便让李银桥和叶子龙分头去给齐吉树买药。

1月14日凌晨，入睡前的毛泽东提笔给齐吉树写了一封信，嘱他慢慢治病，"不要性急"，并告知他"药已托人去找"，同时给他寄了自己的照片。

第二天，北京各界20多万人在天安门广场举行联欢，庆祝社会主义改造的胜利。毛泽东意气风发地带着李银桥和叶子龙、汪东兴、罗瑞卿等人同周恩来、刘少奇、朱德等领导人一起出席了联欢会。

会后，全国的资本主义工商业迅速实现了公私合营。

1956年1月20日，毛泽东在中央召开的关于知识分子问题会议上发表讲话，号召全党同志努力学习科学知识，同党外知识分子团结一致，为迅速赶上世界科学先进水平而奋斗。

毛泽东坐在主席台上对大家说："我们党在长期的革命斗争中，形成了一条马克思列宁主义的工作路线，这就是：放手发动群众，紧紧依靠群众，由群众自己起来斗争，由群众自己解放自己。"

毛泽东还说："我们的事业，我们的一切工作，我们的各项计划，从根本上说来，都不过是反映人民群众的要求。要使我们的政策规定得正确，任务提得适当，既不右，也不'左'，就必须同人民群众保持经常的密切的联系，深入地了解人民群众的思想情绪。"

讲到这里，侍卫在侧室的李银桥见毛泽东伸出大手两次向下按，做出"深入下去"的表示……

毛泽东接着说："哪怕是知识分子中间的落后分子，也是可以改变的。党要加强领导，促进他们的改变，并且要看到他们的改变。"又说，"现在我们革什么命，革技术的命，革没有文化、愚昧无知的命，所以叫技术革命、文化革命。"

毛泽东喝了一口茶水，继续说："有人说，做革命工作，要发动群众和依靠群众；做建设工作，只要依靠少数懂得技术的干部就行了。这种说法对不对呢？我看不对。进行社会主义建设，科学技术自然十分重要，没有一定数量的科学技术干部是不行的。为了进行技术革命和文化革命，我们现在就应该提出这样的任务，即在十几年内造就出大批的红色专家。但是，同革命工作一样，在建设工作中，起决定作用的，还是工农群众。科学技术人员，也只有同工农群众相结合，才能真正发挥他们的才能，做出优异的成绩。那种只依靠少数人而不依靠群众，信任少数专家超过了信任群众的做法，显然是不对的。这样做，只能使我们的事业进行得又慢又差，而不是又快又好。"

毛泽东强调指出："搞技术革命，没有科学技术人员不行，不能单靠我们这些大老粗。这一点要认识清楚，要向全体

301

党员进行深入的教育。"还说，"我们国家大，人口多，资源丰富，地理位置好，应该建设成为世界上一个科学、文化、技术、工业各方面更好的国家。"并说，"中国要培养大批知识分子，要有计划地在科学技术上赶超世界水平，先接近，后超过，把中国建设得更好。"

毛泽东还十分形象地说："搞社会主义，不能使羊肉不好吃，也不能使南京板鸭、云南火腿不好吃。现在云南没有火腿了吗？不能使物质的花样少了，布匹少了，羊肉不一定照马克思主义做。在社会主义社会里，羊肉、鸭子应该更好吃，更进步，这才体现出社会主义比资本主义进步，否则我们在羊肉面前就没有威信了。"

毛泽东的话，引起了与会同志们欣然的笑声……

毛泽东最后说："要准备对付突然袭击。世界上有帝国主义存在，就有那么一些疯子，他们会不顾人民的反对，硬把世界战争强加在人民的头上。我们必须充分估计到这种可能性。我们的工作安排，要放在帝国主义突然袭击可能提早到来这一点上。"

会后，全国开始出现了"向科学进军"的新气象。

在紫云轩的书房里，毛泽东对李银桥和高智说："科学也是生产力，我们搞社会主义，就是要解放生产力。"

1月25日，毛泽东在中南海主持召开最高国务会议第六次会议，提出了社会主义革命的目的是为了解放生产力的科学论断。

会上，毛泽东十分明确地指出："社会主义革命的目的是为了解放生产力。"并说，"农业和手工业由个体的所有制变为社会主义的集体所有制，私营工商业由资本主义所有制变为社会主义所有制，必然使生产力大大地获得解放。这样就为大大地发展工业和农业的生产创造了社会条件。"

在会上，毛泽东还讲了国家建设的长远规划问题，讲了"进行社会主义革命所用的方法是和平的方法"等问题。

讲话中，毛泽东还打着手势对大家说："公私合营走得很快，这是没有预料到的，谁预料得到？现在又没有孔明，预料不到那么快。去年李烛老（全国工商联副主任李烛尘）在怀仁堂讲高潮，我那个时候还泼了一点冷水。我说：'你那样搞太厉害，你要求太急了。'又对他讲：'要瓜熟蒂落、水到渠成，要有秩序、有步骤地来，不要搞乱了。'"

刘少奇插话说："我们搞公私合营，基本上做到了有秩序、有步骤。"

周恩来也说："也就是瓜熟蒂落、水到渠成嘛！"

1956年2月10日下午，毛泽东收到了儿媳刘思齐的一封来信。

这时的刘思齐已改名刘松林，正在苏联学习。事前，毛泽东同意她换换环境，并鼓励她"争口气，学成为国效力"。现在，毛泽东接信后感慨万千，在菊香书屋的办公室里久久地看着信发呆，好长时间不说一句话、不喝一口水、不吸烟，也不写东西了。李银桥近前提醒说："主席，明天就是年三十了，思齐来信给你拜年，你应该高兴……"

毛泽东这才收了信说："每逢佳节倍思亲啊！思齐是个好孩子……"又说，"她在苏联，不大晓得国内的情况，我要给她写封信。"

2月11日是农历的大年三十。

晚上，毛泽东一家人在一起吃了顿猪肉馅饺子。吃饺子，毛泽东也要沾了辣椒面来吃。

警卫分队内卫班的战士们，还跑来菊香书屋的院子里，叫上李敏、李讷、毛远新和王博文，一起燃放鞭炮和"二踢脚""窜天猴"。毛泽东饭后坐在北面房前的一把藤椅上，看着孩子、战士们一起放鞭炮，显得比较开心……

这时的北京城里，到处可以听到噼里啪啦的鞭炮声和乒乓作响的炮鸣声；从中南海里向外望去，北海的高地上和景山上，一串串拿在人们手上的红灯笼四处晃动，呈现着一派祥和的热闹景象……

春节后，毛泽东听取了中央和国务院各部委、各部门的工作汇报，并认真翻阅了大量资料、观看了部分工业产品展览，广泛进行调查研究，认真探索进行社会主义建设的道路……

2月14日，毛泽东给刘松林写了一封信，通过外交部直发苏联大使馆："希望你注意身体，不使生病，好好学习。我们都好，勿以为念。国内社会主义高涨，你那里有国内报纸否？应当找到报纸，看些国内消息，不要和国内情况太隔绝了。"

2月17日，毛泽东在最高国务会议上，再一次强调指出"全党动员，全民动员，消灭血吸虫病"。

会上，毛泽东还同南京市委的负责同志进行了一次认真的谈话，详细询问了南京市的经济建设情况。当他听到南京市已有化工、电子、机械、汽车、轻纺、食品和建筑材料等综合发展的工业时，高兴地说："南京解放时才8000产业工人，蒋介石应该失败的。他不发展生产，怎么能解决群众生活！现在有15万产业工人，一个人养活4口人，那就养活60万人。"

侍卫在侧室的李银桥感到毛泽东以通俗的语言，告诉了人们一个历史唯物主义的基本原理：经济建设是社会主义建设的中心任务，经济建设搞上去了，全盘工作就主动了；如果不能使生产事业尽可能迅速地恢复和发展，人民的物质和文化生活逐步得到改善，那就站不住脚……

会后，中央血防九人小组和国务院卫生部即根据毛泽东的指示，组织了专家考察团去江西省余江县考察血防工作；江西省卫生厅也从省级医院抽调了数十名医生到余江县，免费为疫区人民治病。

2月下旬的一天，毛泽东在中海边散步时对李银桥说："银桥呵，你和我都是从农村出来的，你说说看，中国的农民要富起来，该是个么样子啊？"

李银桥想了想说："家家户户有地种，有牲口有大车，大宅院砖瓦房……"

毛泽东说："现在农业合作化了呢！"

李银桥又想了想说："楼上楼下，电灯电话，每个合作社都有拖拉机，有抽水机，还得有汽车，每个村上都有电影院……"

毛泽东一边散步一边说："中国的农民要富，这是肯定的。但富到么样子，现在还不晓得。土地国有了，生产资料集中了，拖拉机和抽水机也要有，大型的农业机械掌握在国家手里，管理也是个问题……"

"要不得搞社会主义呢！"李银桥说，"村里老百姓的文化低，文盲多，农业要搞机械化，也得懂技术、会管理呢！"

"是么！"毛泽东感叹道，"中国的大问题还是农业问题。中国五亿人口，四亿农民，农业搞好了，上去了，工业也就好办了。俗话说：'手中有粮，心中不慌。'"

李银桥笑着说："主席，这叫吃饱了肚子干革命！"

毛泽东也笑了："说得是哩，要吃饱了肚子干革命！"

118. 苏共大反斯大林　中共论十大关系

1956年3月5日，毛泽东在中南海紫光阁听取国务院有关部门的汇报时，做出了"加快手工业的社会主义改造"的指示。

3月17日，毛泽东发布中华人民共和国主席令，命令公布了《农业生产合作社示范章程》。

3月29日，全国工商业家属和女工商业者代表大会在北京召开，毛泽东到会接见了全体代表。

在这段时间里，毛泽东几乎天天都在听取各有关部门的情况汇报，废寝忘食地研究和探讨如何解放生产力，如何更快、更好地进行社会主义建设，使中国摆脱贫穷、尽快走上富强之路……

4月5日，《人民日报》根据中央政治局扩大会议的讨论写成的编辑部文章《关于无产阶级专政的历史经验》发表。文章的基本观点是毛泽东提出的，驳斥了帝国主义和各国反动派对无产阶级专政和社会主义制度的攻击。

这时，在苏联共产党内部，苏共中央总书记赫鲁晓夫开始反对斯大林，反对斯大林生前的许多过激行为，并通过反对斯大林生前的这些过激行为进而反对斯大林本人、全盘否定斯大林。周恩来受中共中央和毛泽东的委任，秘密出访莫斯科，了解发生在苏共中央内部的这一令毛泽东高度重视和令中国共产党人费解的事态详情……

4月中旬的一天早晨,工作了一夜的毛泽东吃过安眠药以后,却一个上午未能入睡。实在睡不着了,他让值班卫士田云玉叫来了李银桥,然后对田云玉说:"你下去吧,我和银桥说几句话。"

田云玉退出后,毛泽东倚在床上对李银桥说:"现在苏联有人反对斯大林,而且是斯大林生前曾经十分信任过的人。这件事我同你讲,你先不要同别人讲。我问你,你是怎么看斯大林的呀?"

李银桥凭感情回答说:"要从过去讲,斯大林并不支持我们,也不承认我们,他是有错误的。要从现在讲,他又是第一个承认我们新中国的人,还同我们签订了友好同盟互助条约,支持我们抗美援朝,支援我们的社会主义建设,是有大功的。"

毛泽东不动声色地吸着烟,听李银桥继续说:"主席,斯大林在国际上有那么高的威望,国内那么多人拥护他,苏共党内有谁敢反对他呢?"

"你讲的有你的道理。"毛泽东思考着说,"问题复杂呢!这股风要刮,迟早要刮,要刮到东欧还要刮到我们中国来。我们国内的一些人,只是一些人,会利用这股风……"

"那又怎么样?"李银桥抬高了声音说,"天下是我们打下来的!我们牺牲了那么多人,还不都是为了全国的老百姓?没有共产党,哪会有新中国?"

毛泽东深沉地说:"没有斯大林,苏联的卫国战争也不晓得会是个么样子,第二次世界大战也不晓得要打到哪一年呢!"接着又说,"可现在的问题不在这里,问题是斯大林生前杀的人太多,容不得人家提反对他的意见……"

1956年4月20日,毛泽东电贺西藏自治区筹委会成立。

25日至28日,毛泽东在中南海主持召开了中共中央政治局扩大会议。这时,秘密出访莫斯科的周恩来已经回到了北京。

在这次扩大的政治局会议上,毛泽东做了《论十大关系》的重要讲话,以苏联经验为鉴戒,初步总结了探索适合中国国情的社会主义建设的经验,提出了探索适合中国国情的社会主义建设道路的任务。

毛泽东在讲话中说:"不用说有了十年、十二年,我们应当办好沿海的工厂,就算只要八年、七年、六年,甚至只要有五年的时间,我们也应当在沿海好好地办四年的工业。办了四年以后,等到第五年打起来了再搬家,也是完全合算的。不要说三千公尺的上空没有原子弹,就是一万公尺的上空也没有原子弹。"

毛泽东又说:"现在全世界都在谈论减少军事经费、发展和平经济问题,英国、法国谈得最多,美国有时候也被迫地谈一下。现在是和平时期,军政费用的比重太大了不好。那时(指苏联卫国战争初期)的红军,由于肃反扩大化削弱了干部,由于战略指导思想是要御敌于国门之外,国内不修工事,有攻无守,结果希特勒打进来,抵抗不住,只好按照诸葛亮的办法,三十六计走为上计,一直退下来。在这些方面,我们现在都比他们那个时候强。"

毛泽东还说:"据说一直到(苏共)第十九次代表大会那个时候,苏联粮食的产量还没有达到沙皇历史上的最高水平。如果真是这样,这就是大问题了。如果真是这样,集体化机械化的优越性在哪里?社会主义制度比沙皇制度好又要怎么说呢?"

毛泽东继续说:"我国宪法规定,地方没有立法权,立法权集中在全国人民代表大会。这一条也是学苏联的。因为起草宪法的时候,我曾经问过一些同志。是不是应该这么写,据说苏联是这样,有些资本主义国家也是这样,但美国似乎不是这样。美国的州可以立法,州的立法甚至可以和联邦宪法打架,比如宪法上并没有剥夺黑人权利这一条,但有些州的法律就有这一条。似乎财政和税收方面，州和州的立法都不统一。美国这个国家很发达，它只有一百多年就发展起来了，这个问题很值得注意。我们恨美国那个帝国主义，帝国主义实在是不好的，但它搞成这么一个发展的国家总有一些原因。它的政治制度是可以研究的。看起来，我们也要扩大一点地方的权力。地方的权力过小，对社会主义建设是不利的。"

讲到这里，毛泽东加重了语气说："在这一点（党与非党关系）上我们和苏联不同。他们是打倒一切，把其他党派搞得光光的，只剩下共产党的办法，很少能听到不同的意见。"又说，"斯大林不知道是怎么想的，抓到一个就杀一个，结果犯了大错误。其实，托洛茨基是可以不赶走的，季诺维也夫也是可以不杀的。至少可以让他们当个政协委员吧！特别重要的是，不割脑袋的办法可以避免犯错误。人的脑袋不像韭菜那样，割了一次还可以长起来，如果割错了，想改正错误也没有办法。斯大林说反革命越搞越多，这个道理是不对的。反革命是越搞越少，不是越搞越多。"

毛泽东还说："第二次国内战争后期的王明'左'倾冒险主义，抗战初期的王明右倾机会主义，都是从斯大林那里来的。解放战争时期，先是不准革命，他说如果打内战，中华民族就有毁灭的危险；仗打起来了，对我们半信半疑；仗打胜了，又怀疑我们是铁托式的胜利。1949、1950年两年我们的压力很大。那个时候，除了党内同志以外，全世界只有蒋介石一个人天天替我们辩护，不用工资，替我们做义务宣传，说我们不是铁托。讲起斯大林，我们有三肚子火。可是，我们还认为他是三分错误，七分成绩，这是公正的。"

会议期间的一天晚上，李银桥侍卫着毛泽东同出席会议的人们在怀仁堂看了昆剧《十五贯》。毛泽东对坐在他身边的刘少奇和周恩来说："这个戏全国都要看……"又招手对坐在他身后的李克才和罗瑞卿说："特别是你们要看、公安部门要看。"

会间休息时，李银桥侍卫着毛泽东同参加会议的人们谈话，听毛泽东说："不要用人名地名，不许发一切致敬电，不要提英明领导，不要用马、恩、列、斯、毛的提法，不要迷信权威。"

4月28日，开了4天的中央政治局扩大会议结束。毛泽东在总结发言时说："'百花齐放、百家争鸣'，我看这应该成为我们的方针。艺术问题上百花齐放，学术问题上百家争鸣。讲学术，这种学术可以，那种学术也可以，不要拿一种学术压倒一切，你如果是真理，信的人势必就会越多。"

在谈到国有企业的经济体制问题时，毛泽东同大家探讨说："关于社会主义经济体制问题，一长制毫无疑义是不要了，不过形式上的决议案还没有通过。至于企业的独立自主，列宁所谓独立自主到如何程度，请你们大家注意研究。我想，企业应该有怎样一种独立呢？我随便这么讲，不是很正确的语言，叫作要有点'独立王国'，就是要有半独立性，或者有几分之几的独立性，公开的、合法的'半独立王国'。没有一点'独立王国'，那么事情也很难办，这个问题很值得研究的，请大家研究。"

4月30日，全国先进生产者代表会议在北京召开，毛泽东出席了开幕式。

李银桥一直侍卫在毛泽东的身边，深深感到，毛泽东为了探索适合中国国情的社会主义道路，日夜操劳、呕心沥血，把全部的精力都投入人民的事业中去了……

119. 再次接见董其武　毛泽东怒发广州

1956年5月1日，毛泽东、周恩来、刘少奇、朱德等人出席了各界群众在天安门广场举行的庆祝五一劳动节的大联欢活动。

5月2日，毛泽东主持召开最高国务会议，正式宣布党的"双百方针"。

毛泽东在会上郑重其事地说："中国共产党对文艺工作主张百花齐放，对科学工作主张百家争鸣。"

毛泽东还详细说："在艺术方面的百花齐放的方针，学术方面的百家争鸣的方针，是有必要的。百花齐放是文艺界提出的，后来有人要我写几个字，我就写了'百花齐放，推陈出新'。现在春天来了嘛，一百种花都让它开放，不要只让几种花开放，还有几种花不让它开放，这就叫百花齐放。百家争鸣，是说春秋战国时代，有许多学派，诸子百家，大家自由争论，现在我们也需要这个。""在中华人民共和国宪法范围之内，各种学术思想，正确的、错误的，让他们去说，不去干涉他们。李森科、非李森科，我们也搞不清，有那么多的学说，那么多的自然科学学派，就是社会科学学派，也是这一派、那一派，让他们去谈。在刊物上、报纸上可以说各种意见。"

会后，李银桥腋下夹着厚厚的公文包，跟在毛泽东的身后从怀仁堂回来，走进丰泽园而未到菊香书屋时，毛泽东忽然站在卫士值班室的门口哈哈大笑起来。李银桥赶紧上前一看，不由得也笑了。值班室的卫士们闻声跑出来一看，也同毛泽东和李银桥一起笑起来……

原来，值班室门外用大柳条筐养着一对小白兔，因为院子里有草、菜地有菜，小兔子经常被人们放出来。而眼前，两只毛茸茸的小白兔却被李银桥仅两岁的女儿赶了出来，自己爬进了大柳条筐，坐在里面扬扬自得地东张西望，头上还挂着不少的草叶子……

毛泽东哈哈大笑着，对李银桥说："你这个女儿啊，比男孩子还淘气！"

李银桥赶紧去抱女儿，女儿却大大咧咧地不肯离开小白兔的窝……

毛泽东近前弯腰对李银桥的女儿说："小媛媛，你这是唱的哪一出啊？是《柜中缘》还是《苏三起解》？都不像么……"

李银桥的女儿忽闪着两只大眼睛，坐在筐里对毛泽东说："我，我是小白兔妈妈……"

毛泽东抱起了小媛媛，疼惜地说："小白兔妈妈好么，那也该让小白兔回家呀……"

卫士们从毛泽东的怀中接过小媛媛，抱着她去找小白兔了……

在这期间，到北京来参加五一节联欢活动的董其武将军，拿着夹着的许多信件的文件包进中南海来见毛泽东。

在菊香书屋的会客室里，李银桥给董其武奉上茶水后，毛泽东问他："有么事情呀？"

董其武说："主席，过去说对起义人员是既往不咎，现在几乎全都'咎'了。我手下的人，有被抓的、被押的，有管教的，有劳动改造的。我接到许多起义人员的信，都转到国务院了，问题还是得不到解决……"

毛泽东说："咱们的经是一部好经，被下面的小和尚、歪嘴和尚念错了！"随即拍着桌子提高了声音说，"改，一定能改好！"

董其武听了毛泽东的话很兴奋，他带去的信一封也没有留给毛泽东。

5月3日，毛泽东乘飞机离开北京，带着李银桥和叶子龙等人先到广州，开始了对江南数省的又一次视察。

这时的广州城，天气已经很热了。入夜，宽阔的珠江江面上轮船如梭、汽笛声声，珠江大桥上人流不息；珠江岸边，许多纳凉的人或徘徊在林荫道上，或成双结对地坐在沿江的靠椅上说着悄悄话。江北岸的南方大厦高高地矗立在斑斓夜色中，悬挂在大厦上的一串串彩色灯泡闪烁着迷人的亮光……

广州，曾是彭湃、罗绮园、阮啸山、谭植棠、毛泽东、周恩来、恽代英、萧楚女、张秋人等人举办过农民运动讲习所的地方，又是中国共产党领导成立中华全国总工会的原所在地，林伟民、刘少奇、苏兆征、邓中夏、李立三、李森等人都曾在这里工作过，并且是中国共产党广东区委员会的原所在地，毛泽东早年曾多次到广东区委员会参加会议。因此，毛泽东对广州有着不同于别处的特殊的革命感情……

只是，广州此时的天气燥热。毛泽东在听取了广东省委、省政府和广州市委、市政府主要领导人的几次工作汇报以后，忽然在一天中午对李银桥说："银桥，我们走吧！到长江边上去，我们去游长江。"

李银桥一时没有表态，而是将毛泽东的吩咐报告了同行的罗瑞卿。

罗瑞卿立刻和同行的湖北省委第一书记王任重及同行的汪东兴商议，3个人都表示反对。他们认为，海比江大，但江比海险，无论流速还是水情的复杂性，长江都比北戴河的海滨浴场危险。万一出点儿闪失，他们认为无法向党、向全国人民交代。

罗瑞卿跟着李银桥来见毛泽东,见毛泽东正面对着珠江喃喃自语,便好言劝说道:"主席,我是不同意你去游泳,我要负起责任,你去游长江我负不起责任……"

罗瑞卿万万没有想到,毛泽东竟很烦躁地大发雷霆:"无非你们就是怕我死在那个地方么!你怎么晓得我会淹死?"

罗瑞卿吓了一跳,李银桥也吃惊不小,罗瑞卿显得很被动,他怎么敢想毛泽东被水淹死呢?便立刻解释说:"主席,不是那个意思,保护你的安全是党和人民交给我的任务,我是不同意你冒风险,哪怕是一点风险也不能有……"

毛泽东余怒未消地大声说:"先派人去试试水性!"

罗瑞卿只好通知汪东兴,派了警卫一中队的队长韩庆余去长江考察,看到底能不能游……

没想到,韩庆余也是不同意毛泽东游长江的。他去长江考察水情,只是沿江岸询问了一些人,都说江里的漩涡太大太多,不能游。他乐意听这些话,有了考察证明,便匆匆赶回广州来向毛泽东汇报。

毛泽东盼什么似的盼回了韩庆余,一听说是不能游,脸上立刻挂起了怅然若失的神情,板着面孔问道:"你下水了没有?"

韩庆余没想到毛泽东会有这么一问,脸立刻红了,心虚地回答说:"主席,我没有下水……"

"没下水你怎么晓得不能游。"毛泽东显然不高兴了,随即对站在身边的罗瑞卿说,"再派人去!"

罗瑞卿便通知汪东兴,要派李银桥去长江,被毛泽东喝止住了:"你们派不出人来了?银桥在我身边不能动,你们另派别人!"

罗瑞卿和汪东兴面面相觑,只得另派了毛泽东的副卫士长孙勇去实地考察,因为孙勇的水性好,会下到江里去试一试。

临行前,毛泽东指着孙勇说:"你再去,要亲自看看长江到底能不能游。"

孙勇接受任务说："是，我一定下到水里去！"

孙勇到了武汉，自然下了水，游了一趟回来，向毛泽东报告说："主席，我游了一趟，没问题，完全可以游。"

王任重听说后，匆匆忙忙赶回武汉，亲自选派游泳健将护泳，并且组织人员进一步试探了水性，选择好了下水的地点……

120. 东湖宾馆座谈会　毛泽东三渡长江

1956年5月30日上午6时,毛泽东乘飞机飞离了广州。

当天上午,毛泽东飞抵长沙。在长沙,毛泽东特意游了湘江,算是游长江的热身运动……

5月31日,毛泽东带领众人飞到了武汉。

毛泽东飞抵武汉后的最重要的事情,就是召集一些人开座谈会,中心议题是对农业合作化的经验进行总结。湖北省委还根据毛泽东的要求,派了省委副秘书长梅白到毛泽东身边,帮助他料理一些日常事务。

毛泽东此次来武汉,依然住在了武昌的东湖宾馆。

座谈会上,开始时足足有15分钟没人发言。后来有人发言了,讲的也都是一个调子,只讲农业合作化的好处和农业合作社的优越性。

毛泽东听得很不耐烦,打断了大家的话说:"休会,明日再讲。"

人们散去后,毛泽东对梅白说:"可惜呀,大家都讲一样的话,千篇一律,这不是党的传统么!"

梅白刚刚来到毛泽东的身边,不敢贸然讲话。侍卫在一旁的李银桥看了看毛泽东,笑着说:"一回生,二回熟,再开会时大家就敢讲话了……"

毛泽东说："开一大时就有争论，二大、三大、四大、五大都是如此。党魁怎么讲，下面跟着讲，鹦鹉学舌么！所以，第一，我还是不能死掉，我还得再搞一段；第二，怎么提高我们党的理论水平，延安整风以后，我快活了一阵子，指导思想统一，领导机构改善了，七大开成了团结的大会，胜利的大会……"

讲到这里，毛泽东让梅白和李银桥都坐下来，加重了语气又说："今日开的是重复发言的小会，耽误时间的小会。"接着对梅白说，"你把我的意思转告王任重同志，明日开会，中心议题是能否搞生产规划，要畅所欲言。"

这时正是武汉市的夏初时节，宽阔的东湖水面上水波粼粼，湖边珞珈山上清风徐徐、松涛赫赫，毛泽东在当晚睡了一个好觉。

第二天接着开会。湖北省委将他们已经编写好的农业生产发展规划拿了出来，梅白把规划送给了毛泽东。

王任重在发言中说，这些规划都是符合湖北省的实际情况的，第一是可能性，第二是必要性；农民组织起来以后，有无规划大不一样。有了规划就可以知道社会主义怎么搞，能够使合作社的社员看到未来以及眼前的利益……

毛泽东在笔记本上连续记着，脸上露出了笑容，连声说："好，好么！"

参加座谈会的其他同志，在发言中也都说出了心里话。

临近中午，毛泽东宣布休会："今日就开到这里吧！"接着又说，"昨日的会议使我失望，今日的会议使我高兴。你们不能看眼色行事。"说到这里，毛泽东挥了一下手，幽默地继续说，"我的脸色是千变万化的，蒋介石是以不变应万变，我是以万变应付蒋介石的不变的。"

听毛泽东这样一讲，王任重第一个笑起来，其他的人也都舒心地笑了……

下午，毛泽东当着叶子龙和李银桥的面，提醒梅白说：

"不要秘书参政,更不要秘书专政。你到我身边来,不能干扰我,你可以做那些减少我的劳动、增加你的智慧的工作。"

李银桥和叶子龙都知道,毛泽东是知识分子出身,是一位具有很高的理论水平、文学能力、学术修养的政治领袖,在长期的战争岁月中又积累和掌握了高超的军事指挥才能。他有自己的一套科学的立场、观点和方法,有强劲的个人意志。不要说秘书,就是他的战友中也没有谁能在这几个方面超过他。这使他完全可以做到不让秘书专政。在日常工作中,毛泽东总是亲自动手起草文件、报告、文章、指示。这一点,毛泽东和周恩来、刘少奇都是一样的。

李银桥和叶子龙还知道,毛泽东之所以不让秘书参政,主要是不让秘书人员干扰他对重大问题的决策,并不是不让秘书提出对某一具体问题的初步处理意见和办法。不让秘书专政,主要是担心妨碍他得到真实的信息。因为任何信息在传递过程中,会因传递者的理解与语言歧义形成流失。经过一层中传,就会或多或少地变一点样、脱离实际一点。因此,毛泽东总是要尽量掌握第一手材料,让他的卫士和身边的警卫人员探亲时写各自家乡的调查报告,回来后直接交给他……

1956年5月31日这一天,毛泽东还到长江中去游泳了。

这是毛泽东第一次横渡长江。李银桥清楚地记得,1947年秋天,毛泽东在陕北葭县南河底村搞农村社会调查时,曾上白云山,白云寺里的老方丈对毛泽东说:"中国的江河湖海,主席尽可去游……"

现在,毛泽东就要游长江了。这时,武汉正在修建长江上的第一座铁路、公路两用大桥,只是还没有建成通车。

毛泽东兴致勃勃地登上一艘客轮,工作人员把软梯放入水,韩庆余和孙勇照顾着穿了短裤的毛泽东下到江中,李银桥和叶子龙紧紧跟在毛泽东的身后……

在波涛汹涌的江水中,毛泽东游泳就像散步一样轻松自如，一边和李银桥、叶子龙、孙勇等人说笑，一边侧着身子悠哉悠哉地划着水；兴浓时，还突然潜入水中，然后再慢慢浮出水面，在水中点了香烟吸……

李银桥在水中护卫着毛泽东，边游边想：毛泽东已经是63岁的人了，还能够在长江的大风大浪中如此逍遥自在地游泳，连许多年轻人都比不过他，真是有雄心、有胆量、有气魄啊！

李银桥还想，只要毛泽东身体健康，就是全中国人民的最大幸福啊……

当天游泳后回到东湖宾馆，毛泽东又召集了上海市委书记柯庆施、湖北省委书记王任重、安徽省委书记曾希圣等人在一楼会议室开会。

在接下来的几天时间里，毛泽东又连续两次下水横渡了长江。最后一次，游在毛泽东身边的叶子龙见毛泽东呛了水，立刻招呼李银桥一起，要毛泽东套上救生圈上客轮。毛泽东知道沿江两岸有许多人都在注视着他，便依然坚持着继续游。李银桥和叶子龙急了，两个人横阻在毛泽东的前方，强迫"命令"毛泽东上了跟在后面的客轮……

6月4日，毛泽东乘飞机回到了北京。

6月，毛泽东在中南海准备接见巴基斯坦驻华大使递交国书。

接见前，毛泽东在颐年堂兴奋地对周恩来和其他人说："这次在武汉，罗长子不许我下到长江去游泳，我就去，还不是去了吗？一游就是15公里！我在几天当中游了3次，明年6月份我还要去，把他也拉下水……"

李银桥见到毛泽东的这种得意之态，一直持续到接见巴基斯坦大使开始。当大使出现在面前时，他才恢复了平常在公开场所表现的那种庄严神态……

回到菊香书屋，毛泽东诗兴盎然，饱蘸浓墨写下了一首词：

水调歌头·游泳

才饮长沙水,又食武昌鱼。
万里长江横渡,极目楚天舒。
不管风吹浪打,胜似闲庭信步,
今日得宽余。
子在川上曰:逝者如斯夫!

风樯动,龟蛇静,起宏图。
一桥飞架南北,天堑变通途。
更立西江石壁,截断巫山云雨,
高峡出平湖。
神女应无恙,当惊世界殊。

121. 毛泽东鼓励争鸣　专列上赠诗释疑

1956年6月中旬的一天下午，毛泽东的保健医生、中联部部长王稼祥的夫人朱仲丽到菊香书屋来给毛泽东检查身体。

在书房，朱仲丽坐下后对毛泽东说："主席，这次你一连三次横渡长江，我得给你好好检查一下。"

毛泽东十分自信地说："我的身体没问题么！罗长子不想让我游，怕我淹死没办法向人民交待，我偏要游，我毛泽东还不会死掉呢！"

这时，李银桥来见毛泽东，分别给毛泽东、朱仲丽沏了茶水。毛泽东又说："别人都说长江很大，其实大并不可怕。美帝国主义不是很大么？在朝鲜，我们顶了它一下，也没得什么了不起。所以，世界上有些看似很可怕的东西，其实并不可怕。"

朱仲丽和李银桥都笑了，毛泽东也爽朗地笑了。朱仲丽问："你真的一点儿也不感到累吗？"

"也不尽然呢！"毛泽东看了李银桥一眼，风趣地说，"老实讲，人要有胆量，但不可以逞强哩！我这次在长江游的时间太长了，第三次游时已经感到全身乏力、有些疲劳了，可还要逞强，继续游，要不是叶子龙看到了，和银桥逼着我上船，我只怕真的要淹死了！"

朱仲丽笑道："我不相信，主席很会游泳……"

毛泽东摆了摆手说:"你不相信,群众也不相信,这种心情我理解,所以,我就越游越起劲么!"

朱仲丽说:"主席,人们都争着看你的勇敢和毅力呢!"

"哦……"毛泽东感叹道,"就这一下子坏事了,呛了水哩!"又说,"我被娇宠了,世界上的事,就是不能有这种唯我独能的思想。这次好险喔,幸亏有人下命令,也亏得我服从了命令……"

李银桥在一旁笑了笑,毛泽东也笑了,朱仲丽趁机起身说:"既然主席肯服从命令,那我就别说那么多了,让我检查身体吧!"

毛泽东抬了眼皮说:"那就检查么!"

李银桥看着眼前的这一切,再一次舒心地笑了……

6月15日,第一届全国人民代表第三次会议在北京召开,李银桥侍卫着毛泽东出席了当天的首次会议。

第二天,来北京开会的复旦大学教授周谷城,应毛泽东之邀进中南海来见毛泽东,李银桥引他到露天游泳池同毛泽东会面后,毛泽东请他一起游了一会儿泳。

游罢上岸,在休息室,毛泽东让李银桥拿出一册大条线装本的《汉书》来,毛泽东翻到第56卷《赵充国传》,对周谷城说:"这个人很能坚持真理。他主张在西北设屯田军,最初赞成的只有十之一二,反对者十之八九;他因坚持真理,后来得到胜利,赞成者十之八九,反对的十之一二。"毛泽东将《汉书》送给周谷城,又说:"真理的贯彻,总要有一个过程,但要坚持。"

周谷城知道,毛泽东这是在鼓励他。因为,自从党中央提出"百花齐放、百家争鸣"的方针,周谷城表示了热烈拥护,连续发表了多篇有关逻辑学和美学方面有独到见解的文章,引起国内学术界的大争论。其中一次是由他写的《形式逻辑与辩证法》一文引起的争论。前不久,时任中共中央政治局候补委员的康生,凭借手中的权力,下令对周谷城进行了"批判"。

于是，一顶顶大帽子向周谷城的头上扣来，一根根大棒向他的身上打来。正是在这场争论期间，毛泽东约见了他……

受到鼓励的周谷城满怀着激动、振奋的心情，双手捧着毛泽东送给他的《汉书》离开了菊香书屋……

一届人大三次会议还在进行中，毛泽东带了李银桥等不多的几个人乘飞机到了上海。

在上海，毛泽东再次请周谷城来见了面，并请他一起到展览馆去吃晚饭。

吃饭时，毛泽东对周谷城说："你的文章写得很明确么，要继续争鸣。"

侍卫在侧的李银桥见周谷城心有余悸地说："主席，我很孤立，火箭炮冲起来，我有些受不了……"

毛泽东鼓励他说："你不孤立，你的意见有人赞成么！"

周谷城说："意见虽然有人赞成，但火箭炮冲起来总不好受。"

毛泽东继续鼓励他："没什么了不起，辩论就是么！"

这时，李银桥在一旁见周谷城的眼睛里含了泪花……

毛泽东回到北京后，得知青岛召开的遗传学座谈会结束了，不同学派的遗传学学者在会上各抒己见、取长补短，会议开得很成功，便邀请了谈家桢到中南海的怀仁堂来，要他汇报青岛座谈会上的情况。

当谈家桢汇报时，李银桥见毛泽东一边认真听一边不住地点头："嗯，应该取长补短。"并说，"一定要把遗传学的研究工作搞起来，要坚持真理，不要怕。"

谈家桢说："主席，《人民日报》最近有一篇社论，题目是《要反对保守主义，也要反对急躁情绪》，不知该如何理解其中的内容？"

毛泽东生气地说："6月20日的社论是个原则错误！社论的提法同魏忠贤的办法一样，君子小人。引我的话，掐头

323

去尾，只引反'左'的，这不对么！形式上两面反，实为反'左'。"

谈家桢受到鼓励，对毛泽东说："我一定努力，把我国的遗传学搞上去！"

毛泽东高兴地说："这就对了么！有困难，我们一起来解决。"

6月30日，第一届全国人民代表大会第三次会议胜利闭幕。

1956年7月23日，毛泽东专列上的女服务员姚淑贤和男友约好了星期六晚上去中南海东南侧的中山公园见面，却突然接到命令准备出车。毛泽东要去北戴河开会。

下午3时，毛泽东一登上专列，火车便开动了。

李银桥紧跟在毛泽东的身后，走到会客车厢，毛泽东忽然站住脚，环视着身边的工作人员，问道："今日是星期六喔，你们谁有没得么约会？"

别的人都没有答话，只有姚淑贤脱口答道："有，我有！"

毛泽东将脸转向姚淑贤："跟什么人有约会？"问话时，毛泽东的脸上带着亲切的微笑。

不满21岁的姚淑贤低下了头，红着脸喃喃地说："跟男朋友……"

"哎呀，是我搅了你们的好事！"毛泽东望了一下车外，又回头望一望腼腆的姚淑贤，皱了眉再说，"么办？你们打算在么地方约会？"

"说好去中山公园，在大门口……"姚淑贤抬起头轻声说，"不过，没事……"

"怎么会没事呢？"毛泽东有些替姚淑贤着急起来，"你通知他了吗？"

"没来得及。"

"你这个小姚啊……"毛泽东又望一望车外，似乎希望列车能够停下来，"如果是不见不散怎么办？你就连个电话也没得打给他？"

"没打……"姚淑贤再一次红了脸说，"我们只要一接到任务，就不能对外人说了……"

李银桥见毛泽东吮了吮嘴唇，沉吟道："是这样，有些麻烦呢……"

这时姚淑贤反倒开始安慰毛泽东了："没事的，他知道我常有任务，会理解的。"

"嗯……"毛泽东摇了一下头，走到车窗边的面桌旁坐下来，继续低声说道，"久了会出误会的，莫因为我而影响你们……"

傍晚，姚淑贤将十几支削好的铅笔送给毛泽东，毛泽东若有所思地抬起眼皮望着她，眼睛一亮，随即说："小姚，你等一下再离开，有个东西你拿回去，交给你的男朋友看看，他就不会生气了。"

姚淑贤笑着问："什么东西呀？"

毛泽东拿了一支铅笔，又铺开一张白纸，对她说："我给你写个东西，你拿回去交给他，再把失约的原因讲给他听……"

说着，毛泽东嘴里开始低吟着什么，手上写下了四句古诗，然后交给姚淑贤：

> 静女其姝
>
> 俟我于城隅
>
> 爱而不见
>
> 搔首踟蹰

姚淑贤看了诗，似乎明白了诗中的含意，脸又红了起来，轻声说："主席，我们有纪律，凡是带字的东西都必须上交。"

毛泽东说："你为么事要那样老实？现在没得谁看到，我是不会打小报告的。"说着，又做了个手势，"藏起来么，带给他看。"

姚淑贤离开毛泽东的车厢后，还是向卫士长李银桥报告了此事，并把毛泽东写的那四句诗拿出来给他看。李银桥看后笑了笑，发话说："那就收藏好，带回去吧！"

122. 夫妻间同桌分食　八次大会喜召开

　　1956年7月间,毛泽东在北戴河会见了两位拉丁美洲人士,发表了题为《美帝国主义是纸老虎》的谈话。

　　李银桥跟随、侍卫毛泽东,多年来深切了解、熟知了毛泽东的脾气和性格,并知道毛泽东在日常生活中是非常喜欢吃辣椒和红烧肉的,这已经是他多年形成的爱好和习惯了。按规定,毛泽东每周要吃两次红烧肉。

　　临近月末的一天,又轮到毛泽东要吃红烧肉了,同毛泽东一起到北戴河的江青知道后,通知卫士田云玉说:"别搞红烧肉了!主席的年纪大了,肥肉吃多了不好,胆固醇高,容易造成血管硬化,出现血栓。别搞了!"

　　田云玉和卫士组的人们也不希望毛泽东总吃肥肉,便按照江青的话办了,告诉厨师侯贵友不要给毛泽东做红烧肉。

　　尽管是在北戴河,但天气依然很热,毛泽东穿了件白汗衫走进住地的小餐厅吃饭,见到桌子上没有红烧肉,便问:"红烧肉呢?"

　　江青坐在饭桌旁不讲话。

　　毛泽东对侍卫在一旁的田云玉说:"把卫士长给我叫来!"

　　田云玉去叫李银桥,先向李银桥报告了情况。李银桥来见毛泽东，毛泽东问他："为么事没有红烧肉？"

李银桥没有回答，满心希望江青这时候能够帮助说一句解释的话，可是，尽管江青见到李银桥用祈求的目光看了她好几眼，却埋头吃饭假装没看见，一声也不吭……

毛泽东生气了，大声问李银桥："为么事交待了的事情不办？"

这时，李银桥只得低下头，无言以对。他不能再去看江青，看一眼就等于转移矛盾，但他心里还不肯放弃那一线希望，还在期待着江青能在这时出面说一两句她说过的话……

可是，李银桥的期望彻底破灭了。江青仍然不说话。

李银桥忍不住流下了眼泪……

毛泽东一见，只得说："你下去吧！"

说罢，毛泽东耐着天热，压抑着心中的不快，极简单地吃了几口饭，便放下筷子离开了小餐厅。

第二天早晨，毛泽东睡觉前，让田云玉叫来了李银桥。

李银桥坐在毛泽东卧室床前的一把椅子上，毛泽东小声问："说说吧，这是怎么回事？"

李银桥眼里又含了泪花，不肯说。毛泽东皱起了眉头，一再催问，李银桥依然坚持着不说……

正当毛泽东快要发火时，江青从另一间卧室里穿着睡衣走进了毛泽东的卧室。李银桥不安地站起身来，毛泽东立刻皱着眉头白了她一眼。

江青一见，连忙大声说："你们谈，你们谈，我走！"

一脸愠色的江青转身就走。李银桥急忙跟上去送她，毛泽东却发了火，大声吼道："莫管她，谈我们的！"

李银桥只得重新坐回到毛泽东的身边，欲言又止……

"你说么！"毛泽东有些烦躁了，"现在只有我们两个人，天知地知，你知我知。"

于是，李银桥将江青不让做红烧肉的事讲了。毛泽东想了想，然后吩咐说："今后，我和她就分开吃吧！她吃的饭按她的口味搞，我吃的饭按我的口味搞！"

从第二天开始，毛泽东和江青就分开吃饭了。

在以后的日子里，即便在一个饭桌上，两个人也是各吃各的菜。毛泽东从不动江青的菜，江青倒是时不时地尝几口毛泽东的菜。因为毛泽东爱吃辣椒，并经常说敢吃辣的人革命性强，所以江青总要夹几片毛泽东面前的辣椒辣辣嘴。

8月11日，毛泽东给曹云芳回信说：

> 罗哲同志英勇牺牲，早就听到一些消息……现在你仍健在，并有两个女儿能继承罗哲遗志，我很高兴。罗哲为党艰苦工作，我可作证，当时没有别的证件。恤金由谁领的问题，应由当地政府去作决定，如果决定给继子，不给女儿，也就算了，不必为此去争论。坟墓可由家属修理。现寄上三百元，请你酌量处理。今后如果还有困难，可以告我设法。你见过的两个孩子，一个在战争中牺牲了，一个也已病废。你们在贵阳工作有成绩，向你们致贺。

1956年8月17日，毛泽东带了李银桥和叶子龙等人，乘专列离开北戴河，前往河南省长葛县视察。

在专列上，毛泽东对李银桥和叶子龙说："河南地处中州，古时候就是中原了。这里人杰地灵，要山有山，要水有水，地域开阔、肥田沃土啊！北临黄河，如果在上游修建大水库，既可以发电，又可以浇田，造福子孙后代，该是多么好啊！"

叶子龙说："不是要在三门峡建大坝吗？"

李银桥也说："主席，我也听说了……"

毛泽东感慨地说："是啊！搞社会主义，我们都没得经验，苏联也不是人间天堂。我们只有按着我们的国情，综合我们的国力，保护和合理地利用、开发我们的资源，团结全党全国人民一道，艰苦奋斗、努力向前，尽可能快地使我们的国家强大起来，使我们的人民富足起来……"

听着毛泽东的话，李银桥和叶子龙深深感到毛泽东时时刻刻都在想着国家、想着人民啊！

3天后，毛泽东回到了北戴河，并接到了曹云芳从贵阳给他寄来的一封长信。曹云芳是革命先烈罗哲的妻子，罗哲是中共党员，早年曾跟随毛泽东从事农民运动，1928年牺牲了。

28年后的今天，曹云芳向毛泽东讲了自己的近况，并询问了杨开慧生的两个儿子。

毛泽东看信后很伤感，在散步时对李银桥说："罗哲是我的战友，可惜牺牲得太早了！现在他的妻子来了信，还打听岸英、岸青的情况，我还不晓得该怎样给她回信呢……"

李银桥安慰说："主席，你要多保重身体，你的身体健康是关系着国家和全党、全国人民的大事……"

毛泽东无限感慨地说："人生易老天难老哇！时移世易，为了革命胜利、为了新中国的成立，无数先烈流血牺牲了。我们活下来的人只有横下一条心，尽一切努力也要把新中国建设好！我们的事业一定要向前进，一定要胜利……"

1956年8月20日，毛泽东回到了北京。

8月22日，中共七届七中全会在北京召开，毛泽东出席了全会的第一次会议。会议为八大的召开做了准备工作。

8月24日，毛泽东在中南海会见了中国音乐家协会的负责同志，在谈话中阐述了艺术的民族形式和民族风格问题，强调在中国自己的基础上，批判地吸收外国有用的成分。

回到菊香书屋，封耀松和田云玉向李银桥做了工作汇报，几个人深深感到毛泽东时时刻刻都在关心着中国的一切、关心着民族的一切啊……

8月30日，中共八大预备会议在北京举行，毛泽东出席会议并发表了题为《增强党的团结，继承党的传统》的讲话，提出八大的目的和宗旨就是团结全党和国内外一切可以团结的力量，为建设伟大的社会主义中国而奋斗。

第二天，李银桥送已经考取了北京师范大学的李敏去学校报到了。

9月8日，七届七中全会第二次会议仍在进行中。李银桥侍卫毛泽东出席会议，听毛泽东在会上发表讲话说："我们对新的科学技术还不懂，还要做很大的努力。现在中央委员会是一个政治中央，还不是科学中央，将来，中央委员会就是科学委员会了。"

毛泽东还说："1921年建党后，经过了14年，牺牲了多少党员、干部，吃了很多苦头，才懂得了如何处理党内关系、党外关系，学会走群众路线。不经过那些斗争，我的那些文章是写不出来的。"

毛泽东于1928年3月在井冈山曾被错误地开除过党籍，现在谈及这段历史，毛泽东深沉地对大家说："'开除党籍'了又不能不安职务，就让我当师长。我这个人当师长，就不那么能干，没有学过军事。因为你是个党外民主人士了，没有办法，我就当了一阵师长。你说开除党籍对于一个人是高兴呀，我就不相信，我就不高兴。……中央开除了我的党籍，这就不能过党的生活了，只能当师长了，开支部会我也不能去。"

人们听着毛泽东的讲话，都感到党的方针、路线的重要，感到党的团结的重要……

会议期间，毛泽东给章士钊写了一封信，又叫李银桥从中南海物资供应站取了两只鸡，送到章士钊的家中。

那天，章士钊正坐在家门口旁边的一张躺椅上，李银桥将信和鸡交给了他。

章士钊拆开信看了，笑一笑问："主席身体怎么样？他还那么忙吗？"

李银桥说："主席身体很好，他一直都很忙。"

章士钊进屋去写了回信，让李银桥带给毛泽东，并说："请转告主席，一定要多保重身体，时时事事大意不得，改日我去拜见他……"

9月13日，中共七届七中全会结束。

毛泽东、刘少奇、周恩来等在中共八大主席台上交谈。

第二天晚上,毛泽东约了周恩来一起在中海边散步,李银桥和成元功跟随在两位领导人的身后,听两位领导人详谈了召开八大的基本指导思想……

9月15日至27日,毛泽东在京主持召开中国共产党第八次全国代表大会,并致开幕词,回顾了中共七大以来的历史,阐明了八大的基本指导思想,成为八大重大决策的科学依据。

会议期间,毛泽东做了《我们党的一些历史经验》报告。

中共八大的召开和胜利闭幕,为新时期社会主义建设事业的发展和党的建设指明了方向。

9月27日,中共八大闭幕的这一天,李银桥侍卫毛泽东接见了波兰统一工人党代表团。毛泽东在同客人谈话时说:"中国是世界和人类的组成部分,中国不自私自利。中国是一张白纸,你们可以在这张纸上写字,你们的科学和文化可以驰骋在这张纸上。在中国人民生活的这块土地上,可各国人都有份。"

同一天,李银桥侍卫着毛泽东还接见了南斯拉夫共产主义者联盟代表团,毛泽东挥着大手谈笑说:"我老了,不能唱主角了,只能跑龙套。这次大会上我就是跑龙套,而唱戏的是刘少奇、周恩来、邓小平等同志。"

毛泽东还对客人们说："使中国变成富强的国家，须要五十年至一百年的时光。"

9月28日，中共八届一中全会选举毛泽东为中央委员会主席、政治局常委。

这时，中央血防九人小组和国务院卫生部第二次组织专家考察团去余江县考察血防工作。同时，中央办公厅接到报告，江西省卫生厅也再次从省级医院抽调了数十名医生，负责为疫区的人民治疗血吸虫病等疾病。

得到汇报，毛泽东在办公室里对李银桥说："中国需要办的事情很多，最重要的还是人民的生产生活和身体啊！"

第十三篇

艰苦奋斗国民经济稳步得发展　勤俭建国制定《工作方法六十条》

- ◎ 毛泽东接过窝头时，李银桥见他的手有些颤抖，眼圈也一下子红了起来，两颗豆粒大的泪珠顺着脸颊猝然而下……毛泽东拭去眼泪，掰了一块窝头放进嘴里嚼着，并对李银桥说："你去叫几个人来。"
- ◎ 这一天天高气爽，风和日丽。正在施工中的十三陵水库工地上人山人海、红旗飘舞，人们正干得热火朝天……毛泽东率领着中央委员们来了！整个工地沸腾了！

123. 北京欢迎苏加诺　苏联大使听意见

　　1956年10月2日，印度尼西亚总统苏加诺到中国进行友好访问，受到北京人民的隆重欢迎。

　　宽敞的东西长安街上，一幅幅欢迎横标和无数面彩旗悬挂在空中，迎风招展，数万名手持鲜花和小旗子的群众满脸笑容地迎候在街道两旁，表示着中国人民的好客盛情……

　　在招待苏加诺总统的宴会上，毛泽东致欢迎词："殖民主义者希望我们不团结、不合作、不友好。我们必须用加强团结，加强友好合作来回答他们，我们必须使殖民主义者的阴谋彻底破产。"

　　苏加诺盛赞毛泽东："真了不起！不愧是中国人民的伟大领袖，又是亚洲人民和全世界一切爱好和平的人民的朋友！"

　　在接待苏加诺时，李银桥等人布置颐年堂，毛泽东亲自去检查。当毛泽东看到屋里摆的日本产收音机时，眉头一皱说："为么事摆外国的？"随即又说，"摆一台'东方红'不是更好么！"

　　于是，工作人员马上将收音机换成了国产的"东方红"。

　　10月5日，苏加诺在北京饭店举行答谢宴会，毛泽东出席并发表了热情洋溢的讲话。当毛泽东与苏加诺等印尼朋友照合影时，摄像师侯波一边对镜头一边向后退，不小心跌了一跤。

毛泽东不顾苏加诺等人在场，急忙上前搀扶起侯波，并关切地问："么样，没摔伤么？"

侯波红着脸说："没事，没事。"

苏加诺通过翻译称赞说："毛泽东真伟大，他和他的人民心连心啊！"

10月6日，李银桥跟随毛泽东到机场为苏加诺送行。返回途中，毛泽东吩咐去看日本在苏联展览馆里举办的工业展览。毛泽东认真看完展览，主办展览的日本人送给毛泽东一部半导体收音机。毛泽东诚挚地对日本人说："你们的展览办得很好，希望以后能加强经济友好往来。政府间不好往来，还有别的渠道，还可以加强民间往来么。中华民族是个伟大的民族，日本民族也是个伟大的民族，我们两国人民应该团结互助。我们欢迎你们多来，多交往。"

李银桥深知毛泽东有着十分强烈的民族自尊心，为了民族的兴旺发达，他强烈希望能与世界各民族发展经济、文化的往来与交流，以尽快提高和发展中华民族的经济与文化。

临离开时，毛泽东为日本商品展览会写了题词。

在返回中南海的汽车上，李银桥问毛泽东："主席，你不是不喜欢日本产的收音机吗？"

毛泽东很随意地一笑，说："日本产的东西并不是都不好，也有许多好东西需要我们去掌握呢！只是，凡是同样的东西，我还是觉得自己国家生产的好，自力更生、奋发图强么！自己碗里有红烧肉，不羡慕人家的西餐大菜，但西餐大菜的做法还是应该学一学的呦！"

李银桥说："你是说自己手里有窝头，就不用羡慕别人家的卷子馍了？"

毛泽东更正说："不是那个意思。我是说：第一，在自己手里没得馒头的情况下，有窝头就决不羡慕别人家的馒头；第二，要努力、要想办法生产自己的馒头，还要想办法生产自己的面条、饺子、年糕、大米饭，有条件或创造条件再多做几个好菜，中国人历来就是聪明的么……"

李银桥笑了，毛泽东笑得更开心……

1956年10月中旬的一个星期天，江青闲着没事，又招呼卫士们到她的办公室去打扑克。李银桥吸取了以前的教训，躲着不去同她打。江青知道后很生气，怒冲冲地找到正在洗衣服的李银桥说："我叫你，为什么不动？"

"我得洗衣服……"李银桥双手泡在水盆里说，"对不起，我真的没时间呢……"

"哼！"江青不屑一顾地说，"你当卫士长了，升官了，我叫不动你了？"

李银桥湿着双手说："江青同志，真是对不起，我不是不想打，是我手太背……"

江青的火气更大了："好哇！你这卫士长的架子倒不小，尾巴翘上天了！我让你打你也敢说不打？"

韩桂馨赶来劝慰江青："江青同志，您别跟他一般见识，他是个大老粗……"转身又批评李银桥，"你也真是的，快别洗了，擦擦手，跟江青同志打牌去！"

没想到江青反倒讥讽韩桂馨说："你们两口子别演戏了！不就是当了卫士长吗？我看你还能当多大的官儿……"

李银桥忍无可忍，最终也动了火气："我当卫士长怎么了？这是毛主席定的！"又说，"今天我还就是不打，你爱怎么着就怎么着吧！"

江青气得不得了："我今天非要你打不可！"

李银桥不再理她，转身去找毛泽东了。走进毛泽东的办公室，李银桥涨红着脸对正在批阅文件的毛泽东说："主席，这工作我没法儿干了！"

毛泽东放下手中的毛笔问："又为么事啊？"

李银桥委屈地淌下了眼泪："主席，我……"

这时，江青气鼓鼓地追了进来："主席，你说今天这事儿怎么办吧！"

"你们这是做么事？"毛泽东也发了脾气，主要是对江青，"一个是我的卫士长，一个是我老婆，你们两个人闹起来，别人看了会怎么说？你们还都小啊？"

江青不再说话，转身而去。毛泽东对留下来的李银桥说："莫理她！她是个是非窝子，刀子嘴，尽伤人。"

李银桥擦着眼泪说："我听主席的……"

"好了，好了！"毛泽东起身走到李银桥的身边，疼惜地拍一拍他的肩头说，"走么，跟我散步去！"

"是……"在毛泽东的关爱下，李银桥破涕为笑了……

10月23日，苏联驻华大使尤金到中南海来拜见毛泽东，两人在谈话时，毛泽东对他说："斯大林的错误是需要批判的，但是，批判的方式，我们有不同的意见。"

尤金走后，李银桥感到毛泽东对苏联党内有人反对斯大林保留了自己的态度。

29日，毛泽东代表中共中央向苏共中央提出了一个商量的意见。毛泽东在意见书中写道：

苏联对东欧国家是不是可以采取一项根本的政策，在政治上、经济上放手，让他们自己来搞，不干涉他们，不仅对波兰、匈牙利，而且对保加利亚、罗马尼亚，都满足他们独立自主的要求。军事方面，可以主动撤回驻在那里的苏军，华沙条约可以跟他们商量，问我们是否要华沙条约，一是完全不动；二是撤军，必要的时候再去；三是完全不要军队。

这个意见，送至苏联驻华大使馆转交苏共中央。

11月初，警卫战士曾文从广东探家归队，将一份家乡人民依靠合作社的集体力量战胜百年未遇的特大旱灾的调查报告交给毛泽东。

毛泽东看后很激动，在调查报告上写下了4个大字：合作社好。

11月9日，毛泽东又看了山东省阳谷县石门乡农业生产合作社主任宋保恩写的《我们一个社要养猪两万头》一文，随即写了批语：

> 请各省市区负责同志注意：如果你们同意的话，就把这篇文章印发一切农业合作社，以供参考，并且仿照办理。要知道，阳谷县是打虎英雄武松的故乡，可是这一带没有喂猪的习惯。这个合作社改变了这种习惯，开始喂猪。第一年失败，第二年成功，第三年发展，第四年大发展，平均每人约有猪二头，共计二万头。这个合作社可以这样做，为什么别的合作社不可以这样做呢？

当日晚，毛泽东在南海边散步时，李银桥问："主席，一个社养两万头猪，那得吃多少粮食呀？"

毛泽东笑了说："猪不是总吃粮的，人不能吃的东西猪可以吃么！"

11月10日至15日，毛泽东在中南海主持召开了中共八届二中全会，并做总结性发言，讲了经济、国际形势、中苏关系、大民主与小民主等问题。全会根据毛泽东的提议，宣布1957年下半年起全党将开展整风运动。

124. 中苏关系笼阴影　座谈民族工商业

赫鲁晓夫在苏共二十大上做秘密报告反对斯大林，内容传出后，在国际上引起了轩然大波。东欧的社会主义国家波兰和匈牙利发生了动荡。

面对社会主义阵营中发生的这一切，李银桥见毛泽东在很长一段时间里的神情十分严峻，经常独思深想，也常同周恩来、刘少奇和邓小平交谈。

在这段时间里，苏联共产党为了求得中国共产党的支持，增加了对中国的援助。但，这并没有使毛泽东感到轻松和宽慰。李银桥知道，毛泽东是位原则性很强的领袖。从个人角度讲，在中国的长期革命斗争中，斯大林生前信任毛泽东的时间并不长，斯大林长期所欣赏的人是王明。毛泽东也曾说那些从苏联派来的共产国际代表和归国领导人为"洋房子"，说"这些'洋房子'说我们山沟里没有马列主义，我看倒是他们尽搞些教条主义"。

从国家和民族的利益出发，纵观世界历史的发展和革命斗争形势，斯大林毕竟领导地球上第一个社会主义国家长达几十年，取得了社会主义建设和反法西斯战争的伟大胜利。毛泽东对斯大林的感情还是很深的，他承认斯大林有错误，但认为要三七开，成绩和功劳是占首位的。

1956年11月30日，在转交了中共中央向苏共中央提出的一个商量意见后，苏联驻华大使尤金再次拜见了毛泽东。毛泽东十分明确地对他说："斯大林执政期间的根本方针和路线是正确的，不能用对待敌人的方法来对待自己的同志。"

毛泽东还寓意深长地对尤金说："中国有句古诗，诗曰'万里长城今犹在，不见当年秦始皇'。"

侍卫在侧的李银桥见毛泽东引此两句诗针对中苏关系，而尤金听翻译直译后对诗中的深远用意并未理解……

毛泽东所说的这两句诗，本源于清朝康熙年间文华殿大学士兼礼部尚书张英的一封家书。一次，张英在桐城的家人修置府第，因地界不清，与邻家发生争执，告到官府。邻家方姓也是当时的高官望族，县令不敢贸然断决，便将案子拖了下来。张英在朝，接读家信，得知事情经过，便复诗一首回寄家人："千里修书只为墙，让他三尺有何妨？长城万里今犹在，不见当年秦始皇。"家人接信后，立即让出三尺土地，以示不再相争。方姓人家得知后，也效仿张家让出了三尺，于是两家间形成了一条宽六尺的小巷。

1956年12月5日、7日、8日，毛泽东在中南海颐年堂三次邀集了工商界人士座谈，对工商界如何发挥为社会主义建设服务的积极作用提出了意见。

毛泽东首先说："国际国内的事情是充满矛盾的。苏联出了贝利亚事件，又批判了斯大林的错误，中国出了高岗事件，香港出了九龙事件，现在又出了波兰和匈牙利事件、苏伊士问题，世界问题多得很。出了这么多问题，社会主义还搞得成搞不成？会不会崩溃？我看崩溃不了。中国的资产阶级是爱国的资产阶级，但是不要讲红色资产阶级，因为资产阶级中，有进步、中间、落后，思想状态不一，颜色不一，要承认有两面性，才合事实。阶级历史这么长，不能说没有两面性，如果说只有一面性，那就不利于改造和进步，就用不着学习了。整个阶级是爱国的，但还有落后因素，所以还有学习任务。承认缺点是有好处的。赎买政策是要真正地赎买，不要半赎买半没收，因为资产阶级搞革命，同我们合作。定息时间七年为期，如果没解决问题，到第三个五年计划还可以拖一点尾巴。天理人情，讲得过去。共产党不在这上面省几个钱，不要损害大资本家的利益。中小资本家要摘掉帽子，再过一二年可分批进行，但必须一不提倡，二不搞高潮。工商联可以长期存在。定息取消后，还要进行思想改造工作，可以作为一部分劳动者的工会，但名称要保存不要改……"

在谈到自由市场和地下工厂时，毛泽东笑呵呵地对大家说："现在我国的自由市场，基本性质仍是资本主义的，虽然已经没有资本家。它与国家市场成双成对。上海地下工厂同合营企业也是对立物。因为社会有需要，就发展起来。要使它成为地上，合法化，可以雇工。现在做衣服要三个月，合作工厂做的衣服一长一短，扣子没有眼，质量差。最好开私营工厂，同地上的作对，还可以开夫妻店，请工也可以。这叫新经济政策。"

毛泽东又说："我怀疑俄国新经济政策结束得早了，只搞两年，退却就转为进攻，到现在社会物资还不足。我们保留了私营工商业职工250万人，其中工业160万、商业90万，俄国只保留了八九万人。还可以考虑，只要社会需要，地下工厂还可以增加。华侨投资的20年、100年不要没收。可以开投资公司，还本付息。可以搞国营，也可以搞私营。可以消灭了资本主义，又搞资本主义。当然要看条件，只要有原料，有销路，就可以搞。……这样定息也有出路。"

毛泽东的一席话，说得参加座谈会的人们都心情舒畅起来，尤其当毛泽东肯定地说"工商业者不是国家的负担，而是一笔财富，他们过去和现在都起了积极作用"时，人们的心境更为舒展了，一个个脸上都流露出了欣慰的笑容……

毛泽东最后说："对资本家要解决的两个问题，一个是物质问题,一个是思想问题。物质问题就是有职有权问题,有工资可拿,拿到工资能生活。思想问题要资本家改造自己,发挥他们的作用,不但使用老经验,而且使得他们能够发展新经验。譬如荣毅仁年纪轻轻的,这种人来日方长,还可以学新的经验。"

这次座谈会,使中国众多的民族资本家放下了沉重的思想包袱,进而轻装上阵、积极投身到社会主义的生产建设上来……

1956年12月29日,《人民日报》发表了《再论无产阶级专政的历史经验》,答复了人民群众和共产党内由于苏共二十大全盘否定斯大林而引起的种种怀疑。

《再论》第一次提出了两类社会矛盾的问题,指出了解决人民内部矛盾的基本方针。

125. 国务会议商国事 毛泽东再次离京

1957年1月初,毛泽东在中南海得悉山西省文水县重建刘胡兰革命烈士陵园的消息,感慨万千。他在散步时很动情地对李银桥说:"山西的刘胡兰,一个年仅17岁的女孩子,在敌人的铡刀面前宁死不屈,表现了一个共产党员的高尚品质和革命的英雄气节,很不简单啊!"

李银桥早就听说,刘胡兰是山西省文水县云周西村的一名年轻的女共产党员,在解放战争中,面对国民党反动派军队的威迫利诱,宁死不屈,壮烈牺牲在敌人的铡刀下,充分表现了一个革命者的大无畏气概和为革命英勇献身的崇高品质。这时听毛泽东讲起刘胡兰,也十分感慨地说:"前两年我们就学习了她的光荣事迹,真是感动人,小韩还掉了眼泪……"

毛泽东站在中海岸边,面对北海山上的白塔说:"在解放战争中,河北出了个董存瑞,山西出了个刘胡兰,全国有多少好同志,为了新中国的解放,献出了他们年轻而宝贵的生命。我们这些活着的人,只有加倍努力工作,下决心把新中国建设好,才对得起这些为革命牺牲了的先烈啊!"

李银桥面对毛泽东,见毛泽东满脸神圣、表情严肃地凝望着高高的白塔,显示出对革命烈士们的无限追思和敬仰之情,心想,毛泽东这时是不是又想起了杨开慧和毛岸英呢?还有毛泽民、毛泽覃、毛泽建……

毛泽东饱蘸浓墨，为重建的刘胡兰革命烈士陵园题词：

　　生的伟大　死的光荣

当日晚，毛泽东在紫云轩的书房里对李银桥说："银桥呵，《诗刊》来信要求发表我的一些诗词，盛情难却，我让子龙抄写了18首，准备给他们送过去，小韩也很喜欢诗，你也受些感染么？"

李银桥略显尴尬地说："我和小韩都非常喜欢主席的诗，我也想学着写一写，可就是不会写……"

毛泽东说："写诗是件费脑子的事，尤其是旧体诗词更不容易掌握，又是平仄格律，又是韵脚对仗，还不得犯孤平，掌握了这些还要讲究诗意和诗的境界，很难哩！你们年轻人最好莫学写旧体诗，学就学作新诗，歌颂我们的新中国，歌颂工农兵！"

李银桥嘿嘿一笑，请教说："主席，我也试着写了一首，可不敢说叫诗……"

毛泽东的眼睛一亮，鼓励说："念来听听！"

李银桥开始背他的诗：

　　　　我是工农兵，
　　　　革命打先锋，
　　　　哪里需要哪里去，
　　　　党的安排我服从。
　　　　为了建设新中国，
　　　　哪里艰苦哪里冲！
　　　　上边疆、下海洋，
　　　　闯大漠、攀高峰，
　　　　革命红旗飘扬处，
　　　　处处有我工农兵！

听了李银桥的诗，毛泽东哈哈大笑，连声夸赞道："好诗，好诗！"又说："银桥呵，不晓得你还很会作诗哩！好，好么！什么时候学的呀？"

李银桥红了脸说："这是我老婆帮我写的……"

毛泽东笑得更厉害了："不错么，敢写就不错！"并鼓励说，"真是一首好诗呢！以后多练多写，会更进步呢……"

夜里，毛泽东因中国作家协会书记处书记、《诗刊》主编臧克家来信要求出版他以前写过的一些诗词，便有选择地让叶子龙抄写好了18首，并给臧克家写了一封信：

遵嘱将记得起来的旧体诗词，连同你们寄来的八首，一共十八首，抄寄如另纸，请加审处。

这些东西，我历来不愿意正式发表，因为是旧体，怕谬种流传，贻误青年；再则诗味不多，没有什么特色。既然你们以为可以刊载，又可为已经传抄的几首改正错字，那末，就照你们的意见办吧。

《诗刊》出版，很好，祝它成长发展。诗当然应以新诗为主体，旧诗可以写一些，但是不宜在青年中提倡，因为这种体裁束缚思想，又不易学。这些话仅供你们参考。

1957年1月18日至27日，毛泽东在中南海主持召开了全国省市自治区党委书记会议。

毛泽东于18日、27日两次发表长篇讲话，着重分析了近一年来国内形势的变化和党内外的思想动态，以及生产资料私有制的社会主义改造基本完成以后，中国社会存在的人民内部矛盾和阶级矛盾，强调全党一定要重视农业。会议对做好1957年的工作，保证第一个五年计划的完成将起到十分重要的作用。

2月中旬，在政治局会议上，毛泽东针对保密工作发表讲话说："必须十分注意保守秘密，九分半不行，九分九不行，非十分不可。"

为避免在中国重犯斯大林的错误，2月27日至3月1日，毛泽东在中南海召集了第十一次扩大的最高国务会议。

27日下午，毛泽东在会上做《关于正确处理人民内部矛盾的问题》的重要讲话，全面分析了社会主义社会的矛盾，指出今后的主要任务是正确处理人民内部矛盾，阐明了正确处理人民内部矛盾的方针、政策、原则和方法，并首次提出了党的教育方针。

李银桥在侧厅听毛泽东在讲话中说："当人民推翻了帝国主义、封建主义和官僚资本主义的统治以后，中国要向哪里去？向资本主义，还是向社会主义？有许多人在这个问题上的思想是不清楚的。"

毛泽东响亮地告诉大家："事实已经回答了这个问题：只有社会主义能够救中国。"

毛泽东的话，引起了与会者们的经久不息的热烈掌声……

毛泽东在会上的这个讲话，是毛泽东思想的继续发展，是毛泽东思想中极其珍贵和具有深远历史意义的部分之一，也是对马克思列宁主义的社会主义政治理论和国家理论的重大贡献，对正在进行中的和将来的中国社会主义建设具有重大和深远的指导意义。

会议进行中，毛泽东还首次提出了不再担任下届国家主席的建议。

3月6日，中共中央在京召开了有党外人士参加的全国宣传工作会议，传达和讨论毛泽东《关于正确处理人民内部矛盾的问题》的讲话。

会议期间，毛泽东分别同宣传、教育、文艺、新闻、出版、高等学校、科学等几方面的几十位党内外同志举行了6次座谈。

12日，毛泽东在会上讲话，着重讲了知识分子问题、整风问题、"百花齐放"和"百家争鸣"的方针及加强政治思想工作等。李银桥在侧厅听毛泽东说："要分析，不要片面性。""不应该肯定我们的一切，只应该肯定正确的东西；同时，也不应该否定我们的一切，只应该否定错误的东西。"

毛泽东还意寓深远地说:"大风大浪也不可怕。人类社会就是在大风大浪中发展起来的。"

13日会议结束。会议决定准备在全党开展整风运动。

1957年3月17日,毛泽东带了罗瑞卿、叶子龙、李银桥和田云玉等人到天津,在党员干部会议上讲话说:"现在阶级斗争,这件工作基本上结束,大规模的群众性的阶级斗争基本结束。现在全党要学会率领整个社会跟自然界做斗争,要把中国这个面貌大体上改变一下。社会上各种不同的意见,因为阶级斗争基本结束而暴露出来,有许多错误议论,我们采取什么方针,在讨论中去解决。我们只有这样一种方法,别的方法都不要。"

晚上,毛泽东写信给周恩来,详细讲了加强大、中学校工作的思想政治领导和改进思想政治教育问题,指出"要下决心从党政两系统抽调几批得力而又适宜于做学校工作的干部去大、中学校工作。要赋予高等教育部和教育部以领导思想政治工作的任务"。

3月18日,到了济南的毛泽东先是对他身边的工作人员说:"在解放战争中,这里是我们打大胜仗的第一个地方啊!'打进济南府,活捉王耀武',口号叫得震天响,粟裕、谭震林指挥得当,部队打得艰苦……"

叶子龙说:"打济南,我们的人牺牲不少……"

毛泽东感叹道:"青山处处埋忠骨,人民是不会忘记他们的!"

李银桥也说:"打济南,我们消灭了敌人十万军队,主席还给粟裕他们发了贺电呢!"

毛泽东说:"现在不打仗了,大规模的阶级斗争基本上结束了,要搞建设了,要抓农业、抓工业、抓教育……"

在山东省机关党员干部会上,毛泽东再一次讲到阶级斗争已在全国范围内基本结束的问题。毛泽东明确指出:"大规模的阶级斗争基本上结束,八次大会作了结论的,这个结论是合乎情况的。这么大斗争的结束，那么人民内部的问题就显出来了。"毛泽东要求大家认真学习《关于正确处理人民内部矛盾的问题》，在工作中"继续保持艰苦奋斗的作风，全心全意为人民服务"。

3月19日，毛泽东乘飞机离开济南继续南下。当苏制的伊尔-18飞机升至高空后，由于气流的关系，随行人员中有人感到不舒服。毛泽东关切地问李银桥："么样？你能适应么？"

"能！"自我感觉良好的李银桥自信地说，"没问题！"

这时，摄像师侯波走进前机舱来，她见毛泽东正坐在那里吸烟，便悄悄近前去按下了照相机的快门……

当日飞抵南京。毛泽东召集了党员干部会议并讲话，要求每一位同志保持过去革命战争年代的那么一种干劲，工作中要密切联系群众。

次日，毛泽东在南京召开的党员干部会议上，再次讲话说："过去的那种斗争基本上结束，基本上完毕了，我们在这个世纪上半个世纪搞革命，下半个世纪搞建设，现在的中心任务是建设。"

3月20日，毛泽东乘机飞抵上海。

在锦江饭店下榻后，毛泽东入睡前让李银桥给他按摩身体。按摩中，毛泽东抓着李银桥的手背轻声问道："银桥，你怕我么？"

李银桥笑了："不怕。"

毛泽东又问："别人呢？别的卫士怕么？"

"一般说，都不怕，也许个别……"李银桥一边给毛泽东按摩着身体，一边继续说，"就怕主席睡不好觉发脾气。"

"这是我的错呢！"毛泽东叹了一口气，很认真地说，"人困觉前容易烦躁，烦躁了就好发脾气。我也是人，也有点脾气。可是我又是主席，发脾气容易给同志们造成压力……"

说到这里，毛泽东攥紧了李银桥的手，又很感慨地说：

"你告诉同志们,毛泽东不可怕。银桥呵,我没想到我会当共产党的主席。我本是想当一名教书先生,就是当名教书先生也是不容易的呢!"

听着毛泽东的话,李银桥深深感到毛泽东诚心希望全党同志永远保持革命热情、保持谦虚谨慎、保持清正廉洁,他要求别人做到的,首先要求自己做到……

按摩过后,毛泽东依然不放李银桥离开,又讲起了他的青少年时期,讲述他父母的为人、他自己的喜怒哀乐……

3月22日晨,毛泽东乘专列抵达杭州。

在杭州期间,毛泽东几次乘飞机去了上海。

通过跟随毛泽东一路视察和听了毛泽东的多次讲话,李银桥感到毛泽东是要号召全党和全国人民团结起来,大搞社会主义建设了……

4月7日,毛泽东乘飞机离开杭州回到了北京。

126. 毛泽东自我批评　颐年堂"主义之争"

1957年4月上旬末的一天下午，回到北京的毛泽东让李银桥召集了他身边的所有卫士到紫云轩，诚恳地向大家做自我批评："同志们，我对不起你们呢！你们在我身边工作，很辛苦，我有时向你们发脾气，是我做得不对，希望大家不要介意，要敢于批评……"

封耀松激动地说："快别说了，主席！只要你能睡好觉，再发多大的脾气我们也受得了！"

孙勇也说："主席，我们谁也没有怪你……"

毛泽东说："你们不怪我，我要怪自己呢！流水不腐，户枢不蠹，我也要经常检查自己、反省自己，做自我批评，防止官僚主义和家长作风，和同志们保持一致，把党和人民交给的工作努力做好。"

毛泽东谦逊自责、平易近人的话，使大家深受感动，使每个人都深切感受到自己和领袖在政治地位上是完全平等的……

4月的北京风和日丽、春光明媚。中南海园中的湖面上泛着清澈的涟漪，园中的许多花木叶翠花鲜，开得最诱人的要数各处亭亭玉立的玉兰花了，白似玉，粉若绸，红如缎……

4月11日，毛泽东在颐年堂约见了知名学者冯友兰、周谷城、郑昕、金岳霖、贺麟、费孝通、王方名等，同他们亲切交谈，鼓励他们深入开展学术研究。

谈话中，毛泽东概括地说："实事求是，独立思考是很重要的。中国革命的胜利可以说是实事求是、独立思考的胜利。陈独秀、王明、李立三、瞿秋白、张国焘，都不能实事求是、独立思考，都盲目地跟着别人的指挥棒转，所以他们只能把中国的革命引向失败。"

毛泽东又说："领导革命必须实事求是、独立思考。搞科学研究，也必须实事求是、独立思考。千万不能把自己的脑袋长在别人的脖子上。对老师不要迷信，青出于蓝而胜于蓝么！老师的成绩和优点，应该学习，应该继续发扬。老师的缺点和错误，也要善意地批评指出来。"

毛泽东同大家的这次谈话，对每一位学者的鼓舞都很大……

1957年4月15日，李银桥和封耀松侍卫着毛泽东乘车到北京机场欢迎应邀来访的苏联最高苏维埃主席团主席伏罗希洛夫，并向伏罗希洛夫和他所率领的代表团致了欢迎词。

17日，中国政府设盛宴欢迎伏罗希洛夫率苏联政府代表团访华，毛泽东、刘少奇、周恩来、朱德、陈云、邓小平等党和国家领导人出席了宴会。毛泽东在宴会开始前发表讲话说："在加强社会主义阵营的团结，维护世界和平，促进人类进步的崇高事业中，我们中国人民同苏联人民是坚决地站在一起的。"

毛泽东的讲话，赢得了出席宴会的人们的热烈掌声……

20日，毛泽东在繁忙的工作中抽出时间给人民日报社文学艺术和副刊部主任、著名诗人袁水拍写了一封信，谈了袁水拍写的《摇头》诗和陈毅的一首六言诗《游玉皇山纪实》，并建议袁水拍"出外旅行"几个月再回来，"做几个月编辑再出去"，同时讲因写《关于〈红楼梦简论〉及其他》而受到重视，在人民日报社文艺部任编辑的李希凡"宜于回到学校边教书，边研究……"

李银桥跟随毛泽东，深知毛泽东的工作一直都很忙。4月下旬，先后有瑞士驻华大使、保加利亚新任大使、越南新任大使递交国书，毛泽东一一致了答词。

25日那天，李银桥侍卫毛泽东去接见保加利亚新任大使，听毛泽东对保加利亚大使说："建设社会主义真不是一件容易事。建设社会主义，丢了人民，建立了重工业，丢了人民，这是不成的。"

27日，为中共中央起草《关于整风和党政主要干部参加劳动的指示》，决定在全党开展以正确处理人民内部矛盾为主题，以反对主观主义、官僚主义、宗派主义为内容的整风运动。

30日，李银桥和田云玉侍卫毛泽东在天安门城楼上邀集了民主党派负责人和无党派人士座谈，就共产党整风和统一战线等问题发表了谈话，鼓舞了党外人士向共产党提批评意见、帮助共产党整风的政治积极性。

同一天，毛泽东还就北京大学教授李汝祺写的《从遗传学谈百家争鸣》一文，给胡乔木写信说：

> 此篇有用，请在《人民日报》上转载。南京一篇，上海一篇，尚未转载，请给我，写上按语。

五一节期间，毛泽东收到了陈叔通、黄炎培关于不同意他不再担任下届国家主席的一封信。5月5日，毛泽东复信陈、黄二人，详细讲明了自己不再担任下届国家主席的意见：

> 可考虑修改宪法，主席、副主席连选时可以再任一期，即在今年人代大会修改宪法，请邓小平同志准备。第一任主席有两个理由说清楚可以不连选：（一）中央人民政府主席加上人民共和国主席任期已满8年，可以不连选；（二）按宪法制定时算起，可连选一次，但不连选，留下4年，待将来如有卫国战争一类重大事件需要我出任时，再选一次，而从1958年起

让我暂摆脱此任务，以便集中精力研究一些重要问题（例如在最高国务会议上，以中央主席或政治局委员资格，在必要时，我仍可以做主题报告）。这样，比较做主席对国家利益更大。现在杂事太多，极端妨碍研究问题。

1957年5月上旬，毛泽东收到了李淑一写来的一封信和她写的一首诗。11日，毛泽东给李淑一回信说：

> 过于谦让了。我们是一辈的人，不是前辈后辈关系，你所取的态度不适当，要改。

还写道：

> 大作读毕，感慨系之。开慧所述那一首不好，不要写了吧。有《游仙》一首为赠。这种游仙，作者自己不在内，别于古之游仙诗。但词里有之，如咏七夕之类。
>
> 我失骄杨君失柳，杨柳轻飏直上重霄九。
> 问讯吴刚何所有，吴刚捧出桂花酒。
> 寂寞嫦娥舒广袖，万里长空且为忠魂舞。
> 忽报人间曾伏虎，泪飞顿作倾盆雨。

毛泽东在信中最后写道：

> 暑假或寒假你如有可能，请到板仓代我看一看开慧的墓。此外，你如去看直荀的墓的时候，请为我代致悼意。你如见到柳午亭①先生时，请为我代致问候。午亭先生和你有何困难，请告。

这期间，由于共产党的整风运动普遍开展起来，社会上确有极少数资产阶级右派分子妄图从根本上否定共产党的领导和新生的社会主义制度，甚至想取代共产党的领导。许多党的领导人和普通工农群众也确实对此不满，甚至义愤填膺。反映情况的简报材料纷纷送到中南海、送到毛泽东及其他中央首长的案头。

5月14日，毛泽东邀集了周恩来、刘少奇、朱德、陈云、邓

---

① 柳午亭，革命烈士柳直荀之父。

小平、彭真、陆定一、康生、李维汉等人到颐年堂议事，谈及党外一些人借共产党整风之际，要从根本上否定共产党的领导和社会主义制度，毛泽东率先不答应了。因为这是一个重大原则问题，周恩来和刘少奇、邓小平等人都表示坚决不能容忍。毛泽东认为这些人不是帮助共产党，而是反对共产党。

毛泽东对在座的中央领导同志们说："我们党进行整风，是要反对和克服党内存在的官僚主义、宗派主义和主观主义，防止脱离群众，防止腐败变质。而党外的一些人却想借这个机会，推翻共产党，那不行！坚决不行！"

毛泽东又说："我觉得我们只有主义之争，而无私人之争。主义之争，出于不得不争，所争者主义，非为哪一个人的私利；私人之争，社会上多得很，古已有之，总是可以相让的。三大战役后，解放军要不要过江？斯大林担心美国人出兵干涉，让米高扬转告我们不要过江，我们还是打过去了；抗美援朝，我们要不要出兵？有人也不同意我们出兵，但为了民族的利益和世界和平，我们派出了自己的志愿军，打过了三八线。现在，中国还要不要共产党的领导？还要不要搞社会主义？我的回答是，要搞！中国没有共产党不行！中国不搞社会主义也不行！"

在取得了一致意见以后，李银桥侍卫着毛泽东离开了颐年堂。

走在回菊香书屋的路上，毛泽东问："现在斗争复杂了，有人想要取代共产党的领导，提出中国不适宜搞社会主义，你是怎么认识呀？"

"那不行！"李银桥的手习惯性地摸上了挎在腰际的手枪，"没有共产党，哪有新中国？不搞社会主义，难道还回到旧社会去？不光我不答应，问问哪个卫士也不会答应，全国的老百姓更不会答应！"

"那好！"毛泽东迈开脚步说，"到卫士值班室去！"

走进卫士值班室，李银桥召集了所有的卫士前来，毛泽东得到了同李银桥一样的坚定回答……

127. 新闻导向要加强　开展反右派斗争

1957年5月15日，毛泽东写了《事情正在起变化》一文，供党内干部学习。文章强调要认清形势，注意右派的进攻。

同一天，中国新民主主义青年团第三次全国代表大会在京举行，毛泽东出席了开幕式。

22日，李银桥侍卫着毛泽东接见青年团三大部分代表时，听毛泽东同青年们谈话说："要做一个顶天立地的人，顶天就是要掌握马列主义，站得高，看得远；立地就是有坚定的群众基础，和群众打成一片。"

25日，青年团第三次全国代表大会闭幕。毛泽东接见了全体代表，指出"中国共产党是全中国人民的领导核心"，"一切离开社会主义的言论和行动是完全错误的"。

在5月末至6月初的10天时间里，毛泽东又三次游泳横渡长江，表现了一个伟大革命家的雄伟气魄和在困难面前奋勇搏击前进的胆量和勇气……

这次来武汉首渡长江之后，毛泽东对他身边的人们说："长江，别人都说很大，其实，大，并不可怕。美帝国主义不是很大吗？我们顶了他一下，也没有啥。所以，世界上有些大的东西，其实并不可怕。"

侍卫在毛泽东身旁的李银桥已经是第二次听毛泽东对人们

讲这样的话了……

6月8日,毛泽东起草《中共中央关于组织力量准备反击右派分子进攻的指示》发出,对反击右派做了部署。

这一指示,是党内整风运动向反右斗争转移的一个标志,大规模的反右派斗争随即在全国范围展开了。

同日,毛泽东为《人民日报》起草的社论《这是为什么?》发表。反击极少数右派分子的进攻随之扩大到全国各个领域的各个行业、各个部门……

6月13日下午,毛泽东在颐年堂对李银桥说:"你准备一下,过一会儿吴冷西要来。"

李银桥知道吴冷西是新华社继任社长,可又有什么好准备的呢?无非是准备茶水和开开电风扇罢了……

吴冷西来见毛泽东了。毛泽东对他说:"中央已决定你去人民日报,而且今日就要去,工作一段时间,中央将正式任命你当总编辑,同时还可以继续兼任新华社社长,把两个单位的宣传统一起来。"

吴冷西说:"主席,我有这个思想准备。"

毛泽东很严肃地说:"一般的思想准备不行哩!你到人民日报工作,要有充分的思想准备,要准备遇到最坏情况,要有'五不怕'的精神准备。这'五不怕'就是……"

李银桥在一旁,见毛泽东扳着手指头对吴冷西说:"一不怕撤职,二不怕开除党籍,三不怕老婆离婚,四不怕坐牢,五不怕杀头。有了这'五不怕'的准备,就敢于坚持真理了。"

李银桥见吴冷西认真地听着,脸上的表情也显得很严肃。毛泽东继续说:"撤职和开除党籍并不罕见,要准备着。杀头在正确路线领导下大概不至于,但坐牢得有精神准备,在共产党内一时受委屈的事还是有的,不过在正确路线领导下终究会平反纠正的。"

这时吴冷西说:"只要党的路线正确,我什么也不怕。"

"党的路线也有错的时候。"毛泽东回忆说,"陈独秀、王明、李立三、瞿秋白、张国焘都犯过路线错误，我在同错误路线的斗争中也被他们打击、迫害过，被开除过党籍。中国历史上的屈原、司马迁，都是被打击、被迫害过的人。屈原跳了江，司马迁受了宫刑……"

吴冷西表示说："但他们都是中国历史上很伟大、很高尚的人。"

"对么！"直到这时，毛泽东才笑了，又问，"你怕老婆离婚么？"

"不怕！"吴冷西喝了一口茶水，转头看了看侍卫在侧的李银桥，回答毛泽东说，"我想不至于，如果我是受冤屈的话。"

毛泽东说："不怕老婆离婚是对男同志说的，对女同志就应该不怕丈夫离婚。总之，这'五不怕'总得准备着。"

临离开时，吴冷西对毛泽东说："请主席放心，我一定坚持真理，保证做到'五不怕'！"

1957年6月14日，吴冷西到任的第二天，毛泽东以《人民日报》编辑部的名义写的《文汇报在一个时间内的资产阶级方向》一文发表。

6月26日，第一届全国人民代表大会第四次会议在北京召开，毛泽东出席了会议的开幕式。会议充满了反击右派进攻的紧张气氛。

7月1日凌晨5时50分，毛泽东带着李银桥、叶子龙等人乘专机悄然离开北京，直飞杭州。

当日，毛泽东为《人民日报》写的社论《文汇报的资产阶级方向应当批判》发表。毛泽东在文章中说：

不是东风压倒西风，就是西风压倒东风，在路线问题上没有调和的余地。

同时指出：

呼风唤雨，推涛作浪，或策划于密室，或点火于基层,上下串连,八方呼应,以天下大乱、取而代之、逐步实行、终成大业为时局估计和最终目的者,到底只有较少人数,就是所谓资产阶级右派人物。

并说:

  阶级斗争是客观存在,不依人的意志为转移的。就是说,不可避免的。人的意志想要避免,也不可能。只能因势利导,夺取胜利。

随之,全国掀起了批判右派的新高潮。

这时,第一届全国人民代表大会第四次会议在刘少奇的主持下仍在进行中。

7月6日下午,毛泽东乘飞机到了上海。

7月7日,毛泽东在上海召开了各界人士座谈会。

8日,李银桥等人侍卫着毛泽东视察了上海机床厂。

在机床厂,毛泽东同工人们亲切交谈,鼓励工人们团结一致、大干社会主义,以优异成绩和实际行动打退资产阶级右派向党和人民的猖狂进攻。

9日,毛泽东在上海干部会议上发表讲话,再次强调了一定要打退资产阶级右派的进攻。

干部会议结束后,毛泽东即于当日乘飞机离开上海去了南京。

7月12日8时30分,毛泽东乘飞机离开南京飞赴山东省的沿海城市青岛。

15日,第一届全国人民代表大会第四次会议在北京闭幕。这时毛泽东仍在青岛。

7月17日,毛泽东在青岛主持召开了省市委书记会议,着重讨论了反右派斗争的问题。会议期间,毛泽东写了《一九五七年夏季的形势》一文,正确提出"造成一个又有集中又有民主,又有纪律又有自由,又有统一意志,又有个人心情舒畅、生动活泼,那样一种政治局面"。

在这次会议上,毛泽东还提醒大家说:"批评斯大林有两重性，好处是破除了迷信，解放了人的思想，但方法不对，没有分析，一棍子打死，引起去年几个月的反苏反共大风潮，这是不好的。"

谈到发生在苏联的"6月事件"，毛泽东说："莫洛托夫当权，不一定有利，首先是国际形势紧张，按政策比较起来，还是赫鲁晓夫比较好。至于作风，他们彼此都是一样，半斤八两。我与米高扬谈了8个小时，我们说，我们希望你们稳定，你们不稳定，不好办。他说他也希望我们稳定，说我们有右派，要谨慎小心，有许多事情料不到。"

一天，毛泽东在青岛海滨散步，对跟随在自己身边的叶子龙和李银桥说："你们看，海水涨潮落潮，是受月亮引力的影响。自然界中的风，是因地球自身的转动和空气的冷热变化形成的。社会上的事，也有它的客观规律。我们要善于抓住这个规律、掌握这个规律，因势利导，夺取胜利。"

叶子龙斗胆说："主席，我听反映说反右派斗争搞得太紧张了……"

"紧张么？"毛泽东转脸问李银桥，"你怎么看？"

"我说不好……"李银桥想了想说，"在中南海也是天天开会，办公厅的文件一个接一个，学都学不过来……"

毛泽东淡淡地一笑，说："事情很复杂，搞社会主义革命也要斗争呢！"又说，"在大是大非面前，一定要头脑清醒、站稳脚跟。反击右派进攻的这场斗争，是树欲静而风不止啊！共产党要整风，右派要进攻，不以人的意志为转移么。只能是因势利导，夺取胜利。"

在海边，毛泽东面对大海又说："要说紧张，总比松懈好。要晓得，矫枉必须过正，不过正则不能矫枉哩……"

听了毛泽东的这些话，叶子龙和李银桥互相看了看，都不再说什么了……

8月1日，毛泽东为《解放军报》题词：

为建设强大的国防军而奋斗

临近傍晚,毛泽东在李银桥、孙勇等人的护卫下到海滨游泳。在海中,毛泽东劈波斩浪,奋力搏击,游了好长时间……

紧紧伴游在毛泽东身边的李银桥看着毛泽东挥臂搏击的气势,感到毛泽东既是在游泳,又是在向大自然、向社会挑战。那气势,磅礴而壮阔,深沉而悠然,刚中带柔,坚韧而舒展……

8月6日,全国民族工作座谈会在青岛结束。毛泽东接见了全体代表,并同大家一起照了相。

128. 开八届三中全会　准备二访莫斯科

进入1957年8月，毛泽东开始感到在全国掀起的大规模的反右派斗争被严重地扩大化了。

在青岛，毛泽东收到中央办公厅转来的许多信件和情况汇编，反映了发生在全国各地许多基层领导人身上的已经不是"主义之争"，有不少已经变成了"个人之争"。

这时，毛泽东更加相信了前些天同叶子龙和李银桥在海边散步时叶子龙说的话，便给周恩来、刘少奇、薄一波等人打电话，亲自出面保护一些知识分子和爱国人士。

8月11日，毛泽东乘专机回到了北京。

8月18日，毛泽东乘专列离开北京去了北戴河。

在北戴河，毛泽东一方面着手准备将于9月下旬召开的八届三中全会文件，一方面认真审阅报送中央的反右斗争材料，继续出面保护知名爱国人士和各民主党派、民众团体的一些知识分子……

一天，毛泽东在书房里让李银桥叫来了汪东兴，要他下放到江西去工作一段时间……

转眼进入9月，这时北京的天气已不似盛夏时那样闷热了。

9月3日，毛泽东乘专列再次离京南下视察。

9月5日，毛泽东在河南郑州改乘飞机直抵武汉。

9月7日，毛泽东乘飞机抵达长沙。

9月9日，毛泽东乘飞机抵达南昌。

9月10日，毛泽东经南昌抵达杭州。

9月17日，毛泽东和他的随行人员罗瑞卿、李银桥等人一起，乘飞机离开杭州前往上海。

到达上海的当天，毛泽东接见了上海锅炉厂、黄浦区、上海动力技术学校等单位的负责人，听取基层单位整风和大鸣大放情况的汇报，并赞扬了大字报。

第二天，毛泽东视察了上海国棉一厂，并同纺织女工们在一起照了相。

在上海，毛泽东见到《辞海》的主编之一舒新城，对他说："《辞海》我从20年前使用到现在，在陕北打仗的时候也带着，后来在延川敌情紧急的情况下，不得不丢下埋藏起来，以后就找不到了。现在这部书太老了，比较旧，希望修订一下。"

舒新城回答说："我们一定遵毛主席的指示，积极努力，认真做好这项工作。"

这时，印度的拉达克里希南率政府代表团访问中国到达北京，毛泽东乘飞机赶回北京欢迎印度贵宾的到来。

在欢迎宴会上，毛泽东说："中印两国共同倡导的和平共处五项原则，使我们的友谊产生了新的基础，我们两国及世界其他各国都在为争取和平而努力，殖民主义者的一切阴谋都会失败。"

9月18日，毛泽东一行人乘飞机返回了北京。

9月20日，中国妇女第三次全国代表大会在北京闭幕。

同一天，中共八届三中全会（扩大）会议在北京召开了。

10月2日，毛泽东给林克写信，嘱他"广收博览，于你我都有益"，希望他"略为偏重一点理论文章，逐步培养这一方面的兴趣"……

李银桥常年跟随在毛泽东的身边，深知毛泽东喜书爱书，无论走到哪里也要带着书,一有空暇便手不离卷地阅读起来。毛泽东那认真读书的样子,简直到了如醉如痴、嗜书如癖的地步……

10月7日,回到北京的毛泽东出席了八届三中全会各组组长会议,并发表了重要讲话。

9日,八届三中全会扩大会议结束前,毛泽东到会再次发表了重要讲话,号召大家"做革命的促进派"。

13日,毛泽东在中南海勤政殿主持召开最高国务会议第十三次会议,并做了题为《要坚定地相信群众的大多数》的讲话,分析了反右斗争的形势和知识分子的状况。

1957年10月中旬,李银桥侍卫着毛泽东在怀仁堂看了两场戏。一场是《打金枝》,另一场是《打渔杀家》。

李银桥知道毛泽东看戏常常与众不同。他看戏总是从工作的角度出发,或是从客观现实中某种现象的表现形式出发,说出自己的认识和见解。

看《打金枝》,毛泽东笑着对坐在他身边的周恩来和彭真说,戏中的人物郭子仪的儿子同皇帝的女儿结亲以后,闹矛盾,郭子仪和皇帝各自批评了自己的孩子,解决得很好。这是说解决人民内部矛盾,矛盾双方要各自多做自我批评。还说郭子仪这个人很有政治头脑,当时有人向皇帝打小报告,说郭子仪有谋反之心,郭子仪听到后,就把自己家的门户敞开,任人出入、参观。讲到这里,毛泽东挥挥手说:"有个典故叫'门户洞开',就是从这里来的呢!"

周恩来笑应道:"我们党也需要像郭子仪这样的人!"

毛泽东说:"我们党的领导干部、领导机关也要做到'门户洞开',面向群众、面向社会,那么官僚主义、宗派主义和教条主义就没得藏身之处了!"

看《打渔杀家》时,毛泽东当着周恩来的面对卫立煌说:"肖恩的女儿肖桂英也动摇过哩!后来醒悟了,终于同梁山好汉一起去'革命'了,这就好了!卫将军此次回来,我把你比作肖桂英，肖桂英终于是革命了。"

李银桥在一旁见卫立煌听了毛泽东的话，很受感动……

一天上午，李银桥在卫士值班室忽然接到周恩来打来的一个电话："喂，你是小李吗？"

李银桥回答："总理，我是李银桥。"

"主席起没起床？"

"没有。"

"什么时候睡的？"

"早8点。"

停顿片刻，电话上又传来了周恩来的声音："要叫起主席，胡志明来了，有紧急事。"

"是！"李银桥放下电话，快步走进了毛泽东的卧室。

毛泽东睡觉很轻，一叫就醒。起身后坐在床上用湿毛巾擦了一把脸，不再吸烟喝茶看报纸，很快穿衣下床，而后在李银桥的跟随下直奔颐年堂……

在颐年堂，李银桥见到周恩来陪同胡志明进了院子，便对毛泽东说："到了。"

毛泽东立刻迎向门口，同胡志明亲切握手、问候。这是胡志明又一次秘密访问中国。

10月下旬的一天，毛泽东对李银桥说："银桥呵，这段时间我很忙，也没顾得上看同志们的作业，你说说看，同志们在业余学校的学习么样啊？"

"都很好。"李银桥汇报说，"大家知道主席忙，学习特别认真。"

"这就好。"毛泽东点了头说，"告诉同志们要晓得，时间是宝贵的，时间是挤出来的，一定要抓紧。"

第二天在汽车上，周恩来对毛泽东说："赫鲁晓夫来电报了，邀请主席去莫斯科。"

李银桥坐在车前，没有听到毛泽东的反应。又听周恩来劝说道："你是党魁么，还得去。"

毛泽东依然没有表态。

周恩来继续说："主席，铁托也要到莫斯科去参加会议。"

"嗯。"毛泽东终于答应了，"那就去吧。"

周恩来追问一句："那就定下来吧？"

毛泽东肯定地说："好。"

晚上，在紫云轩的书房中，毛泽东对李银桥说："你把卫士组的工作和家里的事情安排一下，过几天跟我去莫斯科。"

李银桥问："什么时候行动？"

"你先准备么。"毛泽东关切地说，"你一个，张仙朋一个，到行政处去领些钱，按规定每人500元，做两套新衣服。"

李银桥又问："你的衣服呢？"

"我的衣服就不做了。"毛泽东说，"你是我的卫士长，出去了总要穿得好一点么！"

李银桥再问："怎么去？坐火车还是坐飞机？"

"火车太慢，坐飞机去。"毛泽东笑了说，"8年了，我答应过你的事，一定要实现呢！"

李银桥看着毛泽东，也笑了……

129. 共产党国际会议　莫斯科发表宣言

1957年11月2日上午9时，毛泽东乘专机率中国党政代表团访苏，参加十月革命40周年庆祝活动和出席有64个国家的共产党和工人党参加的代表会议。

当天下午3时20分到达莫斯科机场，随后毛泽东发表了简短的讲话。

欢迎仪式结束后，赫鲁晓夫陪同毛泽东乘汽车驶向克里姆林宫。

路上，赫鲁晓夫对毛泽东说："尊敬的毛泽东同志，容我告诉您，铁托不来了，他说腰疼。"

随行的中国翻译阎明复向毛泽东翻译了赫鲁晓夫的话。毛泽东略微停顿了一下，然后说："他是'政治腰疼'。"

在克里姆林宫，毛泽东被赫鲁晓夫特意安排住在了俄国沙皇过去住过的房间里，而毛泽东却对侍卫在侧的李银桥和另一位中国翻译李越然说："我不是皇帝呢！我是国家主席，是人民的公仆。"

毛泽东住下后，在李银桥和张仙朋的侍卫下，去拜访了前来参加会议的越南共产党主席胡志明。

两位领导人一见如故，彼此非常亲密。胡志明不用翻译，直接用汉语同毛泽东互相问候、亲切地交谈着……

见到李银桥，胡志明也显得非常热情，并很平易近人地向李银桥打招呼说："你是毛主席的卫士长，叫李银桥，我认得你！"

李银桥急忙上前同胡志明握手："胡志明主席好！很高兴再见到你！"

11月6日，毛泽东在苏联最高苏维埃庆祝十月革命40周年会议上发表讲话，颂扬了十月革命道路，强调了反对修正主义。毛泽东在讲话中说：

> 苏联人民在四十年前举行的这个伟大的革命，正如革命导师列宁多次指出的，开始了全世界历史的新时代。历史上发生过各种的革命。但是，过去的任何一次革命，都不能够同十月社会主义革命相比拟……我们坚决主张，社会主义国家和资本主义国家实行和平竞赛，各国内部的事务由本国人民按照自己的意愿解决。我们坚决主张，一切国家实行互相尊重主权和领土完整、互不侵犯、互不干涉内政、平等互利、和平共处这样大家知道的五项原则。

在谈到对核战争问题的看法时，毛泽东语气坚定地说："现在还要估计一种情况，就是想发动战争的疯子，他们可能把原子弹、氢弹到处摔，他们摔，我们也摔，这就打得一塌糊涂，这就要损失人。……不是我们要打，是他们要打，一打就要摔原子弹、氢弹。……我们中国还没有建设好，我们希望和平。但是如果帝国主义硬要打仗，我们也只好横下一条心，打了仗再建设。……"

会议期间，赫鲁晓夫、伏罗希洛夫和布尔加宁前来拜访毛泽东，李银桥侍卫着毛泽东，见毛泽东同他们进行了态度友好的交谈。

一天，毛泽东对李银桥说："银桥呵，今日你去宋庆龄那里，陪着她到莫斯科转一转。苏联人已经安排了，你要保证她的安全。"

"是！"李银桥接受了任务，便到同来莫斯科的宋庆龄那里去做侍卫工作了……

几天后，中共代表团的代表邓小平参与起草《社会主义国家共产党和工人党宣言》和《和平宣言》时，与苏共代表团在一系列重大问题上发生原则分歧，邓小平向苏共中央提出了由毛泽东主持起草的《关于和平过渡问题的意见提纲》，阐明了中国共产党的观点。

邓小平来见毛泽东，说中苏两党的"宣言"起草班子争吵起来了，而且吵得很凶。毛泽东听过汇报后，便带了李银桥和张仙朋，在杨尚昆的陪同下去莫斯科郊外赫鲁晓夫等人的别墅回访苏联领导人，单独与赫鲁晓夫、伏罗希洛夫、布尔加宁进行了谈话。

回到克里姆林宫，毛泽东让杨尚昆叫来了邓小平，当着杨尚昆和李银桥的面对邓小平说："原则问题我们是一定要认真对待的。"

第二天，毛泽东睡后起床，倚床栏而坐，李银桥给他做按摩。毛泽东望着李银桥忽然问："银桥呵，你来苏联十多天，感到苏联人怎么样啊？"

李银桥回答说："我和宋庆龄副主席在莫斯科参观时，遇到的苏联人对我们都很好，我还听到了有人喊'斯大林——毛泽东'；在克里姆林宫，我见他们的领导人对我们也很热情，只是不知道他们心里怎么想……"

毛泽东吸着烟说："看问题不能只看表面现象，你要多留心、多观察，要晓得外事无小事，事事皆政治。"又说，"你这个人，就是办事认真，认真好呢……"

李银桥又说："苏联人还给我们送了好多礼物，都是苏联的老百姓送的，还有许多信和电报。我听翻译阎明复和李越然说，这些信和电报都是歌颂我们两国的友谊和怀念斯大林的。"

毛泽东感叹道："苏联人民是伟大的人民，苏联的老百姓是值得信赖的。"

11月13日，中国国内经毛泽东签发的《人民日报》社论《发动全民，讨论四十条纲要，掀起农业生产的新高潮》发表，号召批判右倾保守思想，第一次提出了"大跃进"的口号。

当日晚，在克里姆林宫，毛泽东看了《人民日报》社论的电传，批语"大跃进"一词：是个伟大的发明，这个口号剥夺了反冒进的口号。建议把一号博士头衔赠给发明"大跃进"这个伟大口号的那一位（或者几位）科学家。

14日至19日，毛泽东先后又出席了有64个共产党、工人党代表参加的会议。毛泽东在会上发表讲话，提出中国要在15年左右的时间里，在钢铁等主要工业产品的产量方面赶上和超过英国，并在《社会主义国家共产党和工人党宣言》和《和平宣言》上签了字。

《社会主义国家共产党和工人党宣言》和《和平宣言》统称《莫斯科宣言》。在《莫斯科宣言》中，有这样一句话："资产阶级影响的存在，是修正主义的国内根源。屈服于帝国主义的压力，是修正主义的国外根源。"

毛泽东在讲话中还对各国的共产党、工人党的代表们说："赫鲁晓夫这朵花比我毛泽东好看。"说"赫鲁晓夫有胆量，敢去碰斯大林。尽管采取的方法不好，但揭了盖子，搬掉了多年来压在人们头上的大石头"；还说"可是，中国有句古话，叫作'荷花虽好，也得绿叶扶'。我看赫鲁晓夫这朵花是需要绿叶扶的。这叫一个和尚两个帮，一个篱笆三个桩"。

11月17日，毛泽东冒雪在莫斯科接见了中国的留学生和实习生，并对他们说："世界是你们的，也是我们的，但是归根结底是你们的。你们青年人朝气蓬勃，正在兴旺时期，好像早晨八九点钟的太阳。希望寄托在你们身上。"还说"社会主义阵营和资本主义阵营之间的斗争不是西风压倒东风，就是东风压倒西风。"又说"世界是属于你们的。中国的前途是属于你们的。"又说,"我只说三句话:第一,和苏联朋友要亲密团结;第二,青年人既要勇敢又要谦虚;第三,祝同学们身体好、学习好,将来工作好。"

次日,李银桥和张仙朋侍卫毛泽东再次出席共产党和工人党代表会议,毛泽东在发言中响亮地提出了"一切反动派都是纸老虎"的论断。

会议期间,毛泽东还在列宁山接见了中国的留学生。毛泽东对大家说:"你们必须切切实实地长期锻炼才行,千万别骄傲,别把尾巴竖起来。"还说,"真正的彻底的社会主义革命不是一朝一夕可以成功的。……世界上怕就怕'认真'二字,共产党就最讲'认真'。"

在19日当天,苏共中央举行盛大宴会,招待参加会议的各国共产党、工人党代表团。赫鲁晓夫早就听说了毛泽东"不吃死鱼",特意嘱咐了苏联的厨师给毛泽东上活鱼……

11月20日,毛泽东致信苏联《真理报》编辑部:参加伟大的十月社会主义革命四十周年庆祝典礼的中华人民共和国代表团,在你们伟大国家的逗留期间,收到了苏联公民们的大批信件和电报,其中有的还附来了珍贵的礼品。这些信件、电报和礼品都热情洋溢地表达了苏联人民对中国人民、对中华人民共和国代表团和它的成员以及对我个人的最诚挚的兄弟情谊和最良好的祝愿。我们把苏联人民的这种感情看作是中苏两国人民牢不可破的伟大友谊的象征。因为我和我的同志们难以对这么多的信件和电报一一作复,请让我们通过贵报转达六亿中国人民、中华人民共和国代表团的全体同志们和我个人对苏联人民、对所有给我们这些信件、电报和礼品的苏联同志们的衷心的感谢。

21日,毛泽东结束了在莫斯科的访问活动,乘专机启程回国。

在飞机上,毛泽东和宋庆龄谈笑风生,李银桥在一旁看着两位国家领导人高兴交谈的样子，也舒畅地笑了。一会儿，邓小平走来坐在毛泽东的身旁，对毛泽东和宋庆龄说："此次莫斯科之行，我们还是有收获的。"

毛泽东说："这次会议总算开成功了，将来怎么样，就要看赫鲁晓夫的实际行动了……"

邓小平又说："我看，赫鲁晓夫这个人讲话太霸气，对东欧的兄弟党架子很大；我在和他们商讨起草《莫斯科宣言》时，他们对我们也摆起了'老子党'的架子，被我们顶了回去。"

毛泽东点点头，又挥一挥手说："顶得好！在原则问题上，我们就是要寸步不让、坚决顶到底！"又说，"苏联人民对我们还是很友好的，这一点我们还是有感触的……"

飞机临飞离苏联上空时，毛泽东代表中国共产党和政府代表团向苏共中央拍发了致谢电。

130. 领袖北京尝窝头　南宁夜空遇敌情

毛泽东回国后，收到了他早年和杨开慧共同生活时的保姆陈玉英之女孙燕的一封来信。信中说她妈妈在长沙工作困难，要被下放到农村去……

1957年12月1日，毛泽东给孙燕写了回信，让她尽快将她母亲的详情写了寄来。

12月8日下午，毛泽东乘飞机离开北京前往济南。

次日下午，毛泽东离开济南飞赴南京和杭州。

12月中旬的一天，警卫中队的一位战士探家归来，不但写了调查报告，还带回一个窝窝头，又黑又硬，交给毛泽东说："主席，我们家乡的农民生活还很苦，人们就是吃这种窝头。我讲的是实话，我爹我娘也是吃这个。"

毛泽东接过窝头时，李银桥见他的手有些颤抖，眼圈也一下子红了起来，两颗豆粒大的泪珠顺着脸颊猝然而下……毛泽东拭去眼泪，掰了一块窝头放进嘴里嚼着，并对李银桥说："你去叫几个人来。"

李银桥去叫来了几个人，毛泽东给每人分一小块窝头："吃，你们都吃一块。这就是我们农民的口粮，这就是种粮人吃的粮食啊……"

李银桥也分到一块窝窝头，放进嘴里一嚼，难吃死了，想吐又不敢吐，嚼了很久才咽进肚里……

当夜，毛泽东又失眠了。

李银桥上前劝慰毛泽东静下心来睡觉，可毛泽东却喃喃地说："为么事会这样子呢？为么事……人民当家做主了，不再是为地主种田，是为人民群众自身搞生产，生产力应该获得解放么……"

好长时间，困惑中的毛泽东还是睡不着，便起身冒着冷风到院中散步。李银桥默默地跟在毛泽东的身后，听毛泽东依然自言自语道："我们是社会主义么，不该是这个样子，要想办法，一定要想个办法……"

17日，毛泽东收到了孙燕的第二封来信，当即回信说：

> 我同意你的意见，不去乡村。你母亲年已六十，不能劳动，当然不宜下放。你年小，你母亲需要照料，可以不去。但此事应由党作决定。你可持此信和你母亲一道，去湖南省委统战部，找那里的负责同志谈一谈，请他作出决定。我这封信只是建议，不是决定。

此一时期，蒋介石在台湾经常派遣美制军用飞机高空潜入大陆进行侦察活动。毛泽东得到消息，和周恩来、聂荣臻等人商议，一定要想办法把它们打下来……

18日，毛泽东在中央军委的一个文件上批示：

> 请你督促空军全力以赴，务歼入侵之敌。

1958年元旦，毛泽东在杭州。

1月3日、4日两天，毛泽东在杭州召开有部分中央领导和华东四省一市党委第一书记参加的工作会议并两次讲话，提出"把党的工作重点放到技术革命上去"等17个条事项。

毛泽东说："我们不断革命的步骤是：夺取政权，土地革命，生产资料所有制的社会主义革命。这三件事是紧跟着的……还要趁热打铁，一气呵成好，不要拖拖拉拉。"

1月5日，李银桥跟随毛泽东视察了杭州市小营巷，毛泽东和当地居民亲切交谈，了解他们的家庭、工作、生活及除四害、讲卫生的情况。毛泽东形象地对人们说："四害太讨厌，老鼠、苍蝇、蚊子传播疾病，麻雀吃掉许多粮食，不得不除啊！"

居民们纷纷表示说："请毛主席放心，我们一定讲好卫生，大除四害！"

当天下午，毛泽东乘飞机离开杭州前往长沙。

1月6日，毛泽东乘飞机经长沙停留后抵达广西壮族自治区首府南宁。

宽广清澈的邕江水由西向东穿过万木葱绿的南宁市，沿江两岸茂密的芭蕉林和凤尾竹蓬蓬勃勃，高高的大榕树和龙冠树长势苍雄，四季常青的大青树和松柏树更是郁郁葱葱。放眼望去，整个南宁一片绿色……

1月11日，毛泽东在南宁主持召开，有部分中共中央领导人和部分中央部委、地方的负责人参加的会议，通称南宁会议。

17日，毛泽东在这次会议上，针对社会上提出的"反冒进"发表讲话说："冒进是全国人民热潮冲起来的，是好事，部分是坏事；反冒进是非马克思主义的，冒进是马克思主义的。……右派的进攻把一些同志抛到和右派差不多的边缘，只剩下50米。今后不要再提反冒进这个名词好不好？这是政治问题，一反就泄了气，六亿人民一泄了气不得了。"又说，"搞工业、农业，比打仗还厉害些，我就不信。"

当天深夜，其实已经是第二天凌晨一点多钟了，中国人民解放军驻广西雷达部队发现，一架国民党飞机由海上向广西上空直行临近……

随同毛泽东一起行动的空军副司令员何庭一立刻紧张起来。他想：难道国民党得到情报、探知了毛泽东的行踪？他让秘书紧急联系柳州军用机场，命令那里的空军歼击机部队紧急战斗起飞，无论如何要将敌机拦截住、把它干掉！

同时，广西宁明空军机场也拉响了紧急起飞的空情警报……

是时，南宁全城熄灯。

李银桥带领封耀松、张仙朋、田云玉拥进毛泽东的住房，紧紧围拢了毛泽东。李银桥催促毛泽东说："主席，请你立刻到防空洞去！"

"我不去！"正在烛光下看书的毛泽东将大手轻轻一挥，"要去你们去！"

封耀松再劝："主席，我们要对您的安全负责！"

张仙朋和田云玉也劝："主席，您就听我们一句，快到防空洞去吧！"

毛泽东不紧不慢地说："蒋介石请我去重庆，我去了，又回来了，他能把我怎么样？在延安、在城南庄，蒋介石的飞机扔炸弹我也没怕过，难道现在还不如那时候安全吗？"

李银桥知道难劝，但又不得不劝，并且上前吹灭了毛泽东身边的蜡烛："主席，还是请你……"

"把蜡烛给我点上！"毛泽东抬高了声音说，"莫再讲了！"

李银桥力劝："主席，还是防备万一好，去防空洞吧！"

"我讲了，我不去！"毛泽东焦躁起来，"快把蜡烛点上，我要看书！"又说，"在城南庄，国民党把炸弹扔到我门口它也没敢炸，我什么时候怕过他们？"

交代了的事情就要办。李银桥只得让封耀松重新给毛泽东点燃了蜡烛。

毛泽东拿了《楚辞》继续看下去，看得聚精会神，看得津津有味……

131. 毛泽东关心爱女　孙燕再见毛泽东

1958年1月22日南宁会议结束。

会议期间，毛泽东发表了4次重要讲话。21日，毛泽东做会议总结，再次批评了1956年经济工作中进行反冒进的正确政策。

会议前，毛泽东集中中央和地方许多领导同志的意见，开始起草《工作方法六十条（草案）》。这个文件的中心强调了"不断革命"的思想。

1月23日，毛泽东乘飞机离开南宁飞赴广州。

1月26日，毛泽东乘飞机离开广州回到了北京。

1月28日，回到北京的毛泽东在中南海颐年堂主持召开了第十四次最高国务会议并讲话，谈了国内工业发展目标、工作方法、知识分子、对右派分子的政策等问题。

会上，毛泽东对大家讲："我们这个民族，是个大有希望的民族。"并且提出了"鼓足干劲，力争上游，十五年内赶上英国"的号召。

1958年1月间，毛泽东着手起草的《工作方法六十条（草案）》基本完成。毛泽东在文件中提出了许多正确的观点、原则、任务和方法，但也反映了一些"左"的思想内容。

同期，毛泽东还对新闻工作者谈了"文章的'三性'和写作方法",讲了知识分子要"又红又专"。

李银桥感到,毛泽东身为党和人民的伟大领袖,时时刻刻都将自己的一切完完全全地交给了党和人民。凡是党和人民的事情,无论大事小事,他都挂在心上、都要过问……

2月初,毛泽东派人从湖南长沙接来了陈玉英的女儿孙燕。

3日上午,孙燕被人领到丰泽园先见了李银桥,李银桥领着这位十七八岁的女孩子去紫云轩书房见了毛泽东。

毛泽东亲切地拉着孙燕的手,让她坐在自己身边的沙发上,详细询问了她妈妈的生活情况和工作情况,同她谈了整整一个上午,随后留她一起吃了午饭……

下午,孙燕走后,毛泽东依然未休息。

这时李讷生病住院了。因连续做了两个外科手术,手术后伤口感染,引起发烧。毛泽东没有时间去医院看望女儿,便给女儿写了一封信,让李银桥带了水果一并送到医院去。

在病房里,李讷躺在病床上很亲热、很有礼貌地请她"李叔叔"坐下来,问:"我爸爸怎么不来看我呢?"

李银桥宽慰她说:"你知道你爸爸忙呢!他让我转告你安心养病,听医生、护士的话,希望你早日恢复健康。你爸爸很关心你呢,他希望你坚强意志,做一个勇敢的女孩子。"

"我很勇敢呢!"李讷告诉说,"医生给我做手术我都没哭……"

李银桥逗她说:"那是给你打了麻药……"又说,"就是不打麻药,我相信你也不会哭,你是我们这些人里的小英雄呢!"

李讷笑起来。李银桥又说:"医生、护士把你的情况都对你爸爸妈妈讲了,你爸爸还给你写了信……"

李讷忙问:"我爸爸的信呢?"

李银桥把信拿给她,李讷立刻打开来看她爸爸给她写的信:

害病严重时，心旌摇摇，悲观袭来，信心动荡。这是意志不坚决，我也常常如此。病情好转，心情也好转，世界观又改观了，豁然开朗。意志可以克服病情。一定要锻炼意志。你以为如何？妈妈很着急，我也有些。找了小员、院长计苏华、主治大夫王历耕、内科大夫吴洁诸同志，今天上午开了一会，一致认为大有好转。你昨夜睡了九小时，你跑出房门在小廊上看画报。白血球降下来了，特别是中性白血球，已恢复正常。他们说不成问题，确有把握，你可以放心。这点发烧，应当有的，完全正常。妈妈很不放心，打了电话给她，她放心了。李讷，再熬几天，就可完全痊愈，怕什么？我的话是有根据的。为你的事，我此刻尚未睡，现在我想睡了，心情舒畅了。诗一首：

青海长云暗雪山，孤城遥望玉门关。

黄沙百战穿金甲，不破楼兰誓不还。①

这里有意志。知道吗？你大概十天后准备去广东，过春节。愿意吧。到那里休养十几天，又陪伴妈妈。亲你，祝贺你胜利，我的娃！

1958年2月上旬，毛泽东还抓紧时间复习了他已经掌握了的英语单词和短句，并请林克几次纠正他的英语发音……

其他时间，毛泽东去颐年堂几次约见了周恩来和刘少奇、陈云，分别向他们征询了关于《工作方法六十条（草案）》的意见、听取他们的建议。交谈中，侍卫在侧的李银桥见刘少奇向毛泽东请教诗作，毛泽东笑一笑说："你的文化底蕴比我深么！要谈诗作，还得容我想一想哩！"

刘少奇说："实事求是么！对于诗，我确实不如主席。"又说，"我看了几首唐诗，贺知章的'少小离家老大回'，有人考证说'儿童'是他的子女，不知主席怎样看？"

---

① "青海长云暗雪山……"，唐朝诗人王昌龄的《从军行七首》中的一首。

"瞎考！"毛泽东说，"那样考的话，'飞流直下三千尺''桃花潭水深千尺'，又该如何考啊？"

周恩来在一旁笑了说："借喻、比喻、拟人、夸张，是诗里常用的手法。"

"恩来说得是么！"毛泽东说，"神奇的想象，奇妙的构思，大胆的夸张，严谨的平仄格式和对仗，是唐诗的特点，也是诗的意境之所在……"

回到菊香书屋，毛泽东对李银桥说："你去书房给我拿了《全唐诗话》来。"

2月10日，毛泽东给刘少奇写了一信，谈了他对贺知章一些轶事的见解，并明确否定了"儿童"是贺知章子女的说法。

第二天下午，毛泽东又派人接来了孙燕姑娘。

在菊香书屋的会客室里，毛泽东了解了孙燕在中学的学习情况和升学志愿，并告诉她"要全面发展"。

孙燕深受鼓舞地说："我一定努力去做！"

毛泽东又说："一个人要懂得多方面的知识，要全面发展，就要大胆学习。我们国家有演戏的、唱歌的、写历史的、写剧本的、写小说的、画画的、研究科学的等等。这些人都是国家的财富哩！"

孙燕认真地点着头……

侍卫在侧的李银桥深深感到，毛泽东对孙燕真像对自己的女儿一样啊……

132. 中央发出《六十条》 漫步成都沐春雨

1958年2月12日，毛泽东视察了东塔飞机发动机制造厂。

次日，毛泽东又在李银桥和田云玉的侍卫下，视察了沈阳市东陵区高坎乡向东合作社、抚顺煤矿和二整流所。

此时祖国的东北大地，正处于一片冰铺雪盖的时节。放眼远山，白雪皑皑，近处的田野和城郊、村庄也是一片茫茫白雪，树上的雪挂映着冬日的阳光，显示着它们独有的诱人魅力……

越往北走越冷，毛泽东冒着严寒继续视察。

2月14日，毛泽东带着李银桥等人到吉林省视察了长春电影制片厂。当天下午，毛泽东乘飞机返回了北京。

19日，毛泽东为中共中央起草的《工作方法六十条（草案）》以党内通知的形式发出。

毛泽东在《六十条》中写道：

全面规划，几次检查，年终评比，……普遍推广试验田。……抓两头带中间。……人们的工作有所不同，……各级党委，特别是坚决站在中央正确路线方面的负责同志，要随时准备挨骂。……要有反潮流的大无畏的精神。

毛泽东还写道：

大权独揽，小权分散。党委决定，各方去办。办也有决，不离原则。工作检查，党委有责。

党委要抓军事。军队必须放在党委的领导和监督之下……

南宁会议的召开和《工作方法六十条（草案）》的发出，促使党内急于求成的"左"倾思想迅速发展，一些地区、部门开始提出不切实际的"大跃进"的计划。

2月28日，毛泽东在中南海会见苏联驻华大使，同他进行了较长时间的谈话。

1958年2月间，中国和苏联过去签订的一些生产合同，遭到了苏联单方面的破坏。

几次接到汇报，毛泽东恼怒在胸。在一次散步时，毛泽东对李银桥说："赫鲁晓夫想当'老子党'，搞大家长作风，看来'爹有娘有不如自己有'，我们要奋发图强、自力更生！"

李银桥附和道："就是，只要我们自己发展了、强大了，谁也别想再卡我们！"

毛泽东发狠说："要快呢！要搞大跃进！"又说，"美帝国主义和蒋介石想看我们的笑话，赫鲁晓夫也想骑到我们头上拉屎——做梦！"

几天后，又一批反映苏联单方面撕毁生产合同的报告送交到毛泽东的手中。面对这样的事态，毛泽东在政治局会议上拍了桌子："苏联是要订长期合同的，好，订，订了，签了字了，过一个月要毁约。过两个月毁约也好呀！跟人家订长期合同，你强迫人家订，过一个月就毁约。……讲起共产党，又是光荣的，伟大的，什么的，就这样一件事情讲，我看是幼稚的，眼光短浅的。"

在这次政治局会议上，刘少奇、周恩来、朱德、邓小平等人都支持毛泽东的"奋发图强"和"自力更生"的主张……

1958年3月4日，毛泽东再次带着李银桥和封耀松等人离开北京，当天抵达成都。

在成都，毛泽东主持召开了有中共中央领导人、中央有关部门的负责人和大部分省、市、自治区党委第一书记参加的工作会议，通称成都会议。在会上，毛泽东发表了6次讲话，提出了一系列颇具影响力的理论观点和"鼓足干劲，力争上游，多快好省地建设社会主义"的总路线。

在讲到"个人崇拜"时，毛泽东说："个人崇拜有两种：一种是正确的。如对马克思、恩格斯、列宁、斯大林正确的东西，我们必须崇拜，永远崇拜，不崇拜不得了，真理在他们手里，为什么不崇拜呢？……另一种是不正确的崇拜，不加分析，盲目服从，这就不对了。"

3月的成都已是春暖花开，到处呈现着一派蓬勃向上的气息。

会议期间，毛泽东想去文殊院看看那里的寺庙和佛像，被随行的杨尚昆劝止了："主席，现在正是人们游春踏青的时候，城里的人特别多，保卫工作不好做。你出去了，肯定会被人民群众围住……"

"我还不自由了呢！"毛泽东无可奈何地说，"那我就在房间里憋死吧！"

杨尚昆不敢再讲话了，毛泽东也不再坚持外出……

可巧，第二天下雨了。小雨如丝似线，大雾般地飘飘洒洒滋润着大地。毛泽东高兴了，在院中淋着雨对李银桥说："'好雨知时节，当春乃发生'啊！走，我们到杜甫草堂去！"

李银桥劝阻道："主席，杨主任说不让你出去……"

"怕么事！"毛泽东出主意说，"你去叫杨尚昆，让他同我们一起去！难得在成都遇上春雨，'花重锦官城'么！现在街上人少，我们穿了雨衣去……"

李银桥只得叫来了杨尚昆，杨尚昆又叫来了罗瑞卿，毛泽东带了李银桥、封耀松和叶子龙，一行人穿了雨衣，乘车去到西郊的浣花溪畔看杜甫草堂……

在杜甫草堂的诗史堂前,毛泽东淋着蒙蒙细雨,面对梅园楠林、千竿翠竹和溪流交错的座座小桥,感叹道:

> 去郭轩楹敞,无村眺望赊。
> 澄江平少岸,幽树晚多花。
> 细雨鱼儿出,微风燕子斜。
> 城中十万户,此地两三家!

李银桥站在毛泽东的身旁说:"主席,你说慢点,我得记下来。"

毛泽东笑道:"这是杜甫的诗,回北京我拿给你看。"又说,"'安得广厦千万间,大庇天下寒士俱欢颜,风雨不动安如山'!"

杨尚昆说:"主席,现在社会安定,人民群众发动起来了,我们可以'大庇天下寒士'了!"

"不要太乐观呢!"毛泽东伸手接了蒙蒙细雨说,"我们还要努力,还要放手发动群众搞大跃进。"

李银桥接话说:"主席,我也看了一首诗,说的就是大跃进。"

毛泽东很感兴趣地说:"说来大家听听!"

李银桥说:"那我可说了:'春雨贵如油,不下也不愁;社员开油房,春雨遍地流'!"

"是么!"毛泽东沐在细雨中高兴地说,"在共产党的领导下,只要有了人,什么样的人间奇迹都可以创造出来!"

离开杜甫草堂,毛泽东一行人又驱车到成都南郊浏览了武侯祠。

在武侯祠大殿外,毛泽东看着众多的匾对,对其中的一副对联发生了兴趣:

> 能攻心则反侧自消,从古知兵非好战;
> 不审势即宽严皆误,后来治蜀要深思。

毛泽东看着对联说:"可惜呀,诸葛亮一世英才,没能完全实现自己的抱负……"

罗瑞卿站在雨中对毛泽东说："主席,现在是共产党的天下,人民当家做主人了,群众的积极性发动起来了,许多事情也就都好办了……"

"不是那样简单呢……"毛泽东感叹道,"我们共产党人,要下大力量呕心沥血呢……"

3月中下旬,毛泽东又到灌县成都量具刃具厂、郫县合兴乡红光农业社、隆昌气矿、三三〇工地、重庆钢铁公司、重庆建设机床厂、长江航运公司等单位进行了视察。

在此期间,毛泽东还在成都军区某师领导干部下连当兵的报告上批示道:

全军干部每年当兵一个月。

在驶向重庆市区的汽车上,李银桥坐在前边,听坐在车后的毛泽东对罗瑞卿说："部队的领导干部要下连当兵,不能总是在上边,要关心连队、关心战士,做到官兵一致,不能把革命传统丢掉呢……"

26日,成都会议结束。

当日,毛泽东乘"江峡"轮从重庆顺江而下,开始视察长江天险……

133. 浪击三峡改古诗　领袖汗洒十三陵

"江峡"轮冒着蒙蒙细雨顺长江而下,离重庆而穿涪陵,经丰都,过忠县,通万县而达奉节的白帝城。这里,就是长江三峡的第一峡——瞿塘峡了。

1958年3月30日上午,"江峡"轮驶入瞿塘峡谷,但见两岸崇山峻岭高耸入云,临江一侧峭壁千仞,宛若刀削斧劈。白甲山、赤盐山对峙大江南北,气势磅礴、雄伟壮观。江面最宽处不足50米,峡谷中水深流急、波涛汹涌,奔腾呼啸、动人胆魄……

下午,船入中峡——巫峡,只见山奇水柔、风光绮丽,同瞿塘峡相比,别是一番景色……

毛泽东戴着帽子、穿了风衣在船上,江风吹动得风衣的下摆微微飘荡。毛泽东临舷肃目沿江风光,心潮起伏难按。他时而对杨尚昆说:"这里的水这么多、这么急,要是能想办法北调就好了!"时而又对侍卫在侧的李银桥说:"要是能在这里下去游泳,顺江而下,会当击水三千里,该是多么痛快啊!"

李银桥听了一笑,开玩笑说:"你这话要是对罗部长说,他非得吓疯了不可!"

毛泽东听罢,哈哈大笑起来,站在一旁的杨尚昆也笑了……

在甲板上,毛泽东还同船员们进行了长时间的谈话。毛泽东对船员们说:"当你对一件事物不了解时,往往是害怕的。正如蛇一样,当人们还不了解它,没有掌握它的特性时,感到十分害怕,但是一旦了解了它,掌握了它的特性和弱点,就不再害怕了,而且可以捉住它。"

船员们听了毛泽东的话,都觉得毛泽东讲得很有道理⋯⋯

31日,船已达湖北江面,出秭归过宜昌,江面豁然开阔。当轮船驶过宜都而达江陵时,毛泽东临船舷面对大江感慨道:

朝辞白帝彩云间,

千里江陵一日还。

两岸猿声听不见,

汽笛长鸣到公安。

杨尚昆听了,不由笑着对毛泽东说:"主席把李白的诗,发展到社会主义了!"

毛泽东和李银桥也情不自禁地笑起来⋯⋯

1958年4月1日—9日,毛泽东在汉口主持召开华东和中南两地区的省委、自治区党委第一书记会议,这次会议通称武汉会议。毛泽东讲话,提出生产要务实、宣传要实际、生产是当前的中心工作。

两天后,毛泽东带了李银桥等人视察了武汉市老通城餐馆,对武汉的饮食服务业提出了"面向工农兵大众"的要求。陪同毛泽东一起视察的湖北省委第一书记王任重和武汉市的主要负责人当即表示:"一定按照毛主席的指示去做,认真落实!"

4月6日,毛泽东在武汉会议上讲话,说他特别喜欢读列宁的著作,特别是革命时期的著作,说列宁的著作生动活泼,说理透彻,把心交给人,讲真话,不吞吞吐吐,即使和敌人斗争,也是如此。

11日,毛泽东在王任重和湖北省委副秘书长梅白等人的陪同下,带领李银桥和封耀松参观了东湖旅行服务社参观小型农业展览会。

次日，毛泽东乘专机南下到长沙，视察了解放军的一个连队。

在连队，毛泽东亲切地同干部战士们交谈，询问大家的生活和军事训练等情况，鼓励大家团结一致，放好哨、站好岗……

干部战士们做梦也没有想到他们心中最敬爱的领袖毛主席会到他们的身边来，侍卫着毛泽东的李银桥见大家一个个全都乐得合不拢嘴了……

4月13日，毛泽东从长沙乘飞机抵达广州。

4月15日，毛泽东写了《介绍一个合作社》一文，向全国农村和城市的工作人员推荐河南省封丘县应举农业合作社，阐述了"穷则思变""要干，要革命"的思想。

在广州期间，毛泽东对陪同他的人们和随行他的人员说："要干呢！中国这么大，人口这么多，不干不行呢！只要人民群众发动起来了，一切都将不在话下……"

这时的广州，城郊处处鲜花盛开、一片芬芳……

30日，李银桥侍卫毛泽东视察了广州郊区棠下农业社，还参观了在广州举办的广东省改良农具展览会。

1958年5月2日，毛泽东乘飞机回到了北京。

5月5日至23日，毛泽东在京主持召开中共第八次全国代表大会第二次会议，并在8日、17日、20日、23日大会和18日代表团团长会议上讲了话。李银桥侍卫着毛泽东，来到了这些天来毛泽东出席的每一次会议的现场。

会议根据毛泽东的倡议，正式通过了"鼓足干劲，力争上游，多快好省地建设社会主义"的总路线。这条总路线的出发点是要尽快改变我国经济文化落后的状况，但也忽视了经济发展的客观规律。

会议还根据毛泽东的意见，正式改变了八大一次会议关于国内主要矛盾已经转变的正确分析,错误地认为当前国内社会的主要矛盾仍是两个阶级、两条道路的矛盾,确认了毛泽东关于社会主义阶级斗争问题的理论。

毛泽东在大会上还强调要"破除迷信,解放思想,发扬敢想敢说敢做的创造精神"。

5月21日,李银桥跟随毛泽东乘坐了国产的东风牌小汽车。毛泽东坐在汽车上极为高兴,满脸笑容地说:"哈,坐上我们自己制造的小汽车了!"

会议期间,毛泽东看了一份丹东518拖拉机配件厂试制拖拉机成功的报告,提笔在报告上写了两句批语:

卑贱者最聪明,高贵者最愚蠢。

在此期间,美国和台湾、南朝鲜举行了大规模的联合军事演习,并试射了可携带核弹头且可深入数百公里打击中国大陆腹地目标的"斗牛士"导弹。

此外,美国还把"美军协防台湾司令部"和"军事援助顾问团"等17个不同系统的美驻台机构合并在一个统一的指挥系统之下,成立了"美军驻台协防军援司令部"。

在八大二次会议的会间休息时,毛泽东对刘少奇和周恩来等人说:"美国想要把台湾拿了去当作它的军事基地,蒋介石借着美国的军事力量,也在那个小岛上发出战争叫嚣,我们要注意了呢!"

刘少奇说:"蒋介石是在制造国际舆论。"

周恩来也说:"蚍蜉撼树嘛!"

毛泽东说:"我们要还以颜色!"又说,"现在国际上的斗争很复杂,我们要提高警惕,决不可以掉以轻心。我们在工农业生产上要搞大跃进,在军事上要大办民兵师,搞全民皆兵。要以中国六亿人民的团结一心,应付一切可能发生的突然事件……"

大会后,全国各条战线迅速掀起了"大跃进"的高潮。

24日下午，毛泽东很高兴地招呼李银桥说："银桥呵，等一下你跟我去颐年堂，让你看一件新事物！"

李银桥问："什么事呀，惹得你这么高兴？"

毛泽东秘而不宣，只是笑眯眯地说："过一会儿你就知道了……"

在颐年堂，毛泽东接见了新中国第一批女飞行员。接见时，毛泽东红光满面，被接见的女飞行员们一个个英姿飒爽、精神振奋。直到这时，李银桥才知道了毛泽东刚才所秘而不宣的"新事物"……

次日，毛泽东在中南海主持召开中共八届五中全会。在这次会议上，增选林彪为中央副主席。

会议结束后，毛泽东和全体中央委员到北京昌平县十三陵水库工地参加义务劳动。

这一天天高气爽，风和日丽。正在施工中的十三陵水库工地上人山人海、红旗飘舞，人们正干得热火朝天……

毛泽东率领着中央委员们来了！整个工地沸腾了！

毛泽东穿着灰裤子、白衬衣，挽起袖子挥锹铲土，周恩来敞开衣襟推起了独轮车，年事已高的朱德也扛起了扁担挑土不止。这时的毛泽东，已经是65岁的人了。

李银桥担心累着毛泽东，几次上前抢夺毛泽东手中的铁锹，都被毛泽东拒绝了。毛泽东的脸上淌着汗，乐呵呵地说："劳动么，可以锻炼人的身体，锻炼人的意志，还可以改造人的思想哩！"

临离开工地时，工地上的劳动大军立刻围拢过来，激动的人们欢呼着、跳跃着，"毛主席万岁"的口号声响彻云霄……

毛泽东刚一放下铁锹，一名叫余秉森的解放军战士马上用衣服把这把铁锹包了起来，激动地说："看到这把铁锹，我们就想起了毛主席；这样，我们的干劲就会更大！"

月底，毛泽东主持召开中共中央政治局扩大会议，把1958年钢的产量指标由原定的620万吨提高到800万吨至850万吨。

第十四篇

鼓足干劲力争上游"大跃进" 纠"左"转向庐山会议起风波

- ◎ 毛泽东高兴地说:"世界上的事情是不办就不办,一办就办得很多!过去几千年都是亩产一二百斤,你看,如今一下子就是成千上万!"又说,"应该考虑到生产了这么多粮食怎么办的问题。"
- ◎ 毛泽东显得心事重重的样子,说:"讲海瑞,我很后悔。可能真的出了海瑞,我又受不了。少奇等是我身边多年的战友,在我面前都不敢讲话。"

134. 全国掀起"大跃进"　中苏两党起分歧

1958年，中国大地上掀起了一股"大跃进"的浪潮。各行各业，比、学、赶、帮、超的势头空前高涨。亿万人民群众蓬勃激发的生产热情，使毛泽东深受感动和鼓舞，决心要在最短的时间内改变中国贫穷落后的面貌，使中国的工农业生产以突飞猛进的速度向前发展，尽快赶上或超过世界发达国家的水平，以期中国的老百姓都过上好日子，使中国人民能够扬眉吐气地屹立于世界民族之林……

6月6日，毛泽东会见科学工作者，听取了科学家们关于思想改造和争取科学事业发展等情况的汇报。

14日，毛泽东接见了河南省封丘县应举农业生产合作社社长崔希彦等人，详细询问了应举社的农业生产情况和实现增产的条件、措施。

15日，毛泽东给在京的中央书记处总书记、国务院副总理邓小平写信，提出"有些党、政、军部委，或者多数部委，都仿农垦部做法"，"三分之二下去"，到基层参加劳动、进行整风和帮助工作，"三分之一留家"，在机关处理日常工作。

两天后毛泽东回到北京，出席了正在进行中的中央军委扩大会议，并在印发给军委会议的一个文件上批示：

自力更生为主，争取外援为辅，破除迷信，独立自主地干工业、干农业、干技术革命和文化革命，打倒奴隶思想，埋葬教条主义……经济上如此，军事战线上也应当如此。

吃晚饭时，毛泽东坐在饭桌前对江青说："现在国家的形势很好，不是小好，是大好呢！全国上下都大跃进了，你也应当多学一些东西，不然要跟不上形势的发展呢！"

江青咽了口中的饭菜说："我的身体一直不太好，这你是知道的。我也想尽早身体好起来，能够发挥自己的才能，多为人民服务……"

毛泽东不再同江青讲话，拿着碗伸手大声对侍卫在一旁的封耀松说："加饭，再吃一碗！"

饭后，封耀松把毛泽东在吃饭时对江青讲的话对李银桥讲了，并说毛泽东今晚吃饭吃得特别香、特别多。李银桥感到，这是毛泽东的心情好呢……

19日，毛泽东向冶金部党组提出了1958年钢的产量比上年（535万吨）翻一番的任务。

21日，李银桥侍卫毛泽东再次出席中央军委扩大会议，听毛泽东在会上发表讲话，说要在三五年内基本上超过英国，用十年左右的时间赶上和超过美国，并说"搞一点原子弹、氢弹，我看有十年工夫完全可能"。

第二天，毛泽东在新六所一号楼的房间里，在薄一波《两年超过英国（向政治局的报告）》上批示：

> 超过英国，不是十五年，也不是七年，只需要两年到三年，两年是可能的。这里主要是钢。

这两天，李银桥见到毛泽东的心情特别好，还批准了湖南省委、省政府报呈的《提升原湘潭地委书记华国锋为湖南省副省长、省委书记处候补书记的请示报告》。

1958年6月下旬，毛泽东转发了冶金部党组《关于钢的生产计划的报告》。报告说，明年钢产量可超过3000万吨。报告转发后，工业上的高指标、浮夸风日益泛滥，全国随之掀起了轰轰烈烈的大炼钢铁的群众运动。

这时,中国大地上开始出现了群众大炼钢铁的热火朝天的景象。城郊、村口、公路边、大道旁,尤其是铁路沿线,成千上万座大小土造高炉拔地而起。每当夜晚,大小高炉里冒出的火光映红了东南西北的夜空……

为了完成钢铁生产指标,城乡开始了大量收集废旧钢铁的活动,家家户户的废铜烂铁几乎一扫而光,有的甚至拿出了拨火用的捅条、拧下了房门上的扣吊、收拾了吃饭用的勺子、捡敛了犄角旮旯一切凡是含铁的东西……

这时的中国,中央的决心大,群众的热情高,然而却脱离了中国社会的实际情况,严重违反了经济发展的客观规律……

6月30日,毛泽东在新六所一号楼读到《人民日报》以《第一面红旗——记江西余江县根本消灭血吸虫病的经过》为题发表的消息:江西省余江县消灭了血吸虫病。

毛泽东兴奋不已。第二天,他浮想联翩,夜不能寐,欣然命笔,写下了两首神思飞扬、气势磅礴的七言律诗:

其一:

绿水青山枉自多,华佗无奈小虫何!
千村薜荔人遗矢,万户萧疏鬼唱歌。
坐地日行八万里,巡天遥看一千河。
牛郎欲问瘟神事,一样悲欢逐逝波。

其二:

春风杨柳万千条,六亿神州尽舜尧。
红雨随心翻作浪,青山着意化为桥。
天连五岭银锄落,地动三河铁臂摇。
借问瘟君欲何往,纸船明烛照天烧。

1958年7月上旬,中共中央得到消息,蒋介石在台湾召集他的"政府委员"开紧急会议,台湾的伪国防部下令陆、海、空军官兵取消休假进行备战。同时,台湾出动飞机不断向福建、广东沿海上空骚扰，空投反动传单和物品，并以邻近大陆的金门、马祖为基地，扩大了对我沿海村镇的炮击。

毛泽东在新六所三次同刘少奇、周恩来一起研究、商讨军情，并进一步分析和制定发展工农业生产的规划……

一天，封耀松和田云玉侍卫听到毛泽东同刘少奇、周恩来一起谈话，听毛泽东说："工、农、兵、学、商、思，黑龙江把思想放在第一位；以政治带业务，以红带专。农业又包括农、林、牧、副、渔，要综合发展。"还说，"工业以钢铁产量为主，有了钢铁，机械制造业和造船业就可以长足发展，军事也就上去了……"

周恩来说："钢的产量要达到1070万吨，以我国现有的条件，恐怕有困难。"

刘少奇也说："群众的热情是好的，但我们中央也应当慎重，应当把握住大政方针。"

毛泽东说："不要怕么！马克思也是两只眼睛、两只手，跟我们差不多……我们实际做的超过了马克思，列宁做的、说的，许多超过了马克思。马克思没做，十月革命列宁做了。中国这样大的革命，马克思没做过，我们做了，我们的实践超过了马克思。"

封耀松和田云玉给首长们续过茶水，退出房间后，田云玉跑去卫士值班室找了李银桥说："卫士长，我刚才听毛主席说我们超过了马克思呢！"

"你在这里守着，我去听听！"李银桥吩咐田云玉守在值班室，自己快步走进了一号楼。

进房间后，李银桥听毛泽东说："我们要学列宁，要敢于插红旗，越红越好，要敢于标新立异。……插红旗，辨别方向；你不插，人家就插。任何一个大山小山，任何一亩田，看到哪个地方没有红旗就插，看到白旗就拔。苏联的方法可以建设社会主义，我们也可以有另一种方法……"

这时，周恩来又向毛泽东讲了台湾蒋介石的动态，并说美国的太平洋第七舰队也已开进台湾海峡、公然侵犯我国主权,建议毛泽东早想办法、尽早采取强有力的应变措施。毛泽东吸着烟想了一下,随即挥着大手说:"再看他一段时间,我看他们也没得什么新花样!"

听了毛泽东的话,李银桥感到,中国又要发生一场轰轰烈烈的大生产运动了。同时感到,毛泽东对台湾是稳坐钓鱼台,不是不反击,而是还不到时候……

这时世界风云动荡不安、变幻异常。7月15日,美国海军陆战队登陆黎巴嫩,悍然出兵干预黎巴嫩的内部事务。

面对世界动荡局势,毛泽东以其伟大战略家的敏锐目光审视着这一切,依然稳若泰山地端坐北京,继续规划、部署着国内的工农业生产……

16日,《红旗》杂志第4期出版,一篇文章传达了毛泽东关于办"大公社"的思想:"我们的方向,应该逐步地有次序地把'工、农、商、学、兵'组成一个大公社,从而构成我国社会的基本单位……"

17日,国际形势再度发生变化,英国出兵约旦,并在地中海和波斯湾地区集结军队配合美国对黎巴嫩的武装干涉。

同一天,北京50万人在天安门广场集会,声援阿拉伯人民的正义斗争,会后举行了声势浩大的示威游行。

面对如此时局,毛泽东胸中酝酿着一个重大的战略决策:在坚持外交斗争和政治斗争的同时,也要展开必要的强有力的军事斗争,决定对美军舰队入侵台湾海峡和蒋介石发出的战争叫嚣还以颜色,调集部队、组织数百门远程重炮猛烈轰击金门、马祖。

当日晚,毛泽东在新六所同周恩来商议后,同意了周恩来的推荐,调叶飞具体负责实施炮击金门、马祖事宜。

周恩来离开后,毛泽东拿了一把大芭蕉扇,叫上李银桥跟着他在院中散步。落日的余晖渐逝,毛泽东面对西方上空的淡淡红云,对李银桥说:"只要有帝国主义存在,世界上就不得安宁呢！"

李银桥接话说："我们有六亿人民，有几百万经过战争考验的解放军，谁也不怕他们！"

毛泽东扇着大芭蕉扇说："要打呢，来而无往非礼也！"又说，"我们对敌斗争的原则是，'人不犯我，我不犯人；人若犯我，我必犯人；人先犯我，我后犯人'！"

1958年7月19日，接受了重任的叶飞前往厦门。

3天后，李银桥和封耀松侍卫着毛泽东出席了扩大的中央军委会议，毛泽东面对在座的将帅们衣领上的领章、面对着领章上那些标示着军阶的一颗颗星星，发话说："同志们，我们有22年的军事共产主义生活，不发薪水，搞供给制，有什么不好呢？结果军民一致，官兵一致，三大民主。进城以后，熬了几年，搞了薪金制、军衔制，其实是把供给制变成资产阶级法权制，发展了资本主义思想。"

毛泽东问大家："难道二万五千里长征、土地革命、解放战争是靠发薪水过来的吗？"

面对毛泽东的问话，在座的将帅们没有一个人回答……

毛泽东继续说："抗战时期，二三百万人，解放战争时期，四五百万人，是军事共产主义的生活，没有星期天，在一元化领导之下，没有什么'花'，官兵一致，军民一致，拥政爱民，把日本鬼子打走了，打败了蒋介石。打美国的时候也没有'花'。现在有'花'，发薪水都要分等，分将、校、尉，结果是脱离群众，兵不爱官，民不爱干，因为这一点和国民党差不多，衣分三色，食分五等，办公桌、椅子也分等，工人、农民不喜欢我们。薪金制、军衔制等于资产阶级法权。"

侍卫在侧室的李银桥发现，毛泽东讲话时，在座的军委员们及参加会议的人，没有一个人插话，都静静地听着……

这一天，扩大的军委会议结束。会后，毛泽东回到了紫云轩。

中央军委扩大会议结束后，全军开始了反对教条主义的斗争，批判了正规化。

就在中央军委扩大会议结束的这天，苏共中央总书记赫鲁晓夫借动荡不安的国际局势，通知苏联驻华大使拜会毛泽东，就中国所需的海军援助问题提出了苏联的建议：由中苏建立一支共同潜艇舰队。因为事关中国主权，被毛泽东断然拒绝。

毛泽东很严肃地对苏联大使说："打起仗来，苏联军队可以过来，中国的军队也可以到苏联去，我们是同盟国；可是搞共同舰队，就是要控制，要租借权。提出所有权各半，是政治问题。要讲政治条件，半个指头也不行。你们可以说我们是民族主义，又出现了第二个铁托。如果你们这样讲，我也可以讲，你们要把俄国的民族主义扩大到中国的海岸。"

侍卫在一旁的李银桥听毛泽东这样讲，并把苏联与"俄国"相提并论，使苏联大使很吃惊……

7月31日至8月3日，赫鲁晓夫率团访问中国。

第一次会见，毛泽东就明确地对赫鲁晓夫说："我先后跟你们谈了三次，我得出一个结论，你们不信任中国。搞舰队要搞'合作社'，这是政治问题，这叫政治条件。"

赫鲁晓夫通过翻译说："中国搞舰队我们是支持的，但你们一没有技术、二没有资料，所以我们才建议搞联合舰队嘛！"

这时，侍卫在隔厅的李银桥见毛泽东习惯性地扳着手指说："这样，我提出几个方案：第一，你们帮助我们搞，给我们技术资料，派专家帮助我们搞。第二，搞共同舰队，不搞。你们要坚持第二方案，我们不干。不干没有原子潜艇，没有关系。"讲到这里，毛泽东侧脸看了看一直陪同在身边的周恩来，周恩来点头表示支持……

毛泽东继续说："第三个方案，撤回我们的请求，不搞了，你们又不同意。第四个方案，所有的海岸线都给你们，我们不要海军，我们打游击。第五个方案……"

第一次会见，没有任何结果。

第二次会见时，赫鲁晓夫解释两国建立联合潜艇舰队的事，毛泽东依然坚持原则立场，拒绝共建舰队和交换使用两国港口、码头。遭到毛泽东的拒绝，赫鲁晓夫仍蛮横地坚持这一要求，毛泽东只得对他说："你最好把中国的海岸全拿去好了！"

赫鲁晓夫问毛泽东这样说是什么意思，毛泽东说："这样的话，我就再上山去打游击。如果你们一定要捏了全中国的鼻子，除此之外，我还有什么办法呢？"

赫鲁晓夫反唇相讥："游击战在今天的世界上已经没有用了。"

会谈不欢而散。另外建设长波电台的问题，也未能达成协议。

李银桥深深感到，凡是在重大原则问题上，凡是事关大局，毛泽东是从来不让步的；他知道，毛泽东有着强烈的民族自尊心和不同于常人的坚强的性格。

135. 领袖视察徐水县　称赞人民公社好

1958年8月4日上午9时,几辆吉普车驶进了河北省徐水县的县委大院。

这时的徐水县城,仅有的一条不太宽的南北街街头,两旁临街房屋的墙壁上用白灰涂满了"大跃进""鼓足干劲,力争上游,多快好省地建设社会主义"和"赶英""超美"的大字标语;坐落在南街中段西侧的县文化馆门前,墙上也画了象征中国人民骑着千里马腾飞的广告宣传画,画中马屁股后面画着两个大鼻子小人,一个戴着象征英国的米字旗帽子,一个戴着象征美国的星条旗帽子……

坐落在县城中心的一座高高的土基上,一尊千年的大铁钟高高地悬挂在粗大的木架上。每当城内巨光农业生产合作社的人们上工前,大铁钟便被敲响,声震整个县城,甚至20里地以外的地方都能听到它那浑厚、悠长的声音……

此时此刻,开进西街北侧县委大院里的第一辆吉普车上,走下了身穿白衬衣、灰裤子,红光满面的毛泽东,在他的身后紧紧跟随着他的卫士长李银桥。

在灰砖建造的小礼堂里,县委书记张国忠向毛泽东汇报了全县的工农业生产情况。当张国忠汇报到全县每年平均亩产千斤粮、百斤棉、万斤薯的时候,毛泽东高兴地问他:"你们生产了这么多的粮食，都用来做么事啊？"

张国忠神气活现地说："首先让人们留足口粮和种子粮，再留足储备粮，让全县人民吃得饱、穿得暖。"

毛泽东笑着说："以全县的人口计算，还富余很多粮食么！"

"那……"张国忠想了想说，"我们县有酒厂，可以用富余的粮食造酒。"

毛泽东继续说："那也用不了许多。"

李银桥见张国忠又想了想，回答说："那我们就办食品加工厂，做点心，办畜牧场养猪、养鸡、喂牲口……"

毛泽东挑明了说："你们省下来的粮食，可以卖给国家么！"又说，"要支援国家建设呢！"

李银桥见张国忠的脸立刻红起来……

"要想到呢！"毛泽东笑了说，"徐水是个好地方，有山有水有平原，肥田沃土啊！群众的积极性起来了，县委领导要带头搞社会主义，工、农、兵、学、商一齐上！"

张国忠夸口说："我们县委一班人，决心带领全县人民提前进入共产主义！"

"莫讲大话……"毛泽东挥挥手说，"要早抓明年的粮食规划，要多种小麦，多种大秋作物，多种棉花和油料作物，种菜也要多品种，这样来满足人民的需要。"

"是是是……"张国忠说，"我们一定搞好多种经营。"

毛泽东继续说："粮食多了，以后就少种一些，一天干半天活儿，另外半天搞文化，学科学，闹文化娱乐，办大学中学。"

"我们有县剧团。"张国忠汇报说，"有梆子团和老调剧团，县里还有文化馆和业余演出队。"并说，"我们一定把大学办起来，把中学办得更多、更好。"

毛泽东高兴地说："世界上的事情是不办就不办，一办就办得很多！过去几千年都是亩产一二百斤，你看，如今一下子就是成千上万！"又说，"应该考虑到生产了这么多粮食怎么办的问题。"

"是是是！"张国忠再次表示，"我们一定统筹安排，统筹规划……"

接下来，张国忠汇报了流经县城的瀑河发水时，县里组织抗洪抢险的情况。当他讲到民兵以连队的形式出现在抗洪第一线时，毛泽东连连点头说："好么，还是军事化好！"

谈话中，毛泽东还了解了徐水县的历史和革命斗争史。张国忠汇报共产党组织任命的第一任县长刘萍被敌人捕获后宁死不屈、壮烈牺牲，年仅25岁时，毛泽东感慨地说："这就是我们共产党人的精神，要用这种精神，搞好我们今天的社会主义建设！"

听完汇报，毛泽东走出小礼堂，开始同县里的人们照合影。县文化馆的工作人员舒秉义拿了照相机站在人前，对了几次镜头，然后上前去拉了拉毛泽东的衬衣袖："请毛主席再向前站一站……"

站在毛泽东身后的李银桥这时听到站在毛泽东身旁的张国忠低声训斥舒秉义："你胆子可不小，胆敢拽毛主席！看我回来怎么收拾你……"

毛泽东制止张国忠说："不要这样么！"随即对舒秉义笑了笑，按着他的要求向前迈了半步……

当毛泽东一行人要乘车离开县委大院时，大门前已聚集了一大群人，多是些放暑假的小学生们，就连县剧团正在彩排的演员们也带着脸上的彩装跑来了，"毛主席万岁"的欢呼声一阵响过一阵……

这时，一个十来岁的小学生满头大汗地挤过人群，跑到前边举着两只小手一个劲儿地高喊："毛主席万岁！毛主席万岁！……"

李银桥见了，欲上前阻拦，被毛泽东所制止。毛泽东亲切地抱起小学生,和蔼地问他:"你认得我吗?"

小学生激动地说:"认得,你是伟大领袖毛主席!"

毛泽东笑了,夸赞道:"你很勇敢呢!"

离开县委大院后,毛泽东一行人乘车先去视察了县城东侧的大寺各庄农田。看着大田里长势旺盛的棉花,毛泽东高兴地说:"要搞大公社,让我们的人民尽早过上好日子!"

随后,毛泽东又迈步走向红薯地,蹲下身去伸手翻开红薯叶、拨开土,看看红薯长得有多大……

接着,毛泽东又去视察了坐落在县城北上关西街的机械制造厂,听取了厂党委书记兼厂长的一位带职军人的工作汇报。毛泽东满面笑容地称赞说:"军人带职抓工业,很好么!这很能体现我们的军队既是战斗队又是工作队的作风!"又说,"一定要把工业搞上去,大炼钢铁,把机械制造搞上去。你是军人,要有军人的作风,利用部队的优势,把全县、全地区的工业带动起来!"

在机械厂的党委办公室里休息时,毛泽东抬头看了看四梁八柱的大瓦房,见到方砖盖顶,又见到青砖铺地,不禁笑道:"这里以前一定是户有钱人家……"

厂党委书记介绍说:"以前这里是'烧锅'。"

毛泽东不解地问:"什么?"

李银桥解释说:"就是造酒的人家。"

毛泽东笑了:"噢,晓得了。"

由于毛泽东的身材高大、魁梧,厂里特意为他准备了一张太师椅。毛泽东坐在太师椅上,一位姑娘上前来给他沏茶水。毛泽东问她:"你叫么名字啊?"

姑娘红着脸说:"我叫曾翠萍。"

厂党委书记说:"她是曾子的曾,翠绿的翠,浮萍的萍。"

毛泽东点点头:"曾子的曾,大户人家么!"

曾翠萍忙说:"报告毛主席,我也是苦出身呢……"

毛泽东不由地笑道:"晓得,晓得呢!"

离开机械厂,毛泽东一行人又去视察了建在县城铁路以西的棉纺织厂。毛泽东一行人的吉普车所到之处,后面总跑来一大群大汗淋漓的孩子们,他们喊着、叫着、欢呼着,仿佛不知道累似的。其中,就有在县委大院门前被毛泽东抱过的那个小学生……

在棉纺织厂,舒秉义的大女儿是挡车工,早已得到她父亲的电话通知,提前站到了众女工的前面。当毛泽东与大家见面时,舒秉义拿着照相机连连按动快门,将他女儿和毛泽东在一起的感人镜头拍了不知多少张……

1958年8月5日,李银桥跟随毛泽东又视察了河北省的安国县、定县。

6日至8日,毛泽东到河南省新乡县七里营人民公社、襄城县梁庄、薛元等农业社、长葛县五四农业社、商丘县道口乡中华农业社等地视察。

在新乡县七里营,地方负责同志向毛泽东汇报了人民公社,说这是一件新生事物。毛泽东很感兴趣,点头说:"好么,那么好!人民公社好。"又说,"有这样一个社,就会有好多社。"

这时,侍卫在毛泽东身边的李银桥见到一位记者记下了毛泽东的这句话。

第二天在专列上,毛泽东醒来后喝茶看报纸,忽然喊道:"银桥,你来看!"

李银桥上前拿起报纸一看,见《人民日报》头版头条用大字标题登出了"人民公社好"。

"糟糕,捅出去了!"毛泽东说,"事先没讨论呢!政治局还没有讨论呢……"

李银桥说:"这也是没办法的事,都是那个记者瞎捅咕!"

毛泽东拿了报纸说："这个话我是讲了，是我不慎重，也不能全怪记者。但已经捅出去了，有么办法啊？"

李银桥看着毛泽东，也不知道该怎么办……

8月9日，毛泽东到山东视察，听取了山东省委书记和济宁、泰安地委及滕县、滋阳、泰安县委负责同志的汇报，并参观了山东省农业科学研究所、山东省历城县北园乡北园农业社。

毛泽东在视察中说："还是办人民公社好，它的好处是，可以把工、农、商、学、兵合在一起，便于领导。"

10日，毛泽东视察天津市东郊区四合庄乡新立村公社。在稻田里，有关领导同志和社领导汇报说亩产10万斤。

李银桥见毛泽东摇头撇嘴，表示不相信："不可能么！"他指着一位领导同志说，"你没有种过田，不晓得一亩田能打多少粮，这不是放'卫星'，这是放'大炮'。"

这位领导同志说："新立村的同志用电灯为水稻照明，用鼓风机朝水稻里吹风，就是亩产10万斤。"

李银桥也不相信，见毛泽东继续摇头："吹牛，靠不住！我是种过田的，亩产10万斤？堆也堆不起来么！"

在场的有些同志为了证明亩产10万斤，让几个小孩子站到水稻上面去。毛泽东还是摇头说："娃娃，不要上去，站得越高，跌得越重哩！"

11日至12日，毛泽东参观了天津进出口商品陈列馆、天津市工业技术革命展览馆，听取了关于天津工业情况的汇报。

视察中，毛泽东同河北省省长刘子厚和天津市市长李耕涛谈话说："我早就讲过，现在还是这样讲：一个粮食，一个钢铁，有了这两样东西就什么都好办了。"

李银桥想，毛泽东时时刻刻都把这两样东西放在心上呢……

136. 人民领袖爱人民　中央会议定方针

1958年8月13日，毛泽东在刘子厚、李耕涛等人的陪同下，驱车去南开大学看校办工厂。

毛泽东在校园里一露面，全校立刻轰动、沸腾了。震耳欲聋的掌声和欢呼声不断，拥挤的人群像是要把整个校园撑裂似的……

李银桥见毛泽东一时没办法离开，便与天津市警卫处处长李侃商量措施，调动随行的一辆小华沙汽车，请毛泽东上车。由于华沙车身小，毛泽东身材高大，坐不进去，情急之中，李银桥和卫士们一起上前，硬是将毛泽东挤进了汽车……

汽车终于开出了南开校园，驶向天津大学，又参观了那里的校办工厂。参观中，毛泽东说："学校是工厂，工厂也是学校……高等教育应抓住三个东西：一是党委领导，二是群众路线，三是把教育和生产劳动结合起来。"还说，"老师也要参加劳动，不能光动嘴、不动手……"

参观结束后，已近中午。毛泽东兴致很高，提出要到街上的饭馆去吃饭。李银桥和李侃商议后，毛泽东一行人便驱车驶向了天津市和平区沈阳道的正阳春鸭子楼吃烤鸭。

吃饭时，南开大学和天津大学的随行领导继续向毛泽东汇报工作。

毛泽东吃饭历来很快，别人还没吃完，他先吃完了。

"你们慢慢吃吧。"毛泽东说了一声，便起身在楼上踱步……

正阳春饭馆是一幢临街的二层小楼。毛泽东在楼上的窗前向外张望，想看看街景，不料被街对面楼上一位晾衣服的妇女看见，她立刻认出了毛泽东，不由地大声喊叫起来："毛主席！毛主席万岁！……"

这一喊如同一声惊雷，立刻将整个天津市震动了。顷刻间，欢呼的人群潮水般地从四面八方涌来，即时包围了正阳春鸭子楼……

这一下"麻烦"来了。楼外的人越聚越多，刹那间堵满了街口，塞满了几条街道，一眼望去全是激动的人群，欢呼声、吵嚷声混成一片，周围交通完全陷于瘫痪，就连交通警察也想看一眼毛泽东……

街上，"毛主席万岁"的欢呼声惊天动地。毛泽东在楼上坐不住，先后六次打开窗子向群众挥手致意，高喊："人民万岁！"每次喊过以后，还对大家说，"散开吧，我们已经见面了，你们不走，我也不好走……"

毛泽东的话，被淹没在沸腾的人海中。毛泽东越是喊话，楼外的人们拥挤得越厉害……

李银桥和卫士们几次下楼去想冲开一条路，却根本办不到。拥挤的人群就像层层铁桶一般，无论如何冲撞都无济于事……

从中午12点多钟直到下午5点多钟，毛泽东被困在正阳春楼上无法"突围"。楼外的人群兴奋得简直到了狂热的程度，大有将整个正阳春楼抬起来的趋势，欢呼声和喧闹声经久不息……

李银桥身为毛泽东的卫士长，此时此刻更是心急如焚，不得不再次和天津市市长李耕涛、警卫处处长李侃商量办法，最后决定由警备处派出一个排的精壮战士，奋力开路将一辆华沙

407

小汽车推到了正阳春鸭子楼的门口。

李银桥等人喊破了嗓子、前呼后拥地保护着毛泽东,再次将他挤入小汽车。警卫排的人一边在前开路,一边在后推车,其他众人左右护卫着,硬是在人群中一步步将汽车推了出来……

毛泽东坐在汽车上,只讲了一句话:"又是一次下不了的'黄鹤楼'哟!"

傍晚,毛泽东乘专列驶向北京。途中,毛泽东在卢沟桥走下火车,又乘汽车去视察了北京西南郊丰台区的岳各庄乡红十月农业生产合作社和小屯农业生产合作社。

李银桥紧紧跟在毛泽东的身后,见毛泽东精力充沛、步伐稳健地走在田间小路上、走上田埂,显得意气风发。毛泽东站在田埂上,远远地向田里干活的农民们打招呼:"天不早了,该收工了吧?"

这一喊不要紧,社员们立刻欢呼起来:

毛主席来了!

毛主席万岁!

……

社员们争先恐后地跑了过来,纷纷伸出劳动的手在各自的衣服上蹭蹭、抢着同毛泽东握手。

毛泽东和乐得合不拢嘴的社员们亲切地交谈,从生产形势谈到人们的思想,从"大跃进"谈到对未来美好生活的憧憬。告别时,几位社员激动地说:"毛主席不辞辛苦,这么晚了还来看望我们,我们要挑灯夜战,用优异成绩向毛主席献礼!"

午夜时分,回到了中南海的毛泽东依然没有一丝倦意,精神反而更显旺盛。李银桥见他就像当年指挥沙家店战役、指挥三大战役一样,两眼闪闪发亮。毛泽东充满信心地说:"看来,我们这个民族是大有希望的!"

李银桥用力点点头:"再打几个大战役,准能解决大问题!"

回到北京后,毛泽东日夜批阅文件和材料。这时,刘少奇、周恩来、邓小平等人也分别视察徐水县后回到了北京。毛泽东与刘少奇、周恩来、朱德、邓小平、李先念、薄一波等人谈话,积极为即将召开的中央政治局扩大会议做准备。

1958年8月16日至9月3日,毛泽东在北戴河主持召开中共中央政治局扩大会议全体会议。会议分析了全国的经济、政治形势,确定了一批工农业生产的高指标,宣布1958年产钢1070万吨、1959年产钢2700万吨,宣布1959年的粮食产量指标为8000亿斤。

谈到人民公社,毛泽东指出:"人民公社仍然是社会主义性质的,不过分强调共产主义。人民公社一曰大,二曰公。人多,生产规模大,各种事业大,政社是合一的。"又说,"人民公社建立以后,不要忙于改集体所有制为全民所有制,在目前还是以采取集体所有制为好。……它的性质还是社会主义的,各尽所能,按劳分配。"

谈到人民公社的组织形式,毛泽东说:"人民公社,有的地方采用军事组织——师、团、营、连,有的地方没有,但'组织军事化,行动战斗化,生活纪律化',这'三化'的口号很好,这就是产业大军,可以增产,可以改善生活。"

谈及办农业大学,毛泽东说:"农业大学办在城市里不是见鬼吗?农业大学要统统搬到乡下去。一切学校都要办工厂,天津音乐学院还办了几个工厂呢,很好。"还说,"教育为无产阶级政治服务,教育与生产劳动相结合。"

会上,毛泽东强调指出:"中央委员会的绝大多数是团结一致的,但也要估计到不是那样风平浪静。政治上的台风……一定时期内,总会有的,因为阶级存在,精神上要有准备。"并说,"中国的党是很特别的党,打了几十年的仗,都是实行共产主义的。过去我们成百万的人,在阶级斗争中,锻炼成为群众拥护的共产主义战士,搞供给制,过共产主义生活,这是马克思主义作风与资产阶级作风的对立。我看还是农村作风、游击习气好。22年的战争都打胜了，为什么建设社会主义不行了呢？为什么要搞工资制？"同时批评说，"有人说，平均主义出懒汉，过去22年，出了多少懒汉，我没有见过几个。现在发明一个东西，要给100块钱，倒是会出懒汉，争吵，不积极。"

会议期间，北戴河海滨的风是凉爽的，海水滔滔，清澈而湛蓝。毛泽东游了几次泳，休息时，在《教育必须与生产劳动相结合》一文上加了批语："中国教育史有人民性的一面。孔子的有教无类、孟子的民贵君轻，荀子的人定胜天，屈原的批判君恶，司马迁的颂扬反抗，王充、范缜、柳宗元、张载、王夫之的古代唯物论，关汉卿、施耐庵、吴承恩、曹雪芹的民主文学，孙中山的民主革命，诸人情况不同，许多人并无教育专著，然而上举那些，不能不影响对人民的教育，谈中国教育史，应当提到他们。"

会议期间，毛泽东和周恩来、彭德怀、黄克诚等人合议，决定对侵入台湾海峡的美军太平洋第七舰队发出的战争叫嚣和蒋介石对大陆沿海地区的骚扰还以颜色。8月23日中午12时整，毛泽东通知身在福建前线的叶飞，即刻炮击金门、马祖！

北戴河会议进行了两个星期。会议结束前，讨论通过了《关于在农村建立人民公社问题的决议》。

这两个星期，李银桥发现毛泽东的精神很好，饭吃得多、睡觉也香甜了……

137. 专列飞驰听汇报　老友之间起争执

　　1958年9月5日至8日，毛泽东在中南海怀仁堂主持召开最高国务会议第十五次会议并做了3次讲话，精辟分析了国内外形势，号召全国人民坚决反对美帝国主义在台湾海峡对我国的军事威胁和战争挑衅。

　　国务会议后，毛泽东对国内形势并不是很放心。虽然有了北戴河会议决议，但毕竟是在探索道路，他总有些担心。对台湾，毛泽东反倒是放了心的。

　　解放军炮击金门、马祖，一开始就摧毁了它的大部分军事设施，炸死、炸伤金门防卫部3个中将副司令、少将参谋长及其以下官兵600多人，击伤其运输舰1艘。蒋介石急忙派舰增兵，美国不得不派舰护航，舰艇临近大陆沿海12海里又游弋不前，不敢贸然与解放军发生直接对抗，造成了国共武装对峙，粉碎了美国出兵霸占台湾的幻梦。

　　9月上旬末，毛泽东又带了李银桥和叶子龙等人外出视察，专列首停河南郑州。

　　在专列上，毛泽东听取了河南省委书记和中央办公厅下放干部工作团领导的汇报后，对"大跃进"和人民公社怎么也不放心，反复问："有什么问题吗？不要只讲成绩，我要晓得有什么问题没有。"

问过七八遍，还是没有人反映问题，大家只是说好。李银桥在一旁，很是替这些汇报工作的人着急。他想，你们这样一个个报喜不报忧，真是太不了解毛泽东的心情了……

毛泽东只得提出召开一个座谈会，要和基层的同志直接谈谈。于是，叶子龙顶着酷暑的炎热去荥阳，把正在田野里用土高炉炼钢、炼铁的十几名工作人员用火车接到了郑州。

这些人一身煤黑、一身矿灰，带着满脸的汗渍径直上了专列。毛泽东很高兴地同大家握了手，已经在车上的谭震林、廖鲁言等人和毛泽东一起，同这些来自第一线的工作队员们进行座谈。

这些人见到毛泽东很激动，对"大跃进"、人民公社连声称赞，仍是报喜不报忧。在他们的心目中，面对当前热火朝天的形势，感到"大跃进"、人民公社就是好……

毛泽东扭头见到中南海摄影组的胡秀云，便盯着她问："小胡，你说说，有么问题吗？"

胡秀云想说又不敢说的样子，见到李银桥在一旁使眼色鼓励她，便甩了一下头发说："反正我看妇女们挺高兴的，原来围着锅台转，现在吃大食堂，解放了。"

毛泽东微微一笑，说："你是不是吹牛呢？大锅菜炒出来就是不如小锅菜炒出来香么！"

此话一出，李银桥见全车厢的人都愣住了。他知道，眼下全国的形势就像一锅沸腾的开水，毛泽东的这句话要是换成别人说的，肯定会被认为是泼冷水的行为，会挨批、挨斗，甚至被戴上"右派"的帽子。

也就在这时，胡秀云冒出了一句："我就是纳闷，怎么晚上亩产还是400斤，到早晨就变成1000斤了？有些干部一个比一个能吹。"

李银桥见许多人的脸色变了，只有毛泽东一个人仍在笑。他扭头看了看河南省的省委书记吴芝圃，又看了看谭震林和廖鲁言，问他们："你们到底是放'卫星'还是放'大炮'啊？"

没有谁正面回答毛泽东的这句提问，人们都显得很尴尬。这时，幸好有人送来了大食堂里用白面和玉米面混合做的面包，请毛泽东和中央领导同志们品尝，才消除了车厢里的尴尬气氛。

大家尝了面包，都说不错。李银桥也吃了半块，感到确实不错，便向毛泽东点了点头。送面包来的人说："社员们就是吃这种面包。"

毛泽东当时没有表态。对于大食堂，毛泽东一方面认为是新生事物应加以支持，另一方面又始终不放心，走到哪里总要问一问，想知道真实情况……

9月10日中午，毛泽东乘专机抵达武汉。

第二天，王任重向毛泽东汇报了大食堂的好处，详细讲了一些优越性。毛泽东很感兴趣，叫王任重把食堂问题写一个材料拿来看看。

王任重马上吩咐梅白执笔写了一份湖北省大办公共食堂的材料。材料送来，毛泽东阅视后批发下去了。

又过了一天，在东湖宾馆，王任重向毛泽东汇报说："朋兴乡有一块试验田，亩产水稻上万斤。"

李银桥在一旁见毛泽东摇了摇头："我不信哩！"

王任重郑重其事地说："是省农工部的王部长亲自验收的。"

毛泽东还是摇头："靠不住，哪个验收也靠不住。除非派军队站岗放哨，单收单打，看住人不往里掺假才能算数。"

听了毛泽东的话，李银桥觉得毛泽东对下面的具体情况依然不放心……

下午，武汉大学校长李达来见毛泽东。李银桥知道李达是毛泽东的老战友，既是中国共产党的创始人之一，又是马克思主义哲学家，还是毛泽东的湖南老乡。

李达很敬重毛泽东，毛泽东对李达也很尊敬。李达比毛泽东大6岁，他感谢毛泽东在日常工作中和在思想理论界对他的支持,但在两个人的交谈中,李达提出了一个问题,说他在搞党史调查时看到一些口号,不符合唯物主义的观点。他举了一些例子,大意是"只有想不到的事,没有办不到的事",认为这样的提法是不科学的,甚至是反科学的。

李银桥给李达斟了一大杯酸梅汁,听毛泽东说他在成都会议上讲过"头脑要热又要冷"的话,说对于群众的革命热情一定要爱护、要保护;毛泽东还说对于领导干部来讲,一定要"又热又冷",光热不冷会出乱子。

李达却不同意毛泽东的"冷热"观,而毛泽东也不愿意有人否定群众敢想、敢说、敢干的革命热情和积极性。他说:"'只有想不到的事,没有办不到的事'只是一句口号,这个口号同世间一切事物一样,也有两重性。一重性是讲发挥人的主观能动性,这是有道理的;另一重性,如果说想到的事就能做到,甚至马上就能做到,那就不科学了。"

李达认为这个口号在现阶段不能说两重性,说两重性,在现阶段就等于肯定了这个口号。

李银桥见毛泽东有些激动起来,他知道毛泽东是喜欢争论问题的。这时,毛泽东反问李达:"肯定怎么样?否定又怎么样?"

李达也开始激动了:"肯定就是认为人的主观能动性是万能的、无限大!但是人的主观能动性的发挥离不开一定的条件。现在,人的胆子太大了,不是胆子太小。你不要火上加油,否则可能会是一场灾难!"

这时候,在座的王任重和梅白都示意李达不宜再讲。毛泽东察觉后,说:"你们让他讲,不划右派。"

李达一听,火气更大了:"你不用拿大帽子吓唬我!你脑子发热,达到39度高烧,接下来就会发烧到40度、41度、42度……"

毛泽东很生气地说:"你烧死我好了!"

李达激昂地说:"不是我要烧你!这样下去,中国人民就会遭到大灾大难！你承认不承认？"

在座的人们都被李达的话吓坏了，而毛泽东却继续耐心地阐述自己的观点。他举了红军长征的例子，说明精神力量的作用。讲了红军就是依靠这种精神力量克服了按常理无法克服的困难，终于夺取了胜利。还举了各种发明创造，就是因为有了"敢想"，想飞就终于发明了飞机，想日行千里就发明汽车、火车，想漂洋过海就发明了轮船……

李达依然坚持自己的观点，说："一个人要拼命，'以一当十'可以，最后总有个极限，终有寡不敌众的时候吧？'一夫当关，万夫莫开'也得有地理环境做条件，人的主观能动性不会是无限大的！"

争论中，李银桥想劝又不敢劝，他见毛泽东虽然激动但却控制住了情绪。毛泽东停了停，放缓了语气说："还是我在成都会议上讲过的那句话，头脑要热又要冷。"

"现在你头脑太热！"李达临走时，对毛泽东又说，"你应该冷下来！"

9月中的武汉，天气依然很热。李银桥送走了李达，回来时到宾馆服务处拎了一大桶冰块，见毛泽东在房间里吸着烟来回踱步，又坐在沙发上喝茶沉思……

晚上，毛泽东在床上躺不安稳，下床后披了衣服开始到东湖岸边散步。走在长着棕榈树的甬道上，毛泽东在一尊石雕的大象前停住脚步，面向不远处的行吟阁对李银桥说："孔子说过，六十而耳顺。我今年六十五岁了，但不够耳顺。听了鹤鸣兄的话很逆耳，以后要再同他多谈谈。"

李银桥劝慰说："主席，你要多保重身体……"

"嗯，我身体很好。"毛泽东感叹道，"鹤鸣兄是理论界的泰斗，我不同他生真气。"

在武汉期间，毛泽东还去视察了坐落在青山区的武汉钢铁公司，对陪同视察的王任重说："像武钢这样的大型企业，可以逐步地办成综合性的联合企业,除了生产多种钢铁产品以外,还要办点机械工业、化学工业和建筑工业等。这样的大型企业,除工业外,农、商、学、兵都要有一点。"

在武钢,李银桥见几座高大的高炉上口冒着腾腾热气,工人们一个个汗流浃背地正干得热火朝天。在高高的炉体上,一条醒目的大字标语涂写在上面:

为完成1070万吨钢而奋斗!

离开武钢,毛泽东又到了毗邻东湖的武汉大学。在建筑气势宏伟的校园里,毛泽东看了大学生们自发性搞起来的校办工厂,很高兴地对李达和其他校领导说:"学生自觉地要求实行半工半读,这是好事情,是学校大办工厂的必然趋势,对这种要求可以批准,并应给他们以积极的支持和鼓励。"并说,"在教学改革中,应该注意发挥广大师生的积极性,多方面地集中群众的智慧。"

对于毛泽东的话,李达和其他校领导都表示赞同。毛泽东最后说:"劳动人民要知识化,知识分子要劳动化。"

武汉的天气太热,不是一般的热,而是热得让人难受。离开武汉大学,李银桥劝毛泽东回宾馆去,毛泽东却坚持还要到体育学院去看一看……

在武汉体育学院,毛泽东同游泳学员们进行了亲切的谈话,说:"在江河游泳,有逆流,可以锻炼人的意志和勇气!"

好不容易回到了东湖宾馆,毛泽东不休息,又同王任重和湖北省委的其他领导人进行了座谈。座谈中,毛泽东对大家说:"在大干钢铁的同时,不要把农业丢掉了。人民公社一定要把小麦种好,把油菜种好,把土地深翻好。1959年农业方面的任务,应当比1958年有一个更大的跃进。为此,应当把工业方面和农业方面的劳动力好好组织起来,人民公社应当普遍推广。"

临吃晚饭时,毛泽东让王任重去请了李达来,和他一起吃晚饭……

138. 观看《白蛇传》落泪　解放军炮击金门

毛泽东在武汉逗留到1958年9月15日。

16日，毛泽东抵达安徽，视察了安庆钢铁厂、安庆第一中学，并在乘汽车前往合肥途中视察了舒城县舒茶人民公社。

见到舒茶人民公社的社员们也在吃大食堂，毛泽东高兴地对舒城县的领导同志们说："吃饭不要钱，既然一个社能办到，其他有条件的公社也能办得到么！既然吃饭可以不要钱，将来穿衣服也就可以不要钱了。"

在汽车上，李银桥高兴地对毛泽东说："穿衣吃饭都不要钱了，这不要到共产主义了吗？"

"还早哩！"毛泽东喜形于色地说，"在我们中国，早就有吃饭不要钱的先例呢！但那不是共产主义，我们今天也还不是共产主义，还要继续努力奋斗哩！"

李银桥问："中国哪辈子有过吃饭不要钱的事？"

"有哩！"毛泽东告诉说，"早在三国时，汉中的张鲁就搞过呢！"

9月17日，毛泽东在合肥视察了安徽省博物馆。

第二天，毛泽东又视察了安徽钢铁厂、合肥钢厂，参观了安徽省新式农具展览会、工农业产品和发明展览馆。

晚上回到专列上，毛泽东兴致勃勃地对叶子龙和李银桥说:"在陕北杨家沟和在西柏坡时,能吃顿二米饭就很好了。现在老百姓们吃上了大食堂,有油条有面包,真让人高兴啊!"又说,"再有了钢铁,大力发展机械制造业,实现了农业机械化、工业电气化,中国就可以扬眉吐气了!"

叶子龙说:"主席,我真没想到形势发展得这么快,人们的共产主义觉悟提高得这么快。在下面,我听说农田里的活儿,经常被社员们连夜干完了,第二天问是谁干的,竟问不出来呢!"

李银桥也说:"我也听说老百姓们大干社会主义的劲头儿可高呢!"

毛泽东笑了:"是么!真该让鹤鸣兄也跟来一起看看呢!"

9月20日,毛泽东视察马鞍山钢铁厂,说:"发展钢铁工业一定要搞群众运动,什么工作都要搞群众运动,没有群众运动是不行的。要敢于放手发动群众。"

9月27日,毛泽东乘专列从杭州到了上海。

一天,谭震林和柯庆施准备为毛泽东安排文娱活动,征求毛泽东的意见。毛泽东想了想,说:"还是看《白蛇传》吧。"

这样,上海市委决定由李玉如领衔主演《白蛇传》。

晚上,李银桥跟随毛泽东驱车来到上海干部俱乐部礼堂。这时,观众都已入场坐好了,一见到毛泽东来了,立刻都站起来热烈鼓掌。毛泽东一边招手,一边由工作人员引导走向前排,径直走到为他准备好的沙发座位前,再向后面的观众招一下手,便坐下了。

毛泽东肚子大,坐下以后腰带便勒紧了肚皮。李银桥照例坐在毛泽东身边,依习惯帮他解开了腰间的皮带。

台上的演员早已做好了准备。毛泽东一落座,锣鼓便敲响了。

毛泽东稳坐在沙发上,李银桥帮他点燃了一支烟。毛泽东是很容易入戏的，一支烟没吸完，他便熄灭烟头，全神贯注地投入到剧情中去了……

随着剧情的展开、深入、发展，毛泽东再也没有吸烟，两只眼睛紧盯着台上的表演，表示理解和赞赏剧中许仙和白娘子的爱情，并对热情、勇敢、聪明的小青怀着极大的敬意和赞誉。演员唱到好处，他就带头鼓掌……

当法海和尚出场后，使许仙和白娘子的爱情受到阻挠，两个人开始了曲折痛苦的磨难。看到这里，李银桥发现毛泽东的鼻翼开始了抽动并发出轻微的声响；当白娘子和小青为了寻找许仙而"水漫金山"时，李银桥见到毛泽东的面目表情变得严肃起来，同时瞪大了眼睛，表现出了对法海的憎恨和对白娘子与小青的同情与支持；当戏演到"断桥"时，面对着许仙和白娘子的生离死别，毛泽东情不自禁地掉下了眼泪……

演出结束了，完全融入戏中的毛泽东站起身来热烈鼓掌。这时，他竟然忘记了自己的裤带还没有系上。李银桥也没有料到毛泽东会突然站起来，连忙给他向上提裤子、系腰带……

在热烈的掌声中，毛泽东上台同演员们一一握手，祝贺他们演出成功。只是，李银桥注意到毛泽东没有同法海的扮演者握手。

1958年9月28日，毛泽东视察上海第一钢铁厂，同工人们进行了亲切的交谈。

次日，毛泽东乘专列回到北京。

当日，回到北京的毛泽东向新华社记者发表谈话，认为人民群众的干劲很大，在此基础上，各项任务都可以完成，并号召大办民兵师，以反对帝国主义可能发起的侵略战争。

国庆节这一天，毛泽东照例登上天安门城楼，和首都数十万群众一起欢度国庆。

10月2日，毛泽东同周恩来、刘少奇、陈毅等人一起接见了东欧六国共产党代表团。接见过程中，李银桥侍卫在侧，听毛泽东对兄弟党的同志们说："世界上就有这么蠢的人，像我和我们这些人，这么多年就不晓得以钢为纲，今年我们才晓得了这一条。你把钢铁搞起来，其他东西都可以跟上来。"

鉴于美军舰队入侵台湾海峡引起的紧张局势，毛泽东审时度势，一方面下令人民解放军进驻福建沿海的炮兵部队继续炮击金门，一方面以国防部长的名义于10月6日发表了《告台湾同胞书》。

在《告台湾同胞书》中，毛泽东说：

> 我们都是中国人。三十六计，和为上计……台、澎、金、马是中国领土，这一点你们是同意的……确实不是美国人的领土。台、澎、金、马是中国的一部分，不是另一个国家。世界上只有一个中国，没有两个中国。这一点，也是你们同意的……美国人总有一天肯定要抛弃你们的……你们与我们之间的战争，三十年了，尚未结束，这是不好的。建议举行谈判，实行和平解决。

并指出：

> 美国侵占台澎与台湾海峡，这是中美两方有关的问题，应当由两国举行谈判解决，目前正在华沙举行。美国人总是要走的，不走是不行的……一个东太平洋国家，为什么跑到西太平洋来了呢？西太平洋是西太平洋人的西太平洋，正如东太平洋是东太平洋人的东太平洋一样……台湾的朋友们，我们之间是有战火的，应当停止，并予熄灭……当然，再打三十年，也不是什么了不起的大事，但是究竟以早日和平解决较为妥善。

一周后，毛泽东在武汉东湖再次以国防部长的名义发布《中华人民共和国国防部命令》：

> 金门炮击，从本日起，再停两星期，借以观察敌方动态，并使金门军民同胞得到充分补给，包括粮食

和军事装备在内，以利他们固守。兵不厌诈，这不是诈。这是为了对付美国人的。这是民族大义，必须把中美界限分得清清楚楚……台、澎、金、马整个地收复回来，完成祖国统一，这是我们六亿五千万人民的神圣任务。这是中国内政，外人无权过问，联合国也无权过问。……金门海域，美国人不得护航。如有护航，立即开炮。

同一天，李银桥侍卫毛泽东在东湖宾馆接见了美国友人安娜·路易斯·斯特朗和杜波依斯等。

谈话中，毛泽东说："杜勒斯作为国务卿，他对我们很有用处。他反对共产主义，反对苏联，反对中国。为了这一目的，他压迫人民，在世界各地派驻军队，建立军事基地。"并以近似嘲讽的口气说，"杜勒斯制造的国际紧张局势，对我们是有利的。……这是我们的地方。他们坚持其'战争边缘'政策，他们护送蒋的船只，但在我们追击时，他们总是在三英里外的地方观看。……我们炮轰蒋的舰船，美国的舰船挂着巨大的国旗，因此我们能够容易地与蒋的舰船区分开来。我们不炸美国的军舰，我们向杜勒斯学习，也把战争避免在边缘。"

当美国客人提出美国的黑人也受害，甚至害怕美国的黑人会被灭绝时，毛泽东使其放心地说："美国有1800万黑人，灭绝他们是不可能的。"

26日，毛泽东又以国防部长的名义撰写《再告台湾同胞书》，站在民族大义的立场上，告诫说：

> 同胞们，中国人的事只能由我们中国人自己解决。一时难于解决，可以从长商议……我劝你们不要过于依人篱下，让人家把一切权柄都拿了去。我们两党间的事情很好办……我们希望你们加强团结，以便一致对外。打打停停，半打半停，不是诡计，而是当前具体情况下的正常产物……世界上只有一个中国，没有两个中国。这一点我们是一致的。美国人强迫制

造两个中国的伎俩,全中国人民,包括你们和海外侨胞在内,是绝对不容许其实现的……我们只是希望你们不要屈服于美国人的压力,随人俯仰,丧失主权,最后走到存身无地,被人丢到大海里去。我们这些话是好心,非恶意,将来你们会慢慢理解的。

李银桥和叶子龙深深感到,毛泽东三次以国防部长名义撰写文告,警告和粉碎了美帝国主义武装干涉中国内政的阴谋企图,对台湾蒋介石进行了有效的教育工作。叶子龙说:"这也是不签约的第三次国共合作啊!"

李银桥也说:"是灰就比土热,是中国人就不会让美国人把台湾拿了去!"

1958年10月间,中国人民志愿军部队陆续从朝鲜撤离回国,沿途受到祖国人民隆重而热烈的欢迎。

29日,李银桥侍卫毛泽东接见了中国人民志愿军代表团。

夜深了,中南海里静悄悄的。当李银桥走进毛泽东的卧室时,见毛泽东独自坐在窗前的办公桌旁,凝神地望着他和长子岸英的一张合影发呆,眼中还噙了泪……

李银桥不忍心看下去,便上前轻声劝慰说:"别想了,休息吧。主席,你要多保重身体……"

毛泽东叹息道:"怎么能不想呢?他是我的儿子啊!"

李银桥感到:是啊,毛泽东怎么能不想呢……

31日,《人民日报》发表了毛泽东的评论文章《毛泽东同志论帝国主义和一切反动派都是纸老虎》。

当日晚,毛泽东乘专列离开了北京。

139. 黄河侧畔纠"左"倾　长江岸边反浮夸

1958年11月2日至10日,毛泽东在郑州主持召开有部分中共中央领导人、各协作区主任、部分省市委书记参加的中央工作会议,通称第一次郑州会议。在会议上,毛泽东多次讲话,谈了他视察河北、河南、山东、湖北、安徽等地所发现的问题和在人民公社问题上存在的许多混乱现象,开始对已认识到的错误着手进行纠正。

在这次会议上,毛泽东在完全肯定社会主义总路线、"大跃进"和人民公社运动的前提下,指出必须划清集体所有制和全民所有制、社会主义和共产主义两种界限。李银桥在会议厅的侧室侍卫着,听毛泽东又讲起了三国时期汉中张鲁的事,毛泽东说:"三国时候,汉中有个张鲁,曹操把他灭了。他也搞过吃饭不要钱,凡是过路人,在饭铺里头吃饭、吃肉都不要钱,尽肚子吃,这不是吃饭不要钱吗?他不是在整个社会上都搞,而是在饭铺里头搞。他搞了三十年,人们都高兴那个制度,那是有种社会主义作风。"

讲到这里,毛泽东笑道:"我们这个社会主义由来已久了。"并说,"听说徐水县已经把人民公社宣布为全民所有制,实际上最多也只是大集体所有制,同全民所有制还是根本不同的。"同时告诫大家,"不要像徐水县委书记那样急急忙忙往前闯。"

会上，毛泽东还充分肯定了在社会主义初级阶段发展商品生产和商品交换的重要性，指出"人民公社要尽可能多地生产能够交换的东西，向全省、全国、全世界交换"。

会议期间，以陈伯达为首的几个人提出了"废除商品生产、实行产品调拨"的主张。对此，毛泽东带领与会同志读了斯大林的《苏联社会主义经济问题》一文，批驳了陈伯达等人的错误提法。毛泽东说："如果不实行商品交换，把陕西的核桃拿来吃，陕西的农民干吗？把七里营的棉花无代价地调出来行吗？你如果这样，马上就要打破脑袋。"同时说，"如果这样做，实质上就是剥夺农民。如果照他们的意见去办，在政策上犯了错误，就有脱离农民的危险。"

会中，毛泽东还给县以上各级党委委员写了一封《关于读书的建议》的信，建议他们认真阅读《苏联社会主义经济问题》和《马恩列斯论共产主义社会》。指出"现在有很多人有一大堆混乱思想，读这两本书可能给以澄清"。

一直跟随在毛泽东身边的李银桥感觉到，由这次会议开始，毛泽东从反右转为积极纠"左"了。

郑州会议结束后，李银桥跟随毛泽东乘专列再次驶往武汉。

11月14日下午，专列停在了湖北省的孝感车站。毛泽东对他身边的人们说："这里是盛产麻糖的地方呢！"

李银桥听说后，特意下车去买了两斤麻糖上来分给大家吃……

在孝感，毛泽东召集湖北省委、地委、县委的部分领导同志开了座谈会，进一步发现了"大跃进"中出现的浮夸等问题。

座谈会后，毛泽东在专列上对李银桥说："现在有些人也真是讨厌！一亩田明明打了400斤，最多500斤，却硬要上报800

斤甚至1000斤。如果政府按照上报的数字征粮，老百姓不是要喝西北风么？"

李银桥说："我家里来信说，安平县也有这种情况。"

毛泽东说："再开会，一定要把这股浮夸风打下去！"

专列到达武汉后，11月21日至27日，毛泽东在武昌洪山宾馆主持召开中共中央政治局扩大会议，提出要压缩空气，不能搞浮夸；要整顿人民公社，生产和生活要同时抓；要认真研究社会主义条件下的商品问题。会议初步调整了一些高指标。

毛泽东在会上说："破除迷信，不要把科学当作迷信破除了。"

在谈到人民公社放"卫星"时，毛泽东批评有些人为了"争名誉，管他假不假"，并很严肃地指出："有一个社，自己只有100头猪，为了应付参观，借200头大猪，看后送回。有100头就是100头，没有就没有，搞假干什么？要老老实实，不要作假。"

毛泽东还指出钢的生产指标问题："北戴河会议定1959年钢2700万吨至3000万吨，那是建设性的，这次要决定。……问题是办到办不到，有没有根据？去年535万吨，都是好钢，今年翻一番，1070万吨，是冒险的计划。结果6000万人上阵，别的都让路，搞得很紧张。"

毛泽东还说："搞人民公社，首先知识分子、教授最关心，惶惶不可终日。北京有个女教授，做了一场梦：人民公社成立，孩子进托儿所，大哭一场。醒来后才晓得是一个梦。这可不简单。"

会议期间，毛泽东几次带着李银桥等侍卫人员到洪山散步，看了宝通禅寺后面的灵济塔和矗立在洪山东端山麓的兴福寺塔、北伐军官兵公墓，还看了山南的施洋墓和山北的庚子烈士墓。

站在洪山上，面对不远处的长江大桥，毛泽东感慨道："人民革命取得了今日的胜利，不容易呢！要保持和发扬这个胜利,更难啊!"

李银桥插话说:"我觉得搞建设总比打仗容易些。"

毛泽东感叹道:"现在看来不对了!我们打了二十几年的仗,多少有些经验。可我们没有搞过经济建设,很多东西不晓得,要一步步摸索着前进,比打仗更难些……"

1958年11月28日,毛泽东在武昌主持召开中共八届六中全会并做重要讲话。毛泽东说:"为了我们的事业和当前工作来研究政治经济学,比平素我们离开实际专门看书要好得多。"

12月1日,毛泽东写了《关于帝国主义和一切反动派是不是真老虎的问题》一文,阐明了事物的两重性。

12月10日,中共八届六中全会在武昌结束。会议通过了《关于人民公社若干问题的决议》。

这次会议,是共产党在毛泽东领导下主动纠正"左"倾错误的重要会议。会议还决定同意毛泽东提出的关于他不做下届中华人民共和国主席的建议。

12日,毛泽东在武昌东湖客舍主持召开中共中央政治局常委同全国各协作区主任谈话时说:"北戴河会议,我犯了一个错误,想了1070万吨钢、人民公社、金门打炮三件事,别的事没有想。北戴河会议决议要改,那时是热心,没有把革命热情和实际精神结合起来,武汉会议把两者结合起来了。"

谈话结束后,李银桥发觉毛泽东的心情舒畅了许多……

10天后,回到北京的毛泽东致函中宣部部长陆定一,对清华大学物理教研室对待教师宁左勿右的材料做了批示,指出要争取一切可能争取的知识分子为无产阶级事业服务。

25日,全国农业社会主义建设先进单位代表会议在京举行,毛泽东在去接见全体代表的路上,对坐在汽车里的李银桥说:"要去同大家见个面,鼓励大家把明年的工作干得更好!"

27日下午,毛泽东在书房对李银桥说:"银桥呵,你再叫上一个人，咱们到外面去走走吧！"

李银桥说："刚从外面回来，又要去哪儿呀？"

毛泽东笑了："不走远，到中关村去看看。"

李银桥也笑了："我说呢……"

在北京西郊中关村，毛泽东参观了中国科学院各个研究所的成果展览会，边看边听讲解边询问，详细了解国家科学事业的发展情况。毛泽东还说："现在搞建设，这也是一场恶战，要拼几年命，这总比打仗死人少。"

回到中南海，毛泽东收到了美国共产党主席福斯特写来的一封信，毛泽东看了，没有立刻回信。

12月下旬，毛泽东下放胡乔木、陈伯达、田家英到各省去搞社会调查，要求他们将各省的实际情况定期汇报、不许讲假话。

在此期间，毛泽东还在颐年堂同周恩来、刘少奇、朱德、邓小平等人进行了多次谈话。其中一次谈话，侍卫在侧的李银桥听毛泽东说："等级森严，居高临下，脱离群众，以不平等态度待人，不是靠工作能力吃饭，而是靠资格，靠权力，这是资产阶级法权的存在形式，要改，要想办法加以限制。"

140. 郑州会议再纠"左"　　上海饭后发怒火

1959年1月26日-2月2日，中共中央在北京召开省、市、自治区党委第一书记会议，毛泽东主持会议并讲话，指出：

总路线不能改，"大跃进"要坚持，对缺点应分析。

主要是我们没有经验。

这时，去苏联学习技术的刘松林（原名刘思齐）已经学成回国，可江青却扬言"刘思齐不是我们毛家的人了"，并派人将她出入中南海的特别通行证收了回去。

刘松林不能见到毛泽东，内心十分痛苦，便给毛泽东写信。毛泽东对她关怀依旧，仍然叫着她以前的名字给她写信，嘱咐她多保重身体、努力学习、好好工作。

这时的李敏也有好长时间没有回家了，江青让李银桥去接，李敏悄悄告诉说："李叔叔，我约了男朋友，先不回家了。你可得为我保密，暂时先别对谁说……"

李银桥理解李敏，只得空车返回中南海。江青见没接回李敏，便对着李银桥大吵大叫起来："我让你派车去接，你为什么又不接？"

"我去接了，她不来。"李银桥不软不硬地说，"她说有事，我也没办法。"

"我看你是成心捣蛋！"江青大发雷霆，"你要诚心接她能不来？你就是搬弄是非！"

李银桥吸取了以往的教训，为了不让毛泽东知道后再生气、操心，便不再分辩，由着江青吵闹够了，这件事也就算过去了……

一周后，毛泽东在颐年堂召集了中宣部的一些人进行座谈，在讲到进行农业规划的"八字宪法"时，毛泽东说："'八字宪法'中，首先应该是'土'，第二是'肥'，'水'要放在第三位，然后是种、密、保、工、管。"

这时在国际上，美国在它的报纸上公开嘲笑中国的"大跃进"、人民公社和总路线是"小资产阶级的狂热病"、"搞糟了"；蒋介石在台湾也大造舆论，台湾的报纸说共产党在大陆的三面红旗运动搞得一塌糊涂，是"盲人骑瞎马，夜半临深池"……

面对敌人的嘲讽，毛泽东坚持大政方针不变的政策。2月2日，毛泽东在省、市、自治区委第一书记会议上说："我们的总路线不能改。要永远鼓足干劲，力争上游，多快好省。""研究它（国民经济发展的客观规律），掌握它，熟练它，做到理论与实践的统一，主观符合客观法则，既有革命热情，又有求实精神。"

1958年2月23日，毛泽东带了李银桥等人乘专列离开了北京，途经天津、济南而抵郑州。

在郑州，毛泽东主持召开了有4个地委负责人参加的座谈会。

2月27日，毛泽东在郑州又接见了外宾。在接见外宾时，毛泽东说："意识形态领域内存在着激烈的阶级斗争。"

外宾离开后，李银桥问："主席，阶级斗争不是已经结束了吗？怎么又出来个意识形态领域里的阶级斗争？"

毛泽东很认真地说："这是存在于人们思想上的斗争，也是党内外两种世界观、两条路线的斗争。"

同一天，毛泽东主持召开了中共中央政治局扩大会议，通称第二次郑州会议。毛泽东讲话，正确提出了公社所有制必须有一个发展过程，急了不行，要妥善坚决地纠正平均主义和过分集中的状态等。

会议期间，毛泽东为纠正各地刮起的"一平二调三收款"的"共产风"，要求各省、市委主要负责人汇报他们纠正刮"共产风"的工作情况。江渭清汇报说他了解到一位生产大队的党支部书记，指出刮"共产风"而不能纠正，主要是因为干部中有"三个误解"，把集体所有制误解为共产主义。

毛泽东高度评价了这位大队书记的见解，认为这位大队支部书记的水平很高。毛泽东明确指出："一平二调三收款，不是马列主义，违反客观规律。误认社会主义为共产主义，误认按劳分配为按需分配，误认集体所有制为全民所有制，想快反而慢了。"

在此期间，李银桥侍卫着毛泽东还接见了12个国家兄弟党的领导同志，毛泽东明确表示要热烈支持拉丁美洲人民的反美斗争。

在郑州会议上，毛泽东提出人民公社在体制上应当实行权力下放，实行三级管理，三级核算，以队为基础。

会议一直开到3月5日。会议对整顿人民公社、纠正急于过渡的倾向，迈出了重要一步。

1958年3月9日，毛泽东发出党内通信——召开以讨论人民公社为主题的高级干部大会问题，说"4月份起，全党全民一个意向地开展今天的'大跃进'"。

15日、17日两日，毛泽东为了纠正"大跃进"和人民公社运动中发现的错误，连续向各省、市、自治区党委第一书记致信，反对浮夸风等"左"的倾向，指出"要按照群众意见办事"，"要善于想问题、做工作，与群众打成一片。……我们的公社党委书记同志们，一定要每日每时关心群众利益，时刻想到自己的政策措施一定要适合当前群众的觉悟水平和当前群众的迫切要求。凡是违背这两条的，一定行不通，一定要失败"。

这段时间，跟随在毛泽东身边的李银桥感到毛泽东为了"大跃进"、人民公社的事，简直操碎了心……

3月21日，毛泽东又一次到了杭州。
3月24日，毛泽东抵达上海。
抵达上海的当天，毛泽东在锦江饭店主持召开中共中央政治局常委扩大会议。
在上海，毛泽东依然睡在专列上。
一天中午，李银桥见毛泽东在车厢里睡着了。按睡眠4小时计算，要到下午四五点钟才会醒来。李银桥向封耀松、田云玉等人交待了工作，进市里到干部俱乐部去办事情了。因为，晚上毛泽东要到干部俱乐部去看《小刀会》的演出。
下午3时，毛泽东醒来不见了李银桥，只得带了封耀松、田云玉去市里出席政治局会议。
会后，毛泽东在周恩来、刘少奇、薄一波、柯庆施等人的陪同下去吃饭。饭后，一名工作人员给毛泽东递上了漱口水。往常，凡是毛泽东饭后漱口时，只要李银桥在场，李银桥总要先试一试水温。这次，李银桥没在场，别的卫士也没经心……
毛泽东接过漱口水，习惯性地一口含了许多，立刻又喷了出来。水太烫，烫得毛泽东张大了嘴巴直呵气。周恩来立刻近前用手给毛泽东扇风，封耀松赶紧取来凉水，柯庆施瞪着眼睛训斥递水的工作人员："为什么不试一试？你们家的人用这么烫的水漱口吗？立刻给我停职写检查！"
工作人员吓得哭了。毛泽东连忙摆手说："莫怪她们，是我自己不小心呢！"随即又对封耀松说，"李银桥呢？去给他打电话！"
"是！"封耀松立刻去给李银桥打了电话，让他马上赶到毛泽东这边来。
封耀松去打电话时，毛泽东又对他身边的人们说："这也说明了一个问题，凡事都要亲自试一试；没有试过，单凭习惯或经验办事，是要吃亏的……"

李银桥来了，他知道毛泽东饭后要去看《小刀会》的演出，便等候在毛泽东的汽车旁。

毛泽东在周恩来、刘少奇、柯庆施等人的陪同下，迈步走出了饭厅。李银桥一见，立刻抓住汽车门等候毛泽东走过来上车……

毛泽东一见李银桥，站在台阶上不走了。他一手叉腰，一手指着李银桥突然吼道："李银桥，你是干什么的？"

李银桥一惊，他见毛泽东一脸怒气，心想：什么事呀？怎么突然发脾气了？

李银桥急忙迎上台阶，开始搀扶毛泽东。毛泽东不时吮吮被烫了的嘴唇，在李银桥的搀扶下坐进了汽车。

在汽车里，毛泽东既不看李银桥，也不同他说话，只是一脸的不高兴，独自吮着嘴唇生闷气……

这时李银桥想：今天这是怎么了？到底为什么呢？自从自己跟了毛泽东，已经12年了，他可从来没有对自己发过脾气呀……

坐在俱乐部礼堂里看戏，毛泽东依然不理李银桥，自己松开腰带坐下了。直到戏开始了，毛泽东很快地进入了剧情，才忘记了跟李银桥生气的事……

演出结束后，这次毛泽东没有忘记系腰带。

在返回专列去的路上，李银桥在汽车里小声问："主席，今天出什么事了？谁惹你生气了？"

毛泽东嘟着嘴，翻眼皮看了李银桥一眼："还说呢，把我的嘴都烫坏了……"

141. 多谋善断谈郭嘉　直言敢谏讲海瑞

1959年3月25日—4月1日，上海召开的中共中央政治局扩大会议，对1959年的国民经济指标做了一些调整。毛泽东认为钢的指标仍然偏高，委托陈云进一步落实。

会议期间，陈云、薄一波、柯庆施等人到专列上来向毛泽东请示、汇报工作，毛泽东向他们讲起了"多谋善断、留有余地"等问题。

毛泽东提出，希望大家看一看《三国志》中的《郭嘉传》。大家都知道，郭嘉是三国时期的一位著名人物，最初在袁绍部下，但他认为袁绍"多端寡要，好谋无决，欲与共济天下大难"。后经荀彧推荐，成为曹操的重要谋臣，追随左右，运筹帷幄，协助曹操南征北战，擒吕布、破袁绍、北伐乌恒，功绩卓著。郭嘉中年夭折，曹操非常惋惜，称赞他"每有大议，临敌制变。匡策未决，嘉辄成之。平定天下，谋功为高"。郭嘉足智多谋，而曹操能够问计于郭嘉等谋臣，听取他们的意见，果断做出决策，这说明他是一个知人善任、多谋善断的人物。

毛泽东介绍大家看《郭嘉传》，意思是希望各级领导干部做事要多谋。他说，多谋善断，这句话重点在"谋"上。要多谋，少谋是不行的。要与各方面去商量，反对少谋武断。商量又少,又武断,那事情就办不好。谋是基础,只有多谋,才能善断。谋的目的就是为了断。

毛泽东还说,要当机立断,不要优柔寡断。应当根据形势的变化来改变计划。反对党内一些不良倾向,也要当机立断。

4月1日,政治局扩大会议结束。

第二天,毛泽东在锦江饭店主持召开中共八届七中全会并讲话,首先讲了工作方法问题,强调"权力要集中在政治局常委、中央书记处,由我挂帅",并说"真理往往是在少数人那里,因此为坚持真理就必须有反潮流的精神"。

会上,在讲到党内的民主生活时,毛泽东说:"我这个人也有旧的东西,比如有一次,我的弟弟毛泽覃同志和我争论一个问题,哦——他已经在江西牺牲了。他不听我的,我也没有说服他,就要打他。他当场质问我,'你怎么打人?'事后,他还在一些人面前讲我的闲话,说'共产党实行的是党法,还是家法?难道我不同意他的意见就打人?如果实行家法,父母亲不在,他是哥哥,也可以打我'。"

侍卫在侧室的李银桥听了毛泽东的这些话,很是替毛泽东伤感而又敬佩毛泽东。毛泽东的小弟弟毛泽覃为革命已经牺牲多年,现在为了教育党内的同志们搞好工作和民主生活,还要"以身说法",是多么令人可钦可敬啊……

讲了这段话以后,毛泽东又说:"在我们党内,不能搞家长制的领导,要实行民主集中制,对人民对同志,不能压服,只能说服;要以理服人,我们都是平等的同志关系。"

会议期间,毛泽东看了湘剧《生死牌》。剧中,戏演到结尾时海瑞出场,这个人物引起了毛泽东的很大兴趣。

回到专列上,毛泽东让叶子龙搬来了《明史》,专心阅读了海瑞传。阅读中,毛泽东还对李银桥说:"海瑞是个人物呢!在封建社会里,他的官不算很大,也只是个专员或地委书记吧,但他很有一身刚直之气,敢骂嘉靖皇帝,是要有些胆量的。"

李银桥说：""那包拯还敢铡驸马、铡国舅呢！""

毛泽东说：""包拯是龙图阁大学士，是有特权的，再说他铡驸马、铡国舅那也只是传说，是戏，而海瑞的事是有史料记载的呢！""

4月2日，毛泽东在上海主持召开中共八届七中全会。会上，毛泽东向大家讲起了海瑞。说：""海瑞这个人，对皇帝骂得很厉害。他说，'嘉靖''家家皆净'也；他还把这个话写在上疏里头，后来被送进了监狱。有一天，牢头给他送饭吃，端了酒和菜，他才知道嘉靖皇帝死了。他大哭着把刚才吃的东西全吐了，可见海瑞对嘉靖忠心耿耿。""

讲到这里，毛泽东又讲了陈云曾不同意公布1958年的粮食指标、主张钢铁指标下降的事，说：""真理有时掌握在少数人甚至一个人手上。要有坚持真理的勇气。不要连封建时代的人物都不如。要有像海瑞批评嘉靖皇帝的勇气。无非是五不怕：不怕撤职，不怕开除党籍，不怕离婚，不怕坐牢，不怕杀头。""

李银桥知道毛泽东曾经对吴冷西讲过要他为坚持真理、贯彻正确路线而做到""五不怕""，现在又听毛泽东对大家讲了……

4月5日，中共八届七中全会结束。会议通过了《关于人民公社的十八个问题》，根据毛泽东关于旧账还要算的批示，规定了""旧账要算，而且要退赔""。

会议结束时，毛泽东还号召大家：学习海瑞精神，舍得一身剐，敢把皇帝拉下马。

会后，毛泽东就要离开上海了。湖北省委副秘书长梅白到专列上看望毛泽东，他见毛泽东似乎有心事，便问：""主席，刚刚开过八届七中全会，有什么事没解决呀？""

毛泽东显得心事重重的样子，说：""讲海瑞，我很后悔。可能真的出了海瑞，我又受不了。少奇等是我身边多年的战友，在我面前都不敢讲话。"

李银桥站在毛泽东的身旁，听梅白劝慰道："主席是不是想得太多了？"

"唉……"毛泽东轻舒一口气，说，"我把问题交给刘少奇、恩来他们办，自己退到二线；但过一段后又'不安分'，实际上还是一线。"又说，"我想把整个中国要紧的事情办定，建设社会主义从欧洲到中国还不是很清楚的，我们不能吃人家吃过的馍馍。活着，多搞一点，比少搞一点好。我有信心，但是大家想的是否一样，我有顾虑。"

讲到这里，毛泽东开始吸烟，又讲了"人定胜天"的问题。毛泽东说："这一点我同一些人有分歧，同鹤鸣兄有分歧。四川的老百姓一怕老天爷，二怕瞎指挥。老天爷我毛泽东管不了，马克思也管不着。"这时毛泽东很幽默地挥了挥手，再弹一弹烟灰，继续说，"但是我提倡'人定胜天'，要充分发挥人的主观能动性，上井冈山时只有几个人，可是后来建立了新中国。"

李银桥在一旁附和道："这全靠了主席的英明指挥，靠了共产党人的艰苦奋斗！"

毛泽东说："指挥也不是我一个人，吃苦也是大家一起吃。"

梅白也说："这是要有很坚定的革命精神的……"

"我们要尊重科学。"毛泽东又说，"张文白先生在湖北时建议我少过问具体事，多考虑方向性的问题，不要以个人的意志代替大多数人的思考，但我不放心。"

梅白走后，李银桥对毛泽东说："主席，我看《三国》中的诸葛亮就是太操心了，不管大小事他都操心。你，你也得多保重身体……"

毛泽东看了李银桥一眼，说："我也要鞠躬尽瘁、死而后已呢！"

1959年4月5日当天，毛泽东乘专列到了杭州。

4月7日，毛泽东写信给中央统战部副部长、国家民委副主任、中共宁夏回族自治区党委第一书记汪锋，向他了解有关西藏自治区的具体情况。

毛泽东的信写得很长。李银桥几次给毛泽东倒茶水，劝他休息一下。毛泽东却说："手心手背都是肉，十个手指都连着心，兄弟民族的事也是大事呢！"

4月15日，回到北京的毛泽东主持召开了最高国务会议第十六次会议并讲话，说了国际、国内形势和西藏问题。

两天后，三届政协一次会议在北京举行。

4月18日，第二届全国人民代表大会第一次会议也在北京召开了，李银桥侍卫毛泽东出席了开幕式。

在两会当中，4月23日，毛泽东带了李银桥等人离开北京，视察了山东省历城县东郊公社大辛庄大队。

28日，第二届全国人民代表大会第一次会议在北京闭幕。会议选举刘少奇为中华人民共和国主席，宋庆龄、董必武为副主席，朱德为全国人大常务委员会委员长，并决定周恩来继续担任中华人民共和国国务院总理。

4月23日，第二届全国人民代表大会第一次会议相继结束。会议推举毛泽东为名誉主席。

4月24日，去看了河南豫剧院院长常香玉主演的《破洪州》。

4月29日，毛泽东在武汉针对农业生产方面存在的不实事求是的作风，就包产、密植、讲真话等6个问题给省、地、县、公社、队、小队6级干部写了一篇《党内通信》，指出"假话一定不可讲"，对坚持"左"倾错误的人提出了严厉批评。

5月6日，毛泽东在武汉接见了11个友好国家的代表团。

这段时日，李银桥察觉毛泽东对曾与李达发生过的争论仍在反复思虑。10日，毛泽东给周士钊写了一封信，希望就"历史唯物论"的某些观点进行当面交谈，"如愿意来，企予望之，不胜欢迎之至"。

437

5月下旬，毛泽东收到了中央文史研究馆馆长章士钊写来的一份《逻辑指要》材料和几本书。毛泽东一一阅视后，很高兴，于6月7日给章士钊写了回信。

142. 别梦依稀咒逝川　故园三十二年前

1959年6月24日，毛泽东在罗瑞卿、王任重和周小舟的陪同下，到长沙、韶山等地视察。

6月25日，毛泽东回到了阔别32年之久的故乡韶山，住在了韶山宾馆。

那还是在1927年1月，毛泽东在湖南考察农民运动时曾回到韶山。3个月以后，蒋介石发动了"四·一二"反革命政变，随后5月21日湖南省军阀许克祥在长沙袭击省总工会、省农民协会等革命团体。当时韶山成立了农民自卫军，准备配合其他农民武装力量进攻长沙。后来，反动军队大举进攻韶山，农民自卫军在英勇抵抗后失败，毛泽东离开韶山冲、离开长沙开始组织秋收起义……

32年过去了。

今天，毛泽东站在自己的家门前，面对旧居，环顾四周，不说一句话。李银桥侍卫在毛泽东的身旁，心想，他大概是在回想过去在这里的一切吧……

忽然，毛泽东深深地吸了一口气，指着旧居前的水塘说："我小时候就在这个水塘里游泳，那时还没见过长江哩！"

毛泽东家乡的人们听说毛泽东回来了，哗啦啦跑来了许多人。大家亲热地围拢了毛泽东说着、笑着，李银桥和罗瑞卿等人紧紧地护卫在一旁,听毛泽东和乡亲们拉家常……

随后,罗瑞卿、王任重、周小舟、李银桥等人跟随毛泽东去看望了村上的一些老人,有和毛泽东同辈分的,也有比他辈分高的。有个留了长胡子的老人,毛泽东一见面就说:"30年没见到你们了,我是来看望你们的。"

毛泽东同老人家拉了条板凳坐下来,聊起了他小时候的许多往事……

毛泽东又访问了几户乡亲,在村上转了一圈。所到之处,韶山冲的乡亲们都跟着毛泽东走了这家走那家……

6月26日下午,毛泽东带人到韶山的小水库去游泳。

小水库的水淡蓝明澈,被太阳晒得温温的。毛泽东招呼围拢在岸边的乡亲们:"一起游吗?"

挤满了石坝的人群中有人说:"我们不会啊!"

"不会学嘛!"毛泽东笑着说,"他们都喜欢蛙式、蝴蝶式,我给你们表演一个新名堂!"

说罢,毛泽东在李银桥等卫士的护卫下一起下了水。在水中,毛泽东游泳就像是"闲庭信步"。他一会儿仰游,像躺在床上休息,轻松自如;一会儿"坐凳子",真像是坐在竹凳上,从从容容地点了烟吸;一会儿又挺直了身子,在水里"稍息、立正",就像在操场上操练队列那样,姿势正确、动作利索……

岸上的乡亲们看着、欢笑着,又是赞叹又是高兴,都乐得合不拢嘴了……

游泳过后,毛泽东稍事休息,便和乡亲们开起了座谈会,了解家乡的生产和乡亲们的生活情况。

6月27日中午,毛泽东请故乡人同吃"团圆饭"。吃饭时,毛泽东给乡亲们敬酒敬烟。乡亲们说:"毛主席敬酒敬烟,岂敢岂敢!"

毛泽东笑着举杯亲切地说:"尊老敬贤,应该应该!"

李银桥担心毛泽东饮酒过量,在一旁小声说:"主席,你少喝点儿！"

毛泽东笑着点点头，轻声说："我晓得。"

晚上在韶山宾馆，毛泽东上床后翻来覆去睡不着觉。李银桥见了心想，毛泽东已有32年没有回故乡了，这次回来，心中的激动和不平静是必然的……

夜深人静，李银桥见毛泽东在床上又坐起身来，靠在床栏上用报纸垫在床头，上面放了一张白纸，拿了铅笔在纸上写了涂、涂了又写，嘴里念念叨叨、哼来哼去折腾了两个小时，才停住笔又"平平仄仄"地低声吟诵……

李银桥知道，毛泽东这是在作诗了。

果然，毛泽东写好了一首诗，叫："银桥，再给我拿一张纸来。"

李银桥给毛泽东重新递上了一张纸，毛泽东边吟边写：

别梦依稀咒逝川，故园三十二年前。
红旗卷起农奴戟，黑手高悬霸主鞭。
为有牺牲多壮志，敢教日月换新天。
喜看稻菽千重浪，遍地英雄下夕烟。

回到韶山的第二天，即6月26日早晨，毛泽东破例5点钟就起床了，先围绕着村子转了转。李银桥和封耀松等人以为是散步，便跟在后面随行。

转着转着，毛泽东走向了故居屋后的山坡。罗瑞卿和王任重、周小舟等人不知道他要干什么，也都跟了上去……

小山上的松树很多，茅草也很多。毛泽东蹚着茅草，来到一个孤零零的小坟包前。这里是毛泽东父母的合葬墓。直到这时大家才知道，毛泽东是来给父母亲祭坟的。

由于大家事先不知道，所以也没有准备花圈，连纸花也没有准备一朵。幸亏警卫局的沈同副处长跑去折了一些青翠的松枝来，用茅草捆成了一束递给了李银桥。

这时，毛泽东默默地肃立在坟前，深深地鞠下躬去。前后三次，李银桥发现毛泽东的眼圈有些红了。

等毛泽东鞠完躬，李银桥将松枝递给他。他接过松枝，恭恭敬敬地放在坟头上，又默立片刻，然后才转身离开了。

整个过程，随行的人们谁也没说一句话，只有摄影师拍下了几张照片。走在下山的路上，周小舟问毛泽东："主席，要不要把坟修一下？"

毛泽东想了想说："不要了，过去乡亲们保护了这个地方，敌人要来挖坟也没找到，保持这个原样就行了。"又说，"前人辛苦，后人幸福。先天下之忧而忧，后天下之乐而乐。生我者父母，教我者党、同志、老师、朋友也。我下次回来，还要来看望他们两位。"

说罢，毛泽东止住脚步在一块大青石上坐下来，面向不远处滴水洞的方向对周小舟说："这个地方风景蛮好，盖所房子在这里办公不错么！"

周小舟回答说："我们规划一下，按主席的指示办。"

走在路上，李银桥从随行的人口中知道了毛泽东当年组织秋收起义后，湖南军阀何键曾派了一个连的匪军到韶山冲来挖毛泽东的祖坟，说是要破一破红军的风水。但毛泽东的乡亲们宁肯牺牲性命，谁也不肯说出坟墓在什么地方，敌人空跑了一趟丧气而归……

休息了一会儿后，毛泽东带领众人又视察了韶山冲的稻田。视察中，他发现对面山腰的樟树丛中冒起一股青烟，便带众人走了过去……近前一看，见一位带孩子的留着短发的妇女正用竹耙子搂草丛中的枯枝败叶，放进火里焚烧。短发妇女听到响动，猛然回头一看是毛泽东，便抱起身旁的孩子大声喊起来："毛主席来了！……"

随后，她将毛泽东一行人带进了一间干净宽敞的堂屋里。毛泽东就像到了自己家一样，坐在竹凳子上吸着烟，亲切地同闻声赶来的乡亲们聊起了家常。

毛泽东问："这栋房子住几家？若住不下就搬到我家去

住么！"

短发妇女笑着说:"住得下,住得下。"

毛泽东又问:"我小时候的好朋友,土地老倌和四道士有没有后代?"

大队党支部书记指指短发妇女说:"她就是四道士的儿媳妇。"

毛泽东高兴地问她:"我怎么没见过你?"

她说:"您老人家1927年就走了,我是1931年生的,所以没有见过呀!"

毛泽东又问:"你是哪里人?姓什么?"

妇女回答:"我是如意亭的,姓汤。"

毛泽东摇摇头:"如意亭没有姓汤的。"

她解释说:"我小时候从宁乡逃难来的。"

毛泽东这才点了点头,发现她穿着解放鞋,便又问她爱人是不是解放军。当得知她爱人当过解放军、去抗美援朝才回国不久后,又高兴地说:"你是军属啊!他在外面打美国鬼子,你在家里打美国鬼子,你们俩都打美国鬼子。"

说罢,毛泽东又问她家的儿子叫什么名字。孩子很乖地回答:"命军!"

毛泽东笑道:"很好!长大了就当兵,当解放军!"

孩子拍着小手说:"我就是喜欢当解放军!"

听了孩子的话,毛泽东和周围的人都开心地笑起来……

笑声稍止,妇女说:"我一定听您老人家的话,搞好生产,多打粮食,支援国家建设。"

毛泽东问:"今年每亩田能收多少稻谷?"

这一问,在场的人你看看我、我看看你,一时间竟没人答话了。正在为难之际,一位叫王霞生的人爽快地回答说:"亩产800斤!"

毛泽东摇摇头:"能产800斤?依我看,平均亩产500斤就谢天谢地了。要实事求是,要计划种田、科学种田。"说着,

443

看看大家，见大家都咧着嘴在笑，又风趣地说，"我看见韶山的稻田绿化了，但山上树不多。韶山人多山多地少，要腾出田来种庄稼，山上多种树。"

人们点头："感谢毛主席……"话没说完，又被毛泽东打断了："不要感谢我，要感谢人民，人民团结起来力量大么！"

回到韶山宾馆，毛泽东又是一夜没有睡好觉……

143. 停车旷野踏山路　腾云驾雾上庐山

毛泽东在韶山住了3天。

从韶山出来，毛泽东乘专列北上。当专列行驶在湖南空旷的山野中时，毛泽东突然对罗瑞卿说："停车，我要下车。"

罗瑞卿知道毛泽东外出视察时常有这种一时兴起吩咐临时停车的习惯，便命令停了车。

李银桥和封耀松等人侍卫着毛泽东走下火车。毛泽东深深地呼吸着山野间的清新空气，凝神四望，目光停留在一个长满了荒草和松树的石岗上。毛泽东开始向小石岗走去，李银桥紧随其后，可以听到毛泽东深深的呼吸声……

走上小石岗，毛泽东在一株松树下停住脚步，静耳聆听树丛中的啾啾鸟鸣。李银桥知道毛泽东喜欢松树，同时也知道他很容易陶醉在大自然的怀抱中……

毛泽东喜欢在山间散步。这次，毛泽东又开始散步了。本来，小石岗旁边的铁道路基下有一条小路，但他没有走那条小路，而是踏着山间的野草、低矮的荆棘和杂乱的石头向山头走去。

李银桥等侍卫人员和警卫人员紧随着毛泽东的脚步走，另有一些工作人员走向了石岗旁的那条小路。走在山间，毛泽东的脚下出现了许多带刺的荆棘，李银桥等人赶忙上前设法披荆斩棘开路……

路越来越不好走了，摄影组的胡秀云向毛泽东建议："主席，那边有路，走那边吧？"

毛泽东摇了一下头："路是人走出来的。"然后继续在荆棘丛中迈着大步，"我这个人哪，从来不肯走回头路，也不办后悔事。"

胡秀云不再说什么，转身走向了那条小路。山间的荆棘越来越多，原先跟在毛泽东身后的保健医生李志绥和秘书林克等人，也转身离开毛泽东走向了那条小路。毛泽东望一望几个人离去的身影，继而转脸问李银桥和封耀松等人："你们怎么办？"

李银桥知道毛泽东向来不喜欢循规蹈矩，带头说："那还用说，我们跟主席走！"

"那好，我们就试一试。"毛泽东把大手一挥，继续向前走……

李银桥想，毛泽东的这一举动，与现实生活中发生的一切似乎有着某种联系。但它到底与什么事情有关联呢？自己一时也搞不清楚……

毛泽东大踏步地走着，似乎根本不理睬身边和脚下的荆棘与乱石。卫士和警卫人员们忙着在前开路，护卫和跟随着毛泽东一步步踏向山顶……

当毛泽东终于登上了山顶时，对从小路上山来的人们说："你们说说，咱们谁的收获大？"

大家听了，只是你看看我、我看看你地笑着，谁也没说出个究竟来。毛泽东说："我们的目的是上山，但所采取的方法不同。小路好走，走的人也多，这是在有路的情况下。我们几个人所走的，根本没路，但也上了山顶，而且锻炼了意志、摸索了在荆棘丛中上山的经验……"讲到这里，毛泽东吸着了烟又说，"你们再说说，如果再遇到一个山头，四下里根本没得路好走，你们么办啊？"

直到这时，人们才明白了毛泽东坚持踏野上山的心境，一些人更明白了更深一层的道理……

专列到达武汉后，毛泽东又一次畅游了长江。

6月30日，毛泽东在武汉弃车登船、顺江而下，直驶九江。

在船的甲板上，到河南和四川两地调查了6个月实际情况的田家英，向身边的人讲起了四川农村闹饥荒的事，林克和毛泽东的卫士王敬先只是默默地听着。这时王任重、柯庆施和四川省委书记李井泉走了过来，柯庆施笑着问道："这么热闹，说什么呢？"

田家英直截了当地说："我下去了半年，发现有些地方饿死了人……"

李井泉立刻变了脸说："中国这么大地方，哪朝哪代没饿死人的？"

王任重也附和道："全国人民这样热火朝天地干工作、干革命，倒是哪朝哪代都没有过的。"

田家英反驳说："我们共产党干社会主义，是为了让人民群众都过上好日子……"

话没说完，柯庆施便批评说："现在就是有人看小不看大，抓住大跃进和人民公社的一些缺点不放。这也不满，那也不满，真像主席说的'一叶障目，不见泰山'。"

田家英不再说什么，人们也就各自散开了……

在船上，田家英将他的调查情况报告给了毛泽东。毛泽东说："工人阶级拿到了政权，为什么搞不到肉吃，搞不到鸡吃，搞不到鸭吃，搞不到蛋吃？我就不相信工人阶级拿到了政权没有肉吃，没有鸡吃，没有鸭子吃，没有蛋吃，没有鱼吃。"

船到九江，江西省委书记杨尚奎、省人大常委会主任方志纯和下放到江西担任副省长的汪东兴来接船。见到毛泽东时，毛泽东问汪东兴："到省里工作如何呀？"

汪东兴说："这两年我是按照主席的指示做的，接触了很多群众，确实受到了教育。"

毛泽东说："人不能总浮在上面么，只有沉下去，才能看到水底的真实情况。"又说，"以后要立个规矩，大家都轮流下去蹲点。"

说着话，汪东兴和李银桥等人热情地打了招呼，大家一起随毛泽东上了汽车……

1959年7月1日，李银桥等人跟随毛泽东乘汽车上庐山。途中停了两次车，毛泽东走出汽车，看着山间的青松、翠竹、绿树、白云，感慨万千、心情很好……

上山后，毛泽东被安排住进了一幢二层小楼。这里，曾是蒋介石当年住过的"美庐"别墅。在山下时，人们还被热得浑身冒汗，到了山上便都感到凉爽多了。

楼里的服务员有个姓郑的姑娘，长得很漂亮，引起了封耀松的注意。李银桥看在眼里，悄悄告诉了毛泽东，请毛泽东出面"帮帮忙"，毛泽东微笑着答应了下来……

在山上，毛泽东沐浴着阵阵凉风和略带潮湿的空气，面对漫山的淡云薄雾和青山绿树，诗兴大发，挥毫写下了一首七律：

　　一山飞峙大江边，跃上葱茏四百旋。
　　冷眼向洋看世界，热风吹雨洒江天。
　　云横九派浮黄鹤，浪下三吴起白烟。
　　陶令不知何处去，桃花源里可耕田？

叶子龙看了毛泽东写的这首诗，领悟到毛泽东对世界的形势抱着"冷眼向洋"的心态，而对国内形势又摒弃东晋陶渊明诗中"桃花源"式的所谓理想境界……

第二天中午，杨尚奎和夫人水静来看望毛泽东，毛泽东心情舒畅地接待了他们，并愉快地对他们说："水静啊，我身边的几个小伙子都是不错的，总想选择个漂亮点的姑娘，帮帮忙么？"

水静说:"就怕你的小伙子看不上哪,都长得这么精神。"

毛泽东指一指侍卫在他身边的封耀松说:"帮他找一个吧,你这里老表很多么。"

水静想了想说:"你们楼里的医务护理员小郑姑娘好不好?"

李银桥上前凑热闹说:"好啊,江西的老表好啊,说说看嘛!"

毛泽东笑着看了李银桥一眼,抬高了声音说:"我看也很好,水静,你就当个红娘吧?"

"好吧!"水静很愉快地答应下来,"这个红娘我当定了!"

毛泽东再看看李银桥,李银桥看看封耀松,封耀松又看了看毛泽东,三个人都会心地笑了……

次日下午,毛泽东在庐山同刘少奇、周恩来、朱德等人一起与各协作区主任谈话,指出"大跃进"的重要教训之一是没有搞好综合平衡,这是经济工作中的根本问题。毛泽东首次提出以农、轻、重为序安排国民计划,并认为陈云关于"先市场、后建设"的意见是对的。

这天,毛泽东在庐山主持召开中共中央政治局扩大会议。这次会议和紧接着召开的中共八届八中全会,通称庐山会议。会议一开始,毛泽东提出了读书、形势、今后的任务等18个问题。毛泽东讲话后,为了保证人人都能发言谈谈各自的意见,大会开始了以东北组、华北组、西北组、西南组、中南组、华东组为单位的分组讨论。

当晚,封耀松被安排同小郑姑娘见了面。

入夜,毛泽东对封耀松说:"线给你接上了,回到北京以后,信可是要你自己写了,字要写端正,不要潦草,我不可能给你代写信的。"

封耀松"嘿嘿"地笑了……

在大会分组讨论期间，毛泽东基于考虑"大跃进"和人民公社化的后果及前途，考虑到同赫鲁晓夫之间出现的矛盾，同时也考虑到自己队伍中出现的不同观点和态度，几次对周恩来和刘少奇、朱德等人说："对形势和看法如不能一致，就不能团结；要党内团结，首先要把问题搞清楚。"并说，"大家多谈一谈，开个'神仙会'，分析问题，加以解决，坚持真理，修正错误。"

紧紧跟随着毛泽东的李银桥感到，这时的毛泽东始终信心十足，坚信前途是光明的。各分组讨论的气氛也都很轻松、很愉快。一到傍晚，人们或参加舞会，或观看演出，或三三两两地散步、欣赏庐山的真面目……

在一连几天的时间里，毛泽东连续游览了含鄱口、汉阳峰、仙人洞、御碑亭和大天池、小天池等处，还兴致勃勃地对李银桥、封耀松、王敬先等人讲了朱元璋和陈友谅大战鄱阳湖的故事……

这几天，封耀松与医务护理员小郑姑娘又见了几次面，两个人相互间留了通信地址，约定了定期通信……

一天，毛泽东很高兴地对封耀松说："小封啊，你是我身边的人，以后与人家通信字要写得工整些，莫丢了我们的人哦！"

封耀松笑着说："我听主席的，一定认真写……"

正说着，叶子龙来给毛泽东送文件。毛泽东拿来一看，见是《关于粮食问题》的报告，看过之后在上面批示说："手中有粮，心中不慌，脚踏实地，喜气洋洋。"

144. 毛泽东庐山览胜　尼克松访问苏联

在庐山，毛泽东的心情一直很好。

1959年7月10日，在中共中央政治局扩大会议组长会议上，毛泽东发表讲话，说党内必须团结，要团结就必须把问题搞清楚。毛泽东说："龙云说我们人心丧尽，天安门工程如秦始皇修长城。'得不偿失'，可举几十几百上千件，无非头发夹子、菜、肉、蛋不够，有的买不到了。对这些同志要讲清道理，不要骂人，要帮助他们认识整个形势。上海有一个党委书记，否认五八年的'大跃进'，辩论之后，杀头也不承认'大跃进'好。后来到家乡调查，仍增了产。可以不杀头，进行教育。"

与会同志们都轻轻地笑了，毛泽东又说："有人说就是总路线搞坏了，从根本上否定'大跃进'，即否定总路线。所谓总路线，无非多快好省，多快好省不会错。不能说1958年只有多快而无好省，也有又多又快又好又省的，要作具体分析。"

毛泽东在讲话时，与会的同志们有人喝着水、有人记着笔记，气氛很随和。毛泽东还说："有这么一些中国人，说美国一切都好，月亮也是外国的好。卫星一上天，又变过来了。农业发展，通过合作社到公社，我们总是增产的。不管增产多少，合作社、公社化总是推动了生产的。苏联集体化后，很长时间粮食减产。"

讲到这里,毛泽东开始吸烟,又继续对大家说:"打仗,没有从来不打败仗的将军。打三仗,一败二胜,就建立了威信。如果一胜二败,就建立不起来。对去年一些缺点、错误要承认。从一个局部、一个问题来讲,可能是一个指头或七个、九个指头的问题。但从全局来讲,是一个指头与九个指头,或三个指头与七个指头,最多是三个指头的问题。成绩还是主要的。彭老总说一个指头多一点,没有什么了不起。"

李银桥侍卫在会议室的侧间,见毛泽东这时止住讲话,看了看坐在前边的彭德怀,彭德怀没有抬头,只是低头记着笔记。毛泽东又侧脸看了看身旁的刘少奇和周恩来,刘少奇和周恩来也只是点头笑一笑,没有插话。

毛泽东接着说:"北戴河会议后,一部分问题被动,特别是四大指标,当时不公布就好了。自己立个菩萨自己拜,很被动。当时人心高涨,心是好的。从郑州会议、武昌会议、郑州会议、上海会议、庐山会议,逐渐认识客观实际,腰杆才硬起来;但有一部分软,还被动。像打仗一样,有收获,有损失,一个连打得剩六七十人,有所得有所失。总账不能说得不偿失;有的问题是得不偿失,这属于缺点错误部分。"

接下来,毛泽东又讲了斯大林讲过的关于规律的认识,讲了"苏联的长短腿几十年没有解决,我们要真正用两条腿走路"……

毛泽东最后说:"斯大林讲过,办食堂就是公社。斯大林吃亏就在说一切都很好……"又说,"否认缺点错误,就不能前进。"还说,"大家要注意:坚持真理,修正错误。经常分析问题,脑子不要僵化,不要要求人家硬相信我们这一套。党的方针政策正确与否,不在制定之时,而在执行之后。过去的革命路线,实践证明是正确的。现在的建设路线,要再看十年。有些得不偿失的问题,要付一定学费……"

这时刘少奇插话说:"大办钢铁花了二十多亿,全民学了，值得。"

毛泽东抿一抿下嘴唇、笑一笑说："许多事要取得经验，总得出学费。"

会后，庐山组织了舞会。毛泽东、刘少奇、周恩来、朱德、江青都参加了。彭德怀没有去。

7月中上旬，毛泽东接到北京传来的函件，报告说美国的副总统尼克松访问了莫斯科，受到了赫鲁晓夫及苏共中央一班领导人的热烈欢迎。尼克松在答塔斯社记者问时大骂中国的"大跃进"、人民公社、总路线是"乌托邦"式的空想社会主义，是小资产阶级的"狂热病"导致的一场"发生在中国大陆的人间灾难"；而赫鲁晓夫竟也附和着尼克松的腔调，说中国的"三面红旗搞过了头，搞糟了"。

与此同时，蒋介石在台湾配合美、苏发出的反中共总路线的叫嚣，也发出了"反攻大陆"的叫喊，叫嚷着要趁中国大陆"人民生活水平下降的有利时机"，"团结民众，配合国军一举推翻共产党"……

毛泽东又失眠了……

145. 彭德怀上万言书　毛泽东责人责己

7月13日早饭后,彭德怀来"美庐"找毛泽东,李银桥对他说:"彭总,主席吃了安眠药,刚睡下了。"

彭德怀没再说什么,转身离去……

第二天,彭德怀给毛泽东写了一封很长的信。李银桥将这封厚厚的信件交给毛泽东,毛泽东用了近一个小时的时间看完这封信后,脸上带着苦笑对李银桥说:"彭老总批给我看的尽是消极材料,尽给我送消极材料。"

李银桥报告说:"彭总昨天来见你,你刚睡下,他见不到你,这才写了这封信吧?"

"谁晓得他为么事!"毛泽东说了一些中央首长的名字,"他们送的材料积极呢!"

7月16日上午,毛泽东破例没有休息,把刘少奇、周恩来、朱德三位中央常委召到"美庐"。李银桥给每个人奉上了茶水,便退出来,侍卫在门前。

毛泽东对三位常委说,他收到了彭德怀14日写给他的一封信。他已经给这封信加上了《彭德怀同志的意见书》的标题,并批示"印发各同志参考",要结合当前国际、国内形势"评论这封信的性质"。

离开"美庐"后,周恩来去找了彭德怀,批评他说:"有意见当面说嘛，为什么非要写信呢？"

彭德怀说："写了就是写了，我写的都是实情。"

7月23日上午8时，中共中央政治局扩大会议在庐山人民剧院举行。

会上，一件令人意想不到的不愉快的事情发生了。

毛泽东开始讲话时，首先要看一看与会的同志都到齐了没有。李银桥在主席台边侧见毛泽东张望着整个会场，知道他在找彭德怀。按规定，常委们坐在台前，政治局委员们坐在台下前排的藤椅上，中央委员和各省市自治区负责同志坐在政治局委员的身后。

彭德怀坐到了最后一排的藤椅上，并且剃了光头。

李银桥从不远处看见毛泽东的目光投向了彭德怀，脸上立刻显出了不高兴的神色，但没有说什么，开始讲话。

毛泽东坐在前台说："你们讲了那么多，允许我讲点把点，可不可以？吃了三次安眠药，睡不着！"又说，"不论什么话都让讲，无非是讲一塌糊涂。这很好，越讲得一塌糊涂越好，越要听。""我们在整风中创造了'硬着头皮顶住'这样一个名词。我和有些同志讲过，要顶住，硬着头皮顶住，顶好久？一个月，三个月，半年，一年，三年，五年，十年八年。有同志说'持久战'，我很赞成，这样的同志占多数。在座诸公，你们都有耳朵，听嘛！无非是讲得一塌糊涂，难听是难听，欢迎！你这么一想就不难听了……神州不会陆沉，天不会塌下来。……"

讲到这里，李银桥见毛泽东来了火气。毛泽东在讲话中批评了有"左"的错误的同志，点了几个人的名。点一个名，批评几句："你尽放'大炮'。在重大问题上要慎重一些，别老放'卫星'，没有那么多'卫星'。"再点一个人的名，又批评几句，"计划平衡没搞好，严重失调……"

批过"左"，再着重批右。李银桥知道，因为在办大食堂的问题上，中央领导人之间争论激烈，毛泽东对此讲了几句话，又面向台前的朱德说："总司令啊，你说食堂不好。在食堂问题上我们略有分歧。食堂不可不散，不可多散。"

话说到此，毛泽东又不点名地批评了彭德怀，并加重了语气说："军队不跟我走的话，我可以重新到乡下去组织游击队，重新建军……"

讲到这里，毛泽东用目光环视整个会场。会场上的气氛紧张起来，大家都静悄悄地听毛泽东一个人讲话："同志们，1958年、1959年，主要责任在我身上，应该说我。过去责任在别人，现在应该说我，实在有一大堆事没管。始作俑者，其无后乎！我无后乎，一个儿子打死了，一个儿子发了疯。大办钢铁的发明权是柯庆施还是我？我说是我。我和柯庆施说过一次话，说600万吨，以后我找大家谈，也觉得可行。我6月讲1070万吨，后来去做，北戴河搞到公报上，薄一波建议，也觉得可行。从此闯下大祸，几千万人上阵。始作俑者，应该断子绝孙……"

毛泽东讲到这里哽咽了，全场一片肃静。

毛泽东越说情绪越激动，又讲："我有两条罪状，一条叫1070万吨钢，大炼钢铁你们赞成，也可给我分一点，但始作俑者是我，推不掉，主要责任在我。人民公社全世界反对，苏联也反对。还有总路线，是虚的实的，你们分一点。见之于行动是工业、农业。至于其他一些'大炮'，别人也要分一点。"讲到这里，毛泽东用手指向台下的谭震林，"谭老板，你那'大炮'也相当多，放得不准，心血来潮，不谨慎，共产共得快。长处是一股干劲，肯负责任，比那凄凄惨惨戚戚要好。"

这时庐山上的环境是蛮好的，空气清新、湿润，景色怡人。但山腰交际处直属招待所西餐厅里的气氛却显得很紧张，与会的人们都屏住了呼吸，一个个神情肃然地听毛泽东继续讲着："有话就要讲。口将言而嗫嚅，无非是各种顾虑。……有话讲出来了，记录为证。口说无凭，立此存照。有话就讲出来嘛，你们抓住，就整我嘛……病从口入，祸从口出，我今天要闯祸……"

李银桥在主席台边侧越听越感到紧张，他探身看一看会场上的人们，一个个全都鸦雀无声、显得紧张得不得了……

毛泽东又向大家说："要快之事，马克思也犯过不少错误，天天想着欧洲革命来了又没来，反反复复，一直到死了，还没有来；到列宁时才来了，那不是性急？小资产阶级狂热性？马克思开始反对巴黎公社，季诺维也夫反对十月革命，后来被杀了，马克思是否也杀呀？巴黎公社起来了，他又赞成，估计会失败，看到这是第一个无产阶级专政，三个月也好。要讲经济核算，这划不来。我们也有广州公社，大革命失败了。我们现在的工作是否也会像1927年那样失败？像二万五千里长征，大部分根据地丧失，苏区缩小到十分之一？不能这样讲。现在失败没有？到会同志都有所得，没有完全失败，是否大部分失败？不是，是一部分失败，多付了代价，刮了一阵'共产风'，全国人民受了教育。如讲责任，富春、鹤寿有点责任，谭老板有点责任，第一个责任是我。"

这时，毛泽东问会场上的柯庆施："柯老，你的发明权有没有责任？"

柯庆施回答："有。"

"是否比我轻？"毛泽东继续说，"你那是意识形态问题。我是一个1070吨，几千万人上阵，这个乱子就闹大了，自己负责。同志们，自己的责任都要分析一下，有屎拉出来，有屁放出来，肚子就舒服了。"

讲到这里，毛泽东戛然而止，宣布："散会！"

散会后，人们有走的，也有没走的。因彭德怀坐在最后一排，离门口近，出去得最早。李银桥侍卫着毛泽东走到门口时，彭德怀已经走远了。

交际处的招待所坐落在山腰间，毛泽东向山下走时，身后跟了刘少奇、周恩来和杨尚昆等人，再有就是李银桥和封耀松了。就在这时，李银桥见彭德怀又忽然回头朝山坡上走来，心想可能是落下什么东西了吧。

彭德怀与毛泽东走了个对面。毛泽东停住脚步，和颜悦色地同他打招呼："彭总，我们谈谈吧？"

毛泽东身边的人见彭德怀的面孔一下子涨红了，一边走一边甩手，非常生气地说："有什么好谈的？没什么好谈的！"

大家见毛泽东看着彭德怀，态度仍很和蔼地说："没关系么，我们有不同意见，可以坐下来谈谈么……"

没等毛泽东把话说完，彭德怀又大吼了一声："没什么好谈的！"随即甩手而去。

在场的几位中央首长都怀着各自不同而复杂的心情注视着这个场面，见彭德怀和毛泽东二人闹了个不欢而散……

146. 彭德怀怒中失态　八中全会立刻召开

7月23日会议之后，各中央局分组讨论。

讨论中，中国人民解放军总参谋长黄克诚坦率地批评彭德怀："你那封信我看了，写得不怎么样。有意见可以当面说嘛，写信干什么？信里有些提法和用词也不太妥当。"

但在小组会发言中，黄克诚和中共中央政治局候补委员、外交部第一副部长张闻天，还有湖南省委第一书记周小舟、湖南省委常务书记周惠和水电部副部长李锐等人，虽然已经意识到彭德怀"捅了娄子"，但仍慷慨陈词、直抒己见，批评了"大跃进"、人民公社化中的许多过激做法。

各小组的讨论发言简报送到了毛泽东的手中。

这时候，会议开始时未上庐山的中共中央副主席、政治局常委林彪也赶上了庐山……

7月27日，毛泽东的秘书林克奉命把彭德怀引上了"美庐"别墅。

会客室里，靠窗的大沙发上坐着毛泽东，左右两旁的单人沙发上，依次坐着刘少奇、周恩来和朱德、林彪，在山上的中央政治局常委都来了。

李银桥注意到，毛泽东对面墙壁前的沙发是空着的，很显然，那是留给彭德怀的。

就这样，彭德怀进屋后以一比五的"阵势"坐了下来，从衣袋中掏出中华牌香烟，开始一声不响地独自吸烟……

毛泽东的眼睛里显出了很大的惊异："老彭，你怎么吸烟了？"又说，"来，吸我的，老彭……"

彭德怀并不看毛泽东一眼，依然故我地吸着烟。

毛泽东看看身旁的四位中央常委，开始说："我和彭德怀同志共事30多年，你是三分合作七分不合作……你呀，北戴河会议不讲，郑州会议不讲，上海会议不讲，庐山会议快结束了，怕没得机会了，就下战书了……"

毛泽东讲话后，刘少奇、周恩来、朱德依次批判了彭德怀的做法，林彪更是把批判推到了崭新的高度："彭德怀同志不久前访问了东欧各国，上山你急于发难，是不是有背景？赫鲁晓夫对你评价那么高，你答应了他什么？"

彭德怀终于忍耐不住了，开口吼道："我一句外国话也不会，跟赫秃子说了什么话，你们找翻译调查嘛！"

林彪反唇相讥："苏联人当翻译，我们怎么调查？"

毛泽东正色道："老彭，你是延安整风以来就不服气。憋了那么久的气，这次发到庐山上来了。好家伙，简直要把昆仑山脉推下去……"

彭德怀丢掉了手中的烟头，直面毛泽东："主席，为什么不允许我对问题有个认识的过程？去年北戴河会议，我也赞成了'共产风'。上海会议，我才提了浮夸风的问题。这次给你写信，丝毫没有什么恶意嘛！"

毛泽东说："你骂了20天，指名道姓，喋喋不休，还要怎么样呢？"

"我……"彭德怀猛地站起身，脸色铁青。

毛泽东停止了吸烟，面不改色……

刘少奇、周恩来、朱德以及林彪，谁也没有料到彭德怀会动容失态，大家在惊愕了片刻之后，便纷纷开始严厉地批评起了彭德怀的态度。

李银桥在一旁被吓得不轻，他怎么也没有想到，当年打沙家店战役、率志愿军入朝参战的彭大将军，今天会同毛泽东如此闹起来……

7月30日，毛泽东召见了黄克诚、周小舟、周惠和李锐几个人谈话。毛泽东对他们说："事是人做的。对事，也要对人。要划清界限。问题讲清楚，不能含糊。"

黄克诚是非常敬仰和爱戴毛泽东的，但在毛泽东的面前并不表白自己的忠诚，也不诉说别人对自己的误解，只是一项一项地据理力争，试图驳掉毛泽东言语中给他戴上的几顶"右倾"帽子……

毛泽东先谈了过去一、三军团的关系问题，然后批评黄克诚是彭德怀的"政治参谋长"，并批评他们的关系不正常，是什么"父子关系""湖南小集团""军事俱乐部"等。黄克诚不接受毛泽东的这些指责，辩驳说："我这个总参谋长，当时是你提名要我当的，不是彭德怀要我当的，怎么能说我是他的'政治参谋长'？我和彭德怀完全是革命同志关系，说什么'父子关系'，是对我的侮辱。难道共同在湖南工作过的同志到一起谈谈，就是'湖南小集团'吗？至于'军事俱乐部'，更是无中生有的事情……"

毛泽东开始吸烟，又提起了解放战争中的四平战役，黄克诚当时任东北民主联军后勤司令员，曾对该战役有看法，向林彪提出过意见，林彪没有采纳他的意见。毛泽东这时说："那次战役是我决定的。"

黄克诚当即说："你决定的也是错误的！"

毛泽东立刻回驳："看来你黄克诚是个右的方面很好的参谋么！"

这次谈话后，庐山上有人议论"打不死的黄克诚，压不弯的硬骨头"……

1959年8月1日，毛泽东在王稼祥呈送的一份《内参》上写了批语：

> 一个百花齐放，一个人民公社，一个大跃进，这三件，赫鲁晓夫们是反对的，或者是怀疑的。我看他们是处于被动了，我们非常主动，你看如何？这三件要向全世界作战，包括党内大批反对派和怀疑派……

同一天，毛泽东写信给周小舟，严厉批评了他在庐山会议中的表现。

晚上，毛泽东在"美庐"待不住，叫上李银桥走向山间散步。散步中，毛泽东很怅然地对李银桥说："没想到庐山会议开成了这个样子……"

李银桥说："主席，你再找彭总好好谈谈吧？我去叫他……"

毛泽东吸着烟说："不要叫了！在路线问题上没得调和的余地，要他改变也难呢！"又说，"他彭德怀抓军队，我就不相信军队会跟他走，当年张国焘也没得把军队拉走么，还不是又回来了！"

第二天，毛泽东又写信给张闻天：

> 怎么搞的，你陷入那个军事俱乐部里去了，真是物以类聚，人以群分。
>
> 你这次安的什么主意？那样四面八方，勤劳辛苦，找出那些漆黑一团的材料。真是好宝贵！你是不是跑到东海龙王敖广那里取来的？不然何其多也！然而一展览，尽是假的……
>
> 昔人咏疟疾词云："冷来时冷得冰凌上卧，热来时热得在蒸笼里坐，疼时节疼得天灵破，颤时节颤得牙关挫，真个是害杀人也么哥，真个是害杀人也么哥，真个是寒来暑往人难过。"同志……是不是？如果是，那就好了。你这个人很需要大病一场。

毛泽东在信中还写到：

> 《昭明文选》第34卷，枚乘《七发》末云："此

亦天下之要言妙道也，太子岂欲闻乎？于是太子据几而起，曰：'涣乎若一听圣人辩士之言，然汗出，霍然病已。'"你害的病，与楚太子相似。如有兴趣，可以一读枚乘《七发》，真是一篇妙文。你把马克思主义的要言妙道通通忘记了，于是乎跑进了军事俱乐部，真是文武合璧，相得益彰。

这天，毛泽东在庐山主持召开中共八届八中全会。

李银桥和封耀松等人侍卫毛泽东出席全会。会议打断了在经济上纠正"左"的进程，增长了对毛泽东的个人崇拜，对彭德怀、黄克诚、张闻天、周小舟等人进行了言辞激烈而尖锐的批判……

会中，毛泽东讲："高指标成为一种负担，自己立个菩萨自己拜。现在得破除迷信，将菩萨打烂；重新确定实际指标，钢、煤、粮、棉等，5月间曾经定了的。"

谈到路线问题，毛泽东说："有些同志发生怀疑，究竟对不对？路线是八大二次会议定的。上山后，有些同志要求民主，讲说话不自由，有压力。起初半个月是神仙会，并无紧张局势。后来才了解，他们说没有自由，就是他们要求一点紧张局势；还不得要领，还不过瘾，要攻击，破坏总路线，要有批判总路线的言论自由。以批判去年为主，也批判今年，说去年工作都做坏了。……他们要一种空气，要民主，认为政治局扩大会不过瘾，讨论不够。现在开全会，请大家来，民主大些。明春准备开党代会，看形势，如需要，今年9、10月开也可以。……"

讲到开会方法和目的，毛泽东说："历来是从团结的愿望出发，中央全会是分裂，还是团结？关系到中国之命运、社会主义之命运。在我们看来，我们应该团结。现在有一种分裂倾向。去年八大二次会我讲过，危险无非是：世界大战，党的分裂，那并无显著迹象。现有此迹象。我们应该团结，对犯错误的同志,经过批评与自我批评,惩前毖后,治病救人,在新的基础上,达到团结的目的。……对错误的东西要无情,那是毒药,要深恶痛绝。要摆事实,讲道理,不要学李逵粗野。李逵、武松、鲁智深可进共产党,我介绍。他们缺点是好杀人,不讲策略,不会做政治思想工作。总之,要采取摆事实,讲道理的方法。"

毛泽东再次讲"路线问题,或者修正,或换过一条,请大家讨论。一上山,三句话:成绩伟大,问题不少,前途光明。原来问题就出在'问题不少'上,发生了问题。……是右倾机会主义向党的领导机关、向人民事业猖狂进攻的问题……"

李银桥在一旁听了这些,感到毛泽东已经把问题说到十分严重的程度了。

会后,8月3日,毛泽东写信给刘少奇、周恩来等人:

> 简报上对于同志的称呼不妥当,这种旧习惯应当改过来。建议:一律称某某同志。例如:主席,称毛泽东同志;总理,称周恩来同志;林总,彭总,贺总,称林彪同志,彭德怀同志,贺龙同志。……一律从四日起照此改正。

毛泽东的建议以中央文件的形式下发后,李银桥感到毛泽东内心深处还是把彭德怀当作自己的同志看待的。李银桥觉得,彭德怀为了国家的前途和人民的切身利益,在众多的人对"大跃进"交口唱颂歌的情况下,敢于挺身而出,以实事求是的态度将他所了解的社会基层的诸多真实情况直接报告给毛泽东,以他在党内、军队中的地位和身份,无疑是一种无私的大无畏作风,很有一种当代的"海瑞"精神,是十分令人钦佩的,可又为他担心……

147. 中央定"反党集团" 彭德怀黯然下山

八届八中全会仍在进行中。庐山的自然气候虽然很凉爽,但会议中却充满了火药味……

1959年8月5日,毛泽东对湖南省平江县的食堂问题写了批示,表达了他对一些问题的看法:

> 不应当在困难面前低头。像人民公社和公共食堂这一类的事情,是有深厚的社会经济根源的,一风吹是不应当,也不可能的……悲观主义的思潮,是腐蚀党、腐蚀人民的一种极坏的思潮,是与无产阶级和贫苦农民的意志相违反的,是与马克思列宁主义相违反的。

当晚夜深人静时,李银桥见江青几次想进房间劝慰毛泽东、可又不敢进的样子,知道她在这样的境况中也很犯难,既担心毛泽东的身体健康,又怕哪句话说不好触怒了毛泽东而"自讨苦吃"……

次日,毛泽东怀着郁闷的心情,给刘松林写了一封信:

> 你身体是不是好些了?妹妹考了学校没有?我还算好,比在北京时好些。
>
> 登高壮观天地间,大江茫茫去不还。
> 黄云万里动风色,白波九道流雪山。

这是李白的几句诗。你愁闷时可以看点古典文学，可起消愁破闷的作用。久不见甚念。

在这些党内斗争日益紧张的日子里，李银桥每天都要陪着毛泽东散散步，或是在毛泽东休息时给他篦一篦头发。一次，毛泽东倚在藤椅上，微闭着两眼说："银桥呵，怎么没有了沙家店战役时的情绪了呢？怎么没有了三大战役时的情绪了呢？那时也紧张，但心里痛快；现在紧张，只是觉得别扭、觉得累……"

李银桥犹豫着说："主席，有句话我想说又不敢说，说了怕你生气……"

"说么！"毛泽东不动声色地说，"你能讲什么？无非是替彭德怀讲几句好话，讲讲么。"

"……"李银桥改变了想要讲的意思，说："不是那个意思，我是想劝你少生点气，多保重身体……"

"唉……"毛泽东长叹了一口气，"我晓得你不敢讲，要晓得，我对彭德怀没有个人成见，他骂几句娘也没得什么了不起，主要是党的团结，总不能让他们几个人把我们党的团结破坏掉么！"

讲到这里，毛泽东振奋了一下精神，又说："现在，美国和苏联都在反对我们，蒋介石也火上添柴，国内的右派也是贼心不死呢！彭德怀他们这个时候在党内再一闹，如果顶不住，天下岂不是大乱了吗？批他们几个人，是为了党的团结，这也是没办法的办法，在路线问题上，没有调和的余地……"

直到这时，李银桥才明白了毛泽东的意志和用心……

8月7日，毛泽东又对江西党校党委的一个报告做了批示：

开头一阵乌云，结果一片青天。庐山会议上辩论的情况，和江西党校何其相似……两处辩论的问题全然相同，都是大跃进与人民公社。阵线也相同，都分左、中、右……请同志们学江西的样，在省地县三级分批举行，一律照此大辩一场……

在分组讨论会上，因田家英到四川调查和在上庐山前在"江峡"轮上的议论，被李井泉批判得很厉害；又因陈伯达到福建进行了调查，谈了发生在福建的一些情况，受到了福建省委第一书记叶飞的严厉斥责；再就是胡乔木在安徽搞调查，也被安徽省委书记曾希圣批了一顿。一时间，毛泽东身边的五大秘书除江青和叶子龙外，3个人都受到了极为严厉的批判。

柯庆施、王任重、陶铸、罗瑞卿的发言最多，火药味最浓。柯庆施在小组会上指着田家英的鼻子说："你小小年纪，懂得多少马列主义？也在这里胡说八道？你有什么资格在这里发言？"

李锐在小组会上想申明一下自己的观点，周恩来担心他再说错了话，立刻制止说："现在开的是中央全会，你一不是中央委员，二不是候补委员，你没有资格在会上发言。"

8月11日，毛泽东在八届八中全会上发表讲话："彭德怀同志是人生观、世界观问题，经验主义人生观、世界观问题。"并且批评党内的一些人，"三十几年，犯错误同志阶级立场没有改变过来，还是资产阶级立场，资产阶级宇宙观……"

毛泽东还说："必须政治挂帅。政治是上层建筑……"

毛泽东说了很多，参加会议的人们都仔细地听着，生怕漏听一句话。毛泽东继续说："彭有两面性，首先估计革命性。我们31年关系，难道庐山就分手？不应当的。同志式的态度，批判从严，处理从宽，但不包括工作不变动。"并说，"不可悲观。欢迎最近几天同志们的进步。"

最后，毛泽东又讲："陈伯达、胡乔木、田家英是党里的秀才，我们还要用他们。李锐不是秀才，不在此列之内。"

8月12日，夜来一场大雨过后，深山的丛林树幔上，隔夜的雨滴映着灿烂的朝霞，就像挂了满山满树的珍珠……

毛泽东又是一夜没有休息。江青早早地起床，踏着水露去山间散步了。李银桥上楼为毛泽东打开卧室的玻璃窗，让万道霞光直透室内。清新凉爽的晨风吹进来，很快驱散了室内积存了一夜的浓浓的烟味。

毛泽东穿着睡衣坐在桌前，在《中央关于反对右倾思想的指示》上写了批语：

> 看来各地都有右倾情绪、右倾思想、右倾活动存在着，增长着。有各种程度不同的情况，有些地方存在着右倾机会主义分子向党猖狂进攻的情绪，必须按照具体情况，加以分析，把这歪风邪气打下去。

8月13日，毛泽东又在周小舟的一封信上写下批语：全篇挑拨离间，主要是要把几个秀才划进他们的圈子里去，并且挑拨中央内部。

这期间，刘少奇、周恩来、朱德等人为了维护党的团结和党的整体声誉，分别找到彭德怀、黄克诚、张闻天和周小舟等人谈话，批评了他们在庐山上的诸多具体做法和表现。

在分组讨论会上，林彪的发言主要集中在了批判彭德怀和黄克诚搞所谓的"军事同盟""军事俱乐部"……

8月15日，毛泽东为一本书写了前言《经验主义还是马克思列宁主义》，认为现在的主要危险是经验主义。

在谈到如何对待群众运动时，毛泽东十分严肃地说："共产党内的分裂派，右得无可再右的那些朋友们，你们听见炮声了吗？打中了你们的要害没有呢？你们是不愿意听我的话的，我已到了斯大林晚年，又是'专横独断'，不给你们'自由'和'民主'，又是'好大喜功'，'偏听偏信'，又是'上有好者，下必有甚焉'，又是'错误一定要错到底了才知道转弯'，'一转弯就是一百八十度'，'骗'了你们，把你们'当作大鱼钓出来'，而且'有些像铁托'，所有的人在我面前都不能讲话了，只有你们的领袖才有讲话的资格，简直黑暗极了，……这是你们的连珠炮，把个庐山几乎轰掉了一半。好家伙，……总路线是要修改的，大跃进得不偿失，人民公社搞糟了，大跃进和人民公社都不过是小资产阶级狂热性的表现。

那么，好吧，请你们看看马克思和列宁怎样评论巴黎公社，列宁又怎样评论俄国革命的情况吧！请你们看一看：中国革命和巴黎公社，哪一个好一点呢？"

次日，八届八中全会在毛泽东的主持下继续召开。

会议通过了《关于以彭德怀同志为首的反党集团的错误的决议》和《为保卫党的总路线、反对右倾机会主义而斗争》两个决议。

会议中，毛泽东发表了很长时间的讲话，最后说："这次会议是一次很好的会，是一次胜利的会……如果彭德怀挂帅，天下就要大乱，泄掉干劲。"并说，"避免了分裂，犯错误的同志自己还得到了挽救。"

这天，毛泽东还写了《机关枪和迫击炮的来历及其他》一文，对庐山斗争的性质作出了"是一场阶级斗争"的判断，"是过去十年社会主义革命过程中资产阶级对无产阶级两大对抗阶级的生死斗争的继续"。

庐山会议决定把彭德怀、黄克诚、张闻天、周小舟同志分别调离国防、外交、省委第一书记等工作岗位，但仍然保留他们的中央委员、候补中央委员、中央政治局委员、政治局候补委员的职务。

庐山会议就这样结束了。

会议前期努力纠正"左"倾错误，由于彭德怀的一封"万言书"使会议中途转向，由原来的纠"左"改变为反"右"，在全国造成了严重的后果……

会议结束后的一天，汪东兴来见毛泽东，毛泽东对他说："过段时间，你就回中南海吧！"汪东兴表情严肃地答应下来……

同一天，彭德怀到"美庐"来求见毛泽东。李银桥立刻报告了毛泽东，毛泽东说："让他来么！"

李银桥和王敬先引彭德怀上了二楼毛泽东的卧室，彭德怀板着脸、表情严肃地同毛泽东开始谈话，李银桥和王敬先立刻退了出来。

半小时后,彭德怀又板着脸自己走出了毛泽东的卧室……

看着彭德怀独自下山去的背影,李银桥想起沙家店战役后在东原村的情形,心中一阵怅然……

第十五篇

面对困难毛泽东奋力挽狂澜　实事求是领袖与人民心连心

◎ "那好！"毛泽东庄严宣布，"我们就实行三不，不吃肉、不吃蛋、吃粮不超定量！"大家都知道，毛泽东历来是"交代了的事情就要照办"。从这天起，毛泽东真的开始不吃肉了。

◎ 这时，毛泽东再也控制不住自己的感情，用手一拉，将李银桥一下子揽入自己的怀中，拍打着李银桥的后背，哭道："你走以后，我身边再也不任命卫士长了！银桥，我死以后，你要每年到坟头上去看我一次啊……"

148. 喜看女儿结良缘　　中苏关系遭破裂

1959年8月20日，离开庐山的毛泽东在九江再一次游入长江，并对他身边的人说："下山来游一游水，冲一冲晦气！"

在波涛汹涌的大江中，叶子龙和李银桥、封耀松、张仙朋、王敬先等人护泳在毛泽东的身旁，其他警卫人员护游在左右。毛泽东在江中舒腿挥臂、潇洒自如地劈波斩浪，奋然向前……

游泳过后，毛泽东登上江轮，服务人员给毛泽东披上了一件宽大的浴衣。面对大江，毛泽东依然容光焕发，吸着烟对江轮上的人们说："游泳是一项很好的运动，应该提倡。"

8月27日，离开北京达69天之久的毛泽东回到了北京。

回京后，毛泽东即出席了中央军委扩大会议，会上继续批判了彭德怀和黄克诚。

这时，李敏趁着她父亲在京之际，把她与北京航空学院的高材生孔令华相爱的事告诉了她父亲。

孔令华的父亲孔从洲原是杨虎城将军麾下的一位军长，在西安事变中做出有益的贡献，新中国成立后任中国人民解放军炮兵副司令员，1955年授中将军衔。对于儿子与毛泽东的女儿的婚事，孔从洲颇有些顾虑。

毛泽东得知后，约了孔从洲说："儿女们的婚姻大事，由他们自己做主，我们做父母的不要干涉人家的自由么！"

孔从洲一向佩服毛泽东，原先的顾虑一扫而光……

这时正是盛夏，毛泽东亲自在中南海自己家里为孩子主持婚礼，并请孔从洲全家人和王季范夫妇、王海容、蔡畅、邓颖超以及李银桥等卫士和身边的工作人员，一起参加了李敏和孔令华的婚礼。

这时毛泽东的小女儿李讷，也考取了北京大学历史系。

1959年9月1日，毛泽东给《诗刊》编辑部写了一封信，并附去了自己的《到韶山》和《登庐山》两首诗。

1959年9月9日，李银桥等人侍卫着毛泽东到天安门广场视察了新建成的人民大会堂。毛泽东高兴地对大家说："大跃进就是好！有人说大跃进不好，十三陵水库、人民大会堂就是大跃进的产物，没有大跃进，就没有人民大会堂，让那些右派来看看，究竟是不是大跃进！"

面对威严富丽、雄伟壮观的人民大会堂，李银桥也深深感到了中国人的骄傲和自豪……

上午，李银桥和封耀松跟随毛泽东视察了北京郊区的密云水库。

9月10日晚上，彭德怀到菊香书屋来见毛泽东。

李银桥见彭德怀的头发留得很长了，自己一个人从菊香书屋的后门走进来，人显得苍老了许多。李银桥连忙请他进到办公室里边，彭德怀向毛泽东提出要到下面去看看。

毛泽东看着彭德怀，想了想说："不要去了，年岁大了，下去也不安全，可以多读几本书么。"

彭德怀又提出想下乡，毛泽东说："有时间下去看看也可以。"

当彭德怀告辞离开时，李银桥在灯光下望着他的背影，心中很不是滋味，暗想这就是曾在敌人的百万军中敢于横刀立马的"彭大将军"啊……

9月10日，周恩来来见毛泽东，李银桥给他们沏好了茶水。

周恩来对毛泽东说:"主席,5个导弹营已奉命进入了阵地,蒋介石的高空侦察机再来,就要吃苦头了!"

"嗯……"毛泽东喝着茶说,"告诉部队的同志们,不打则已,打则必胜,要确有把握!"

"请主席放心!"周恩来笑一笑说,"我们历来是不打无把握之仗嘛!"

周恩来离开后,李银桥问毛泽东:"主席,敌机飞得那么高,听说有两万米,能打下来吗?"

毛泽东看着李银桥说:"寇能往,我亦能往!虽然美帝国主义和苏联都有导弹,但他们都只是在靶场上打一打,世界上还没有哪个国家用导弹打过真家伙。这次我们要打一打真家伙,打出个样子来给他们看一看!"又说,"我就不相信,中国人什么都比别人差!"

李银桥想,台湾利用美帝国主义给他们的飞机,仗着飞得高,已经多次窜入大陆了。这次真的要是能把它打下来,那在世界上的影响可就大了……

9月11日,毛泽东出席了中共中央军委扩大会议,再一次严厉地批判了彭德怀、黄克诚、张闻天和周小舟。

13日,毛泽东和刘少奇、周恩来、朱德在贺龙等人的陪同下,出席了中华人民共和国第一届运动会开幕式。

看着身姿矫健的体育健儿们迈着整齐的步伐列队踏入会场,座无虚席的看台上爆发出经久不息的热烈掌声。周恩来高兴地对毛泽东说:"这就是我们新中国的体育大军啊!"并夸赞道,"贺老总是立了大功的!"

毛泽东也兴奋地说:"是么!外国人再也不会讲我们是'东亚病夫'了!"说着便站起身来鼓掌,边鼓掌边对周恩来和刘少奇等人说,"看么,中国人民真正站起来了呢!"

李银桥侍卫在毛泽东的身后,见毛泽东这是多日来最显高兴的一天……

14日，毛泽东代表中共中央向全国人大常委会提出书面建议，在庆祝中华人民共和国成立10周年之际，特赦一批已经改恶从善的战争罪犯、反革命犯和普通刑事犯。

次日，李银桥和王敬先侍卫着毛泽东再次进入新落成的人民大会堂，毛泽东在富丽堂皇的大会堂里召集各民主党派负责人开了座谈会，指出"要分批给右派分子摘掉帽子，对国民党战犯实行特赦"，并说"知识分子大有进步，民主党派大有进步，但不是什么问题都解决了，比如世界观的问题，洗脑子不容易一下子洗得那么干净，慢慢来"。

晚上在中南海的南海边散步时，毛泽东对李银桥说："这几天的事情不少，全国的体育运动会召开了，我们要下力量发展体育事业，增强人民体质，再也不能让外国人讲我们是'东亚病夫'了！"

李银桥说："就是！有主席关心、贺老总亲自抓，全民动员，一定会有成效，一定会出成绩。"

毛泽东又说："我们在国庆节前还要特赦一批战争罪犯，以显示我们的强大、显示人民政权的强大。"

李银桥说："有些人出来了再捣乱怎么办？"

毛泽东笑一笑说："怕么事，再捣乱再抓么！"又说，"一般说来，从牢里出来的人是会小心从事的。我们靠的是人民专政，在人民群众监督的汪洋大海中，什么样的坏人也逃不过人民群众的眼睛么！"

1959年9月18日，毛泽东带了他的随行人员再次离京。

9月19日，人大常委会做出特赦决定，国家主席刘少奇发布特赦令。第一批被特赦人员共计12082名。

次日，开了近一个月的中央军委扩大会议结束。

离京视察途中，毛泽东在专列上听取了工作人员关于中央军委扩大会议的情况汇报，并在汇报材料上批示：对于党的事业、阶级的事业、人民的事业，居心不良的人，他就要走到他的反面。就是他的目的达不到。

这时候,参加军委扩大会议的人们还都没有离开北京,毛泽东在专列上的有关讲话很快被传达,使得参加这次军委扩大会议的人们进一步批判了彭、黄、张、周的所谓"反党罪行"……

第二天,毛泽东带了李银桥和王敬先等人,视察了河北省的邯郸。

在专列上,李银桥有意借邯郸古城谈起了《将相和》,毛泽东叹口气说:"不要讲了呢!彭德怀不是廉颇,我也不是蔺相如。在大是大非问题上、在路线问题上,从来就没有调和的余地。"

李银桥望着毛泽东那沉思中的脸,只得不再说什么了……

9月24日,毛泽东视察归来,当中央军委的人们前来向他汇报扩大会议的诸多具体情况时,毛泽东针对彭德怀又说:"绝对不可以背着祖国,里通外国……不许可背着中央去接受外国的挑拨。"

28日,毛泽东和刘少奇、周恩来、朱德等人一起出席了在人民大会堂隆重举行的庆祝中华人民共和国成立十周年庆祝大会。

1959年9月30日,毛泽东在紫云轩的卧室中一连吃了两次安眠药,依然不能平静地入睡。他起身下床,穿着睡衣坐在沙发上,连续吸烟、喝茶……

清爽的晨风带了凉意吹进室内,侍卫在一旁的封耀松见毛泽东这个样子,立刻去叫来了李银桥。

李银桥知道苏联的赫鲁晓夫率团到了北京,而目前国家经济正陷入困难时期,并且多事。毛泽东的办公桌上已经堆满了文件和电报,饥荒已经笼罩全国。安徽、山东、河南等地几次发来了饿死人的绝密电,这些内容只有政治局常委和政治局委员才能看到。中苏边境、中印边境、台湾海峡、东南沿海都不平静。最近送来的一份材料是美苏在戴维营会谈的消息……

社会上，一般干部和普通老百姓并不知道这些情况，北京的人民群众为了欢庆国庆，依然大街小巷地张灯结彩挂红旗，歌声、笑声、锣鼓声处处可闻，正所谓"内紧外松"啊……

李银桥按着毛泽东的吩咐，让封耀松搞了点麦片粥来。毛泽东一边喝着麦片粥，一边对李银桥说："银桥呵，晚上你和小封跟我去颐年堂，要和赫鲁晓夫认真谈一谈呢……"

李银桥说："主席，赫秃子刚跟艾森豪威尔谈了，又到咱们这里来，能有什么好谈的？"

"那也要谈么！"毛泽东咽下一口粥说，"树欲静而风不止，人家找上门来谈，总得要谈的。"

10月2日，下午5时，毛泽东、刘少奇、周恩来、朱德、林彪、彭真、陈毅、王稼祥等中央领导人在颐年堂同来访的赫鲁晓夫等苏联领导人开始了会谈。

李银桥和封耀松、石国瑞、成元功、郭仁等人在值班室，隔着一层薄薄的纱帘，密切地注视着会谈桌上的一切……

会谈开始时，双方都表现了必要的礼貌，偶尔还能听到一两声笑声。谈入正题后，气氛便越来越紧张了。

赫鲁晓夫通过翻译告诉毛泽东，说他带来了一个"好消息"，他已经"找到解决台湾问题的好方法了"。毛泽东问是"什么好方法"，赫鲁晓夫说"台湾应该用列宁处理远东共和国的办法来解决"。

毛泽东当即通过翻译反驳说："远东共和国是列宁建立的，并且由共产党来控制。请问赫鲁晓夫同志，你想象中是否今天的台湾也能由中国共产党控制呢？"

赫鲁晓夫面对毛泽东的提问，无言以对，又要求中国无条件释放8名在朝鲜战争期间和其后在东北俘获的美国空降特务。毛泽东毫不迟疑地说："这个更困难了，你晓得我们中国是有法律的。"

赫鲁晓夫立刻涨红了脸，坚持说这几个人一定要释放，因为他已经答应艾森豪威尔了。陈毅插话说："尊敬的赫鲁晓夫同志，你把美国空投到苏联的特务全放了,也用不着同我们商量么!"

会谈终于发展成争吵。李银桥等人隔着纱帘见赫鲁晓夫暴跳如雷地吵着、嚷着,毛泽东一脸严肃但神情泰然自若;赫鲁晓夫挥舞着两只手大吵大叫,叽里哇啦地咄咄逼人,毛泽东却不慌不忙地抬手在他和赫鲁晓夫之间划了一横道,像是划楚汉分界的鸿沟似的说了句什么。赫鲁晓夫又立刻叫喊起来,刘少奇、周恩来、陈毅、彭真等人立刻做了措辞强硬的插话,苏联方面的人也纷纷插话互相指责,双方吵得一塌糊涂。

争吵中,赫鲁晓夫耍起了无赖伎俩,逼迫中国还在抗美援朝战争中使用的苏联武器的"债务款项"。陈毅勃然大怒,喝问在朝鲜牺牲了那么多中国志愿军战士,这笔"债务"该如何算。

赫鲁晓夫竟厚颜无耻地让中国去向美国、向朝鲜"讨债"。毛泽东严厉地驳斥了赫鲁晓夫的无稽之谈,说朝鲜是我们的朋友,支援朝鲜是我们一个共产党国家应尽的国际主义义务;美帝国主义是我们的敌人,对于敌人只有战斗、决不屈服!

李银桥等人在值班室注意到,苏方唯有苏斯洛夫坐在那里一言不发……

会谈快结束时,赫鲁晓夫挥拳舞臂地摆出一副"老子党"的架势,说出的每一句话都显得盛气凌人。毛泽东将大手在沙发的扶手上轻轻一拍,愤然起身,微挺了胸膛,高傲地昂着头,表现出一副凛然不可欺的神姿……

在这之前的10月1日,毛泽东在天安门城楼检阅了盛大的阅兵式和有70多万人参加的群众游行。

赫鲁晓夫等苏联领导人也应邀登上了天安门城楼,但赫鲁晓夫却在城楼上通知毛泽东,中止帮助中国搞原子弹的协定。毛泽东听后仍然谈笑风生,和周恩来、邓小平、陈毅等人指点着游行的队伍,好像什么事情也没有发生……

149. 毛泽东南下视察 与人民同甘共苦

　　1959年国庆节期间，中国人民解放军防空部队业已进入一级战备状态，已经调入北京周围的精锐的米格-19歼击机群、85口径高射炮群和刚刚进行改装训练仅4个月的地空导弹部队奉命做好了一切战斗准备。

　　早在年初的1至3月间，台湾国民党空军便利用美制RB-57D高空侦察机多次侵入大陆纵深地区进行了高空战略侦察活动，其飞行路线遍及福建、上海、江苏、湖北、河北、山东等13个省、市。

　　RB-57D为亚音速、双发喷气式单翼高空侦察机，飞行高度可达1.8万至2万米，其续航时间为8至9.5小时，最大航程6800公里，机上配有4部航空照相机，于1.85万米的高度可实施航空拍摄长约4000公里、宽70公里地幅的地面目标。该机重量轻、升限高、载油量大、续航能力强等特点，使它一时间得以多次侵入大陆上空从事隐蔽侦察活动而未受到任何惩罚。

　　6月间，该机又两次飞临北京上空……

　　为了打击敌人的嚣张气焰，9月初，5个地空导弹营奉命进入北京周围地区实施环形设防，30个导弹发射架傲耸蓝天，犹如30支寒光闪闪的利剑直逼长空……

　　1959年10月7日，星期三。

上午10时03分，情报雷达报告，一架美制蒋机从浙江温岭窜入大陆，高度18000米。敌机虽远在江浙上空，北京地空导弹部队指挥员张伯华已向各导弹营阵地下达了"做好战斗准备"的命令……

11时15分，敌机距北京700公里、高度19500米、航路捷径300米、直行临近。11时50分，制导雷达开机，当敌机距离115公里的时候，二营制导雷达捕捉住了目标！

敌机似乎浑然不觉。12时04分，"轰——"地一声巨响，一发地空导弹喷射着火焰直射蓝天，紧接着第二发、第三发导弹也相继腾空而起，如飞龙、似利剑刺破青天……

在中南海，兴奋中的周恩来给毛泽东打来电话："报告主席，美蒋的高空机在通县被我们打下来了！"

毛泽东接了电话也很高兴地说："好么！这一下蒋介石要哭鼻子了，美国人会头疼的，赫鲁晓夫也要困不着哩！"随即又说，"给导弹部队发贺电，给大家庆功！"

10月23日，毛泽东再一次开始了南下视察。

专列驶入山东时，见到铁路沿线的土地龟裂，眼前一片白茫茫的盐碱地。进入安徽后，见到的情景更令人痛心，大田里看不到丰收的庄稼，却插着一面面的红旗……

毛泽东一路凝视着，一路沉思默想，香烟吸了一支又一支，吸得左手的食指和中指都泛黄了，再也没有了昨天听到打下敌机来时的那种兴奋之情。李银桥给毛泽东续上了茶水，毛泽东说："天灾人祸啊！"说罢眼圈红了……

李银桥想，毛泽东说的"人祸"是指赫鲁晓夫中断了同中国的合作呢？还是指他及党内一些领导同志在工作中失误？抑或二者兼而有之？不得而知……

入夜，车到合肥。整座城市黑沉沉的，不见一些光亮、不闻笑语。安徽省委书记曾希圣和合肥市的领导同志向毛泽东汇报，说合肥地区是靠水力发电的，由于长江水流严重不足，只剩主航道有些水，不能发电。

毛泽东沉默着、不说一句话，面对黑沉沉的城市，他没完没了地吸烟、喝茶。后来，他看着李银桥、叶子龙和封耀松等人，讲起了中国历史上有名的几次大灾荒，接着又讲了有人趁火打劫，想逼我们屈服。他问："没骨气的国家是不敢顶的，你们敢不敢顶？"

"敢顶！"李银桥等人知道毛泽东指的是赫鲁晓夫。

"他越压我们越要顶！"毛泽东将手拍在车窗前的桌面上，又说，"老子就是不信邪！列宁曾说：'想要革命吗？你们就应当是强者！'"随即斜挺了右肩和胸膛，仿佛要挑起大山似的。凡是在毛泽东身旁的人，心情都踏实、坚定下来。

这时李银桥想，作为领袖人物，不遇挑战是难以充分表现英雄本色的。毛泽东一生发生过不少失误，但即使失误，他那与生俱来又在艰苦复杂的斗争中锻炼而就的坚强性格、气质、决心和意志，在历史的紧要关头总会产生出一种巨大的力量。他一生是强者。

车过南京，江渭清向毛泽东请示：在反对党内的错误倾向时，江苏省委考虑应该掌握有右反右、有"左"反"左"的原则，即有什么反什么、有多少反多少。李银桥见毛泽东很赞成这个意见，并听毛泽东说："这样比较科学，实事求是么！"

10月25日，毛泽东在济南向卫士组的人和他身边的工作人员郑重宣布两条：自力更生和艰苦奋斗。

毛泽东说："全国人民都在吃定量粮，我也应该定量。是不是肉不吃了？你们愿意不愿意和我一起带这个头啊？"

李银桥深知毛泽东是最喜欢吃红烧肉的，为这事还和江青分开吃菜。但在国家经济困难面前，要带头不吃肉了，卫士们还有什么可说的？便带头回答："愿意！"

大家也都说："愿意！"

"那好！"毛泽东庄严宣布，"我们就实行三不，不吃肉、不吃蛋、吃粮不超定量！"

大家都知道，毛泽东历来是"交代了的事情就要照办"。从这天起，毛泽东真的开始不吃肉了。

这期间，刘松林通过中央办公厅来向毛泽东请求将毛岸英的遗体迁回祖国，毛泽东却表示说："青山处处埋忠骨，何必马革裹尸还。不是还有千千万万志愿军烈士安葬在朝鲜吗？"

刘松林又提出要到朝鲜去扫墓，毛泽东同意了，让李银桥从他的稿费中拿出钱来给刘松林做路费，安排她的妹妹张少华陪同姐姐一起到朝鲜为岸英扫墓，以尽妻子之情。

为了不惊动朝鲜政府，刘松林姐妹俩在任荣同志的带领下，作为普通的工作人员去了朝鲜，在朝鲜大使馆的安排下，到平安道桧仓郡的"中国人民志愿军烈士陵园"里，给"毛岸英同志之墓"献了鲜花。刘松林伏在碑前痛哭失声，经久不起，少华好不容易才拉起了姐姐，并将墓地拍了照片……

回国后，刘松林又通过中央办公厅向毛泽东汇报了在朝鲜的经过。当毛泽东看着长子墓地的照片时，再也禁不住老泪纵横了……

李银桥和封耀松想劝又无法劝，两个人侍立在毛泽东的身边也只是默默地陪着掉眼泪……

1959年10月底，毛泽东写了关于发展养猪事业的一封信，促进了全国养猪事业的发展，给全国人民增添了尽可能多地吃到猪肉的机会。

11月间，在一次小范围会议上，毛泽东对刘少奇、周恩来、朱德、陈云、林彪、邓小平等人说："杜勒斯讲他们要以什么'法律和正义'来代替武力。又说什么'放弃使用武力并不意味着维持现状，而是意味着和平的转变'。和平转变谁呢？就是转变我们这些国家，搞颠覆活动，内部转到合乎他的那个思想。美国它那个秩序要维持，不要动，要动我们，用和平转变，腐蚀我们。……杜勒斯搞和平演变，在社会主义国家内部是有其一定的社会基础的。"

会后毛泽东在散步时问李银桥："银桥呵，你是怕打仗呢？还是怕和平演变？"

李银桥随着毛泽东的脚步走着，边走边说："我什么都不怕！"又说："仗咱们打过来了，敌人想演变中国，怕也不那么容易……"

毛泽东却说："仗我们是不怕打的，帝国主义要想和平演变我们这一代人也难，可下一代、再下一代就不好讲了。中国人讲'君子之泽五世而斩'，英国人说'爵位不佐三代'。到我们的第三代、第四代人身上，情形又会是个么样子啊？"

李银桥说："我保证我的下一代不会被帝国主义和平演变了！"

"这是个大问题……"毛泽东沉思着，停住脚步开始吸烟，然后折转了身子往回走，又说，"人们在战争年代，大体过着平均主义的生活，工作都很努力，打仗很勇敢。现在有人说平均主义出懒汉，过去22年，出了多少懒汉？我没看见几个，我也不相信。"

李银桥跟着毛泽东的脚步继续走，毛泽东走近了南海边停下来，又说："法国的《快报》评论说'穷是中国跃进的动力'，'穷是动力'这句话讲得很对！因为穷，就要干，要革命，富了事情就不妙了。越王勾践卧薪尝胆，十年复国，十年强兵，后代人全忘了。中国现在不富，将来富了，家家吃肉不发愁，也一定会发生问题。"

李银桥笑了说："主席，现在人们没肉吃想肉吃，将来有肉吃了，不是更好吗？"

"生于忧患，死于安乐。"毛泽东说，"历史的经验和教训，我们是要认真汲取的，要防止被资产阶级思想和平演变了。否则，我们这么多革命烈士的鲜血就白流了。"

进入12月，毛泽东组织了一个读书小组，采取边读边议、逐章逐节讨论的方法，阅读苏联的《政治经济学教科书》。毛泽东联系中国社会主义革命和建设的实际，开始探索建设有中国特色的社会主义道路……

这时的毛泽东，饭桌上再也见不到一点点肉了，有时工作一天只吃一盘煮干马齿苋菜或炒干白菜。宋庆龄出于对毛泽东的关心，专程由上海赶到北京，给毛泽东送了一兜螃蟹。

　　李银桥让厨师将螃蟹煮了拿给毛泽东，毛泽东摇摇头就是不吃，吩咐送给了幼儿园的孩子们，自己家里没有留下一只。李银桥想留给李敏和李讷几只，也被毛泽东制止了说："我要带头呢，说了的就要办！"

　　12月26日毛泽东过生日，他请工作人员一起吃饭。饭桌上没有酒、没有肉，只是在几个菜里多放了一点点油和一些盐……

150. 认真调查大食堂　卫士进校看李讷

1960年1月4日晚9时,毛泽东离开杭州前往上海。

1月7日至17日,毛泽东在上海主持召开中共中央政治局扩大会议。为了急于从经济落后的困境中解脱出来,会议提出提前5年实现10年赶上英国的口号,制定了一个不切合实际的计划。

在会上,毛泽东建议"中央各部门的党组,各省、市、自治区党委,应该组织起来读《政治经济学教科书》"。

会中,毛泽东记挂着刘松林,给她写信说:"不知道你的情形如何,身体有更大的起色没有,极为挂念。要立雄心壮志,注意政治、理论。要争一口气,为死者,为父亲,为人民,也为那些轻视、仇视的人们争这一口气。我好,只是念你。"

会后在专列上,毛泽东问李银桥:"你说说看,怎样才能使老百姓都过上好日子啊?"

李银桥不假思索地说:"有你和党中央的领导,全国人民一条心,黄土也能变成金……"

毛泽东摇了摇头:"现在有黄金不顶用,主要是要有粮食啊!"

周恩来坐在毛泽东的对面笑了:"我们真要是有足够的黄

金储备,也是可以在国际上换回粮食来的……"

车到杭州后,毛泽东和周恩来、杨尚昆同一部分省市委书记又一起到绍兴,冒着蒙蒙细雨参观了东湖农场。

在稻田地边,毛泽东征求大家对农村办公共食堂的意见。李银桥见这些省市委书记们一个个你看看我、我看看你地谁也不先说话……

毛泽东开始点名了,首先问江渭清:"食堂到底怎么办?"

江渭清显得有些胆怯地说:"主席,我不能讲……"

毛泽东问:"为么事不能讲?"

李银桥见江渭清鼓了鼓勇气说:"我讲,要讲反对的意见……"

在场的几位省市委书记都替江渭清捏了一把汗,而毛泽东却一再鼓励说:"讲么,怕么事?现在不是开会,随便讲。一不抓辫子,二不打棍子,三不戴帽子!"

江渭清的胆量似乎开始壮了起来,讲了江苏省委集体研究过的关于公共食堂不能办的道理。毛泽东听了,向周恩来表示说:"讲得有道理么!"

周恩来笑应道:"可以派人到各地详细调查一下,然后再决定办不办嘛!"

毛泽东当即决定,让杨尚昆组织中央办公厅的同志分别到湖南、浙江去调查。

离开江浙后,毛泽东回到了北京。

这时节,中国大地正值冷风呼啸。

饥饿风也一股一股地在中国大地上流窜。人们寻找一切可以吞下肚里去的东西,用来维持一个民族的生存,以求有朝一日中华巨龙的腾飞……

毛泽东在中南海菊香书屋,躺在他那张简朴但又合乎中国国情的大木床上,身上搭了一条补了又补的灰毛毯和有好几块补丁的毛巾被,靠在床栏上看文件。

李银桥近来发现毛泽东明显地老了,他的眼角散发出细密的鱼尾纹，头发不知不觉中白了许多。每当给毛泽东篦头发，想起指挥三大战役时的情形、想起毛泽东说的"白了一根头发，胜了三大战役，值得"的话，看着他头上已是数不过来的白发，李银桥心中泛起一阵阵酸楚……

此次南下视察，春暖花开后毛泽东离开广州，又依次去了湖南、江西、浙江、上海，然后经徐州、济南、天津返回了北京。

当毛泽东回到北京中南海时，丰泽园里的玉兰花已经绽开了……

在此期间，毛泽东的小女儿李讷在北京大学里只有星期六下午能够回家来。学校在郊区，一旦校内有什么活动，直到天黑了才能离校。

李银桥担心一个女孩子独自走夜路不太安全，便总是瞒了毛泽东派车去接。汽车停在校外的僻静处，然后李银桥进校园去找她，出校园后再悄悄坐上车回中南海。

李银桥认为，这样做学校里的同学们不会知道，不会造成什么不良影响……

不料，这事不知怎地还是被毛泽东察觉了，严厉地批评了李银桥。李银桥争辩说："天太黑，一个女孩子走夜路不安全……"

毛泽东严肃地说："别人家的孩子就不是孩子？别人家的孩子能自己回家，我的孩子为么事不能自己回家？以后不许用车接！说过的话就要照办，让她自己骑车子回来。"

李银桥只好从天津给李敏、李讷每人买了一辆飞鸽牌的坤式自行车。

由于不许接送，两个孩子常常两三个星期才回家一趟。恰在这时，李敏病了，在家里休息，李讷仍在学校吃住。

韩桂馨和李银桥不放心李讷，李银桥便派卫士尹荆山去看望李讷。尹荆山见李讷的脸色不大好，问她是不是病了，李讷忸怩了半天才小声说:"尹叔叔,我确实很饿……"

尹荆山回来向李银桥汇报,李银桥听了心里又急又难过。韩桂馨知道后,心疼得掉了好几次眼泪……

李银桥夫妇商议,且不说她是毛泽东的女儿,单凭当年一起在陕北转战的情谊,想起她小小年纪举着小搪瓷碗和战士们一样排队吃大锅饭、吃了黑豆不叫苦、走在行军路上仍然为大家表演京剧的情形,也不能不管哪!

韩桂馨去买了一大包饼干,被小女儿媛媛看见了闹着要吃。韩桂馨硬是没有拿给女儿半块,而是全都交给了李银桥让他悄悄给李讷送去。

李银桥到北京大学找到李讷,见她面黄肌瘦的样子,不由心里一阵阵酸楚。李讷的眼睛骨碌碌转着,观察到附近没人,忙把两块饼干塞进嘴里,匆匆嚼了咽进肚里。吃这么点儿东西就像做贼似的,生怕被人发现了……

李银桥看在眼里,疼在心上,鼻子一阵阵发酸。李讷还舍不得多吃,小心翼翼地藏好,准备留着慢慢再吃。

李银桥关切地对她说:"吃吧,我再给你送。"

没料到,就连这事也被江青知道了。江青不是嫌李银桥去给李讷送饼干,而是嫌他事先没有跟她打招呼,狠狠地教训了李银桥一顿。李银桥不服,顶了她几句。

因为有教训,江青不敢像批评别的卫士那样批评李银桥,担心他跟她吵架,便跑去报告了毛泽东。

毛泽东把李银桥叫进屋,声色俱厉地说:"三令五申,为么事还要搞特殊化?"

李银桥不怕江青发脾气,但是害怕毛泽东发脾气,便小声嘀咕:"别的家长也有给孩子送东西的……"

毛泽东严厉地说:"别人可以送,我的孩子一块饼干也不许送!"

李银桥不敢再讲话,也不敢再给李讷送饼干了。回到家里,他向韩桂馨发牢骚,说江青向毛泽东打他的小报告……

151. 小李讷回家充饥　妥安置归国华侨

毛泽东不让李银桥给李讷送饼干后不久的一个星期天,李讷回家来了。

卫士尹荆山在给毛泽东倒茶水的时候,提醒说:"主席,李敏和李讷都在家,两三个星期不见,一起吃顿饭吧?"

毛泽东抬起眼皮,目光柔和地说:"嗯,那好,那好。"

吃饭时,桌上摆了四菜一汤,还有辣椒、霉豆腐等四个小菜。厨师侯贵友在院中得意地对李银桥说:"我今天多下了一倍的米。"

李银桥来看李讷。李讷在毛泽东的卧室里向她爸爸汇报学习情况,末了委婉地说:"爸,我的定量老不够吃,菜又少,全是盐水煮的,没有一点儿油水,上课时肚子里老是咕噜噜叫……"

毛泽东教育女儿:"困难是暂时的,要和全国人民同甘共苦、共渡难关。你是我的女儿,要带头,要做宣传,要相信共产党、相信父亲……"

正说着,尹荆山进屋来招呼:"主席,饭好了。"

"嗯,今天一起吃饭。"毛泽东起身拉了女儿的手,一起走向东厢房。

饭桌上摆上了掺了芋头的红米饭。李讷抓起筷子,鼻子伸到腾着热气的米饭上，深深地、深深地吸吮着米饭的气息："啊，真香！"

孩子望着父母亲粲然一笑。江青望着女儿，再望一望毛泽东，想说什么，因为卫士们侍卫在侧，便忍住了。她勉强一笑，夹一筷子菜先给了李敏，再夹一筷子菜放到了李讷的碗里……

毛泽东用筷子示意："吃么，快吃。"又对坐在身边的李敏说一句："吃，和妹妹一起吃。"

李敏点点头，看一眼妹妹，李讷看一眼姐姐，开始大口大口地往嘴里拨饭……

"吃慢些，着么事急？"毛泽东尽量平静地说，"没人跟你争么……"他笑着，但笑得越来越不自然。

李讷再看一看姐姐，不自然地笑一笑，又瞟一眼侍卫在旁边的卫士，腼腆地说："在学校吃饭都快，习惯了。"

"现在是在家里么，吃慢些……"毛泽东说话的声音很低，已经变成了苦笑。

"吃菜，多吃菜，多吃饭。"江青不停地往两个女儿的碗里夹菜、拨饭。

李讷在父母面前不拘束，没慢吃几口便又变得狼吞虎咽起来，几乎嚼都不嚼就把一口口饭菜吞下去了……

开始时，毛泽东还慢慢地陪着女儿吃，一边吃，一边有一句没一句地说些什么。渐渐地，他不说话了，只是默默地夹一筷子菜或饭往嘴里送，慢慢地嚼着、嚼着……

后来，毛泽东停下了筷子，停止了咀嚼，怔怔地望着小女儿出神……

这时江青早已停了筷子，看看女儿，又看看毛泽东，她接连几次喘粗气，想说什么又咽了回去，最后便盯着毛泽东，不动眼珠了……

李银桥在一旁看得清楚，他知道，江青有时心中有想法并不说，而是希望毛泽东能够理解、能够先说。

李讷好容易把嘴离开了饭碗："唉，你们怎么都不吃了？"

毛泽东不着边际地笑了笑："老了，吃不多。我很羡慕你们年轻人……"

晚上，江青进了毛泽东的卧室，让卫士们都退了出去。半小时后，江青红着眼圈走了出来，显然哭过……

李银桥和尹荆山明白是怎么一回事，便一前一后地走进了毛泽东的卧室。李银桥说："主席，李讷也太苦了，你看是不是可以……"

"不可以！"毛泽东什么都明白，"和全国的老百姓比起来，她还算好的。"

尹荆山说："可是……"

"不要讲了。"毛泽东说，"还是各守本分的好，现在这种形势尤其要严格！我不能看着老百姓家的孩子饿肚子，而让自己的孩子吃得饱。要挨饿大家一起挨，同甘共苦，一起奋斗……"

1960年仲春时节，章士钊到中南海看望毛泽东。

在小会客室里，毛泽东对他说："共产党不会忘记为她做过好事的爱国人士。当年你支援留法勤工俭学的那笔款子两万元，是我经手借的，一部分给了去欧洲的同志，一部分带回湖南开展革命活动。"又说："现在有稿费，可以还债了。"

章士钊说："现在正是困难时期，主席还是用来办大事情要紧。"

毛泽东笑着说："正因为是困难时期，所以我要还债么！不但要还债，还要还利息。"

章士钊知道毛泽东是要在经济上帮助他，又担心他碍于面子不收，故意说还债、还利。后来李银桥了解到，毛泽东所说的"借债"，那还是在1920年春，毛泽东在上海为留法勤工俭学学生筹集旅费，向章士钊求援。章士钊即向上海工商界名流募捐了两万元相助，表示了对勤工俭学的支持。

春节过后不久,李敏李讷都去各自的大学上学了。这时的毛远新也上了中学,到学校里住校学习。

这期间,毛泽东认真研究了中国的国情,发愤要尽快改变中国的贫穷落后面貌……

3月6日,毛泽东看了贵州省委《关于目前农村公共食堂情况的报告》,批示"在5年至10年内,跃进一大步"。

3月中旬,毛泽东通知叶子龙,让他打电话给文学研究所的何其芳,催问选编《不怕鬼的故事》的组书情况。

李银桥和叶子龙在一起谈话时,知道了毛泽东要人写《不怕鬼的故事》这本书,启发和号召人们天不怕、地不怕、鬼不怕,大鬼、小鬼、新鬼、旧鬼都不怕,不信天、不信地、不信神,只信共产党,团结一心干社会主义……

3月22日,毛泽东代表中共中央在《鞍山市委三月十一日关于工业战线上的技术革新和技术革命运动开展情况的报告》上写了批示,提出了"鞍钢宪法",要求"实行伟大的马克思列宁主义的城乡经济技术革命运动"。

这期间,国际上少数国家趁中国处于困难时期,掀起了一股反华、排华浪潮,许多国外华侨被迫纷纷逃离他们居住的国土,投奔向贫穷祖国母亲的怀抱……

1960年3月23日,毛泽东在山东六级干部大会的情况报告上批示:"纠正共产风、浮夸风、命令风和一平二调。"

3月22日,毛泽东看了中国驻巴基斯坦大使馆的《我国参加东巴基斯坦工农业展览的情况报告》,看了新华社记者写的通讯《盛会难忘,友谊长存》,批示:

所谓大反华,究竟是一些什么人,有多少人呢?不过是一些西方国家的帝国主义分子,其他一些国家的反动派和半反动派,国际共产主义运动中的修正主义分子和半修正主义分子,以上三类人,估计共只占全人类的百分之几,例如说百分之五吧,最多不过占百分之十……巴基斯坦的情况,就是这样一种情况。印度的情况也是如此，真正反华的，不过是一小撮人。在新德里展览的各国农业馆，在所谓大反华空气中展出，到中国馆参观的人民群众达三百五十万人之多，超过任何国家的农业馆……

北京的春光依旧，只是郊外和市区一些街道两旁的柳树叶子早早地被人们掠吃了……

毛泽东在一次会议后回来，同周恩来一起在中海边散步，谈起了国际上少数人的反华行径和华侨回国的事，毛泽东问："恩来，你看我们安排得了么？"

周恩来说："国务院已经下了通知，各省地市都要安排一些，分散安置，问题不难解决。"

"东南亚的华侨最多呢……"毛泽东感慨道，"战争年代，他们出去了。现在遇到了困难，又跑了回来，孩子总离不开娘！"又说："尽管我们很穷，但再多些人也还是能养活的。"

跟随在一旁的李银桥插话说："这叫'儿不嫌母丑，狗不嫌家贫'！"

周恩来淡淡地一笑："对华侨，前半句可以讲，后半句就不能讲了。"

毛泽东也笑了："道理是一样的。"

152. 张少华恋毛岸青　中国朋友遍天下

1960年4月中旬，刘松林带着她的妹妹少华到中南海来看望毛泽东，并提出要同去大连看望在那里疗养的毛岸青，毛泽东很高兴地答应了。

李银桥将这件事告诉了韩桂馨，韩桂馨敏感地意识到刘松林的妹妹可能要和岸青处对象，李银桥想了想也觉得有那么些意思，便又去告诉了毛泽东。毛泽东说："思齐很懂事呢！少华也是个好孩子，希望他们好。"

江青知道后，竟当着毛泽东的面说："刘思齐早就不是毛家的人了！现在又把她妹妹领了来，干吗硬要攀这门亲？"

"你晓得么事？"毛泽东生气地说，"岸青的事你莫管！"

江青讨了个没趣，看了毛泽东一眼，甩手而去。

毛泽东对站在一旁的李银桥说："唉，她真是个是非窝子呢！"

李银桥只是听着，没有说话……

4月28日下午1时52分，毛泽东带了李银桥和封耀松、王敬先等人，乘专列离开北京再次到祖国各地视察。

5月3日，毛泽东在济南接见了来自拉丁美洲和非洲14个国家和地区的朋友。接见时，毛泽东对大家说：我们共同的敌人是美帝国主义，我们大家都是站在一条战线上，大家需要互相团结互相支持。全世界人民包括美国人民都是我们的朋友。

5月7日和8日，毛泽东又在郑州接见了来自非洲、拉丁美洲、亚洲等20多个国家的朋友，指出世界和平的取得主要靠人民的斗争。

第二天，又有8个拉丁美洲国家的朋友要求见一见毛泽东。接见时，毛泽东向大家介绍了中国人民革命斗争和社会主义建设的经验……

在专列上，李银桥问毛泽东："国际上有人反华，现在这么多的外国朋友又来访问我们，应该怎样看这个问题呢？"

毛泽东让李银桥叫来了封耀松和王敬先，然后对他们3个人说："要晓得，反华只是少数人，估计只占全人类的百分之几，最多不过百分之十；他们反华，不但损伤不了我们一根毫毛，反而可以激发我们全党全国人民团结起来，树雄心立壮志，一定要在经济上和文化上赶上并超过最发达的西方国家。"又说，"他们也是搬起石头砸自己的脚呢！看么，这么多外国朋友来看我们，对我们是好事，对反华的人来说不是好事，是不祥之兆呢！"

听了毛泽东的话，李银桥他们3个人都开心地笑了，毛泽东说："笑么，应该笑，我们的朋友遍天下！"

5月9日，毛泽东在郑州又接见了伊拉克、伊朗、塞浦路斯的朋友，同他们谈话说："当前世界上最大的帝国主义是美帝国主义，在很多国家有它的走狗。帝国主义所支持的人，正是广大人民所唾弃的人。世界各国人民的正义斗争，都得到并将继续得到六亿五千万中国人民的坚决支持。……为了战胜帝国主义的反动统治，必须结成广泛的统一战线，必须团结不包括敌人在内的一切可以团结的力量，继续进行艰巨的斗争。"毛泽东说："全世界各国人民的正义斗争，都是互相支持的。帝国主义最怕的是亚洲、非洲、拉丁美洲人民觉悟，怕世界各国人民觉悟。我们要团结起来把美帝国主义从亚洲、非洲、拉丁美洲赶回它的老家去。"

从5月10日起,毛泽东开始到农村视察。每到一处,李银桥总见毛泽东认真同各人民公社的干部们座谈,同社员们拉家常,从吃、穿、住、用到定工分、男女劳力的分工分配、乡村孩子上学、种粮、养猪、养鸡、种菜,毛泽东都一一详细地询问……

回到专列上,毛泽东看报纸,知道了美国派U-2型间谍飞机侵入苏联领空被击落的消息,开心地对李银桥等人说:"这一次赫鲁晓夫做对了,帝国主义是不能相信的呢!"

李银桥说:"美帝国主义要是把U-2飞机也送给蒋介石呢?"

"总会打下来的!"毛泽东说,"我们有高射炮,有飞机,还有导弹,怕他蒋介石不来么!"

5月14日,毛泽东在接见日本、古巴、阿根廷、巴西的朋友时说:"最近美国派U-2型飞机侵入苏联,进行间谍活动,被苏联击落,苏联人做得很正确。这件事再一次暴露出美帝国主义在虚伪和平的幌子下所进行的准备侵略战争的真面目,进一步向全世界证明了这样的真理:对帝国主义不应当存有不切实际的幻想。……"

在专列上,毛泽东给在大连疗养的次子岸青写了一封信:

>听说你的病体好了很多,极为高兴。仍要听大夫同志和帮助你的其他同志们的意见,好生静养,以求痊愈。千万不要性急。你的嫂嫂思齐和她的妹妹少华来看你,她们十分关心你的病情,你应好好接待她们。听说你同少华通了许多信,是不是?你们是否有做朋友的意思?少华是个好孩子,你可以好好同她谈一谈。有信,交思齐、少华带回。以后时时如此,不要别人转。此外娇娇也可以转。对于帮助你的大连市市委同志,医疗组织各位同志们,一定要表示谢意,

他们对你是很关怀的，很尽力的。此信给他们看一看，我向他们表示衷诚的谢意。

5月下旬，丹麦共产党主席耶斯佩勒和原英国陆军元帅蒙哥马利相继访华，毛泽东同他们进行了友好的谈话。

153. 十年总结诚责己　斯诺再见毛泽东

1960年6月7日至6月末,毛泽东在上海。

6月14日至18日,毛泽东在上海主持召开中共中央政治局扩大会议并讲话。会议期间,毛泽东写了《十年总结》一文。

在讲话中,对"大跃进"、人民公社和大炼钢铁、浮夸风,毛泽东做了诚恳的自我批评,说"乱子出得不少,与秋冬大办钢铁同时并举,乱子就更多了",并说"农业方面则犯了错误,指标高了,以至不可能完成,要下决心改",承认"我本人也有过许多错误……我们对于社会主义建设时期的革命和建设,还有一个很大的盲目性,还有一个很大的未被认识的必然王国"。同时讲"把质量提到第一位","要把品种、质量放在第一位,数量放在第二位。各省、市、自治区在公布数字的时候,总是要少一点。要做的多一点,说的少一点"。

李银桥一直跟随在毛泽东的身边,对于毛泽东的讲话和文章,他深深感到提出了建设有中国特色的社会主义的许多重要思想、强调要认识社会主义革命和建设的规律性。毛泽东做自我批评,对认识和纠正"大跃进"以来实际工作中的错误具有着十分积极的意义。

黄浦江的水浩浩荡荡地流淌、涌泄着,延安路口、黄浦滩头的时钟按时鸣响的时钟声"咣——咣——"地向人们报着时间。入夜，一艘艘江轮穿梭游弋在江面上，汽笛声声，仿佛在告诉人们航运的繁忙……

政治局扩大会议期间，毛泽东找李富春谈话说："实力政策，实力地位，世界上没有不搞实力的。手中没有一把米，叫鸡都不来，我们处在被轻视的地位，就是钢铁不够，……憋口气有好处。10年搞1亿吨，卫星上天。"

李银桥注意到，毛泽东在会议期间精神振奋……

离开上海，李银桥跟随毛泽东返回北京。

7月3日下午，毛泽东带了李银桥等人离开天津直赴北戴河。北戴河海滨的海风习习、海浪依旧……

7月5日至8月10日，毛泽东在北戴河主持召开中央工作会议并讲话，强调要自力更生，要下决心搞尖端技术，要抓粮食，农村以生产队为基本核算单位，搞三级所有制，要有小自由。

傍晚，漫步在海滨时，毛泽东问李银桥："你说有人援助我们好，还是自力更生好？"

李银桥说："'爹有娘有不如自己有'，有援助更好，没援助自己干！"

"是么！"毛泽东感慨地说，"我们要自力更生，在延安我们就是靠了自力更生过来的。苏联人民过去10年给了我们不少的援助，不要忘记呢！现在赫鲁晓夫不给我们尖端技术、不给援助，好么，如果给了，这个账是很难还的……"

8月17日，毛泽东回到了北京。

8月22日，李银桥侍卫着毛泽东在人民大会堂小会议厅接见了6个民主党派中央全会的代表，向他们通报了中国共产党中央北戴河工作会议的精神，得到了各民主党派人士的赞许……

8月下旬在中南海召开的一次党的小型会议上，毛泽东对周恩来、刘少奇、陈云等人说："农业是国民经济的基础，全党要大办农业，大办粮食。"

周恩来也说："主席常讲'手中有粮，心中不慌'嘛！我们一定要想办法把我国的农业搞上去！"

一年一度秋风爽。进入9月,北京的气候渐渐凉爽起来。

1960年9月中旬的一天,相声大师侯宝林来中南海颐年堂给中央首长们说相声。李银桥等人知道毛泽东很爱听相声,尤其是侯宝林和郭启儒合说的相声,毛泽东最爱听。

毛泽东听相声,虽然喜欢,但总努力克制自己不大声笑出来,有时憋红了脸也难得纵情大笑。这次听相声,当侯宝林说了一段七拼八凑的打油诗时,毛泽东竟哈哈大笑,而且笑得前仰后合、几乎喘不过气来了……

李银桥虽然不懂诗,但听了侯宝林说的四句歪诗"胆大包天不可欺,张飞喝断当阳桥,虽然不是好买卖,一日夫妻百日恩",也笑了个不亦乐乎!

侯宝林见毛泽东高兴,又顺口将毛泽东四首诗词中的各一句话凑到一起说道:

红军不怕远征难,

天兵怒气冲霄汉,

国际悲歌歌一曲,

百万雄师过大江!

此语一出,引得人们大笑不止,毛泽东更是险些笑岔了气……

9月30日,《毛泽东选集》第4卷出版,10月1日发行,包括毛泽东从1945年8月抗日战争结束至1949年9月中华人民共和国成立前夕的70篇著作。

10月10日,毛泽东给中共中央政治局委员、中央书记处书记、国务院副总理李富春写信,要他负责书记处的人设法解决湖北沔阳县的"一平二调"问题和赞扬福建闽侯县第一书记坚决压人下乡生产的事,要求"日内即为中央起草一个有力的指示"。

李银桥深知毛泽东的脾气和性格,凡是拿准了的事,决不迟缓、决不拖延!

1960年10月间,毛泽东的老朋友、美国作家斯诺到北京来了。

李银桥侍卫着毛泽东在颐年堂很高兴地会见了斯诺。老朋友相见,无话不谈,相互间完全没有一点儿顾忌。

李银桥给斯诺沏了茶水,斯诺喝一口说:"我很喜欢喝中国茶。"又说,"比在延安时好多了。"

毛泽东笑道:"很久不见了。事情确实好转一点。不过,你没有变,我也没有变。"

斯诺说:"但是,中国却是大变样了!"

毛泽东说:"是变样了,这也有你的功劳么!21年前你不就已经预言红星要普照中国吗?"

斯诺笑了,又谈起了毛泽东在长江游泳的事,说:"我在外界看了报道,写你们掀起了一场群众性的游泳运动,由于参加渡江游泳的人数太多了,以至于外界又传起了中国大陆准备攻打台湾。"

毛泽东哈哈大笑起来:"那个报道也太夸大了么!我们也没有落后到用游泳的力量去解放台湾,外国的舆论也真是不可信哩!"

李银桥在一旁也不由得暗自笑起来……

斯诺趁机又说:"你在保安的时候,曾告诉我说渴望到美国一游,看看大峡谷和黄石公园,现在还有这个兴趣吗?"

"我仍希望在不太老之前,到密西西比河和波达麦河中畅游一番。但这是一厢情愿。我想你不反对,华盛顿就可能会反对。"毛泽东边说边将大手一摆,做了个表示拒绝的手势。

"如果他们同意呢?"斯诺问。

"如果那样的话……"毛泽东很兴奋地说,"我可以在几天之后就去,完全像一个游泳者。我们不谈任何政治,只在密西西比河游泳,并且在河口游游而已。"

斯诺笑了,李银桥在一旁也笑了。当翻译向斯诺翻译毛泽东的这些话时,李银桥想,要是真的到美国去一趟,非得震惊世界不可！

在谈到中美关系时，毛泽东说："我们要维持世界和平，我们不要战争。我们认为，不应当以战争作为解决国与国之间争端的手段。但是，不仅中国而且美国也有责任去维持世界和平。"

对于毛泽东所说的这一切，斯诺表示理解和赞同。毛泽东又说，"台湾是中国的事情，我们坚持这一点。"

154. 香山红叶情不已　古典小说纵横谈

北京秋天的风是凉爽的。1960年的北京之秋，凉风仿佛来得比往年早一些。西郊香山的栌叶红了，红得诱人。

一个星期天的下午，毛泽东带了李敏、李讷、毛远新、孔令华和王博文一起游香山，江青和叶子龙、林克、高智还有李银桥、孙勇、封耀松、王敬先等人一起去了。

在香山，孩子们玩得很开心，毛泽东也显得神采飞扬、兴奋不已。十几岁大的毛远新闲不住，总要一个人跑东跑西地去摘栌叶，几次被李讷喊回来："就你淘气，你也不小了！"

"跑跑好么！"毛泽东不在意地说，"男孩子就应该有个男孩子的样子，莫学《红楼梦》里的贾宝玉。"

"怎么样？"毛远新扬了脸对李讷说，"伯父都支持我呢！"

"我不管！"李讷抓了毛远新的胳膊说，"你再乱跑，看我不使劲揍你！"

"好姐姐……"毛远新挣扎着胳膊求饶说，"我不乱跑了还不行吗？"

"不行！"李讷得意地说，"再叫三声'好姐姐'！"

说笑声中，李敏谈起了初唐诗人王勃写的《秋日登洪府滕王阁饯别序》，引起了毛泽东的极大兴趣，说："一个28岁的人，写了16卷诗文作品，与王弼的哲学、贾谊的历史学和政治学，可以媲美，都是少年英发……"

李敏说："那花木兰、荀灌娘也是少年英发、女中豪杰呢！我妈妈她……"话说到此，李敏用眼角扫了不远处的江青一眼，赶紧收住了话……

毛泽东知道女儿想说什么，不在意地笑了说："男女一样么！青年人比老年人强，穷人、贱人、被人们看不起的人、地位低的人，大部分发明创造，占百分之七十以上，都是他们干的。"又说，"青年人生命力旺盛，迷信较少，顾虑少，天不怕、地不怕、鬼不怕，敢想敢说敢干……"

这时毛远新比画着拳头对李讷说："天不怕、地不怕，碰上猛虎打三架……"

李讷揪住毛远新的脖领子说："你姐姐我就是花木兰，替父从军！"说着抓了毛远新的胳膊一使劲，感到了疼的毛远新立刻喊叫起来，引得人们都笑起来，毛泽东笑得最开心。是江青喊了李讷一句，李讷才松了手……

李银桥等人看了这一切，觉得这是毛泽东长时间以来难有的一次由衷的开心、一次真情放纵的欢笑……

1960年10月下旬的一天，毛泽东远在湖南的几位老朋友来北京看望他，有周世钊、乐天宇和武汉大学的李达。

老朋友们见面很高兴。在颐年堂，周士钊送了一件九嶷山产的物品给毛泽东，并呈上一幅内有东汉文学家蔡邕文章的墨刻；李达送了两支斑竹毛笔和一首咏九嶷山的诗；乐天宇送了一段粗壮笔直、罗泪分明的斑竹，并说："这是我在九嶷山特意为主席选的。"

毛泽东很高兴地招呼李银桥："来，把这几件礼物拿回紫云轩去。这是朋友所赠，不要上交了。"

毛泽东在人民大会堂小会客厅里，同一个来自阿拉伯国家的代表团谈到人世间纷争不断的问题，客人们十分感慨。忽然，侍卫在侧的李银桥听毛泽东与客人们的谈话离开了正题，他问客人："伊斯兰教的真主是谁？"

李银桥见客人们的脸上纷纷露出了惊讶之色，又见毛泽东吸着烟笑起来、连连发问："谁是佛祖？谁是基督教的上帝？"

李银桥观察到毛泽东所具有感染力的笑容和优雅的神态深深吸引着客人们，知道他正在思考着什么更深奥的问题。当客人们很有礼貌地一一回答了毛泽东的问话以后，毛泽东又说："按照中国道教的看法，天国还有位众神之王，叫'玉皇大帝'。如此看来，天堂也不会那么安宁了，因为天上也要划分势力范围呀！"

翻译将毛泽东的话对客人们讲了。引得客人们个个鼓掌叫好，纷纷称赞毛泽东是一位具有丰富想象力而又很幽默、含蓄的人，一句普普通通的话，从他的口中说出来，就能赋予新的意义、打开人们不尽的思路……

毛泽东又说："什么都靠别人，靠不住。自己要有志气，有干劲。外国援助和帮助是可以的，但不能干涉内政。"

11月28日，毛泽东对甘肃省委《关于贯彻中央紧急指示信的第四次报告》做了重要批示，赞扬了甘肃省委对刮"共产风"的自我批评，指示永远不许"一平二调"，不要硬性规定几年改变农村面貌，并再次做了自我批评。

11月间，毛泽东为中共中央起草《关于彻底纠正"五风"问题的指示》，指出只要情况明了，事情就好办了。

1960年12月初的一天，毛泽东和薄一波在颐年堂谈话，谈起了中国历史上的著名小说。毛泽东说，要把《水浒》当作一部政治书看，它描写北宋末年的社会情况，中央政府腐败，群众就一定会起来革命。当时农民聚义，群雄割据，占了好多山头，最后汇集到梁山泊，建立了一支武装，抵抗官军。毛泽东说："这支队伍来自各个山头，但是统帅得好。"又说"我们领导革命也要认识山头、承认山头、照顾山头，到消灭山头、克服山头主义"。

谈到《西游记》，毛泽东说："要看到唐僧师徒的坚强信念。他们一起上西天取经，虽然中途闹了点不团结，但是经过互相帮助，团结起来，终于克服了无数的艰难险阻，战胜了众多的妖魔鬼怪，到达了西天，取来了真经。这里主要讲的是不要怕有不同意见，不要怕有争论，只要朝着一个目标，团结一致，坚持奋斗，最后总是会成功的。"

又谈到《三国演义》，毛泽东对这部书的评价很高，说："看这部书，不但要看战争，看外交，而且要看组织。你们北方人刘备、关羽、张飞、赵云、诸葛亮，组织了一个班子南下，到了四川，同'地方干部'一起建立了一个很好的根据地，干出了一番事业。"还说，"曹操下江南，东吴谁当统帅成了问题，结果找了个'共青团员'周瑜，29岁当了大都督，众将不服，后来加以说服，结果打了胜仗呢！所以我们选拔干部，不能统统按资历，要按能力。"

再谈到《红楼梦》，毛泽东的话就更多了，首先指出"第四回"是个纲，接着批判了贾宝玉、林黛玉的性格和生活作风……；最后，毛泽东说："你要不读《红楼梦》，怎么晓得封建社会呢？曹雪芹借贾、史、王、薛'四大家族'的兴衰，揭示了封建制度的腐败……"

毛泽东同薄一波谈话的时间很长，李银桥在一旁听得认真，薄一波听得更认真……

155. 毛泽东诞辰聚会　派卫士下乡调研

1960年12月24日，毛泽东在人民大会堂小会议厅主持召开中共中央工作会议并讲话，指出"社会主义建设不能急，要搞它半个世纪"，"不要务虚名而遭灾祸，一平二调、共产风是人祸"，并说"要勇于承认错误，有多少错误就说多少，有'左'反'左'，有右反右，有什么反什么"，最后强调"大兴调查研究之风，1961年要成为实事求是年"。

李银桥在侧厅听了毛泽东讲的这些话，想起去年国庆节后随毛泽东南下视察途中，毛泽东讲了"天灾人祸"的话，在南京听了江渭清的请示汇报，说是"有'左'反'左'，有右反右，有多少反多少"。今天毛泽东在中央工作会议上又这样讲，感到明年党的工作方针一定会更加脚踏实地、实事求是了……

12月26日，临近中午时，躺在床上的毛泽东虽然眼睛还在看着文件，脸上却是一幅若有所思的神情。后来，他将文件放在床上的书籍堆上，低声招呼值班卫士："小封，我起来吧。"

封耀松照顾毛泽东穿衣起床后，毛泽东破例没有到屋外去散步，而是直接走到沙发那里坐下来，仍然心事重重地沉思默想，时而呼出一两口沉闷的粗气。

封耀松给毛泽东沏了茶水，小声问："主席，给你煮点儿麦片粥吧？"

毛泽东摇摇头，靠坐在沙发上，用手指一指办公桌上的烟盒。封耀松知道毛泽东要吸烟，便拿了烟盒递给他，并划着了火柴。

毛泽东吸着烟，想了想才说："小封，你去把子龙、银桥、高智、敬先、林克和东兴同志叫来，今日在我这里吃饭。"

下午，叶子龙、李银桥等7人同毛泽东围坐在一张饭桌旁吃饭。没有酒，没有肉，只是菜里多放了一点油。毛泽东将筷子伸向菜盘，没等夹起菜来又忽然放下，用目光扫视着身边的人们……

叶子龙、李银桥他们也都放下了筷子。

毛泽东语气沉重地说："现在老百姓遭了灾，你们都去搞些调查。那里到底有么问题啊？为么事会是这个样子啊？把情况反映给我。"

众人都静静地听着，毛泽东又缓慢地说："我在中央工作会议上公开讲了，要大兴调查研究之风，明年要成为实事求是年。你们是我身边的人，人民公社、大跃进、大办食堂，到底好不好？你们下去，听听群众有么意见，告诉我，要讲真话。"

大家都无声地点着头，一个个神情肃然。

毛泽东先用手指向叶子龙，又指指李银桥："子龙，银桥，你们带头下去，先去山东，开展广泛调查研究，把真实情况反映给我。"

李银桥和叶子龙说："是，主席。"

毛泽东转脸又问封耀松："小封呵，你去不去？"

封耀松应道："去。"

毛泽东点头："那好，那好。"

毛泽东重新环视身边的7个人，目光忽然变得锐利、声音变得严厉："要讲实话，不许说假话，不许隐瞒欺骗！"

李银桥和同志们用力点头:"主席,你放心吧,我们讲实话。"这时,李银桥蓦然想起了毛泽东批评那些有意无意说了假话的同志:"你们是放'卫星'还是放'空炮'?你们那个10万斤,我当时就讲了不可能,你们还是在报纸上捅出去了!"

这一顿饭,毛泽东没吃几口便放下了筷子,他吃不下去。大家也吃不下去,纷纷放下了筷子……

夜里,封耀松用电炉子给毛泽东煮了一茶缸麦片粥,劝他喝下去,然后劝他睡一觉。

"困不着啊!"毛泽东的说话声带了悲凉的音调,"全国人民遭了灾,我哪里困得着么!"他又讲起了历史上的一些大灾荒,讲了当年红军吃草根、啃树皮的艰苦斗争生活,讲他的理想、抱负和追求……

夜深了,毛泽东放下手中的文件,用铅笔写了一封信:

　　林克、高智、子龙、李银桥、王敬先、小封、汪东兴七同志一阅。

　　除汪东兴外,你们六个人都下去,不去山东,改去信阳专区。那里开始好转,又有救济粮吃,对你们身体会要好些。我给你们每人备一份药包,让我的护士长给你们讲一次如何用药法。淮河流域气候暖些,比山东好。一月二日去北京训练班上课两星期,使你们有充分的精神准备。请汪东兴同志作准备。你们如果很饥饿,我给你们送牛羊肉去。

　　信阳报告一件,认真一阅。

　　　　　　　　　　　　　　　　毛泽东

　　十二月二十六日,我的生辰,明年我就有67岁了,老了,你们大有可为。

第二天,叶子龙和李银桥等人传看了毛泽东写的信,各自开始准备行装……

这一年，少华和岸青结婚了。

1961年，李银桥一行人去了河南。走前，毛泽东同大家照了合影。

河南省委没有分配他们去信阳，而安排他们去了许昌地区的鄢陵县。

半年后，6个人回到北京向毛泽东汇报了真实情况，讲明了大办食堂并不好。之后，6个人又去江西贵溪县深入基层劳动了6个月。当他们到达基层时，中央已经下达了指示——解散大食堂。

也就在这一年，办公厅后勤部的人趁着毛泽东外出视察时，派人到菊香书屋进行了彻底的修缮工作。毛泽东返回后大发脾气，严厉批评不该在国家经济困难时期动工为他修缮房屋，盛怒之下，搬到游泳池他的休息室里去住了，从此再也没有搬回来。

这一年，毛岸英牺牲已经10年了。29岁的刘松林仍是孤身一人。毛泽东更加关心她，希望她尽早成立一个新的家庭。

就在这一年，刘松林与空军学院强击机教研室教员杨茂之相识了。刘松林在莫斯科大学读书时，杨茂之早她一年到苏联红旗空军学院学习指挥。他们在中国留学生的集会上见过面，但没有说过话，更没有想到对方会成为自己的终身伴侣。

1962年2月，刘松林和杨茂之结婚了。

毛泽东抄录了他新近创作的一首《咏梅》词，作为贺礼相赠：

风雨送春归，飞雪迎春到。

已是悬崖百丈冰，犹有花枝俏。

俏也不争春，只把春来报。

待到山花烂漫时，她在丛中笑。

另外，毛泽东还给了300元钱，让刘松林买些衣服。

3月间，刘松林和杨茂之一起到中南海看望了毛泽东。

已经回到毛泽东身边工作的李银桥见毛泽东和杨茂之谈得很投机，见毛泽东对杨茂之似乎极为满意。

156. 难舍难离中南海　泪眼依依游泳池

1962年4月的一天，值班卫士张景芳跑步来找李银桥："卫士长，主席叫你去呢！"

李银桥整了一下头上戴的帽子，然后走进了毛泽东的卧室。毛泽东依然是老习惯，躺在床上，倚着床栏看文件。见李银桥进来，招呼说："来，过来。"

李银桥一步步走到床边，毛泽东伸出一只手拉了李银桥的手，另一只手轻抚着李银桥的后背，许久才说："你跟了我这么多年，人也长大了。你在我身边，帮了我的忙。你是个好同志，你在我这里工作，一直兢兢业业，使我工作得很顺利，省了不少心。可是……你老跟着我怎么行啊？我死了你怎么办？"

临走进毛泽东的卧室时，李银桥思想上已有所准备。果不其然，毛泽东今天谈起了调离的事。

这时，李银桥想起了自己在毛泽东身边生活工作了15年，几乎天天在一起。多少难忘的往事一下子涌上心头，泪水忍不住扑簌簌地滚淌下来……

毛泽东是位感情非常丰富的人，容易动感情。见李银桥哭了，他受不了，马上也流下了眼泪，声音哽咽着说："我也舍不得你啊！我和我的家人，和我的孩子们一年也见不上几次面；你在我身边工作，我们每天在一起，朝夕相处，你和小韩比我的孩子还亲啊……"

听毛泽东说到这里，李银桥呜地哭出了声。从李银桥在陕北跟随毛泽东转战到西柏坡，从结婚到生孩子，毛泽东事事、处处关心，就像父亲一样。李银桥逐渐把自己当成了毛泽东家庭中的一员，他和毛泽东及孩子们互相关心、互相帮助，整整15年啊……

李银桥想起了转战陕北时，他陪着毛泽东度过了多少个不眠的日日夜夜；毛泽东累了，他给他按摩；自己困了，毛泽东悄悄地把大衣披在他的身上；自己有了心事就向他讲，他有了不愉快的事也跟自己说，就连他跟江青吵嘴也要跟他讲；战争年代生活苦，有时贺老总送一些鱼来，他吃一半还要留给自己一半……

此时此刻，毛泽东一边流泪，一边握着李银桥的手说："你下去的事，我想过几次了。我也得为你的前途着想，我不能误了你的前途。去年下乡，我也是有意识地锻炼你，增强你的才干。你在我这里，地位够高，可卫士长也只是团级干部，职务太低。老在我这里要影响你的前途。下去多锻炼锻炼，工业、农业、公安，几种工作都干一干，取得经验，提高能力，也好胜任更重要的工作。你今年才30多岁么！下去以

1962年4月，毛泽东与李银桥合影。

后要夹着尾巴做人,要搞好团结,多接触工人群众,多多向周围的同志们学习,会有更大的前途的……"

这时,毛泽东再也控制不住自己的感情,用手一拉,将李银桥一下子揽入自己的怀中,拍打着李银桥的后背,哭道:"你走以后,我身边再也不任命卫士长了!银桥,我死以后,你要每年到坟头上去看我一次啊……"

此时李银桥已是泪如泉涌……但当他看到毛泽东伤心得厉害,又马上想到了自己的责任,不能让他老人家伤身体啊!便竭力克制住自己,流着眼泪说:"主席,我听你老人家的话,下去一定好好干,不辜负你的期望。"

毛泽东擦着泪水点点头:"好,那好……那好……"又说,"你在我这里工作15年,职务不高地位高,一举一动都要注意影响;不要脱离群众,干任何事,不干则已,干就要干出成绩来。事不在大小,都要善始善终,我身边的人都要有这么一种精神,不搞半途而废,有一口气就要干到底!"

李银桥抹着眼泪说:"主席,我记住了……"

毛泽东又说:"以后你每年都要来看我一次,进中南海的特别通行证不要交,我这里就是你的家。我活着你来看我,我死了,你每年到我坟上看我一次,看我一次我就满意了……"

听毛泽东这样一说,李银桥忍不住又哭出了声……

毛泽东伸手拿了床头上的一条毛巾递给李银桥擦眼泪,说:"这次子龙、高智、王敬先和小封也都下去,你可以去石家庄,离你们安平县近些……"

李银桥说:"我要离开你的话,我不到石家庄去,到天津去。"

"那好。"毛泽东抬高了声音说,"你去天津,我从那里经过时,可以找你谈谈,我们见面也方便……"

说着,毛泽东也用毛巾擦了擦自己的眼泪,然后拉开床头的一个抽屉,指着一个牛皮纸袋说:"你到天津工作,安家需要钱，拿上点儿钱，这是800元，帮助你解决些问题。"

从1952年开始，毛泽东多次在经济上帮助李银桥和其他卫士。这时，李银桥摇摇头说："我不要，我不缺钱。"

毛泽东略加大一些声音说："拿着！"

李银桥只得拿了钱。毛泽东点点头，声音缓和下来，又叮嘱道："下去以后多依靠工人，特别是要向老工人学习，凡事要多请教工农兵。"又问，"小韩和孩子们么时候回来呀？"

李银桥说："星期六。"

毛泽东说："那好，那就星期六一起来我这里见一见。"

李银桥又说："我想请主席写几个字留念。"

毛泽东当即应允："好，我一定认真给你写。"

157. 毛泽东书《长征》诗　永久怀念领袖情

1962年4月21日是星期六。下午,韩桂馨从学校回到中南海丰泽园边侧的家中,两个孩子也早到家了。

晚饭前,卫士张景芳来通知说:"卫士长,主席在游泳池等你们呢!"

李银桥一家人简单地吃了点饭,匆匆赶到游泳池。游泳池在怀仁堂的东北面,里面有会客厅。

李银桥和韩桂馨让两个孩子等在外面,夫妇俩先走进会客厅。毛泽东正坐在沙发上等他们,一见他们进来,便站起身来迎住同他们握手,说了不几句,便问:"孩子们?孩子们怎么没来?"

李银桥说:"孩子来了,在外面呢。"

毛泽东朝门外看:"进来呀,快叫孩子进来。"

毛泽东张望时,李银桥夫妇也一起朝门外看。这时,闪光灯亮了一下,摄影师吕厚民为毛泽东和李银桥夫妇拍下了第一张照片。

李银桥去叫了孩子们进来,毛泽东拍着手欢迎,并且同孩子们握手。当毛泽东同男孩子李卓伟握手时,夸孩子长得漂亮。吕厚民又及时按下了照相机的快门,拍下第二张照片。

毛泽东再同女孩子媛媛握了手,亲切地拍了拍她的小肩膀，大概是想起了她小时候淘气的样子，笑着说："这就是我们的'兔妈妈'啊……"

大家说着笑着，毛泽东望着李银桥说："我们站着合影吧？"

李银桥不同意，搬了一把椅子，请毛泽东坐下："主席，你坐下好。"

毛泽东摇了摇头："不坐不坐。"

"你坐下好。"李银桥上前按毛泽东坐下，随后全家人分站在毛泽东身后照了一张合影。

毛泽东又说："银桥，你让我给你写的字写了，近来没作新诗，抄了一首旧诗送给你吧。"

李银桥从毛泽东指向的桌上拿起一个荣宝斋精制的折子，打开看时，见是毛泽东手书的一首七律《长征》诗，字迹浑厚、用墨浓重、气势磅礴，高兴极了。李银桥收好折子坐回到沙发上，吕厚民又给李银桥一家人和毛泽东一起照了一张合影……

当天晚上，一家人争抢着看毛泽东写的《长征》诗，但见笔走龙蛇、浓墨飘逸。忽然，李银桥发现"大渡桥横铁索寒"的诗句中少写了一个"索"字，便说："明天我去请主席再给写上。"

第二天，李银桥拿着诗折去见毛泽东。毛泽东笑了笑，提笔在"铁"字下面加写了一个"索"字。

离开毛泽东，李银桥又去请刘少奇、周恩来、朱德、邓颖超在毛泽东写诗的折子后面题写了赠言。郭沫若知道后，看了毛泽东写的《长征》诗，赞不绝口，并说"索"字加写得犹如神来之笔，巧夺天工，即兴在折子后面题写了一首律诗。

经郭沫若推荐，多位著名画家依次在折子后边画了画。光明日报社的记者知道后，特意找上门来为毛泽东手书的《长征》诗拍了照，不久刊出在《光明日报》上……

5月，李银桥到天津市公安局工作了。

后 记

从一九二一到一九四九,从一九四九到一九七八,再从一九七八一直到今天。

从风雨飘摇到遍地烽烟,从百废待兴到自力更生,再从改革开放到伟大复兴。

这就是近百年来的中国。这就是近百年来的中国在共产党的领导下一路走来的风雨历程。

我出生在20世纪的70年代,未曾经历之前那段残酷且艰苦的岁月或许应该算是我的幸运;但未能领略到那一代伟人的风采,未能亲身体会和见证那段历史以及那段历史中所蕴含的悲情、激情和豪情,却又总让我觉得是一种遗憾。

邸延生是我的父亲。他曾是一名军人,也是一个作家。还记得他在最初决定要撰写一系列描写伟人历程的书稿开始,直到第一部关于毛泽东的传记《毛泽东和他的卫士长》出版,整整历时十年。那个时候我年纪尚小,还在上学。或许是因为出生在一个军人世家,从小就受家庭环境影响的缘故吧,才十几岁的我居然对那些红色的故事产生了远超同龄人的兴趣,并积极地去帮父亲搜集素材、整理资料,还多次陪父亲一起到那些经历了那段历史的老人家里拜访,聆听他们讲述当年的那些革命故事。在我印象中,去得最多的就是李银桥、韩桂馨夫妻家。李银桥曾是毛泽东的卫士组长、副卫士长、卫士长;韩桂馨16岁参加革命,延安时期担任李讷的保姆阿姨,跟随毛泽东转战陕北,解放后进入中南海,在毛泽东身边工作了17年。另一方面也因为他们是父亲的姨夫、姨妈,这就让父亲和我能够更多更详细地获得一些关于毛泽东的更为真实的资料。记得那时每次去他家里,二老总会讲述他们在毛泽东身边工作时的许多永远不能忘怀的事情,有时甚至一直讲到大半夜。

父亲是在了解和掌握了大量的历史资料之后才最终开始动笔的。那个时候父亲还不会用电脑,几十万字全部都是用纸和笔一个字一个字写出来的,为了能让书中的内容更翔实也更生动,其间更是三易其稿。而我则担负起了将书稿打印成电子稿的工作,还往往"擅作主张"进行一些修改。说起来应该也是受父亲的影响吧,我从小就爱好文学喜欢写作,也发表了一些作品,但受思想和阅历的限制,内容仅限于风花雪月,文字中还毫无"气势"可言。不过这并不妨碍我对父亲的书稿发表自己的意见,有时候父子二人甚至为了一个词、一个标点的使用而争得面红耳赤。

《毛泽东和他的卫士长》一经问世,便立刻获得了社会各界的好评。得到消息,所有那些曾对父亲写作这本书提供过帮助的人或欣慰或激动,也都鼓励甚至要求父亲继续下去,写出更多更好的关于毛泽东的书来。于是,在他的笔耕不辍下,一部部描写伟人的传记相继出版,有《历史的真迹:毛泽东风雨沉浮五十年》《山雨欲来:"文革"前夜的毛泽东》《历史的真情:毛泽东两访莫斯科》,等等,渐渐摆满了他书房的整个书架。而我,也在陪同父亲创作这一摞书的过程中对那段光辉的岁月、对老一辈无产阶级革命家的艰苦奋斗有了越来越多、越来越深的了解,并每每震撼于中、沉浸于中,也终于在2011年、2013年和父亲一起出版了《毛泽东和他的儿女们》等书。随着父亲写的书越来越多,有人评价他是一个"高产作家",但却很少有人知道父亲在动笔之前就已经经过了十年的积累、十年的沉淀。后来,又听说父亲被誉为中国当代"撰写毛泽东第一人"。对此,父亲的反应却是淡淡地一笑,并对我说:

"自古文无第一武无第二，虚名是别人给的，自己可当不得真。更何况我要写的不是书也不是人，而是精神，是思想。"
　　是精神，是思想。

　　2016年初，由于长期伏案写作，父亲终于病倒住进了医院，此时已是癌症晚期。然而父亲却固执地不让我守护在病床前："是男子汉就该有所作为，就得胸怀四海，而不是只会床前尽孝。"依稀记得，这句话在我七八岁时父亲就曾对我说过。于是，我只得每天来回奔波百余公里，白天工作，晚上再到医院陪床。而那段时间，父亲对我说得最多的就是："上班去吧，工作第一。"
　　2016年3月3日，父亲病逝。在他去世的前一天，保定市市长马誉峰亲到医院探望，并亲切地询问生活上有没有困难，孩子的工作是否需要帮助。因为病痛，父亲的回答很简单："都好，不用，谢谢。"虽只六个字，却表达了想要表达的一切，然后又对我只说了三个字："靠自己。"
　　思绪每触及此，总是很难管住自己的眼泪。现在，父亲已去世了。他在临终前念念不忘的，仍是他未完成的作品。母亲告诉我，父亲在病重时不止一次对她说："我不甘心啊，我还有好多书没写……"我自问无论是文字的功底还是对那段岁月的感情和感悟，都远远达不到父亲的深度。但是我愿意去尝试，也必须去尝试，无论是为了继承父亲的遗志告慰他的在天之灵，还是为了让那段光辉的岁月更广为人知，让革命先辈的伟大精神和思想能够更广泛地传播、传承和传扬。
　　今天，我把父亲遗留下来的作品重新编撰整理，并准备再次出版。在这里，我也诚挚地希望广大读者，亿万热爱毛主席、热爱我们伟大祖国的师者、前辈和朋友们，能够多提宝贵意见，以使我能够写出更好的作品奉献给整个社会。

邸江楠
2018年10月

本作品中文简体版权由湖南人民出版社所有。
未经许可，不得翻印。

图书在版编目（CIP）数据

台前幕后：毛泽东和他的卫士长 / 邸延生著. --2版. --长沙：湖南人民出版社，2025.2
ISBN 978-7-5561-2189-2

Ⅰ. ①台… Ⅱ. ①邸… Ⅲ. ①毛泽东（1893—1976）—生平事迹 Ⅳ. ①A752

中国版本图书馆CIP数据核字（2022）第047303号

台前幕后：毛泽东和他的卫士长
TAIQIAN MUHOU：MAO ZEDONG HE TA DE WEISHIZHANG

著　　者：邸延生
出版统筹：黎晓慧
责任编辑：聂双武　傅钦伟　曾汇雯
产品经理：曾汇雯
责任校对：张命乔
封面设计：陶迎紫
版式设计：谢俊平

出版发行：湖南人民出版社［http://www.hnppp.com］
地　　址：长沙市营盘东路3号　邮　编：410005　电　话：0731-82683346
印　　刷：长沙超峰印刷有限公司
版　　次：2025年2月第1版　　　　　印　次：2025年2月第1次印刷
开　　本：710 mm × 1000 mm　1/16　印　张：59.5
字　　数：810千字
书　　号：ISBN 978-7-5561-2189-2
定　　价：168.00元

营销电话：0731-82683348（如发现印装质量问题请与出版社调换）